中國學術思想 研究輯刊

十一編

林慶彰 主編

第30冊

朱子學對日本的影響

陳弘昌 著

花木蘭文化出版社

國家圖書館出版品預行編目資料

朱子學對日本的影響／陳弘昌 著 — 初版 — 新北市：花木蘭
文化出版社，2011〔民 100〕
目 4+318 面；19×26 公分
（中國學術思想研究輯刊 十一編：第 30 冊）
ISBN：978-986-254-476-1（精裝）
1. 朱子學　2. 日本哲學
030.8　　　　　　　　　　　　　　　　　　　　100000807

ISBN-978-986-254-476-1

9 789862 544761

中國學術思想研究輯刊
十一編　第三十冊　　　　　　　ISBN：978-986-254-476-1

朱子學對日本的影響

作　　者　陳弘昌
主　　編　林慶彰
總 編 輯　杜潔祥
出　　版　花木蘭文化出版社
發 行 所　花木蘭文化出版社
發 行 人　高小娟
聯絡地址　新北市永和區中正路五九五號七樓之三
　　　　　電話：02-2923-1455 ／傳真：02-2923-1452
網　　址　http://www.huamulan.tw 信箱 sut81518@ms59.hinet.net
印　　刷　普羅文化出版廣告事業
封面設計　劉開工作室
初　　版　2011 年 3 月
定　　價　十一編 40 冊（精裝）新台幣 62,000 元

朱子學對日本的影響

陳弘昌　著

作者簡介

陳弘昌，台南師範畢業，國家文學博士。當過小學、高中教員、專科講師、大學副教授、教授。歷任國立台中師範學院語文教育系主任，玄奘大學中文系創系主任。

讀師範時，醉心文藝，主編南師青年，執教師院時，曾編過國小國語教科書。致力於台語文研究和創作。主講「語文科教材教法」、「聲韻聲」、「台灣文學」、「中國文學史研討」等課程。著有《藤堂明保之等韻說》、《朱子學對日本的影響》、《國小語文科教學研究》、《大唐西域記詞彙研究》等書。現仍以教學與研究為樂。

提　　要

本文除前言外，共分六章。並有參考用書目錄、朱子簡易年譜、及中、日文研究朱子學論文目錄等附錄。

第一章為緒論，用來解說朱子學，內分五節，先解釋朱子學的定義與特色。第二節，述朱子的生平，分家世、為學、仕宦、講學四大項敘述，第三節綜合前人之說，分析朱子學的成因為三：即漢唐學術的反動，佛道兩家思想的衝擊與當時政治社會的自然產物。第四節略述朱子的著作。第五節說明朱子學的內容，分自然哲學、人生哲學、教育哲學與政治哲學四項陳述。

第二章說明朱子學在日本的流傳情形，第一節先就日本儒學的發展概括說明。第二節則述及朱子學傳入日本的各種異說及傳入情形。第三節則述傳入朱子學以後的流傳情形，著重在五山禪僧間的承傳。第四節承第三節而來，分述室町後期的三個朱子學派，特別著重各派代表人物的介紹。

第三章為江戶時代儒學的概略介紹。其第一節先說明朱子學在江戶時代的學術地位，次節則分析其興盛的原因為四：即儒學本身思想的革新、佛教學術的衰頹、適合封建社會需要，及政府的大力提倡。第三、四、五節分別敘述同時儒學各派的梗概。

第四章敘述江戶時代的朱子學派各派特色與代表人物，內分五節，第一節京學派，介紹藤原惺窩以下二十個代表人物，其中林羅山、木下順庵、新井白石、室鳩巢、賴山陽、元田東野等人尤為大家，敘述較詳。第二節海西學派只提了四人，而人人都是卓有成就的學者，尤其貝原益軒更為優秀，敘述亦較多。第三節為海南學派，以谷時中、山崎闇齋、崎門三傑、谷秦山為詳。第四節為大阪學派，以三宅石庵、中井竹山兄弟為詳。第五節為水戶學派，敘其所承，另分敘三期的主要人物。以朱舜水、德川光圀、栗山潛峰、德川齊昭、藤田幽谷父子、會澤正志齋諸人為主。

第五章，從各方面探討朱子學對日本的影響。分政治、宗教、學術及其他四節，首節分析出三點，即朱子學在政治促成建武中學，安定德川時代，誘發明治維新，次節談朱子學對日本佛教及日本神道的影響，第三節則敘述朱子學於日本史學、文學與科學的影響，最後敘及朱子學對社會與教育，及日本特有的武士道之影響。

第六章為結論，認為朱子學為日本社會的安定力量，其尊王攘夷與正統觀，使日人對自己本國有信心，而促成明治維新，朱子學成為日本思想根源之一。並對日人善於吸收外來文化，特別注意。並提出應重視名教觀念，應復興朱子學，發揮朱子學長處的意見。

目次

前　言

　　儒家思想是中國文化主流，儒學之目的在於實踐孔子所說的「修己安人」之道，修己安人成爲中國學者的人生責任與生命意義。《大學》三綱領：「明明德」即指「修己」，「親民」即爲「安人」，「止於至善」乃即修己安人的最高標的。修己所以成己，是爲體，屬於修養之事，有待窮理致知以成之。陳師立夫說：「學問之第一目的在管制自己。」〔註1〕管制自己即是修養功夫，安人所以成物，是爲用，此有關群體，謀社會福祉，乃治平國家之道，需賴道德爲輔。陳師立夫說：「道德之第一目的在顧及他人。」〔註2〕即爲此意，道德要求合理、適勢。「理」永世不變，儒家稱之爲名分，名分要求其正，此即「正名」。「勢」則隨時推移，可名之爲「經綸」；正名、經綸都是安人之道。

　　我國儒學淵源流長，自堯舜禹湯、文武周公、以至於孔子，集傳統思想之大成。漢唐則重視箋疏諸經，唯有宋朝特別重視儒家修己安人的實踐，它一方面深究人與天的關係，探究天理、人性的終極，謀求修身立人之方，另一方面從歷史事實獲致正名的教訓，希圖藉經綸以抒解國難。朱子就是宋代儒學的代表人物，爲孔孟之後最偉大的一位思想家，號稱集今古文學派大成的鄭玄，在思想義理方面，似乎都還不及朱子。朱子之學集理學之大成，〔註3〕他建立了一套改造新成的哲學體系。陸象山推崇他爲「泰山喬嶽」，其學宏博雄大，罕見

〔註1〕引自陳師立夫所著之《人理學研究》第429頁。

〔註2〕同註1。

〔註3〕朱子集理學之大成，爲多數學者所主張，唯現代學者有持異議者，例如，牟宗三於其大著《心體與性體》一書中，即指朱子在儒家當不得大宗，朱子的大宗地位，乃是「繼別爲宗」。而研究理學極力的蔡仁厚即宗此說，詳見蔡著《宋明理學‧南宋篇》。

其匹。學風穩健、著實、平正、溫雅。他表現於經綸世局的，可見於廿二歲任泉州主簿時的作爲。五一歲時，在江西星子縣所行的救荒措施，在南康軍指導水稻種作技術；創設社倉法。六一歲時，在漳州擬定的經界法。六六歲，上疏攻擊韓侂胄專權害事，及於各地建書院，提倡教育等等也都足以看出朱子經綸的表現。

朱子於正名問題極爲重視，其奏疏數次強調大義名分，而四三歲時，著《資治通鑑綱目》，秉春秋之義，對正名論發揮，尤爲淋漓盡致。

在修養方面，朱子勤於爲學，是眾所周知的。他十九歲中進士以前，固然虛心從師問學。自同安主簿任滿後，約家居二十年，仍潛心於學問，完成許多著作（詳見第一章第四節——朱子的著作），尤以集註《四書》用力最多，歿前三日，尙在改訂《大學·誠意章》，可見其敬業精神及修養工夫。

朱子註釋經書，致力講學，建立正統的儒家道統，其學說自十四世紀（元朝）即已獨尊，西元 1313 年元仁宗皇慶二年以朱子《四書集註》爲科舉考試之官定本。到十五世紀初（即明永樂年間），朱子學者主編的《五經大全》被指定爲科舉用書後，直至清末，朱子學一直是官學，爲中國學術的主流。

朱子學不僅影響中國七、八百年，連鄰近的韓國、日本也深受影響，韓國在高麗朝時，有宰相安文成公者，名裕，號晦軒，初傳入朱子學，後有鄭夢周（圃隱）也講朱子學，但朱子學能大行於韓國，則李退溪（滉）的功勞最大，另有李栗谷（珥）、韓南塘（元震）等也是韓國理學的翹楚，然而後來因學術論爭，涉及意氣，導致分裂，初分爲嶺南與畿湖，對退溪與栗谷各有所尊，繼則有老、少論之爭，有湖、洛派之爭，又有京、嘉派之爭，進而形成政爭，竟致動搖國本，然此非朱子學之過。大抵說來，朱子學在韓國是普受尊信的，即使時至今日，韓國尙有「退溪學研究院」，專門研究朱子與李退溪之學，可見其盛。〔註 4〕朱子學傳入日本的時代，異說紛紛（詳見後述），大抵初由禪僧隨佛學的傳播而東渡。較有關係的，如一寧一山及其門下虎關、夢窗等。虎關傳朱子學於鎌倉；夢窗傳之於京都；虎關弟子義堂亦傳其學於京都；義堂三傳弟子桂庵和尙傳其教於薩摩；又三傳有文之和尙傳之於薩南；

〔註 4〕有關韓國朱子學的流衍情形，可參高師仲華所著之〈朱子學對中韓兩國儒學的影響〉一文，載於《華學月刊》第 109 期，另有成功大學教授蔡茂松亦有多篇相關論文，如〈湖洛兩論之研究〉等，而《退溪學會會議論文集》亦可供參考。王甦教授所撰〈朱子學在韓國〉一文，載於《孔孟學報》第 39 期，並可參閱。

後南村梅軒傳朱子學於土佐，土佐谷時中傳山崎闇齋，形成崎門學；至德川時代初年（十七世紀初），藤原惺窩創京都學派；林羅山開江戶學派；朱舜水創水戶學派；朱子學一時大盛。而其反動有山鹿素行的古學派，中江藤樹的陽明學派；然都不如朱子學派的興盛。西元1790年（清高宗五五年，日本光格天皇寬政二年），日本幕府老中〔註5〕松平定信頒「寬政異學禁令」，禁止朱子學以外的教學，並取締社團活動，重行宣佈朱子學是正統的學問。從此幕吏必須是學過朱子學的人，纔能任用。〔註6〕這情形正如今日中國任官必經考試及格方能派用；而各種考試必考國父思想；也就是說在中國要當公務人員需要讀過國父思想，而在德川時代，要當幕吏，需先讀朱子之學。因此朱子學對日本的影響是全面的；德川時代如此，而近代日本，朱子學仍廣受日本人喜愛。日本學者研究朱子的風氣很盛。有集體研究的，如昭和三八年（西元1963年，民國52年），由東京大學教授宇野精一作《朱子學的總合研究》，經費一百萬元，參與的人包含七個大學，十三位教師，大題目有十個，作綜合的有三人。〔註7〕昭和四九年至五四年（民國63年至68年），日本明德出版社出版了一套十五本的《朱子學大系》；內容包含了朱子學的各方面。其第一卷爲〈朱子學入門〉，是爲總論，探討朱子對宇宙、倫理、爲學、政治、經濟、歷史、教育及文藝等觀點，研究朱子與經書、佛教、道教、諸子、宋代陸學、事功派的關係；第二、三卷敘述朱子的先驅人物，如范文正公（仲淹）、司馬溫公（光）、歐陽修、胡瑗、孫復、石介、周（濂溪）、邵（雍）、張（載）、二程子（顥、頤）等人，以至於朱子的師承、講友等人；四至九卷爲朱子的主要著作：含《朱子文集》、《語錄》、《四書集註》、《孝經刊誤》、《近思錄》等書；第十、十一卷爲朱子的後繼人物，即朱子學統的代表者，如黃勉齋、魏鶴山、吳草廬、吳康齋、薛敬軒、羅整庵、眞西山、王深寧、許魯齋、曹月川、胡敬齋、陳清瀾、顧涇陽、顧亭林、陸稼書、李榕村、方植之、高忠憲、張楊園、呂晚村、王白田、曾文正等人，都述及其人的學問與著作；第

〔註5〕老中是幕府的執政官，名額四～五名，每日輪值處理幕府政務，管轄各地大名（指領有萬石以上的土地而直隸於幕府的領主）及其領地，相當於我國的五院院長，或行政院各部會首長。

〔註6〕非難朱子學，要接受處分，如山鹿素行因公然非難朱子學，而受處罰，被流放到赤穗的鄉下。

〔註7〕引見梁容若所著之〈現代日本漢學研究概觀〉，載於《東海學報》八卷1期第106頁。

十二、三卷爲韓國與日本的主要朱子學者的生平與著作介紹，尤以日本的學者爲主；第十四卷爲朱子學者的書簡集；十五卷爲朱子學的研究年表、系圖及文獻目錄。有關朱子的研究，可謂大備於此書，其他研究朱子的專書與單篇論文也不少。〔註8〕眞是洋洋大觀，令人驚歎。

在歐洲，朱子學自十七世紀初，已受注意，十八世紀以後，就有研究朱子學的專著出現，如裨治文（E. C. Bridge man）於西元1849年即譯《朱子全書》之一部分爲英文，西元1922年布魯斯（J. Precy Bruce）也譯著有《朱子的人性哲學》，並有《朱子與其師承》一書，另有福克（Alfred Forke），諾克斯（George Wi-lliam Knox），及葛理神父（Olaf Graf）也都曾大力介紹朱子學於歐美，〔註9〕尤其諾克斯與葛理神父更進一步介紹日本朱子學於西方。〔註10〕葛理神父以數十年精力從事朱子學的研究、介紹，所用方法都很值得參考。

朱子學在韓、日、歐美受重視，在中國也有許多學者加以研究，建國七十年以來，研究朱子學的單篇論文，據筆者蒐集所得，有二百多篇，〔註11〕但對外國研究朱子的成績多未加注意，這不能不說是一項遺憾。至於日本，他們的學者社會地位高，有專業精神，講求分工合作，而出版業發達，資訊的取得容易，工具書如目錄、辭典、索引等相當完備；歐美學者研究中國學術的著作，國人不甚注意，而日人卻有許多譯作介紹，他們研究朱子所獲頗豐，應有許多地方值得國人借鑑。朱子學曾是近世日本的主要思想來源，所以對日本的影響實況更是值得介紹與探究。儒家有人指責朱子學支離繁冗偏固；禮教吃人的罪過，朱子不能辭其咎。而大陸自謂前進的御用學者更對朱子展開惡毒的攻擊，視爲反動派，爲封建罪魁！〔註12〕這種出之以惡意的詆毀，固不必辯，而誤解不能不辯析清楚。朱子以高、深、遠、晦爲讀經四病，以貪多、躐等、好高、尚異爲爲學四戒，朱子教人，何嘗支離繁冗？朱子解詩，寧棄毛鄭株守道德，以詩爲諷諭的說法，捨棄小序，直就詩解詩：鄭衛

〔註8〕詳見本論文後之附錄。

〔註9〕詳可參閱陳榮捷所著之〈歐美之朱子學〉。載於《華學月刊》第31期34～56頁。

〔註10〕葛理神父的研究可參看湯川敬弘的〈比較思想的關心よりの朱子學研究の課題──Graf神父の朱子學研究から──〉載《東方學》第五十七輯。

〔註11〕詳見附錄──研究朱子學的中文論文目錄。

〔註12〕如大陸之《文物》3期丹山的〈朱熹在崇安的罪惡活動調查〉，濤泗的〈批評朱熹在泉州地區的流毒〉，《文物》4期李學勤的〈朱子四書集註反動思想體系之批判〉，大陸《光明日報》施達青的〈朱子中庸章句的反動本質〉等都對朱子大肆謾罵。

歌風淫艷，即還他淫艷之本貌，這要何等膽識，方克爲之，朱子何嘗偏固？

又有人以爲朱子以持敬爲修養要法，以內省工夫乃爲學的第一義，因此指責朱子學學風消極，缺乏進取的活力，實則朱子學所着重者爲易大傳所云：「敬以直內，義以方外」。「敬以直內」爲其內在修爲之一部份，「義以方外」亦爲朱子學的實踐要點，敬義夾持，缺一不可，朱子學不是消極的，而是積極的。

有人把朱子視爲冷冰冰的「道學」家，不通人情，嚴肅、刻板，實則朱子博學宏識，精於文，擅長書法，詩詞均精，山川之樂常會於心，觀其語錄，讀其文集應可體會朱子的爲人。日本學者秋月胤繼在其《朱子研究》中說：「朱子學影響於日本人士有三：1. 養成著實穩健之風，以居敬窮理法，修養自己，堅斥躐等，尙循序而進。2. 養成強烈之道義心，致力於大義名分。3. 養成虔敬之人格，涵養自己德性，其極致可達自我完成之效，又博通物理，而不陷於固陋。」又說：「朱子學是最有效的學問，它可培養有規律、有節制的國民。對於維持社會治安，確保國家秩序，它是不可缺少的學問。」〔註13〕歷史可以證明，朱子學確是國家的安定力量，如能善用其精義，可成就許多事功，日本自傳入朱子學之後，含英咀華，用其長處，造成德川時代二百六十五年的安定局面，也促成明治維新，〔註14〕即在今日，日本的國民教育，日本國人的精神涵養，仍有賴於朱子學。〔註15〕如能將朱子學影響於日本的眞相探討清楚，對我國取資朱子學的方向，及對待儒者的態度定有相當幫助。

筆者早年就讀台南師範，研讀業師林禛祥先生所撰的《宋代理學述要》一書，並習作簡介一篇，刊於《南師青年》，從此對宋明理學產生興趣，大學時代即自行研讀《近思錄》、《宋元學案》等書，於朱子的平易，最有印象。後因從家慈習日文，對日本漢學略有所窺，於是有志於中日文化交流的探討。及入博士班，從邱師棨鐊研究日本華學，涉獵更廣，尤其於《孔孟月刊》連載甚久之〈日本江戶時代的儒學派系〉一文，〔註16〕給我許多啓示，在讀完《中日文化論集‧正續篇》及《中日交通史》等書後，更確信朱子學於日本

〔註13〕見《朱子研究》第 519 頁。

〔註14〕明治維新爲西元 1868 年，日本爲師法西洋文化所進行的許多革新，掌握日本政權二百六十五年的德川幕府將軍慶喜將大權奉還給明治天皇，從此全國上下極力吸收西洋文化，接受其哲學、政制及科學技術，爲日本步上近代化，並躍登世界國際社會的開始。

〔註15〕見《朱子學大系》第一冊〈朱子學入門〉第 9 頁，諸橋轍次的序。

〔註16〕該文爲黃得時教授撰，刊於《孔孟月刊》第八卷第 8 期至第九卷第 2 期。

有很大的影響，於是擬題爲「朱子學對日本的影響」著手研究，歷時六年，終於寫成。

　　撰寫本文時，蒙林師景伊指示方向，高師仲華鼓勵、指正，而李師任之從蒐集資料，至論文之最後審定，費心尤多，同道好友戴瑞坤學長時予鼓勵，內人盧秀鳳女士幫忙蒐集資料，製作附錄、目錄，都是我最感謝的。在此併致謝忱。

　　筆者雖自高中即習日文，能自由運用日文資料，然此文相關日籍甚多，欲求偏讀，勢所不能，然已盡力購置與借閱。而本校圖書館與東海大學圖書館採開架方式，予我方便良多。惟個人才疏學淺，剪裁失當，在所難免，祈博學碩彥，不吝指教，至爲銘感。

中華民國 70 年 10 月 25 日　陳弘昌撰於華岡

第一章 緒 論

第一節 何謂朱子學

朱子學，是指南宋時代大儒朱熹的學術思想。它是「宋學」的一支；而宋學實即宋代儒學的簡稱。宋代學術一反漢唐之偏重訓詁箋疏，而著重於理氣心性的探討，並對歷史與文獻學有精到的研究。朱子之學，廣博精深，於理氣心性與史學均有所見，在宋學中，極受重視。在整個中國儒學史上，朱子的地位相當崇高，朱子學影響極為深遠。

中國儒學約可分四期：第一期為建立完成期，孔子為此期的集大成人物，他承繼伏羲、神農、黃帝及堯、舜、禹、湯、文、武、周公的思想與經驗，刪定六經，加以傳播，在諸子百家中，最為特出，號為顯學；第二期為箋疏經典期，此期在秦火之際，明確詮釋經典為時代所需，然有今古文之爭。至鄭玄徧注群經，兼采今古文，而集其大成，此期以鄭玄為中心，而其儒學思想，頗受玄學與佛學的衝擊。其中經典之作：《易》有魏・王弼與晉・韓康伯的注，《書》有孔安國傳，《詩》有漢毛亨與鄭玄注，《禮記》為鄭玄注，《春秋左氏傳》為晉杜預注、唐孔穎達疏。據以上諸書，五經章句訓詁始有正解。後經唐末、五代的戰亂，至宋朝興起，直至明末清初是是為第三期。而近代為第四期，為受西方科學考驗期。〔註1〕第三期儒家一方面承訓詁餘風，另方面特重「修己安人」的實學。范文正公所倡的「先天下之憂而憂，後天下之樂而樂。」一語即是強

〔註 1〕 儒學分期可參見高師仲華所著之〈朱子學對中華兩國儒學的影響〉一文，《華學月刊》第 109 期頁 17～29。

調儒學的立場。後更進一步，探尋理氣問題，由周敦頤開其端，後張載、二程子起，紛談「理氣的宇宙觀」。「心性論的人生觀」等，而上述諸家之說，都由朱子加以統合。朱子之學在當時被稱爲道學，故朱子學又稱道學。朱子之學直承北宋程子學統，故又稱爲程朱學。近代朱子學又被稱爲新儒學（Neo-Confucianism）。用以與原始創自孔子的儒學與漢唐注疏之儒學相區別。

朱子學的特色

（一）建構新儒家的哲學體系

朱子學以傳統的儒家學說爲根本，尤其致力於鑽研《春秋》與《易經》，攻擊漢代箋疏訓詁及唐代研求文學的無補人事。研究《春秋》之學，即在探討政治得失的原理，觀察人世現象並提出因應之方，如司馬光的《資治通鑑》、朱熹的《資治通鑑綱目》都著眼於形而下的社會問題，特別以嚴肅的態度強調正統與名分。而研究易經之學，即圖謀示國人以處事接物之方，由此漸引入尋求事物的理與性，故朱子學所研討的主題即性理學與史學。朱子採周敦頤的《太極圖說》爲其形上學的根據，取程子的理氣論，釐清理氣依存與先後問題，用張載變化氣質說來解釋人性善惡問題，並強調仁的創造性，完成一整體的哲學體系。

（二）完成儒學道統觀

朱子是儒家創用「道統」一詞的第一人，他排除漢唐諸儒於傳受正統之列，特崇二程，並列周敦頤於二程之前，而成如下之道統傳承表：

伏羲 —— 神農 —— 黃帝 —— 堯 —— 舜 —— 禹 —— 湯 —— 文武

—— 周公 —— 孔子 —— 曾子子思 —— 孟子 —— 周子 —— 二程子 —— 朱子

（三）成立所謂四書的新經學

朱子特別用心輯注《大學》、《論語》、《孟子》與《中庸》爲《四書》，而崇之爲求學梯階，他捨棄由五經入門的方式，而以《四書》直探孔孟義理之教，採合理的治學方法，《四書集註》是朱子畢生精力的結晶，此後《四書》

爲全國學子必讀的經典。〔註2〕

　　朱子學的形成，大抵採用對立統一的方式，朱子體認各種理論與實際的矛盾，而用思考與實踐來加以統一，使成爲一個完整的體系。如他一方面受佛道兩教的刺激，另方面卻排拒他們，而恢復中國傳統的人倫世界，以回歸儒教原始的根本精神。儒教重傳統，講禮法，尊文化，崇人本，尚教養，主求知。朱子學即承之而構成他的「太極即理」的形上體系及「合理的主知主義」的教育理論。他將古典人文思想推向更高層次，經由「窮理」與「守靜居敬」，以實踐「去人慾，盡天理」的修養，使「人慾盡淨，天理流行」。因人有本然之性，「性即理」爲絕對的善，而人又有氣質之性，氣質之性會產生情慾，情慾不得其中，有陷入惡的可能，因此有賴併用客觀的格物窮理法及主觀的內省守靜居敬法來控制、疏導。從修身進而齊家、治國、平天下。修身爲根本，帝王之學亦不例外，他的政治理想是一種聖賢政治。朱子窮理的格物致知說，有注重以經驗的歸納法來探究科學原理的一面，留下科學研究的餘地，成爲明清考據學的先河，也使得日本江戶時代的朱子學者，對自然科學的探究，多少都有興趣。可說是開拓了近代精神譜系的一路程。〔註3〕

　　從朱子的著作，可以了解朱子的思想。朱子的《四書集註》闡發周敦頤「天人合一與倫理觀念」，採用張載「氣」的哲學，又取二程子以「內省思索探究人類道德的根源」之說，他認爲：天地之間有理有氣，理者，形而上之道，生物之本也；氣者，形而下之器，生物之具也。性決定於理，成之於氣，爲事象的兩面，故理與氣爲宇宙萬物的本質。又以爲五倫——即君臣、父子等社會秩序與家族道德，都建立在「理」之上，所以「理」對於自然、社會與人類三者可一以貫之。朱子又有《資治通鑑綱目》，祖述歐陽修的春秋褒貶與君臣大義論，並採司馬光的「大義名分論」，因此朱子學在政治上，爲君主制的理論基礎，朱子以後的掌政者，都熱心的提倡朱子學，以爲維護其政權的根據，朱子學說爲中國、日本、韓國士大夫階級思想的依據。朱子又有《小學》一書，內分立教、明倫、敬身、稽古、嘉言、善行等篇，成爲兒童教育、修身的準則，影響也很大。

〔註2〕　朱子學的特色部份可參考陳榮捷教授之〈朱熹集新儒學之大成〉一文，載《華學月刊》第37期。

〔註3〕　參見徐先堯教授著〈朱子學與日本近代意識的發生〉一文。載《百年來中日關係論文集》697頁。

　　朱子之學包羅甚廣，然朱子同時的陸象山論學，〔註4〕與朱子卻不合轍，後世朱陸異同成為熱門論題之一。南宋另有湖湘學派，〔註5〕浙東事功學派，〔註6〕見解都與朱子有所歧異。明代王陽明上承陸學，因朱子大學格物補傳而掀起學術思想史的大辯論。明儒羅整庵雖崇朱，但對朱子的理氣論表示駁議，至清代，如顏元、戴震對朱子之說，且曾激烈攻擊，〔註7〕在經學上，清儒亦隱然與朱子對壘，有名的朱子學者錢穆說：「此因宋學乃中國下半期學術思想之總起點，而熹則為宋學中之集大成。自熹之後，學術思想便有分道揚鑣之勢，而無論走那一方向的，都會觸及熹學之壁壘。」〔註8〕可見朱子學領域之廣，日人有將陽明學視為朱子學之另一種發展，原因即在此。〔註9〕狄百瑞說：「在某種意義下，李贄與王陽明都可以算是程朱的傳人。」〔註10〕也是基於同一道理。

　　綜上所述，可知朱子學反對以箋注五經為中心的漢唐學術，漢學偏於訓詁，拘泥文字，不重視整體之大用，朱子則希望直接把握儒家的真精神——為學的目的在於修己安人，要修己，須先明白宇宙形成之理，要先知道人的認知能力與人性的可塑性，要安人，則應知道各種實務，並付之實踐，換句話說，朱子學主要在研究「理氣心性」及如何實踐等問題。「理氣」即研究宇宙的構成或存在，其本質是純粹理智的，他透過所讀的佛、道、儒家典籍，歸納成「太極即理」「理氣二元」「理先氣後」等觀念，又從五行說與堯典舜典疏上推測出天體運行的法則，並用觀察法探討宇宙地殼的變動。「心性」即

〔註4〕陸象山名九淵，字子靜，與朱熹主張不同，他評朱熹之學支離煩瑣而主「心即理」，「尊德性」。號稱心學。

〔註5〕湖湘學由胡宏（五峯）所創，胡著有「知言」。主張「性體至善，性之流行，心為之主。」

〔註6〕或稱浙學，其中鉅子如呂祖謙長於史學，永嘉葉適倡言經制事功，永嘉陳亮專言事功等，浙學所論乃外王事功與歷史文化等問題。

〔註7〕見何佑森著：〈近三百年來朱子學的反對學派〉，載於《幼獅學誌》第十六卷第4期，頁25～35。

〔註8〕見錢穆著：《宋明理學概述》。頁159。

〔註9〕王陽明的思想在本質上和朱子並無大別，可說是朱子學的另一種發展，王陽明講心學，心學就在性理學的範疇內，朱王所要闡明的理，與以反省為本的內修法差不多是同樣的。說詳見於日人赤塚忠的〈儒家思想的歷史概觀〉一文，載於幼獅版洪順隆譯之《中國思想之研究》一書頁49。麓保孝於《朱子學大系》第一冊，頁29有同樣看法。

〔註10〕民國70年1月17日，《中國時報》黃俊傑訪問狄百瑞的報導：〈舊傳統的新探索〉。

研究個人的心性，以構成人倫道德，並進而熟悉各種實務，以保證能付之實踐，完成理想。其所持的態度為合理的（或主知的）、嚴肅的、自然的、客觀的、汎道德的。他反絕對的功利主義，以敬謹勤奮的精神，持修道德，朱子學籠罩中國學術界七、八百年，支配韓國思想界近六百年，影響日本思想達五百年之久，實非偶然。

第二節　朱子的生平

要確切了解朱子學，於朱子的生平，應先有認識，而有關此類著作很多，近人著作凡與朱子相關的，多為其立傳，〔註11〕本節將分（一）家世、（二）為學、（三）仕宦、（四）講學四項分別敘述：

一、家　世

朱子名熹（西元 1130～1200 年）字元晦，〔註12〕別號很多。〔註13〕徽州婺源縣（今安徽婺源縣）永平鄉松巖里人。父親名松，字喬年，號韋齋（西元 1097～1143 年，北宋哲宗紹聖四年～南宋高宗紹興十三年），因仕入閩，寓尤溪。朱子就在南宋高宗建炎四年九月十五日午時誕生。當時宋朝僅保有由淮水至大散關以南的半壁江山，偏安江左，佔據北方的金人虎視眈眈，正是國難方殷、國步維艱的時際，但北方淪陷，卻使南方水田得以開發，文化中心也漸移至南方。此時正當日本的院政中期〔註14〕（西元 1130 年為日本崇德天皇大治五年）。在平家興起〔註15〕至源賴朝〔註16〕（西元 1147～1199

〔註11〕朱子生平可參考下列諸書：1. 《宋史》本傳（《四部備要》卷四二九，頁 3419～3424）2. 《宋元學案》（河洛出版社，卷四十八，〈十二晦翁學案〉）3. 黃榦〈朱先生行狀〉（《黃勉齋集》，正誼堂全書本，卷八，頁 1～39）4. 王懋竑《朱子年譜》（世界書局本）5. 佐藤仁《朱子行狀》（東京明德出版社）6. 秋月胤繼《朱子研究》（東京京文社）7. J. Percy Bruce, Chu His and His Master（London：Prbsthain, 1923. P. 56～69）散篇論文詳見附錄之參考論文目錄。

〔註12〕元晦之字因其師劉屏山（子翬）之訓而取，屏山曰：「木晦於根，春容曄敷；人晦於身，神明內腴」，其後號晦翁、遯翁、晦庵皆師此意。

〔註13〕朱子後改字仲晦，而晚號晦翁，又號晦庵、紫陽雲谷老人、滄州病叟、遯翁、雲台隱史（雲台眞隱，雲台外史）、鴻台外史、鴻慶外史、嵩陽隱史，仁知堂主。學者稱他為考亭先生，亦稱紫陽先生。

〔註14〕院政為日本上皇或法皇掌權的政治。

〔註15〕平家原為皇族，後降為臣籍，後歷出勇武之士，在白河法皇時，平正盛得寵，

年）政權成立之間，與朱子約略同時的有日僧法然（西元 1133～1212 年）、
榮西（西元 1141～1215 年），稍後有道元（西元 1200～1253 年）、親鸞（西
元 1173～1262 年）的出現。而在西方，正是第二、三次十字東征的時候，
西方大哲多瑪斯（Thomas Aquinas）（西元 1225～1274 年）晚朱子一世紀才
出現。

　　朱子親屬多儒者，生母姓祝，幼習儒書，外祖父祝確，亦業儒，有高行。
故朱子十四歲喪父，其母辛勤撫教，引其受教於名儒——胡籍溪、劉屏山、
劉白水諸君子門下，不數年，進士及第，得授官職，後仍向學不輟，卒成大
儒，其母教的功勞特大。〔註 17〕

　　朱子祖母亦出自以儒爲業的家庭中，〔註 18〕對朱氏家庭教育有密切關
係。朱子祖父朱森初習儒業，後受佛老思想影響，不復事進取，時時歌詩自
娛，恍然有超世之志。每當生日時，常向前來祝壽的兒子訓示說：「吾家業儒，
積德五世後，當有顯者，當勉勵謹飭，以無墜先世之業。」〔註 19〕朱森有子
三人，即松、檉、槹。季子槹著有《玉瀾集》，也頗好佛典，觀集中詩文，亦
爲深於儒道而不逢時者，而朱子的父親松，甚爲博學，佛、老釋道皆曾涉獵，
於所學中，特喜詩。《韋齋集》卷九上〈趙漕書〉云：

> 蓋嘗以爲學詩者，必探賾六經，以浚其源……夫詩……三百餘篇，
> 先儒以爲二南周公所述，用之鄉人邦國，以風動一世，其餘出於一
> 時公卿大夫，與夫閭巷匹夫匹婦之所作。其辭抑揚反覆，蹈屬頓挫，
> 極道其憂思佚樂之致，而卒歸之於正，聖人以是爲先王之餘澤，猶
> 可見其髣髴，足以聳動天下後世，故刪而存之至今，列於六經，焯
> 乎如日月。春秋之世，列國君臣，相與宴享朝聘，以修先君之好，
> 往往賦古人詩，以自見其意……。

論《詩經》的功用與重要性很是中肯。朱松對當代諸儒，特重司馬光之學。
他推尊司馬光正經史，深於治道，有功於聖人之門，其《資治通鑑》一書，

平家漸得勢，其子忠盛，支配西國土豪，掌握海權，與宋貿易，財勢大增，
至清盛於平治之亂後，晉任太政大臣，臻於極盛，平氏政權於源平爭權戰中，
被源氏消滅，爲武家政治確立前的一種過渡政權。
〔註 16〕源賴朝爲鎌倉幕府第一代將軍，攻滅平氏政權，首創武家政治。
〔註 17〕朱子生母家世可參考《朱子大全文》卷九十八，〈外大父祝公遺事〉。
〔註 18〕可參考《朱子文集》卷十八〈韓溪翁程君墓表〉一文，程君爲朱松的表兄弟，
　　　　該文述及其祖母嘗受儒教。
〔註 19〕見四部叢刊本《韋齋集》卷十二，〈先君行狀〉。

酌古準今，可覘治亂存亡之迹，除司馬光外，朱松又治程氏之洛學，追求爲聖人之門徑，《韋齋集》卷九〈上李參政書〉云：

> 屏居讀書，於聖賢之事業，粗見首尾，雖未敢自謂有所樂乎此，蓋亦庶幾於不苟然者。

又同書卷〈上謝參政書〉云：

> 夫達天德之精純，而知聖人之所以聖，誠意正心於奧突之間，而天下國家所由治。推明堯舜三代之盛，修己以安百姓，篤恭而天下平者，始於夫婦，而其極也，察乎天地，此程氏之學也。

可見朱松於洛學的體悟與推崇。他因主戰而與主和的秦檜不和，出知饒州，請祠於家。在朱子誕生後，即將滿腔報國淑世的抱負，寄託在朱子身上，他親負教導之責而朱子的聰慧靈敏，亦不負所望。黃榦〈朱先生行狀〉云：

> 幼穎悟，莊重能言，韋齋指示曰：「此天也。」問曰：「天之上何物？」韋齋異之。就傅，授以孝經，一閱封之，題其上曰：「不若是，非人也。」當從群兒戲沙上，獨端坐，以指畫沙，視之，八卦也。少長，屬志於學。

又朱子十一歲時，朱松曾寫蘇軾〈昆陽賦〉給他，並爲他說古今成敗興亡的情形，像這樣以問答討論，講解說明，可見朱松傾囊相授，望子成龍的心情。故朱子幼時即聞見宏富。異於他人。

朱子幼年時，於其家學，已能心領神會，略窺河洛之學的奧義，如黃榦說：「自韋齋先生得中原文獻之傳，河洛之學，推明聖賢遺意，日誦大學、中庸，以用力於致知誠意之地，先生（指朱子）蚤歲已知其說，而心好之。」可爲證〔註20〕而朱子早年曾「泛濫於釋老。」其祖、其父、其叔也曾喜好此道。作詩文，朱子習蘇、黃、荊公的筆法，也是受朱松的影響，《朱子語類》一百四十卷曾有記述；而於諸子、史學及經學方面，朱子雖於喪父後，另從師問學，但其治學途徑大抵循朱松故轍，擴大加深，終抵於成。研究朱子學，其家世的影響，實不可忽視。〔註21〕朱子有子塾、埜及在三人，女兒五人，塾先於朱子死，埜與在傳其家學，其婿黃榦爲朱子學傳播的功臣。

〔註20〕　見《黃勉齋文集》卷八，〈朱先生行狀〉。

〔註21〕　朱子的家世可參考劉述先先生所著的〈朱子早年的教育環境與思想發展轉變的痕跡〉一文，刊《幼獅學誌》第十五卷第 3 期，另有趙效宣的〈朱子家學與師承〉一文亦可參考，刊《新亞學報》第九卷第 1 期。

二、爲　學

朱子的爲學經歷，約可分三期，初爲承家學期，次爲從師受教期，後爲自我進修期。

朱子少承家傳的儒學，其父一有時間，即親爲教讀，朱子思想源自二程，好詩文，好治史，好賈陸之學。通達時務，一生力排和議，都受其父影響，甚至拜師於劉屛山、劉白水、胡籍溪三人，也是承父親遺命。至於三十一歲時，正式受教於李延平之門，也因與其父對同門友延平的極高評價有關。此期朱子猶時涉獵於佛老、詩文、兵法之學。至從學於三先生的門下，仍不改。

朱子十四歲即從學於劉、胡三先生門下，三先生待他像親子姪一般，白水並把女兒嫁給他。屛山告訴朱子以「不遠復」爲入德之門，白水則善於隨機教學，隨時說以聖賢教學門戶，及先哲嘉言善行。然劉氏二先生不久相繼逝世，獨籍溪得享高壽，朱子追隨他幾二十年。籍溪與白水同鄉，兩人都跟譙天授學過易，白水又向劉元城（安世）、楊龜山（時）請業，籍溪因是胡文定公（安國，以治春秋著名）從父兄之子，自幼就從文定學。屛山師承不知，僅知其私淑二程，而少喜佛，「歸而讀易，渙然有得。」三人都是朱子父親的朋友，志趣相合，澹然無求於世。據《朱子語類》卷一〇四說：「初師屛山、籍溪。籍溪學於文定，又好佛老。以文定之學論治道則可，而道未至。然於佛老亦未有見。屛山少年能爲舉業，官莆田，接塔下一僧，能入定，數日後乃見了。老歸家、讀儒書，以爲與佛合，故作聖傳論。……某自見於此道未有所得，乃見延平。」可知三先生與朱松於儒佛分際不能眞正把握，都博而不深，因此朱子仍在困而不通中。當朱子於二十二歲任同安縣主簿，廿四歲赴任途中初謁李延平，延平教以「看聖賢言語」並說「理一分殊」之理，初尚不信其說，五年後再謁之，問以一貫忠恕之說，漸能契合其意，至三十一歲時，才正式拜師受學。朱子所獲於延平者有三大綱。即「要於日用人生上融會。須看古聖經義。理一分殊，所難者不在理一處，乃在分殊處。」受了延平的啓示，他由空洞的禪學回過頭來，重新落實於儒學重日用人倫的境界。朱子在其《文集》卷九十七〈延平行狀〉上說：「熹從先生遊，每一去而復來，則所聞必益超絕，蓋其上達而日新不已有如是。」可見在謁延平之數年間，朱子學術基礎才漸奠定。

李延平的老師爲羅從彥，羅學於程頤的弟子楊龜山，朱松也曾游學於羅從彥的門下，所以李延平與朱松是同門，都傳伊洛之學，但延平學有獨得，極受重視，《朱子文集》卷九七曾讚延平說：「先生資禀勁特，氣節豪邁，而

充養完粹。無復圭角。精純之氣達於面目。色溫言厲，神定氣和，語默動靜，端詳閒泰。自然之中若有成法。平日恂恂，於事若無甚可否，及其酬酢事變，斷以義理，則有截然不可犯者。」可見延平爲實行派的人物，致力於修養。延平很欣賞朱子，《李延平》卷一〈與羅博文書〉說：

> 元晦進學甚力，樂善畏義，吾黨鮮有，晚得此人，甚慰，又曰：「此人極穎悟，力行可畏，講學極造其微處，某因此追求有所省，渠所論難處，皆是操戈入室，須從源頭體認來，所以好說話。某昔於羅先生得入處，後無朋友，幾放倒了，得渠如此，極有益。」

由此可見師生相得情狀。朱子三十四歲，延平逝世，從此步入自我進修期，其間得益友張栻（南軒）（西元 1132～1180 年）、呂祖謙（東萊）（西元 1137～1181 年）等共同切磋，張栻以爲天理之本眞常顯現在日用人倫之際，所以人應察識此微露之芽加以存養，朱子受他影響，取他的主動方法，配上延平的靜坐察識法，再用程頤的居敬涵養，格物致知加以統一，形成他的個人倫理體系，進而推廣至形上學的領域，直到四十歲，朱子終於完成以程頤爲中心的思想骨架。曾自謂讀程頤「涵養須用敬，進學在致知」一語，豁然有省，積年所疑，凍解冰釋，學術系統遂漸次成立。

四十六歲朱子接受呂祖謙之約，在鵝湖與陸氏相會論學，陸象山（西元 1139～1192 年）力主本心的自覺，朱子則堅持窮理之法，雙方終不歡而散，然朱陸雖爲學敵，但仍彼此敬重。

朱子在同安主簿任上退職後，二十年間，沈潛於研求學問，完成生平大部份的著作。後雖再度出仕，但爲時甚短，從五四歲到六十歲間，又完成了一些著作，以提示自己學說的根據，並進一步加深其理論。此後到七十歲時，一方面講學，一方面著述，其學愈富，其徒漸多，其著作也就更受重視。而七一歲（西元 1200 年）死前三日，仍力疾改正大學誠意章的註文，可見其爲學的謹愼，這種精神眞令人欽仰。

茲將朱子的師承列一簡表，以清眉目。

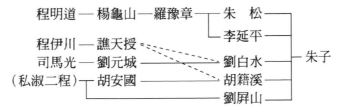

三、仕　宦

　　朱子一生歷南宋高、孝、光、寧四朝，自十九歲，登進士弟，至七十歲退休，其間達五十三年，而居官僅九載。計任同安縣主簿四年（於廿四～廿七歲間，因秩滿罷歸），知南康軍二年（於五十至五二歲間，調任新職），提舉浙東常平茶鹽一年（於五二至五三歲間，因劾唐仲友不法，自請罷黜而離職）知漳州一年（於六一至六二歲間，因行經界法被排擠而以子喪去職），知潭州四月（於六五歲間），為時都不久，但都有可觀的政績。寧宗即位，朱子六五歲，因首相趙汝愚的推薦，被任為煥章閣侍講，進講大學，纔四十多天，因直言無忌，被迫離職。

　　從上面所述的官歷來看，朱子任地方官僅九年，任中央朝廷官員不過四十多天，比起王陽明官至南京兵部尚書兼左都御史，掌軍政大權，封為侯伯者，當不可相提並論，對當代政治的貢獻，朱子固然不如王陽明，但朱子的政論，及在地方所行的政制，影響於後世卻不小。詳如下述。

　　朱子的首任官職是同安縣主簿，此地近於福建金門縣。主簿是縣令的屬官，掌文書兼管教育，他就職後，每日查驗賦稅出入之簿，以防稅吏作弊，講求辦事效率，公佈納稅日期，徵收務期公平無私，抑止富人欺壓百姓。並取公家藏書並募書民間，成立圖書館，釐定婚姻法，改善民風，又因防盜守城，設射堂訓練軍隊。殫精竭慮，選任賢能之士如徐進中，柯君翰等，教導邑中優秀弟子，自己也每日與講修己治人之道。因此士思其教，民懷其惠，四年任期屆滿，罷歸時，民眾都依依然，不忍其去。〔註22〕且為立祠於學宮。

　　朱子離開同安後，以養親請奉祠職，監潭州南嶽廟，奉祠職是名譽職，是宋代的一種特別制度，用來優待賢者、長者及功勳者，有薪水而無須負擔實際事務，宋朝憑藉著這個制度，造成他文化鼎盛的機運，〔註23〕朱子在知南康軍之前，約二十年，屢辭政府的政官，能專研學問，潛心著作，即受祠祿之賜，這期間他歷監潭州南嶽廟，台州崇道觀，及武夷山沖祐觀，他的經濟來源不外是祠祿和弟子的束脩。知南康軍後，不任官時，又主管過華州雲台觀，南京鴻慶宮；嵩山崇福宮（這種祠祿制，相當於今日銀行或各國營機構的顧問職。官分提舉、提點、管勾（主管）與監四級）。

〔註22〕參考王懋竑《朱子年譜》，卷之一上，頁9～12。

〔註23〕參看〈陸游、辛棄疾成名的時代背景與心理因素〉一文頁24，《中山學術文化集刊》第二十六集。

孝宗乾道四年（西元 268 年），朱子三九歲時，其第二家鄉崇安發生大水災，民多餓死，朱子請粟於官府賑災，因這個機緣，他開始活用他窮理格物的學問，研究社倉制度，針對地方官吏、地主與農民的對立等問題，縣官、鄉吏、村民共同經營所需精確迅速的事務規定，如納米、出米、帳簿、量具、管理費用等，特別是趁火打刼，乘機哄抬物價的防止等等都加審慎的考慮，終於設計了一套救災備荒的藏穀法，三年後於五夫里創立社倉，極爲成功，〔註24〕其後十年，社倉法頒行於全國。數百年後，日本朱子學者又把此法推行到日本，其影響可謂深遠。

孝宗淳熙六年，朱子五十歲，在四次請辭被拒的情形下，出知南康軍，南康軍包括江西省的星子、永修、都昌三縣。朱子一上任，以在同安及救濟崇安飢荒的經驗，益以多年磨鍊，鑽研所得的學識、德行，開始爲民興利除害，他召集鄉黨父老，告以應教導子弟知人倫之道，明和睦救恤之計。勸誘優秀子弟入學，表彰文學行義之士。再建白鹿洞書院，振興教育。同時指導水稻種作技術，凡育種、堆土、堆肥、除草、插秧等技術，都曾實驗研究並教導農民，朱子在促進水稻種植技術上貢獻不小。〔註25〕朱子五一歲，南康軍大旱，他即修荒政，令境內富豪救濟貧民佃農，設賑米所，賑濟災民。準備改種耐旱的麥種，並請求蠲免田賦，活民無數。

朱子在南康軍二年，政績斐然，時浙東大饑，政府爲用其長才，調他爲提舉浙東常平茶鹽公事，負責籌畫飢饉對策，他駕輕就熟，救荒策更加完備，每日鈞訪民隱，對不提供恤米的富豪、盜官米的官吏及虛報案情的知事都徹底彈劾，由於劾奏宰相王淮的姻親唐仲友，雖使唐失掉江西提刑的新職，而朱子也因此被斥。

宋光宗紹熙元年（西元 1190 年）朱子六一歲。他當漳州的知事，到任，首頒禮教，減免賦稅，計奏除無名之賦七百萬，減除經總制錢四百萬。並注意興學，因習俗不知禮，採古喪葬嫁娶之儀以示之。又著手擬定「經界法」。丈量土地，進行土地改革，查明非法的侵占田，依田地肥瘠擬定合理的賦稅，後以富豪反對，草案甫定，即以子喪離職。

六五歲，朱子任潭州知事，潭州即今長沙，當時住在洞庭湖附近的穴居蠻

〔註24〕參看王氏《朱子年譜》卷之一下頁 31 及 44。

〔註25〕參考友枝龍太郎的〈朱子〉一文，載於幼獅版《中國思想之研究（一）儒家思想》，頁 141。

族——洞獠正在叛亂，身為荊湖南路安撫使的朱子首要解決的難題，就是如何平定洞獠之亂，朱子在進行討伐之前，先行招撫，派人諭以禍福利害，竟使洞獠族完全歸順，明朝王陽明鎮撫土匪的方策與此若合符節。朱子在潭州申敕令、嚴武備、戢姦吏、抑豪民，遂使地方行政弊絕風情。同時獎勵教學，修復嶽麓書院。湖湘士子伺其餘暇，常趨前質疑問難，朱子欣然講說不倦。

朱子除親自投入地方建設外，並曾數次建言，實行書生建言報國的天職。孝宗在位時，朱子曾三度拜謁（三四歲癸未年、五二歲辛丑年、五三歲壬寅）有三度封事（壬午應詔封事、庚子應詔封事、戊申封事）在壬午應詔封事中（時朱子卅三歲），以理學推論政治，極言帝王之學根本在於修身，修身之要在於格物致知。並主張修武備、任賢吏、絕講和、復國讎。癸未奏剳意仍未變。只特別強調制夷狄不在威強，而在德業。由於論及戰事，被任為武學博士，因與當局主和論不合，未就職而請祠。

庚子年，朱子五一歲，封事以恤民及恤民之法為要點，因評及孝宗及群臣，帝勃然怒，賴宰相趙雄為之緩頰說：「士之好名，陛下疾之愈甚，則人譽之愈眾，無乃適所以高之，不若因其長而用之，彼漸當事任，能否自見矣！」帝怒方解。次年朱子奏事延和殿，力言災異之起，由於人謀不臧，第三年又上「修德政以弭天變狀」。戊申年六月入奏，以正心誠意，慎擇獄官為言。

戊申年，朱子五九歲，十一月上封事，說以天下之大本在皇帝之心，並提出六大急務；即輔翼太子，選任大臣，振舉綱紀，變化風俗，愛養民力，修明軍政等，封事送至孝宗處已過夜半，孝宗已就寢，竟起身秉燭，熟覽全篇，次日即任為崇政殿說書。在朱子是披肝瀝膽，極盡忠鯁，知無不言，言無不盡，而孝宗亦能察納雅言，眷顧愈厚，但因嫉之者愈多愈深，以致不能安於朝廷之上。

甲寅年，孝宗崩，光宗內禪，寧宗即位，時朱子六五歲，被召至朝廷，任為侍從侍講，受詔進講大學，時韓侂胄居中用事，朱子上疏斥言左右竊柄之失，且於講筵中，再度申言，韓於是說他是偽學，迫寧宗斥退他，朱子留朝廷僅四十六日。

乙卯年，寧宗慶元元年，朱子本擬一彈劾韓侂胄專權蔽主的奏疏，但他的學生因韓權勢正盛，恐賈禍，群相勸阻，朱子就以卜筮決定，得遯之同人卦，只得焚毀奏稿。二年胡紘、沈繼祖劾朱子學為偽學，朱子落職罷祠，三年，朱子弟子蔡元定因偽學之黨被謫道州，十二月有五九人被列為偽學逆黨，朱子及其同志，

都被列在裏面，南宋知識份子的精英幾乎全被牽連在內，這就是慶元黨禍。然朱子夷然不以爲意，照舊講誦授徒，以修訂未成著作爲急。慶元五年朱子退休，次年逝世，會葬者幾千人。死後第二年，黨禁稍緩，〔註26〕朱子死後七年，韓侂胄伐金失敗被刺，次年朱子獲謚「文」，尋贈中大夫，特贈寶謨閣直學士，死後廿七年獲贈太師，追封信國公，改徽國公。死後四一年，理宗視學，手詔從祀孔廟，至明朝洪武初以朱子之書，立於學宮，嘉靖中，祀稱先儒朱子。

朱子自十九歲，登進士第，以至於死，其間敘任官職達二十餘次，然因奸佞當道，積弊甚深，故或辭而不就，或就而不能久於位，不得遂其志，於政治上雖有少許治績，然不足以稱其學行，惟因此得以潛心於學術研究，作育英才，其於儒學上的成就，震古鑠今，被尊爲孔孟以後的第一人，其學術地位，崇高無比，人生窮達得失，幸與不幸，實不能以當前境遇爲斷啊！

四、講　學

朱子居官僅九載，閒居講學者四十餘年，著述甚多，〔註27〕而學生人數之多，也是無與倫比的，〔註28〕研究朱子，可專從一面詳盡的探討，如美國戚若高（Conrad・M・Schirokauer）所著的〈朱熹之政治生涯——出處與衝突的研究〉一文，歷述朱子辭仕、爲仕、致仕、政治與政論種種，詳密完備，號稱佳作。

朱子的講學生涯應始自同安主簿任內，朱子說：「我宿同安，諸生相從者多矣」。因朱子當時兼管教育事，於是選擇當地優秀子弟，令其入學，日與講說修己治人的道理，時朱子雖年僅廿四，但具有年輕人的熱誠，凡於教學所需，如教室、學生宿舍、圖書設備，與師資聘請，無不費心謀畫。而任滿，在等候辦理移交的數月中，住在名醫陳世傑家，其朋友學生嗜學者與之居，誨人尤多。故同安地區「聞其風者，已知學之有師而尊慕之。」今日金門、同安地區，尚有其遺跡在。〔註29〕

〔註26〕慶元六年，呂祖泰上書爲黨禁諸人訴冤，雖因而獲罪，流配欽州，但二年後，黨禁漸緩，韓之權勢漸漸動搖。卒使黨禁解除。

〔註27〕朱熹的著作，詳可參考周子同著《朱熹》一書第七章，商務版，頁93～103。

〔註28〕朱子門人之眾與二程門人與陽明門人相比較，程門不滿百，陽明門有三百零七人，朱門卻有五百三十多人。朱王之比爲五比三，故朱門爲漢後第一，參閱陳榮捷所著的〈朱子門人之各方面及其意義〉一文，《中國文化月刊》第11期頁118。

〔註29〕參閱前註文中頁118朱子門人之里居籍貫統計，以福建一六四人最多，浙江八十人，江西七九人次之。

　　從同安任滿罷歸後十餘年，朱子因有祠祿及劉氏田的收入，衣食之資無虞缺乏，於是從李延平學，與張栻、呂祖謙諸人遊，潛心於學習著述，而學問也大進。從學或請益者日多。三八歲時，朱子訪張栻於長沙，以後通訊不絕，湖南學子，早聞朱子大名，四六歲時，呂祖謙自東陽來，至建陽，留止於寒泉精舍，助朱子編成《近思錄》，時從於寒泉精舍的學子亦多。同年與陸九淵、陸九齡及劉清之等人，由呂祖謙邀約，會於信州的鵝湖寺。相與講學，朱子以教人應泛觀博覽，而後歸之約，認為二陸先發明人的本心；而後使之博覽為太簡。雙方都堅持己見，但彼此尊重，不傷和氣，此為君子之爭，可為風範。次年，朱子四七歲，到祖居婺源掃墓，其弟子蔡元定等人從行，在三月至六月間，安徽地區的學子，擁至聽講。《朱子年譜》云：「鄉人子弟，日執經請問，隨其資稟，誨誘不倦，又送程氏遺書、外書、文集、經說、司馬氏書儀、高氏送終禮、呂氏鄉儀鄉約等書於婺源學中。」

　　朱子五十歲出知南康軍，特別著重文教，於周敦頤祠堂建學校，併祀二程子，選優秀子弟入學，由學官講說經旨以誘掖他們，每四、五日入到學校，親為學生講說，亹亹不倦，又敬禮賢德之士，聘為學職，建五賢祠堂、臥龍庵，以宣揚名節，振興風俗，士風翕然淳化。

　　朱子在江西省重建白鹿洞書院，是值得大書特書的事，白鹿洞書院在江西星子縣北，盧山五老峯南後屏山上，唐李渤隱居於此，常蓄白鹿以自娛，因名白鹿洞，南唐昇元中，建學於此，號盧山國學。宋初置書院，太宗詔賜九經，稱白鹿國學，朱子訪其廢址，觀其四面山水，清邃環合，無市井之喧，有泉石之勝，實為講學著作的好地方，故奏請修復，揭舉古訓以為學規，於為學做人之道，盡其綱要，白鹿洞學規所揭示的條目，成為中國近數百年書院教育的共同校訓，並傳至日本，於朱子學在日本的發展很有助益。

　　朱子在江西南康軍時間雖不長，但影響很大，江西人從學於朱子的很多，許多學者游於朱陸之間，然棄陸就朱的不少，棄朱就陸的卻沒有聽說過。南宋思想由江西傾向福建，亦是朱子關係。

　　朱子五二歲提舉浙東常平茶鹽，在浙江救荒，巡察所屬，所至必有學者來歸，又有至交呂祖謙為他宣揚，不少學者往來於朱呂之間，因此朱門屬於浙江者人數也很多。

　　朱子五四歲又獲祠錄，在崇安武夷山五曲的大隱屏下，建武夷精舍，此後七年間，恢復純粹講學著作的生活，武夷精舍拔地千尺以上，山高雲深，

風景幽美，聚徒講學，著作不斷，一時學生雲集，蔚爲壯觀。

六一歲時，出任漳州知事，仍以文教爲先，獎勵學校教育，學者從之更多，此後十年除一度出任潭州知事，四十日在朝廷講席外，朱子都住福建建陽。在建陽築有竹林精舍，後改名滄州精舍，後又建考亭精舍，都是講學的好地方，由於朱子住福建最久，弟子閩籍的也最多，其學因之號稱閩學，以福建海隅之地，蔚爲一思想中心，爲中國歷史上的特別現象。

六五歲時，朱子出任潭州知事，時聲名極盛，湖南學者趨之如鶩，朱子學如皎日當空，甚至一晚請教者達數十人。盛況可見。而在長沙復修嶽麓書院，夜每與諸生講論，隨問而答，略無倦色，多教以切己務實，毋厭卑近，而慕高遠。懇切周到，受教者無不感動。

時蜀人黃裳講學每用朱說，大爲光宗激賞，彭龜年也講朱學，寧宗未即位時，聞朱子名，每恨不得朱子爲講官，即位之初，立加召用，朱子屢辭，後勉爲拜命，赴行在，受詔講大學。後因韓侂冑排斥，而罷歸。歸途經玉山，邑宰司馬邁請朱子爲諸生講說，於是就縣庠賓位，因學者所講問，而發明道要，聞者興起，朱子晚年親切的教訓，感人殊深。

朱子爲學主張主敬以立其本，窮理以致其知，反躬以踐其實，居敬所以成始終，其講學能以身作則，據黃榦的〈行狀〉說：「其色莊，其言厲，其行舒而恭，其坐端而直。其閒居也，未明而起，深衣幅巾，方履，拜於家廟以及先聖，退坐書室，几案必正，書籍器用必整……倦而休也，瞑目端坐，休而起也，整步徐行。中夜而寢，既寢而寤，則擁衾而坐，或至達旦。威儀容止之則，自少至老，祁寒盛暑，造次顛沛，未嘗有須臾之離也。……其自奉則衣取蔽體，食取充腹，居止取足以蔽風雨，人不能堪，而處之裕如也。」而其教人讀書，「必使之辨其音釋，正其章句，玩其辭，求其義，研精覃思，以究其所難知，平心易氣，以聽其所自得，然爲己務實，辨別義利，毋自欺，謹其獨之戒，未嘗不三致其意焉。」而「從遊之士，迭誦所習，以質其疑。意有未諭，則委曲告之，而未嘗倦。問有未切，取反覆戒之，而未嘗隱。務學篤則喜見於言，進道難則憂形於色。講論經典，商略古今，率至夜半。雖疾病支離，至諸生問辨，則脫然沉痾之去體。一日不講學，則惕然常以爲憂。摳衣而來，遠自川蜀。文辭之傳，流及海外，至於荒裔亦知慕其道，竊問其起居。窮鄉晚出，家蓄其書，私淑諸人，不可勝數，先生既沒，學者傳其書，信其道者益眾，亦足以見理義之感人者深也。」由行狀所述可見朱子講學的

大概，朱子學籠罩在中國學界八百年，影響及日、韓、越諸國，豈是偶然？

第三節　朱子學形成的原因

朱子學形成的原因，綜合前人的說法，約有如下數端：

一、爲漢唐學術的反動

漢唐儒家之學，主要爲經典注疏之學，注重文字訓詁，名物考據及章句的分析，而學者每喜自衒博學，箋注日趨繁瑣，如秦延君解「堯典」兩字，解「日若稽古」四字，長至數萬言，刺刺不休。誠如顏之推所譏：「博士買驢，書券三紙，未有驢字。」唐人注疏，例不破注，注有瑕疵，也曲爲解說，有時越說越不懂，於是原始儒家修己安人的目的被忽略了，當時竟有「寧道孔孟誤，諱言鄭服非」之諺，可見箋疏訓詁之弊，這種沒有生命的經學日趨沒落，不足以牢籠才識之士，於是文藝興，而文則由散文趨於駢儷，詩由古體轉爲近體，對偶聲律，限制日嚴，至晚唐唯美文學興，詩的內容貧乏，而至宋代詞漸盛，幾取代詩的地位，學術幾乎爲文藝所掩，文藝虛華，學術較爲篤實，因此有志聖學的人每排斥文學，而重聖賢之學。朱子詩文固有可觀，然其用力則不在於此，朱子捨棄五經注疏之學，尊《論》、《孟》、《學》、《庸》四書，希圖把握孔孟基本義理之教，取周張二程諸先輩之長，完成新儒學的研究內容，以理氣心性，仁義忠恕爲探討的主題，實際的動力爲對漢唐學術風氣的修正。

二、受佛道兩家思想的衝擊

佛教自東漢傳入中國後，勢力漸盛，初期佛僧每藉儒道言論，宏揚佛法，如儒講忠恕，佛言「我入地獄」，〔註30〕儒崇禮樂，佛亦尊戒律清規，儒重人倫之教，佛言「無君臣父子之道，此人不識如來世諦」。〔註31〕高僧慧皎曾據《禮記》解釋佛教戒律說：「道德仁義，非禮不成，教訓敦俗，非禮不備。入道以戒律爲本，居俗以禮義爲先」，這尚屬小乘經傳，迨鳩摩羅什傳大乘之義，南方僧侶，遂得以清談玄言與學人名士相交，有志宏濟時艱者，亦不乏佛徒，經道安、僧肇、慧遠、法遠、竺道生等人努力，佛法大盛於隋唐。後禪宗盛行，文人參

〔註30〕見佛典《報恩經》卷2。
〔註31〕見佛典《二諦義章》卷上。

禪成風，早期理學先驅，無不出入佛氏。佛說般若，講超知識的智慧，使宋儒受影響，也談心論性。朱子與陸王對格物致知主張不同，即從佛氏兩派之說各異而來。〔註32〕朱子曾自云：「熹天性愚鈍……蓋出入於釋老者十餘年。」又李侗嘗對其友羅博文讚朱子說：「（元晦）初從謙開善處下工夫來，故皆就裏面體認……。」謙開善為大慧禪師宗杲弟子，長於禪說。朱子之師如劉屏山，與大慧為道交，性好佛學，嘗以大慧語錄，引朱子躭讀，朱子甚至用其意以應試而中舉。〔註33〕而李侗為二程子之三傳弟子，二程子皆嘗出入佛氏數十年，其思想與禪甚近，朱子受這些影響，對佛學必有心得，日後他以靜坐為居敬的外在工夫，即採佛門打坐之法，但他斥程門流入於禪，又謂象山是禪，實是當時塞道者都是禪學，不辨禪儒之別，易流入外道，他辨其差別，都能切中肯綮，讀其《語錄》與《文集》，自可看出佛家給予朱子的影響。〔註34〕

　　除佛家外，朱子也受道家影響，道家之說，以老莊為宗，玄學家推闡老莊之說，以老莊解儒，其談「玄」說「無」及自然相生之說，都很精微，朱子學思想也有這些成份，朱子學承周張二程諸子之學，周敦頤的《太極圖說》為朱子宇宙論之所本，太極圖創自河上公，是方士修鍊之術，河上公本圖名為無極，魏伯陽得之以著參同契，鍾離權得之以授呂洞賓，洞賓後與陳摶同隱華山，而以授陳摶，摶刻此圖於華山石壁，陳又得先天圖於麻衣道者，而將二圖傳种放，放傳穆修與僧壽涯。修以先天圖授李挺之，挺之以授邵天叟，天叟以授子堯夫。修以無極圖授周子，周子又得天地之契於壽涯。這些傳承見之於宋史，〔註35〕朱子嘗自言於禪、道、文章、楚辭、兵法，事事要學，又說其師籍溪好佛老，說程顥每有取於莊老道家言，〔註36〕朱子必亦有取資，其學雜有道玄之學，當為必然。從朱子曾著有《周易參同契考異》與《陰符經考異》二書，〔註37〕可見他必受到道家的影響。

〔註32〕陸王主尊德性，說「萬物森然於方寸之間」，修養「當立乎大者」。即重在悟知，此源於佛氏頓悟的法門。朱子主道問學，說「理一分殊」要向窮理處去體性，此貴在力學，此採佛家說積漸修可至無明。故說朱陸的主張不同都自佛氏來。
〔註33〕見王懋竑《朱子年譜》頁 16。
〔註34〕可參考錢穆所著《朱子新學案》第三冊，〈朱子從遊延平始末〉頁 1～36，及《朱子論禪學》頁 489～579。秦家懿〈朱子與佛教〉載《朱子學大系》第一卷〈朱子學入門〉，頁 397～410。
〔註35〕見《宋史·儒林傳·朱震傳》，卷四三五，頁 4。
〔註36〕見錢穆《朱子新學案》第三冊，頁 612。
〔註37〕二書都自署為空同道士鄒訢，鄒本邾國，去掉偏旁而為朱，故以寓姓。禮記

三、是當時政治社會的自然產物

宋太祖趙匡胤在陳橋驛爲部屬擁立，黃袍加身，開創兩宋三百餘年的天下，爲避免重蹈覆轍，他設法解除功臣的兵權，這就是「杯酒釋兵權」故事的來由，宋太祖又於地方置通判以掌軍民之政，設轉運使以處理地方財政，並立禁軍之制，集權中央，而採文治主義，提高文人政治地位，規定宰相以讀書人爲條件，鼓勵讀書，獎勵名節，太宗承之，立崇文院，作秘閣，群臣有觀書閣下者，常遣使賜宴，因此蔚成時代風氣，人人以讀書爲高。而宋代官制中，以一種祠祿制，學者可以只領薪水，不用實際任事，因此讓學者可以安心讀書與講學，宋代文風特盛，這也是原因之一，如朱子一生膺祠祿有三十多年，他能有許多著述，弟子眾多，祠祿制的關係不小。

宋代社會南方較北方繁榮，南方人文薈萃，才俊輩出，理學大師周敦頤爲湖南人，二程子雖爲北方人，但大程子受學於周子，小程子兼師周子與胡瑗，而胡爲今江蘇如皋人，朱熹籍隸安徽婺源，但長於福建，都是受南方文化薰陶的，當時士人有懲於唐末、五代思想的空疏，道德的淪落，大家都想加以改革，有志之士都有淑世的精神與嚴肅的生活態度，如范仲淹立志「先天下之憂而憂，後天下之樂而樂」。張載立志「爲天地立心，爲生民立命，爲往聖繼絕學，爲萬世開太平。」等，都可見出宋代的士風，朱子生平屢辭官職，晚年受僞學黨禍，仍講學不輟，可見他不苟進取，不憂不懼，朱子學中，就貫有這種精神在。

宋代私人講學之風極盛，書院林立，因此朱子對教育的主張，即從這種社會背景中產生。而當時印刷事業的發達、進步，也是使學術興盛的一大原因。慶曆年間，畢昇發明活字版印刷，圖書裝訂由蝴蝶裝改爲巾箱版，得書容易，携帶方便，藏書也可以豐富，這種情形對個人讀書及書院講學都有幫助，朱子每到一處，必以教育爲先，如修復白鹿洞書院及嶽麓書院，建立精舍等，以宏揚其學，加上福建地區在南宋時成爲圖書中心，他的眾多著作，透過印刷及其弟子的傳播，終於形成顯學，說朱子學是時代的產物，當也不爲過。

第四節　朱子的著作

研究朱子學，當以朱子的著作爲最重要的資料，當然後人蒐集的語錄，製作的年譜也是不可缺的參考資料。朱子的著作很多，範圍很廣，經史子集，

鄭註：訢當作熹。又焦韻熹，訢均虛其切，故以寓名。

無不齊備，據商務版周予同《朱熹》一書所錄，計八十一種，附後人輯錄的相關著作有四十五種之多，均可直接參考。〔註38〕

以下按成書年代述其重要的著作：

1. 《校定謝上蔡先生語錄》

本書是宋曾恬、胡安國所錄，謝良佐語，朱子三十歲時加以刪定。良佐之學以切問近思爲要，其言論宏肆，足以啓發後學，惟略有過中之弊。

2. 《程氏遺書》

本書有二十五卷是程子門人所記，朱子卅九歲時增補，並加以編定。後於四十四歲編有外書十二卷。

3. 《論孟精義》

本書爲朱子在四十三歲時寫出，共三十四卷，其中《論語》占二十卷，《孟子》占十四卷，各有綱領一卷，本據程氏之學，以發揮經旨，其後輯錄諸家解釋《論》、《孟》之語而成。初名《精義》，後改爲《要義》，又改名《集義》，爲《集註》與《或問》的底本。四十七歲，《集註》與《或問》寫成問世，其間轉變的軌迹，可參考錢穆先生的《朱子新學案》第四冊〈朱子之四書學〉。

4. 《資治通鑑綱目》

共五十九卷，本書是朱子四十三歲時因司馬光《資治通鑑》而作，大書者爲綱，分注者爲目，綱仿《春秋》，目仿《左傳》，有凡例一卷，爲朱子所定，綱爲門人依凡例而修，其目由趙師淵任之。書中標榜尊王攘夷，大義名分論爲朱子《春秋》學的代表，影響後世甚大。

5. 《八朝名臣言行錄》

有前、後、續、別、外集之分，在編輯時，體裁方面朱子並不滿意，但內容卻有益於世，朱子的名字從此更盛。影響廣及日本政界，如明治天皇也喜讀此書，其手澤本現珍藏於明治神宮寶物殿（見明德出版社之《八朝名臣言行錄》前面解題部份），有《節要》一書流傳尤廣（見《世界文明史》p.113）。

6. 《伊雒淵源錄》

記周子以下及程子交遊弟子言行，明示宋學的系統，宋人談道學宗派，自本書開始，分道學門戶，也從本書始，爲四十四歲時寫成的。

〔註38〕商務印書館印《朱熹》，台灣版人人文庫五九五，另有上海版，爲周予同著，台灣人人文庫即影印上海版者。

7. 《近思錄》

為四十六歲的作品，與呂祖謙同撰。是取周敦頤、二程及張載之言，擇其切要者得六百二十二條，分十四門，即道體、為學、致知、存養、克己、家道、出處、治體、治法、政事、教學、警戒、辨異端、觀聖賢等，為後來性理大全諸書之祖。錢穆先生視為人生必讀七書之一，可見被推崇的程度。〔註39〕《近思錄》傳入日本後，受崎門派〔註40〕的尊崇，也普及於日本，對日本人的精神思想有相當大的影響。

8. 《陰符經考異》

《陰符經》本為唐朝李筌偽造的，朱子因為書中時有精語，故為考定其文，而托名鄒訢所著。

9. 《詩集傳》

為四十八歲的作品，共八卷，反對《詩經‧小序》的說法，肯定有些詩是男女相悅的情詩，為經學的一大創新。

10. 《周易本義》

與《詩集傳》同時問世，以上下經為二卷，十翼自為十卷，共十二卷。主張《周易》基本上是占卦用書，解易應象數與義理並重，這也是一大創見。

11. 《周易啟蒙》

於五十七歲時作成，共四篇合為一卷，以本圖書、原卦畫、明著策、考變占為次。

12. 《孝經刊誤》

本書與《周易啟蒙》同年寫成，是朱子史料辨偽的工作之一，他認為《孝經》是偽書，他說：「此書只是前面一段是曾子聞於孔子者，後面皆是後人綴輯而成。」且綴輯得也不好，「不成文理」「有些話卻似不曉事人寫出來的」又說：「只是雜史傳中胡亂寫出來，全無義理，疑是戰國時人閒湊出來者」。〔註41〕朱子雖將《孝經》斷為偽書，但並不忽視此書的價值，仍加以整理註釋。流傳也很廣，日本也受此書影響。〔註42〕

〔註39〕其餘六書為《論語》、《孟子》、《老子》、《莊子》、《六祖壇經》與《傳習錄》。
〔註40〕崎門派為日本大儒山崎闇齋所創的學派，闇齋門徒號稱六千餘人，勢力很大。詳見後文介紹。
〔註41〕見《語類》卷八十二。
〔註42〕山崎闇齋曾加校對，講學時，常以《孝經》為據，其弟子有《孝經師說》、《孝

13. 《小學書》

為朱子五十八歲時寫成的，是兒童教育用書，以少年為對象，從聖賢傳中，抄輯與教育有關的材料，編成此書，分內外兩篇，內篇有立教、明倫、敬身、稽古四卷。外篇分嘉言、善行二卷。所取材的書有《書經》、《儀禮》、《周禮》、《禮記》、《孝經》、《左傳》、《論語》、《孟子》、《弟子職》、《戰國策》及《說苑》等書。此書傳入日本後，曾被德川幕府指定為各地方藩校必讀的教科書，其學說精神竟成為日本精神之一。

14. 《大學章句》

為六十歲完成的，與《中庸章句》、《論孟集註》，同為朱子平生精力所萃，直至死前三日，仍在改定大學誠意章，可見其慎重。

15. 《中庸章句》

亦為一卷，與《大學章句》同為重要著作。在《學庸章句》中，朱子發揮自己的哲學思想較多，所以稱為章句。

16. 《中庸輯略》

此書據石𡒃《中庸集解》而刪其繁蕪。初附於章句之末，後別本單行。日人對四書研究的風氣極盛，尤其《論語》、《學》、《庸》等書，多有出色的著作出現。

17. 《韓文考異》

朱子於六十八歲，因韓集各本互有異同，所以復加考訂，勒為十卷，據方崧卿《舉正》為底本，合者留之。不合者，一一為辨證。其體例，但摘正文大書，而以所考夾註於下，如陸德明《經典釋文》之例，於全集之外別行。

18. 《書集傳》

朱子於《書經》獨無訓傳，此書是口授其弟子蔡沈寫成的。

19. 《參同契考異》

《參同契》本方士爐火之書，朱子六十九歲時，因其詞韻古奧，而加讐正，自署空同道士鄒訢。

20. 《楚辭集註》

經講義》、《孝經口義》等書，闇齋手著《孝經外傳》一書，至昭和十一年五月，內田周平合上列四書及「刊誤」原作，作《孝經刊誤合纂》一書傳世，由谷門精舍發行，可見盛況。

為七十歲的作品，時已罷偽學之禁，朱子作此書，或有所寓意。

另有《朱子語類》，原為朱子門人黃士毅編輯的，收錄七十餘家語錄，相當完備，後黎靖德再予增補，即成為現行黎氏一四○卷本，其中前六卷是談哲學問題。〔註43〕

朱子的詩、章奏、書札和較短的論文，由他兒子朱在編為《朱子文集大全》一○○卷，〔註44〕別有《南嶽倡酬集》，《朱子逸書》、《朱子年譜》、《北溪字義》等書，對研究朱子學都是該參考的重要書。

朱子的著作約可分為解經、講史、文學、通俗教育及創作等類。解經者：如易學部分的《周易本義》、《易學啓蒙》及《語類》卷六五～七七部分，〔註45〕《詩》學則有《詩集傳》，《春秋》學雖不注三傳，但在《語類》卷八三及《文集》、《四書集註》中，有相關的資料，他反對杜預的一字褒貶說，而重視尊王、攘夷、復仇的大義名分。而《書經》學則有《書集傳》，對《古文尚書》、《偽孔傳》都提出懷疑。有關禮學的有《儀禮經傳通解》三七卷及《文公家禮》等書，他認為《儀禮》是不完全的，應輯集古代的文獻，以補《儀禮》的缺陷，並以為《禮記》的一部分是《儀禮》的註解。他想彙合經解，因此作《儀禮經傳集解》。而講史的的有《資治通鑑綱目》、《伊洛淵源錄》及《名臣言行錄》，文學方面有《韓文考異》、《楚辭集註》、《詩集傳》等。此外他作《太極圖說解》、《通書解》，為周敦頤學說的發揮；作〈西銘解義〉與〈正蒙解〉是對張載學說的發揚。又整理二程子的語錄，加上《近思錄》及《小學書》成為通俗教育的教科書，其中費心最多最久的是《四書章句集註》。

第五節　朱子學概述

朱子學集理學的大成，理學的起源，有溯自王弼注易與何晏集解論語之別出己意。也有以韓愈、李翱為創始者，但一般以為萌芽於宋初三先生——即安定胡瑗、泰山孫復、徂徠石介。而助長於高平范仲淹、涑水司馬光及盧陵歐陽修的。范仲淹以易與中庸為中心，主張依內省的思索，來窮究宇宙自然之理及

〔註43〕有關《朱子語類》的版本、演變，可參考胡適的〈朱子語類的歷史〉及岡田武彥的〈朱子語類之成立及其版本〉兩篇論文。載於正中書局版《朱子語類》前。日文中文出版社縮印本後有目錄，極便於查索。

〔註44〕四部叢刊影印明閩中官本，正集一百卷，續集十一卷，別集十卷，目錄二卷。

〔註45〕日人解讀朱子易學啓蒙的書、文不少，詳見《朱子學大系》第一冊頁231。

人類道德的根源，後來周敦頤、程顥、程頤、張載即承此系的說法，以窮理盡性，探究宇宙及仁心的本源為目標。這是朱子學的一部份內容。而歐陽修與司馬光以春秋學為中心，主張根據文獻與歷史來闡明人生義務的所在，他們講歷史龜鑑，大義名分，歐陽修著《新唐書》、《新五代史》，司馬光著《資治通鑑》，目的都在明示人生義務的本質，朱子的《通鑑綱目》，即承這個精神而作的。朱子除承此理氣與歷史學系統外，又承邵雍的象數學，最後加以綜合、融會貫通，形成他獨特的一家之見，以下參考前人之說，略述朱子學的梗概。

朱子學約可分為自然哲學、人生哲學、教育哲學與政治哲學四點來敘述：

一、自然哲學

又可分本體論與現象論二體敘述：

（一）本體論

朱子本體論是以太極、理、氣、陰陽變化及五行等項所構成，大體上是以周敦頤的太極圖說為本，而以邵、張、二程子之說融合之。他認為太極又可名為無極，名為道，名為理，為宇宙的根源，為天地的真理，是超時空的，由太極動而生陽，靜而生陰，陰陽是氣，氣原生於道，亦即生於理。理、道都是形而上的，陰陽則屬形而下的，由陰陽可以化生金、木、水、火、土五行，而由五行就可以生出萬物。

（二）現象論

朱子的現象論是以理、氣、性、形為基本結構，他認為理是先天的，有理便有氣流行，理氣相倚，然欲強分先後，則理先於氣，理是「基本原理」，是「形式」或「法則」，而氣則屬形而下的，「有渣滓」，是「質料」，大化流行於天地之間的都是氣，都是質料，由這些氣形成實質的五行萬物，於人而言，氣合宜者為人，氣陰屈者為鬼，氣陽伸者為神。理為一，氣則散為萬殊，故主張理一氣殊，他說：「天則就其自然者言之，命則就其流行而賦於物者言之，性則就其全體而萬物得以為生者言之。理則就其事事物物各有其則言之。到得合而言之，則「天即理也，命即性也，性即理也」，〔註46〕朱子的自然哲學簡言之即理氣二

〔註46〕　本節所述朱子主張朱子之言將直接引用，盡量不另提明，以省篇幅，朱子有
　　　　　關本體論的言論多見於《朱子語類》卷一，可參閱，錢穆著《朱子新學案》
　　　　　頁 238～344 間論理氣、論無極太極、論陰陽、論鬼神諸篇亦可供參考。而凡
　　　　　中國哲學史必述及朱子之理氣論，都可參閱。

元論，而以理一氣殊爲內容，他將理、性、命、天，都看成一體，而統歸於太極，而把陰陽、五行統歸於氣，理與氣相倚而對立，這與西哲亞里斯多德的形質論（Hylemorphism）極爲相似，中西哲學家觀點每有不謀而合者，此爲一例。

二、人生哲學

朱子的人生哲學是由其本體論演繹而來，其內容可析爲三：1. 人性論，2. 心論，3. 修養論。

（一）人性論

朱子承程頤所謂「性即理」說，又採張載之說，主張性有本然之性與氣質之性兩種，本然之性本諸理，理爲絕對的善，故本然之性至善純一。氣質之性生自氣，氣有清濁偏全，故氣質之性就有千差萬別，有善有惡，要使人性趨善避惡，惟有變化氣質之性，而發揮本然之性。朱子以爲人之有智、愚、賢、不肖等不齊，是因爲所稟受的氣有精、粗，精氣又有正、通之別，粗氣有偏、塞之分，如稟得氣之清、明、精、正者則爲聖賢，反之則爲愚庸不肖者，人所稟受的氣既是如此複雜，則爲各種氣稟所拘束的性也就是千差萬別，有善有惡了。

朱子又以爲性當未發時，寂然不動，爲一個渾然的「中」，「中」是靜寂的，當它與事物接觸，就動而生「情」，如人性中有仁、義、禮、智諸性，如經顯現，就成爲惻隱、羞惡、辭讓及是非之情，他如喜怒哀樂愛惡欲亦無非情。情即氣質之性，是有善惡的，朱子以爲世間的惡只是過或不及，或走入反面，如仁爲善，太過則流於墨子兼愛，不及則流於楊子爲我，反面則爲盜跖之虧人自利。〔註 47〕

（二）心　論

朱子承程頤「在人爲性，主於身爲心」之說，又採張載「心統性情」之說，以性情爲心之體用，心於此處非指物質的心臟而言，而是指精神的心，這個心神明莫測，爲每一個人一身的主宰，性爲理，在人心中，情則是心之已發者，所以心統性情。

朱子又區分「人心」爲道心與人心，道心發於理，絕對至善，然易被情欲所蔽，故曰：「道心惟微」，人心即情欲，得情欲之中爲善，否則爲惡，但

〔註 47〕關於朱子人性論的論點，可見《朱子語類》卷四、卷五所載，此處不一一引用證明。又朱子《玉山講義》中有人的本性與氣稟關係的言論也可參考。

情欲常陷入過與不及而陷於惡，故曰：「人心惟危」，但人既有道心，也有人心，故朱子主張引導人心以歸道心。

朱子的心論中，又有論及意、志、才、欲的，這都在情的範圍中，相當於心理學上所謂的知、情、意三種作用，屬於心之用，感官的知覺固然是情，思維也是情，意、志、才、欲都是情所範圍，都是心之用。他說：「意者，心之所發。」〔註48〕「志是公然主張要做事底，意是私地潛行間發處。」〔註49〕說「才是心之力，是有氣力去做底。」〔註50〕「欲是情發出來的，……欲則水之波瀾。但欲有好的，有壞的。」〔註51〕可見朱子的心論包羅其廣，相當詳密。

（三）修養論

朱子的修養論可分為兩項敘述：1、目標，2、方法。

1、目　標

朱子以仁為倫理的基礎，也是最高標準，我們修養的目標即在求仁，這思想遠承孔子，近受程顥〈識仁篇〉影響，認為仁為諸德之首，而以仁包涵諸德，朱子說：「仁者，愛之理，心之德也。」〔註52〕愛之理是狹義的，仁雖不就是愛，卻以愛為主。〔註53〕心之德是廣義的，含有義、禮、智、信諸德，仁發揮出來就是禮，依適宜之理作決定就是義，仁收斂、隱藏起來就是智，仁在人之間就是信。這道理及其間的關係，在朱子的仁說中論述很詳盡，在《玉山講義》與《語類》中也有論列，可供參考。

2、方　法

修養仁德的方法，朱子也承程頤所言的「涵養須用敬，進德則在致知」〔註54〕的思想而來，他歸納成二事，即居敬與窮理，所謂主敬以立其本，窮理以致其知，加上反躬以踐其實，成為朱子修養論的三大主張。敬的涵義，錢穆先生曾約之為畏、收斂、隨事專一、隨事檢點、常惺惺法、整理嚴肅六點。〔註55〕錢先生說：「在內若有所畏，在外能整齊嚴肅，時時收斂此心，

〔註48〕〈大學·誠其意〉註。或《朱子語類》卷五。
〔註49〕見《朱子語類》卷五。
〔註50〕見《朱子全書》卷四十三。
〔註51〕見《朱子語類》卷五。
〔註52〕見《論語集注·學而篇註》。又見《孟子集注·梁惠王篇註》。
〔註53〕仁是理，包涵廣，是未發的愛，愛是情，是已發的仁。內涵較狹。
〔註54〕見《二程語錄》卷十一。
〔註55〕見錢穆著《朱子新學案》第二冊〈朱子倫敬〉，頁298～327。

隨事檢點，務使此心常惺惺，此即是敬。」敬的工夫在內應時時省察及存養，在外可用靜坐為工夫，靜坐非如佛家之坐禪入定，斷絕思慮，而只是收斂此心，使毋徒煩於思慮而已。這種居敬持敬工夫，可使心平時湛然無事，及其有事，隨事應事，事已，時復湛然，所謂「敬義夾持」，於個人修養確是重要法門。

　　窮理，朱子以為大學所謂「格物、致知」就是窮理工夫，他曾在大學補傳中，解釋「致知在格物」之說，物為客觀的事物，格為至，即窮究，格物即窮究每一種事物之理，直到徹底知曉為止，格物之後，即能獲致知識。朱子說：「格物，是物物上窮其至理，致知，是吾心無所不知；格物，是零細說，致知，是全體說」。〔註56〕朱子以為窮究物理為解決追求完整知識的唯一法門，但物類無窮，人生有涯，所以格物，非盡窮天下之事物，而實有賴於類推。窮理的方法務求週到、徹底，要循序漸近，從切己處開始，逐漸推至疏遠，而以讀書——吸收前人智慧的結晶為窮理的要訣，因此朱子之學重讀書，講歸納，而後方能豁然貫通。這窮理之學即朱子究明自然與人類理法之學。

　　朱子於居敬、窮理之外，又重視實踐，他說：「知與行，不可偏廢。」「知與行工夫，須著並到。知之愈明，則行之愈篤；行之愈篤，則知之益明。」又說：「知行常相須，……論先後，知為先；論輕重，行為重。」〔註57〕由此可知朱子雖主先知後行，但卻極重視實行。觀其個人日常行事及白鹿洞書院學規所言即可明瞭。

　　人生哲學是朱子思想中的最主要部分，《朱子語類》及《朱子文集》有十分之七、八都與上相關，〔註58〕其言雖多，但歸納起來是人要成為理想中的仁人，須先瞭解自己本心，洞曉人性，而後以居敬、窮理加以陶冶，則個人在認知與修養上就日漸進步，最後就可達到仁的最高標準。

三、教育哲學

　　朱子一生講學時間很久，所成就的學生也多，門人可考者即達五百三十餘人，所以他的教育思想必有可觀，研究其教育思想的專著，已有多篇，〔註59〕

〔註56〕見《朱子全書》卷七。
〔註57〕以上並見《朱子全書》卷三與卷七。
〔註58〕朱子的人生哲學可參考楊慧傑的專著《朱子倫理學》，牧童出版社出版。
〔註59〕見本書後面所附參考論文目錄。

此處就依其教育目的、教育制度與教學方法三項敘述。

（一）教育目的

朱子認為教育的目的在於教導人認識本心，修養本心，最重要是能立志做聖賢，為了達到成賢成聖的目的，教育應研究如何變化氣質之性，恢復本性之性，進而從事修身、齊家、治國、平天下的事業。這種見解是根據孟子「人皆可以為堯舜」、「堯舜與人同耳」，周敦頤「希聖希賢」，程頤「聖人可學」，及橫渠「為天地立心，為生民立命，為往聖繼絕學，為萬世開太平。」等思想而來，朱子認為教育是重要而又可能的，學者雖有不可盡學的事，但只要在老師的引導下，痛下工夫，必能發揮其本性之性，變化氣質之性，假以時日，持以意志，最後將可至乎聖人的境地，所謂聖人是人格完善無缺的人，人人若能求健全人格的發展，人人以成聖賢為己任，最後必能達成目標。

（二）教育制度

朱子對當時的「科舉」及「學校」深表不滿，他抨擊當時「科舉」制度，以為是奪人志，只重文字，百弊叢生的「法弊」；而施行教育的「學校」，又因受「科舉」影響，使得老師所授的教材都是「忘本逐末，懷利去義，而無復先王之意。」「無所與於道德政理之實。」〔註60〕又對當時學官之不得人而憂，他說：「學校之官雖遍天下，而遊其間者，不過追時好，取世資為事。」又說：「今日學官只是計資考遷用，又學識短淺，學者亦不尊尚。」又說：「某嘗經歷諸州，教官都是許多小兒子，未生髭鬚，入學底多是老大底人，如何服得他。」〔註61〕因此朱子建立了一個理想的教育制度，他認為教育應分小學與大學二級，小學課程須注重禮樂射御書數及孝悌忠信的「事」，大學課程則須注重格物、致知及孝弟忠信的「理」，而國家選用人才，應以德行與實學為標準。在《小學書》中，朱子對初等教育有二個主張：

1、「小學」為「大學」教育的根本。故極為重要，而「小學」前的幼年期教育，應由家庭負擔，也不能忽視，因人在幼年時，心知未有所主，所以應在幼時施以適當的訓練，教以格言、至論，使日久安習。

2、兒童可塑性最大，長於記憶，拙於理解，因此應重行事訓練，使知事之當然，即主張「行為重於知識」，他說：「小學之教也、藝也、行也。……

〔註60〕見〈靜江府學記〉。
〔註61〕見《語類》。

禮、樂、射、書、數、藝也。」又說:「古之小學,教人以灑掃、應
對、進退之節,愛親、隆師、親友之道,……必須講求於幼稚之時,
欲其習與智長,化與心成。」

在《大學章句》中,朱子認爲《大學》一書爲大學教育的理想,他以爲
明明德、親民、止於至善的三綱目爲大學教育的目的,而格致誠正修齊治平
的八條目,前五項爲完成個人人格的方法,後三項爲增進社會福利的途徑,
修己安人,內聖外王,爲人生的理想,他認爲大學教育是小學教育的連續,
主旨相同,其差別,僅在於課程內容與教學方法不同而已。小學教以「事」,
重在行爲、道德的培育,大學教以「理」,重在理論、知識的追究。因此,大
學應特別注重「窮理」工夫,朱子一生講學對「窮理」一項發揮得最爲詳盡。

朱子教學所用的教材,也有一套獨特的系統,他編出《小學書》、《近思錄》
以爲初學的教材,又註釋《學》、《庸》、《論》、《孟》、四書爲六經的階梯,最後
才教以六經。像這樣由易而難,由淺而深,循序而進,深合現代教育原理。

朱子理想的教育制度,並非紙上談兵,他曾付之實施,這對後代學校制度
及民族文化有重大關係,他在南康軍重建白鹿洞書院,在湖南興復嶽麓書院,
及自己的講學,於中國書院制的興盛及人格教育思想的發達,朱子有極大貢
獻。

(三)教育方法

朱子的教育方法是取儒家教育的精華,與近代教學原則相比,毫不遜色,
〔註62〕他認爲教導學生應先立志,志既立,則學問可次第著力。他主張讀書
要專心,不得悠悠忽忽,要居敬等,這與近代心理學家桑戴克(E. L. Thorndike)
〔註63〕所說的預備律略同,其目的都在於集中學習意向,加強學習動力,並
進而希望提高學習效果。

朱子教人要「下學上達」,要「循序而進」,要「先其易者」,要「舉一反
三」,要先讀四書,次究五經,要先學做事,後窮究道理等,都可說是類化原
則。類化講求由近及遠,由易而難,由已知而未知,由具體而抽象。朱子教
法都符合這個原則。

〔註62〕 近代教學原則有八,自教學起點言,有準備原則,類化原則,就教學過程言,
　　　　有自動原則,興趣原則,適應個性原則,社會化原則,就教學結果言,有熟
　　　　練原則,同時學習原則,都是根據學習心理研究所得的方法。
〔註63〕 桑戴克,美國心理學家,哥倫比亞大學教授,著有《教育心理學》,《學習心
　　　　理學》等書。提出學習三大定律,即預備律,練習律,近因律。

　　朱子鼓勵學生「自去做工夫」、「教小兒讀詩，不可破章」、「授書但文理斷處便住」，他劃分小學課程、大學課程，「教學者隨分讀書」「觀書先須熟讀」「讀書須是熟讀，熟讀了自精熟，精熟後理自見得」「看文字，要反覆體驗」「學者須是多讀書，使互相發明」「要知類通達」「要切己體察」「須先立大本」「要長善救失」等等，都與所謂的「自動、興趣、適應個性、社會化、熟練、同時學習」等學習心理原則相符。朱子學派門人之多，受教之深，朱子教法的得其竅訣，應為原因之一。

四、政治哲學

　　朱子的政治哲學簡單地說：是一種德治、人治主義，儒家傳統是德治主義，朱子以儒家正統自居，當然主張依據仁心，施行仁政，凡事以道德為根本原則，排斥功利措施及權謀術數的使用。而要實現德治，則有賴於「人」的推行。負責行政的人是君主與各級官員，這些人與德政的能否實現，關係極為密切。

　　朱子是理學大家，他認為將「理」應用於政治，就能大治。因人心稟本體之理以為性，理無不善，是以性無不善，人君治天下，如窮理盡性，以自正其心，則百官萬姓自然受其感化，而臻天下太平。所以朱子的奏議、封事及論政的文章，常以正君心為第一義。他認為挽救當時南宋的危局，唯賴君王的領導，他以為君王應依「大學」所示，從格物、致知入手，進而誠意、正心，以完成修身工夫，修身完成，就可推己及人，遂行「安人」的理想，然而一人之力有限，人君要能用人，能分層負責，有群臣的輔佐，才能致治，這是朱子政治哲學的要點，其他具體的主張散見於他所寫的封事、奏箚及語錄、文集中，歸納其要點約有下數端：

　　（1）要整頓官制，以增加行政效率。
　　（2）要整理財政，以減輕人民負擔。
　　（3）要移兵屯田，以鞏固地方治安。
　　（4）要嚴刑治賦，以防止奸民得逞。
　　（5）要積極備戰，以恢復中原失土。

　　朱子不僅坐而言，當他出任實職時，每能將其理想付之實行。如在建安所行的救荒措施——社會法，在南康軍所行的恤民、省賦、治軍的方法，在知漳州的經界法，都有具體的成效與影響，固然他的德治重於法治，人治重

於物治，似與今日民主法治政治有所牴牾，但時有古今，適用不同，朱子的政治哲學，仍有許多可供參考擇用的。

朱子學除上述四點外，其歷史觀亦應一提。在宋代，歐陽修著《新唐書》、《五代史記》，高倡春秋褒貶及君臣關係，司馬光編《資治通鑑》，特重大義名分。朱子承其說，作《資治通鑑綱目》五十九卷，採正統與大義名分立論。又作《名臣言行錄》二十四卷，備載宋代名臣的嘉言懿行，以爲後人效法。另有《伊洛淵源錄》十四卷，輯錄周張二程子以下四十六人之傳記，明示宋學之淵源，爲後世中國哲學思想史的嚆矢。《宋元學案》、《明儒學案》亦受其影響。〔註64〕錢穆《朱子新學案》第五冊談及朱子之史學稱：「朱子理學大儒，經學大儒，抑其史學精卓，亦曠世無匹。唯後之講理學、研經學者，每疏於治史。朱子史學遂少紹續，殊可惋惜也。言朱子之史學，精深博大，殊難以一端盡。茲姑分爲論治道、論心術、論人才、論世風之四者。四者舉，而朱子治史精神庶亦大體可窺。」〔註65〕此爲確論。言史學，當分著史、論史、考史三項，朱子之史學著作已見前述，開後人寫史許多法門，其論史揭舉治道、心術、人才、世風四者，頗多創見，〔註66〕評論亦精闢，朱子學之精萃不僅坐而言，且能起而行，其見解，多從史學中來。〔註67〕其考史亦精到宏傳，〔註68〕深入研究朱子史學，必有所得。如王伯厚（應麟）、黃東發（震）、胡身之（三省）之於元，顧亭林（炎武）、黃梨洲（宗羲）、王船山（夫之）之於清，此諸人之治史，皆有得於朱子之遺意。惟未明言「朱子史學」而已。〔註69〕史學實爲朱子學重要之一環。

〔註64〕見《朱子學大系》第一卷，頁 361。
〔註65〕見錢穆所著《朱子新學案》第五冊，頁 1。
〔註66〕詳見上書，頁 1～119。
〔註67〕見錢穆所著《朱子新學案》第一冊，頁 201～203。
〔註68〕同上書，頁 203，如論王安石變法，新舊黨爭，皆經細覈，不涉空言。
〔註69〕同註65 書，頁 110。

第二章　朱子學在日本的流傳

第一節　日本儒學的發展

　　翻開日本史，探討日本文化的淵源，即知日本文化除早期繩文式文化與彌生式文化初期，〔註1〕不受外來文化影響外，此後各時期，外來文化實占日本文化的大部分，故日本文化的重疊性是其特色之一。其中，中國文化對日本影響最大，民國初年，芬納莫（John Finnemore）在他所著的日本小書上說：「中國文化，對於日本影響甚大；便說日本所以有名震全球的資格，全因受了中國的影響所致，也不爲過。」日本許多學者也有類似的說法，〔註2〕如以研究北亞史著稱的歷史家明治大學教授島田正郎博士曾說：「日本以往一直承受著深厚地中國文化的影響，現在雖然接受了西洋文化，但仍然很淺，日本人在腦裏，在骨裡，現仍深深地具有中國文化深厚的影響力，不是西洋文化現在所能取代的。」而中國學者戴季陶先生在其名著《日本論》中，說得更具體，他說：「如果從日本史籍裏面，把中國的、印度的、歐美的文化，通同的取出來，赤裸裸地留下一個日本固有的本質，我想會和南洋土蕃差不多。」由上所述，可見中國文化在日本文化裏所占的份量。而中國文化又以儒學爲代表。以儒學爲主的中國文化傳入日本，使日本由原始式的部族集團，成長

〔註1〕繩文式文化爲日本新石器初期的文化，因當時所用陶器特徵爲表面刻有繩索的紋樣故名。彌生式文化爲西元前三百年至西元後三百年間的日本文化，由於最早發現的地區在東京本鄉彌生町故名，此期所用土器技術水準較高且已知農耕與用鐵器。
〔註2〕見劉百閔所著〈從中國經典東傳論中國文化〉一文第1頁。

為一個獨立的國家，並有其文明。〔註3〕

儒學的正式傳入，依據日本最古的史書——古事紀的記錄，〔註4〕應神天皇十五年（即晉武帝太康元年，西元 284 年）八月六日百濟使者阿直岐到日本，任皇子菟道稚郎子的老師。翌年推薦博士王仁至日，王仁獻《論語》十卷，《千字文》一卷，並講學於宮中，這事日本書紀也有記載，〔註5〕但未明言王仁携來論語，只說太子習諸經典於王仁，據津田左右吉的考據：王仁至日，大體是四世紀後半的事，〔註6〕無論如何，王仁傳入《論語》一書，對日本影響很大，簡野道明博士說：「論語傳入日本，也就是日本儒學的發軔。此書對於日本國風民俗的陶冶，影響甚大，自古以來，此書被尊為至高至上的聖典，上自歷代的天皇，下及市井的庶人，始終講學不倦。」〔註7〕

在梁武帝天監十二年（日繼體天皇七年，西元 513 年），百濟遣五經博士段揚爾抵日。後三年，又有五經博士漢高安茂、馬丁安等人至日本，而梁元帝承聖三年（日欽明天皇十五年，西元 554 年）又有五經博士王柳貴、易博士王道良等渡日，由於五經博士相繼東渡，儒學經傳，漸傳播於日本貴族間，尤以五經之學盛。

隋文帝開皇四年（日推古天皇十二年，西元 604 年），日本聖德太子〔註8〕頒製十七條憲法，其中多屬五經與論語語句，或稍加修改，足證自應神天皇至推古天皇約三百年間，以五經為中心的儒教已深入日本文化中。

十七條憲法全文如下：〔註9〕

一曰以和為貴，無忤為宗。心皆有黨，亦少達者，是以或不順君父，

〔註3〕《漢書‧地理志》的記載：「樂浪海中有倭人，分為百餘國，以歲時來獻見云」。《後漢書‧東夷傳》：「倭……百餘國……通於漢者三十餘國。」光武帝紀有倭奴王進貢，被賜印綬的記載，而《三國志‧魏志倭人傳》及秦朝徐福《渡日史話》都可參看。

〔註4〕見《古事紀》中卷。

〔註5〕見《日本書紀》卷十，應神天皇十六年。

〔註6〕參閱津田左右吉《古事紀及日本書紀的研究》頁35～40。

〔註7〕見簡野道明，《論語講義》卷二。

〔註8〕聖德太子（西元574～622年）為古代大和朝廷的大政治家，推古天皇時擔任攝政，積極從事政治革新與佛教文化的移植，修撰國史，派遣隋、遣唐使，直接吸收隋唐文化，頒冠位十二階，制憲法十七條，多採儒家思想，為大化革新的催生者。

〔註9〕原文見《日本書紀》第二二卷及《群書類從》第四七四卷頁108～110，鄭學稼《日本史》頁94～95。

乍違於鄰里，然上和下睦，諧於論事，則事理自通，何事不成。

二曰篤敬三寶。三寶者，佛、法、僧也，則四生之終歸，萬法之極宗，何世何人，非貴是法，人鮮尤惡，能教從之，其不歸三寶，何以直枉。

三曰承詔必謹。君則天之，臣則地之，天覆地載，四時順行，萬氣得通，地欲覆天，則致壞耳，是以君言臣承，上行下靡，故承詔必慎，不謹自敗。

四曰群卿百僚，以禮爲本，其治民之本，要在乎禮，上不禮而下非齊，下無禮必有罪，是以君臣有禮，位次不亂，百姓有禮，國家自治。

五曰絕饗棄欲，明辨訴訟。其百姓之訟，一日千事，一日尚爾，況乎累歲，頃治訟者，得利爲常，見賄聽讞，使有財之訟，如石投水，乏者之訟，似水投石，是以貧民則不知所由，臣道亦於馬闕。

六曰懲惡勸善，古之良典，是以無匿人善，見惡必匡。其諂詐者，則爲覆國家之利器，爲絕人民之鋒劍。亦佞媚者，對上則好說下過，逢下則誹謗上失。其如此人，皆無忠於君，無仁於民，是大亂之本也。

七曰人各有任，掌宜不濫。其賢哲任官，頌音則起，奸者有官，禍亂則繁。世少生知，尅念作聖，事無大小，得人必治；時無急緩，遇賢自寬。因此國家永久，社稷勿危，故古聖王，爲官以求人，爲人不求官。

八曰群卿百僚，早期晏退。公事靡監，終日難盡。是以遲朝不逮於急，早退必事不盡。

九曰信是義本，每事有信。其善惡成敗，要在于信，群臣共信，何事不成；群臣無信，萬事悉敗。

十曰絕忿棄瞋，不怒人違。人皆有心，心各有執，彼是則我非，我是則彼非。我必非聖，彼必非愚，共是凡夫耳，是非之理，詎能可定。相共賢愚，如鐶無端，是以彼人雖瞋，還恐我失，我獨雖得，從眾同舉。

十一曰明察功過，賞罰必當。日者賞不在功，罰不在罪，執事群卿，宜明賞罰。

十二曰國司國造，勿歛百姓。國靡二君，民無二主。率土兆民，以
王爲主，所任官司，皆是王臣，何敢與公，賦歛百姓。

十三曰諸任官者，同知職掌，或病或使，有關於事，然得知之日，
和如會識，其以非與聞，勿妨公務。

十四曰群臣百僚，無有嫉妬。我既嫉人，人亦嫉我，嫉妬之患，不
知其極，所以智勝於己則不悅，才優於己則嫉妬，是以五百歲之後，
乃今遇賢，千載以難待一聖，其不得賢聖，何以治國。

十五曰背私向公，是臣之道矣。凡人有私必有恨，有憾必非同，非同
則以私妨公，憾起則違制害法。故初章云：上下和諧，其亦是情歟。

十六曰使民以時，古之良典。故冬月有閒，以可使民。從春至秋，
農桑之節，不可使民，其不農何食，不桑何服。

十七曰大事不可獨斷，必與眾宣論，少事是輕，不可必眾，唯逮論
大事，若疑有失，故與眾相辨，辭則得理。

以上條文除「篤敬三寶」「絕忿棄瞋」是佛教思想外，其他各條，據學者分析，
都可自中國典籍中，找出來源，如第一條「以和爲貴」本《禮記‧儒行》及
《論語》「禮之用和爲貴」而來；「上和下睦」本《左傳十六年》「上下和睦」
和《孝經》「民用和睦，上下無怨」。第三條「君則天之，臣則地之」本《左
傳‧宣公四年》「君，天也」；「天覆地載」本《禮記‧中庸》「天之所覆，地
之所載」；「四時順行」本《易‧豫卦》「天地以順動，故日月不過而四時不忒」；
第四條「上不禮而下不齊」本《韓詩外傳》及《論語》「道之以德，齊之以禮，
有恥且格」；第五條「石投水」的譬喻，本文選李蕭遠《運命論》「其言如以
石投水，莫之逆也」，第六條「無忠於君，無仁於民」本《禮記‧禮運》「君
仁臣忠」；「懲惡勸善」本《左傳‧成公十四年》。第七條「賢哲任官」本《尚
書‧多方篇》；第八條「公事靡鹽」本《詩經‧唐風‧鴇羽》《鹿鳴‧四牡》「王
事靡鹽」；第九條「信是義本」本《論語》「信近於義」；第十條「彼是則我非」
本於《莊子》；第十二條「國靡二君，民無二主」本《禮記坊記》「天無二日，
土無二王」，第十五條「背私向公，是臣之道矣」本於《韓非子‧五蠹篇》「蒼
頡之作書也，自環者謂之私，背私謂之公」與《左傳‧文公六年》「以私害公
非忠也」；「千載以難待一聖」本《文選‧三國名臣傳序》；第十六條「使民以
時，古之良典」本《論語‧學而篇》「節用而愛人，使民以時」而來，如上所

述，可見當時日本已能吸收《五經》、《論語》、《孝經》等書的精義。如第三條介紹忠，第四條介紹禮的觀念，這些觀念是打破氏族制度，使官吏都統一於天皇，這是建立一統王朝所必備的思想，從此日本漸走向中央集權，創出燦爛的飛鳥文化。〔註10〕

　　日本吸收中國文化，原來須透過三韓，〔註11〕至推古天皇十五年（西元607年）小野妹子被遣朝隋，翌年，隋派使者裴世清至日答禮，從此中日文化開始直接交涉。日本儒學發展乃極為迅速。

　　從隋裴世清使日，至唐文宗大和八年（仁明天皇承和元年，西元834年）為止，在二百年間，中日使節往還頻繁，日本藉著遣唐使及留唐學僧、學生的努力，大量吸收中國文化，擇精汰蕪，留下適合日本國情者加以應用，如將養老令所舉的大學課目與唐令比較，〔註12〕可知日本養老令的小經刪去唐令中，公羊、穀梁二傳，僅留周易、尚書二經，在春秋三傳中，日人取左傳代表春秋大義，而捨公羊、穀梁二傳，其目的，在於強調父子紀綱與君臣大義，而公羊、穀梁傳因富於革命思想，〔註13〕和自認萬世一系的日本國體是不相容的。故公羊、穀梁兩傳被刪便不可避免。在兼修科目中，養老令刪掉《老子》一書是因為老子尚無為，且排斥儒家的仁義道德，當時日本學者都認為老子和政教無關，與日本立國方針不能相容，故予以刪除。〔註14〕由於

〔註10〕飛鳥文化為大化革新以前一世紀左右的大和朝廷末期所創的文化，此時佛法甚盛，建築、美術都有時代特色。

〔註11〕三韓為古時朝鮮的三國，即馬韓、弁韓、辰韓。或稱百濟、高麗、新羅。

〔註12〕養老令與唐令中，大學科目對照表。

	養　老　令	唐　　　令
大經	禮記、春秋左氏傳	仝上
中經	毛詩、周禮、儀禮	仝上
小經	周易、尚書以上各為一經	仝上，另加春秋公羊傳、穀梁傳仝上
孝經	孔安國、鄭玄注	舊令：仝上，新令：開元御注
論語	鄭玄、何晏注	仝上
老子	（學者兼習）	舊令：河上公註。新令：開元御注（學者兼習）

〔註13〕據《公羊傳》何休注稱：孔子因魯而行王政，降周室與殷的後裔宋為普通諸侯。這思想是一種革命。

〔註14〕參見武內義雄著《日本儒教之名分論的展開》，頁13。朱謙之：《日本的朱子學》，頁6。

這些儒家學說的啓示，日本終於產生大化革新，〔註15〕成爲完善的律令國家。
〔註16〕形成平安時代近四百年（西元 794～1185 年）絢爛優美的文化。

大化革新不久，天智天皇首設大學寮，由式部省管理，設大學頭，領導
各學官，〔註17〕進行教育工作，並建立各種教育制度，由中央至地方，由經
學至各專門學術教育機構都漸次成立，爲尊儒祀孔，他們也模倣唐人於春秋
二次舉行釋奠。文武天皇太寶元年（唐中宗嗣聖十八年，西元 701 年）二月
丁巳首行釋奠禮，自此每年舉行兩次，〔註18〕元正天皇頒的養老令，所述的
學制更加完備，但因蹈襲唐制，有的不合日本國情，經奈良時代〔註19〕的嘗
試修正，在大學內設明經道、紀傳道、明法道，及明算道，中以明經最受尊
重，後以唐重文章，日本也廢紀傳道，而代以文章道，其地位且超過明經道，
主持各道的博士初由拔擢而來，平安朝中葉後，漸成世襲，〔註20〕而成爲「家
學」，大學寮竟漸趨沒落。

及鎌倉時代，〔註21〕武家當政，文教廢弛，只有明經道的清原家與中原家
以其家學講授於官府，當時中日政府間雖乏正式往來，但宋代的學術文化，卻

〔註15〕大化革新是日本孝德天皇大化二年（西元 646 年），頒詔進行的文化改革，大
體模倣唐朝的文化、政制，其幕後指導者爲漢人後裔──曾隨遣隋使到中國
留學三二年的南淵請安，當時掌權的革新領袖如中大兄皇子及中臣謙足都曾
從請安學「周公孔子之教」。

〔註16〕日本的律令大抵基於唐之律令而改訂的，其要點如下：天智天皇（於西元 668
年）頒近江令二二卷，由中臣謙足主其事。後文武天皇于西元 701 年頒大寶
律六卷、令十一卷，由藤原不比等修撰，元正天皇於西元 718 年頒養老律十
卷、令十卷，亦由藤原不比等修撰。其詳可參考陳水逢博士之論文〈中國文
化之東漸與唐代政教對日本王朝的影響〉。頁 349～370。

〔註17〕日本早期公立學校制度可參考前註書頁 763 之表，其中大學寮相當於今日的
國立大學，大學頭爲國立大學校長。

〔註18〕日本唐以前釋奠禮的詳細情況，可參考前註陳著頁 791～796。

〔註19〕奈良時代（西元 710～784 年）爲律令政治的全盛時代，文化鼎盛，國力充沛。
史學、佛學、美術、工藝等都有足觀者。

〔註20〕依養老令，大學只設經學博士，至延喜式時改稱明經博士，並加文章、明法、
算學三博士，職原抄稱爲四道之儒，初四道之儒都由拔擢而來，中古以後成
爲世襲，紀傳道（後改爲文章道）由菅家、江家承當，明經道由清原、中原
二家，明法道由坂上、中原二家，明算道由三善、小槻兩家承當，明經道後
以清原家獨盛，清原家任博士以廣澄爲最早，至五世賴業最盛，後代代承襲，
以業忠、宣賢等爲有名，都是一代大儒。

〔註21〕鎌倉時代，自十二世紀末源賴朝滅平氏，建立鎌倉幕府起，至 1333 年幕府覆
亡之一世紀半的時期屬之。此期爲佛教新宗派興盛的時代，而武家文化也漸
取代公家文化，宋學也傳入，漸生影響。

仍源源不斷的傳入日本。當時入宋的日本學僧很多，北宋時，有名的雖僅有奝然、寂昭、成尋等人，南宋時，入宋僧卻接踵相繼，〔註22〕他們歸國後，創立了日本新佛教的新宗派，其中如榮西、道元、俊芿、圓爾等人都有很大的貢獻，〔註23〕而中國歸化日本的僧侶，如蘭溪、兀庵、大休、子元、寧一山等人，〔註24〕對日本學術的發展也貢獻良多，他們復興了律宗，宏揚了淨土宗的教義，並開創了日本禪宗之臨濟、曹洞等宗，而中國宋代新興的理學也隨佛僧歸日而傳入，朱子學也因僧侶的研究、傳誦，而得以流傳於日本貴族與學者間。

室町時代，〔註25〕由於三代將軍足利義滿仿效宋朝官寺制度，建立五山之制，故臨濟宗勢力大張，五山禪僧多留學中國，且為幕府的政治外交顧問，他們對儒學研究甚為精湛，尤以朱子學最受矚目，最為風行。當時儒學在五山僧侶手中，放棄博士家所傳的以漢唐訓詁學以五經為中心的方式，而改採以四書為根本經典的新儒學，這就是朱子學能趨興盛的潛因。

後德川家康結束戰國時代至安土、桃山時代〔註26〕的戰亂，開創二百六十五年太平的江戶時代，〔註27〕家康〔註28〕初創幕府，即努力復興文教，刊

〔註22〕參閱木宮泰彥著《中日交通史》陳榮捷譯下卷頁 15～26 的南宋入宋僧一覽表，僅表上所列即達八十餘人，可見其盛。

〔註23〕榮西又稱千光國師（西元 1141～1215 年）備中吉備人，本宗台密，留宋五年，歸國後，在博多開聖福寺，在鐮倉開壽福寺，在京都開建仁寺，為臨濟宗的開山祖，著有興禪護國論，喫茶養生記。道元（西元 1200～1253 年）俗姓源氏，為皇裔，曾留宋，歸國後開越前永平寺，為曹洞宗的始祖，卒諡佛性傳東國師，著有《正眼法藏》等書。俊芿（西元 1168～1227 年）字不可棄，是泉湧寺開山祖，初宏揚眞言宗，後以復興律宗有名，留宋十二年歸國曾帶回佛典甚多，另有儒道書籍二五六卷，有功於日本宋學的發達。

圓爾（西元 1202～1280 年）名辨圓，俗姓平氏，幼學台教，留宋多年，歸國後，於博多創崇福、承天二刹，後在京都開東福、普門二寺，為京都盛唱禪宗之始，且於宋學傳日關係甚大。卒，花園天皇敕賜聖一國師之號，為日本國師號的開始。

〔註24〕宋僧歸化日本者，於朱子學傳入日本關係很大，將留待下節敘述。

〔註25〕室町時代（西元 1336～1573 年）共二三八年，為足利尊所創，初期六十年為南北朝時代，至三代將軍義滿始統一全國，步入鼎盛期，末期約一百年因庶民對統治階級的壓榨時起反抗，各地方官也割據自雄，成為戰國時代。

〔註26〕安土、桃山時代，又稱織豐政權時代，始於 1573 年織田信長逼足利義昭降，至 1598 年豐臣秀吉逝世為止，織田築城於安土，豐臣築城於桃山，因而史稱為安土、桃山時代。

〔註27〕江戶時代（西元 1603～1867 年）共二六五年，為德川家康所創，以江戶為政治根據地。

〔註28〕德川家康（西元 1542～1616 年）於安土桃山時代，與織田、豐臣相周旋，曾

刻群書，提倡文治。秀忠、家光、家綱三代〔註 29〕繼承父祖遺教，也各崇儒興文，至第五代綱吉特好儒學，設儒官，建孔廟，任命篤守朱子學的林鳳岡為「大學頭」，從此世代相傳，朱子學成為官學的主流。但其反動，則有陽明學，古義學及折衷學派的興起，而考證學派，獨立學派及心學派也紛紛成立，一時百家齊鳴，蔚為學術大觀，〔註 30〕由於諸家學說橫行，官學竟被忽視，至第十一代將軍家齊的執政松平定信時，為統一思想，竟頒「異學禁制」令，明定朱子學為「正學」，他學為「異學」，各藩的藩主也效法幕府，排斥異學，當時日本人如欲入仕途，不能不奉朱子學。〔註 31〕

朱子學的盛行，固然鞏固了德川幕府的封建體制，但也產生了尊王運動的思潮，加上水戶學史學精神的激盪，及陽明學的實踐精神，最後終於促成明治維新的成功。

明治維新以後至第二次世界大戰前，日本積極吸收西洋文明，儒學漸不被重視，但仍有影響力，如儒學家安井息軒、西村茂樹都曾批判西洋的功利主義及物質文明，而強調東方倫理道德的重要性。西村曾設弘道會，並於東京帝大講日本道德，〔註 32〕其根本思想即基於儒教，同時右大臣岩倉具視曾成立斯文會，以提倡儒教為宗旨。明治二十三年公佈的教育敕語，也是受儒學者元田永孚之影響而作成的。但後來日本對中國的研究，不再重視對儒家經典義理的探討，而從事實地調查，並從文學、史學、美術、擴及到政治、地理、經濟各方面的研究，使學術研究與政治野心結合。

第二次世界大戰後，日本儒學的研究一時幾乎完全停頓，後來幸有大批從中國遣回的青年學者投入，他們利用已有的中國語文基礎，轉向於學術研究，由於社會安定，工具書齊全，能參考古今中外的研究成果，又重視專業分工，同時集體研究風氣很盛，研究經費充足，加上印刷業的支持，出書容易，於是日本儒學研究的成績相當可觀，東京與京都儼然為今日漢學研究的

蟄居其下，後於豐臣秀吉死後，蕩平群雄，開江戶幕府。

〔註29〕德川幕府十五代將軍之名依次為 1. 家康；2. 秀忠；3. 家光；4. 家綱；5. 綱吉；6. 家宣；7. 家繼；8. 吉宗；9. 家重；10. 家治；11. 家齊；12. 家慶；13. 家定；14. 家茂；15. 慶喜。

〔註30〕日本江戶時代為儒學全盛時代，儒家各派系代表人物介紹，可參考戴瑞坤博士的論文〈陽明學說對日本之影響〉，其中對陽明學者的介紹很詳盡，而於其他學派則較簡略，但全文體例完整，前後如一，參考甚便。

〔註31〕見鄭學稼著《日本史》（四）頁 297～299。

〔註32〕參見高田真治《日本儒學史》頁 263。

重鎮，身爲儒學母國的一個學者，想到儒學在他國的開花結果，以及蓬勃發展，想到國內只維持著四書——中國文化基本教材的點綴門面，對儒學的研究已快成廣陵散，〔註33〕心理不禁有著很深的感喟。

第二節　朱子學傳入日本概述

朱子學傳入日本究竟在何時？由何人傳入？學者之間，議論紛紜，先有「垂水廣信初傳說」，又有「僧玄慧初傳說」，〔註34〕「僧岐陽初傳說」〔註35〕等，後伊地知季安著《漢學紀聞》，（共五卷，於《續續群書類從》第十、教育部）主張朱子學是眞言宗僧侶俊芿所傳，此說一出，一時風行。如久保得二著《日本儒學史》（明治三七年刊），川田鐵彌著《日本程朱學之源流》（明治四一年刊）都紹述這說法。俊芿抵宋第二年，即宋寧宗慶元六年（西元1200年，日土御門天皇建曆一年），爲朱子卒的一年，他在宋十二年，其間與朱子學派中人，如樓昉、樓鑰、魏鶴山、眞西山等人遊，感染新註學風，而他歸日時爲嘉定四年（西元1211年），即劉爚刊行四書的一年，他返日時帶回佛典很多，並有二百五十六卷儒書，其中應含有四書。然而這看法初提出時，僅爲推測，並無確證。因此西村時彥、井上哲次郎等學者就懷疑而不予置信。

西村時彥在《日本宋學史》中，以爲俊芿初傳說雖爲前人未發之卓見，但只是臆測，〔註36〕他以爲文明輸入在於交通往來。北宋時，已有成尋等人抵宋，北宋時，中日交通不絕，宋代理學之書，如濂溪太極圖說等，可能早已傳至日本，而朱子學的新註書，應該是由臨濟僧圓爾、宋僧道隆等傳入，而由元僧子元、一山等加以宏揚的。圓爾名辨圓，爲東福寺主持，留宋六年多始歸國，宏揚禪學於京都，他在正嘉元年（西元1257年）應北條時賴之請，於相州講南宋、圭堂所著的《大明錄》，《大明錄》中引程子、朱子、楊龜山、謝上蔡、羅從彥、張南軒之說，是援儒入佛之作，他又曾爲龜山法皇述三教要略，又寫「三教典籍目錄」，其中便有《晦庵大學》、《大學或問》、《中庸或

〔註33〕中國近代較具特色的新儒家學者有熊十力、唐君毅、牟宗三、錢穆、徐復觀等人，但不受社會大眾重視，他們著重中國儒學傳統的精神面，如錢穆謂朱子學的立要精神，在於「爲己之學」及「善與人同」，於宗教面涉及最少。
〔註34〕廣信、玄慧都是後醍醐天皇時人。
〔註35〕岐陽爲後小松天皇時人，爲義堂周信弟子，爲註四書訓點的第一人。
〔註36〕見《日本宋學史》頁23～24。

問》、《論語精義》、《孟子精義》、《焦注孟子》及《朱子語類》等書，可見圓
爾確是朱子學傳入的先鋒。〔註37〕

　　道隆又稱蘭溪，俗姓冉氏，宋西蜀涪江人，從學於無準、痴絕、北磵三
禪師，於寬元四年（西元 1246 年）歸化日本，應北條時賴之請，住鎌倉常樂
寺，後開創建長寺，卒年六六，賜號大覺禪師。著有《語錄》三卷，在語類
中，時有儒家語，由此可知他也應是日本朱子學傳播者之一。

　　道隆之後，有普寧〔註38〕、大休〔註39〕、子元〔註40〕等人都以禪僧而兼
傳理學，他們傳播朱子學，對鎌倉的武士，有極大的影響。日人岡田正之、
武內義雄等人傾向於此說。

　　井上哲次郎在《日本程朱學派之哲學》中，主張「元僧一山初傳說」。「一
山又稱寧一山」（西元 1247～1317 年）宋台州臨海縣人，俗姓胡，爲普陀山
名僧，奉元命，持國書赴日，後爲北條貞時所留，而永住日本，他受幕府禮
遇，於各地說法之餘，兼授儒學，門下人材輩出，如虎關、夢窗、中岩、龍
山諸人，都是兼通朱子學的名僧。從語錄可見一山與門人虎關論宋學的記錄，
其再傳弟子義堂更將朱子學宣揚於公卿與武士間，義堂曾說：「漢唐儒者，唯
拘章句，至宋儒，洞達性理，所釋甚高，是皆參吾禪故也。」，〔註41〕義堂弟
子岐陽始作四書訓點，將四書新註加上日式讀點，即所謂「和點」，使一般平
民能讀懂，有功於朱子學的普及，因此井上追溯淵源，斷定一山爲介紹朱子
學入日本的功臣，《日本儒教概說》的作者岩橋遵成也主張此說。

　　以上諸說，都言之成理，但乏有力證據，足利衍述著鎌倉時代之朱子學
（載《東洋哲學》第三十編第七號），擁護「俊芿初傳說」，他蒐集史實，力
求證明，他根據「俊芿本傳（泉涌寺不可棄法師傳）所載：俊芿首倡宋儒新

〔註37〕 仝上書頁 28～29。
〔註38〕 普寧，又稱兀庵，宋西蜀人，師事痴絕、佛鑒二禪師，爲圓爾、道隆之友，
　　　　於文應元年（西元 1260 年）赴日，北條時賴迎歸巨福山，執弟子禮。著《語
　　　　錄》三卷，多儒家語。
〔註39〕 大休名正念，宋溫州永嘉人，從石溪心月受印記，於文永六年（西元 1269
　　　　年）赴日，爲北條時宗、實時、顯時所崇信，所著《語錄》一卷，也多從
　　　　儒家來。
〔註40〕 子元（西元 1226～1286 年），又名祖元，號無學，宋明州慶元府人，俗姓許，
　　　　幼聰慧，師事北磵、佛鑒等禪師，弘安二年（西元 1279 年）應北條時宗之聘
　　　　赴日，爲時宗之師，主圓覺寺，卒年六十一。著《語錄》十卷，引儒門法語
　　　　甚多，兼重儒釋。
〔註41〕 見牧野謙太郎《日本漢學史》頁 76 引，世界堂書店，昭和十三年版。

註書的事實，並對照宋史，而證明《漢學紀聞》所主張的宋儒新註書傳自俊芿的說法。〔註42〕

俊芿傳入新註書，固較可信，然仔細思考，若言俊芿歸日之年，即爲朱子學初傳之時，則嫌過於武斷。〔註43〕愚認爲朱子學由俊芿初傳說，如中國文字創於倉頡、沮誦說一樣，文字於倉頡、沮誦之前，應已創造，後經倉頡等整理後，方更普及，故造字之功就歸於倉頡等人，朱子學的書，在俊芿之前已有傳入的證據，〔註44〕那些都是僧侶來去及經宋商之手而傳布的，但未見明載。至俊芿、圓爾入宋，蘭溪兀庵歸化日本，始有齎來儒籍的記載。朱子學的傳入，歸功俊芿固可，歸功於圓爾、一山亦有見地。總之，朱子學傳入日本，決非僅二三特別學者之功，而是由於日本入宋留學僧及宋元渡日的高僧、學人，自然的，漸次的傳播所致，而自寧一山赴日後，宋學之風始大盛。〔註45〕

鎌倉末期，這種新興的朱子學，後來推展至朝廷的講筵上，後醍醐天皇的講筵，由玄慧主講。花園上皇的講筵，由紀行親主倡，此時研究朱子學的風氣日盛。花園院宸記元應元年（元延祐六年，西元 1319 年）閏七月十二日條下云：

> 今夜（日野）資朝、（菅原）公時等，於御堂殿上，盡談論語。僧等濟濟交之。朕竊立聞之。玄慧僧都（職位名）義誠達道歟？自餘人皆談義勢，悉叶理致。

此爲日野資朝、菅原公時等儒家於殿上開講《論語》，而玄慧也參加了討論。家學傳授在讀法上，有煩瑣的口傳，在講釋上，拘於何晏《集解》的範圍內，重一子相傳的家說，不採新說。而現在於經筵講學時，讀法不用口傳，且講

〔註42〕 本宮泰彥《中日交通史》亦據此傳，認爲俊芿在臨安時與錢相公、史丞相（彌遠）、樓參政（鑰）、楊中郎等當時俊穎博學之儒士往來，故其帶回日本的儒書較多，而所帶儒書當即四書之類，多有關於宋學的，其結果遂令日本有志於宋學的次第興起，見該書下卷頁41。

〔註43〕 參見大江文城著古魯譯：〈宋儒新註書流傳日本情狀小誌〉，載於《人文月刊》二卷1期，或其所著之《本邦儒學史論考》頁9～36。本節頗多取材於此文。

〔註44〕 如藤原賴長、清原賴業都曾受宋代新註書影響，自禮記抽出中庸，特崇重之。而岩崎文庫藏有大江宗光於正治二年（朱子卒年）手寫的中庸章句，此書所據的底本，應是宋商貢進的書。宋商貢書甚多，詳見註43：同文頁15～17。

〔註45〕 參考曹先錕著〈日本儒學的發展〉頁29，載於《中日文化論集》（一）。另有一說稱：明成祖遣左通政趙居任等至日封足利義滿爲日本國王，並傳入「四書集註」，朱子學因之興起。

釋引證集解外，更引證皇疏、正義集註等，並允許自由討論。玄慧爲當時新
註學者的重鎮，他居京都北小路，號獨清軒，又號健叟，獨醒老，通書史，
深嗜《資治通鑑》，並尊信程朱，應後醍醐天皇召，入爲侍讀。玄慧講學，不
以從來明經家學說爲本，而逕據《周易》、《論孟》、《大學》、《中庸》，自立新
義，極饒理致，其學問在經學方面以四書爲本，在史學方面，則以《資治通
鑑》爲宗。《大日本史》二一七〈玄慧傳〉中，述其經筵首倡之功曰：

> 常讀宋人司馬光資治通鑑，尊信程顥、程頤、朱熹之學，後醍醐天
> 皇召侍讀。先是。經筵專用漢唐諸儒註疏，至是玄慧始倡程朱之説，
> 世人往往多學之者。

玄慧改變明經博士經學重漢唐訓詁之風，大倡程朱之學，這在日本儒學史上
是一創舉。

後醍醐天皇庶子龍泉爲虎關師鍊高足，其所著之《松山集》，有〈貽獨醒
老書〉，推崇玄慧爲宋學保障，亦爲京學的保障，文曰：

> 伏念叟傍爲京學之保障，而士大夫之有文者，莫不從而受教也。而
> 身老矣，雖欲解形林壑，又爲王公將相之所要誘，而不得自便也。
> 將軍亦爲之先矣。

其爲上下一般所崇仰，由此可想像得之。

玄慧畢生致力於宣揚四書的精義及《資治通鑑》的精神，一以求仁，一
以闡義，適爲朱子學的兩面，影響所及，其通鑑大義名分之學由北畠親房承
之，而寫成《神皇正統記》，論者更以「建武中興」〔註46〕之功歸於玄慧，而
其四書學則下開日本儒學界理學傳播之端。

上爲南朝講學梗概，北朝宮廷學風也盛，於北朝宮廷鼓吹新註的學者爲
紀行親，宸記元亨二年（元至治二年，西元 1332 年）七月二五日條下曰：

> 談尚書，人數同先夕。其義等不能具記。行親義其意涉佛教，其辭
> 似禪家，近日禁裏之風也，即是宋朝之義也。或有不可取事，於大
> 體非無其謂者也。凡近代儒風衰微，但以文華風月爲先，不知其實。
> 文之弊，以質可救之。然者近日禁裏有此義歟？尤可然也。但涉佛

〔註46〕建武中興，爲鐮倉幕府覆亡後，自 1333 年至 1335 年止，以第九十六代後醍
醐天皇爲領導中心所推行的復古政治，時後醍醐天皇受大義名分論影響，欲
恢復王權，實行親政，賴足利尊、楠木正成及新田義貞之佐，攻滅鐮倉幕府，
親攬萬歲、勵行新政，惜因公卿與武家利益不諧，足利尊再度叛變，終於導
致南北朝分裂。

教，猶不可然乎？

上皇所召入尙書講席者有菅原公時、藤原家的經顯、國房、貝良、家高、公躬、俊光、資朝、隆有、資明、源具親及紀行親，明經儒中原師夏等人。

講《尙書》畢，續講《論語》，元亨四年四月七日記：上皇親取皇疏、正義、集註等註解，記入本經，以爲御前講學之備。宸記曰：

> 此間論語抄書外無他，今日第一學而爲政兩篇，終功了，疏、正義並近代學者註等部類并他書又抄入之，仍不可有盡期。然而先以疏、正義、集註等，抄錄之也。

可見當時講《論語》除用舊註外，更取朱子的《集註》。

紀行親，據紀氏系譜，爲家平之子，官昇大學頭。據續本朝通鑑，興國六年（北朝貞和元年，西元 1345 年）爲賊所害。行親之學，兼採朱子學，爲家學外之學，無「家點」「口傳」，研究自由，他在花園上皇講席，倡導新註學，又在北朝光明天皇前，進講《尙書》、《大學》。〔註 47〕

綜上所述，當於鎌倉初期，朱子學書即已傳入，同時漸起研究，至鎌倉末期，竟同登朝廷講席，至此，朱子學始得公然研究。

朱子學的日漸興盛，對明經家傳統的立場構成威脅，明經家傳授五經，因有「家點」、有秘說，必須一一待其口傳，學者病其繁瑣，而朱子新註四書既無家點，又無口傳，故人人研究自由，故受人人歡迎，於是明經家不得不參用新註以適應時代朝流，相傳清原賴業曾自禮記中，特別推崇大學，曾予標出，獨立講授，〔註 48〕中庸也兼採朱子學庸章句的說法。從來四書傳授以五山禪僧爲主，明經家爲順應時勢而追從之，並從而建立起論孟主採舊註，學庸則據新註的「明經家四書」說，〔註 49〕而當時解釋五經時，亦併取新註及其註釋書，如清原業忠、清原宣賢等都是室町時代的傑出明經家，他們解經也不得不參用新註，可見當時朱子學的勢力已極可觀了。

〔註47〕 參見東山御文庫記錄。

〔註48〕 參考大江文城的《本邦儒學史論攷》頁 28。此說初見於《大日本史・賴業傳》。毛利貞齋的《四書俚諺鈔》、岩垣維光的《學庸溫故錄》及《中庸筆記》、大田錦城的《九經談》、山崎美成的《好古餘錄》、近藤正齋的《正齋書籍考》等書都同意此說。

〔註49〕 時明經家爲擁護家學計，新立「明經家四書」，統一「家點」，整理家說。京都大學所藏清原宣藏親筆的章句末有記載曰：「僧俗學徒，關東學士，十三經訓點，清濁，悉背先儒之說，且失師家之傳，悲哉，予憐子孫赴邪路，一字不關點之，亦清濁字聲指之。」可見其苦心，詳見註 43 所引之文，頁 27～28。

第三節　日本朱子學的流傳

朱子學在鎌倉時代由「渡日僧侶」與「入宋僧侶」等傳入，〔註50〕已如上述，其末期研究者日多，至於其弘布，則有待於吉野〔註51〕與室町時代。

最初，朱子學還是因禪僧而發展的，當時公卿與武士往往就隨渡日僧侶學禪，從而兼習儒道。如楚俊明極、清拙正澄、楚仙竺仙都是吉野時代的渡日僧，楚俊所著語類涉及儒教處甚多，他釋儒道三教並重，曾於三教圖讚上說：

> 三教聖人各立本法，儒教大雅之法，其行端確無邪；釋教大覺之法，其性圓融無碍；道教大觀之法，其智廓達無滯，如鼎立足，缺一不可。

可見其主張的梗概。

清拙正澄在日本傳播百丈清規，影響日本禪林禮法及武家禮法甚大。竺仙號來來禪子，所著語錄，亦本朱子學，倡儒佛一致。如示蘊規居士法語曰：

> 若夫性命之說，則中庸大學之書，蓋具之矣。唯是無聲無臭，一言可盡也。

則儼然儒者之言。

然而傳朱子學於日本朝廷公卿，使朱子學公開受到尊崇者，應推玄慧法師，〔註52〕玄慧原為儒者，後出家，登比叡山，學天台宗，後傾臨濟宗，為後醍醐天皇的經筵講師，在京都學界很有地位，被尊為京學之祖。他在經筵進講程朱之學，及通鑑之學，著有兒童訓蒙書：《庭訓往來》、《喫茶往來》二書。

玄慧的弟子有北畠親房、菅原公時、日野資源、資基、及楠正成等人，其中北畠親房傳玄慧通鑑之學，著有《神皇正統記》、《職原抄》、《元元集》

〔註50〕也有認為朱子學傳入日本，宋末儒者到日本講學之功也不可沒，如《中日文化論集》（一）、梁容若先生作〈宋末李竹隱海外講學考〉一文，即曾據九龍眞逸（即陳伯陶）輯《宋東莞遺民錄》卷十一〈李用傳〉證明李用曾講學於東瀛，日人尊為夫子，李為宋末人，宋末朱子學已盛，故所講詩書，必亦用朱子學，可見朱子學的傳日，禪僧外，尚有儒者。

〔註51〕吉野時代，西元1333年建武中興後，因不得民心，四年後，後醍醐天皇逃至吉野，自稱正統，組織新朝廷，與足利尊氏所擁立的光明天皇對立，是為南朝，三傳至1392年後龜山天皇被足利義滿所迫，宣告退位，其間約五十餘年，亦為室町時代的前期。

〔註52〕玄慧法師，俗姓藤原，又名法印，號獨清軒、健叟、獨醒老等，從其兄虎關師鍊出家，有名於京都，後登天皇講筵，為講儒理及君臣大義論，促成建武中興及神皇正統記的創作。為傳朱子學於朝廷的先鋒。

等，其正統記有「日本的春秋」之別名，旨在明皇統正閏，期振作名教，因神器授受，論皇統繼承，其基本觀念皆受朱子《通鑑綱目》與《通鑑學》的影響。《大日本史》第一六五卷本傳云：「親房深歎中興不終，皇統垂絕，乃推本皇祖建國之意著神皇正統記，上起於神代，下終於興國初，揭皇統於己微，以明神器之有歸，其明微扶正，誠有合於春秋遺旨。」《漢學記源》第一卷亦云：「親房特欽朱子之學風，讀四書、五經、宋朝通鑑等，當時博識無可比肩。」可見親房的歷史哲學，大多受朱子學的影響。

　　弟子中又有楠木正成，正成殺身勤王，其忠誠義烈是日本忠臣的典型，他的思想即得力於朱子學的忠君愛國觀念，中山利貞在《三才雜話》中，列舉論語異本及楠河州本稱：

　　　　史稱中將軍及長好學，然則公忠義固雖出於其天性，所得於學問者

　　　　亦多矣。雜記所載亦足以觀公在干戈搶擾中，遵奉聖經之一端矣。

又據橘泰所作書中，述楠公壯年時，曾手寫論語，書珍藏於今伊勢名張某家，可見正成之學得力於儒家，尤其朱子學。〔註53〕

　　於朱子學的研究、消化與弘揚有功的除玄慧及其弟子外，寧一山及其門下弟子所形成的京學五山學派也是很重要的一支。一山門下的虎關、雪村、夢窗，夢窗門下的義堂、絕海、愚中、觀中等，另如岐陽、惟肖、桂悟、桂庵等都是五山禪僧，他們以五山為根據地，〔註54〕鼓吹文學，兼倡朱子學，由五山而十刹，終於普及全國，以下將分述五山禪僧的朱子學。

一、虎關師鍊（西元 1278～1346 年）

　　姓藤原，生於京都，受父母好佛影響，屢游寺院，好讀書，有文殊童子之稱（為玄慧法師之兄），年近三十，從一山學，除參禪起悟外，更學程朱。又從圓爾、祖元、蘭溪門下諸師學，又從菅原在輔學文選，從源有房學易，為臨濟宗的學僧，五山文學的泰斗，曾任東福、南禪寺的主持，晚年於東福寺海藏院潛心著述，於貞和二年（西元 1346 年、元順帝至正六年）卒，享年

〔註53〕可參見朱氏著《日本的朱子學》一書頁50～51。

〔註54〕五山，指揮宗寺院的寺格之最高位者言，五山之名源自南宋寧宗時所定大禪寺之五山十刹而來的，日本五山制源自鎌倉，由北條氏所設，即建長、圓覺、壽福、淨智、淨妙，號為鎌倉五山，後足利氏居京都，亦設京都五山，即南禪寺最上，次為天龍、相國、建仁、東福及萬壽五寺，與儒學關係最深，在政治上有絕大勢力的是京都五山，五山禪僧都兼理儒學，漢詩文俱佳，形成中世紀漢詩文藝的主流，故有「五山文學」之稱。

六十九歲，著有《元亨釋書》二十三卷，是第一部日本佛教史，另有《佛語心論》十八卷，《詩文集》《濟北集》二十卷及《聚分韻略》五卷。

虎關所著《濟北集》中，〔註55〕論儒學之處甚多，可見其精於伊洛之學，他有「日本之宋學研究先驅者」之名，主張儒道一致，然對於北宋諸子，特獨推尊周敦頤，《元亨釋書‧榮西傳》贊曰：

> 仲尼沒而千有餘歲，縫掖之者幾許乎！惟周濂溪獨擅興繼之美。
> 〔註56〕

他雖讀程子書，讀《朱子語類》，但卻不滿於程朱的排佛，他論朱子排佛曰：

> 我常惡儒者不學佛法，謾爲議，光之樸眞，猶如此，況餘浮矯類乎？降至晦庵益張，故我合朱氏而排之云。〔註57〕

又說：

> 朱氏當晚宋，稱巨儒，故語錄中，品藻百家，乖理者多矣。釋門尤甚。……蓋朱氏不學佛之過也。……（傳燈錄）其理非朱氏之可下喙處。……吾又尤責朱氏之賣儒門而議吾焉。《大惠年譜‧序》云：「朱氏赴舉入京，篋中只有大惠語錄一語，又無他書」，故知朱氏剽大惠機辨，而助儒之體勢耳。不然百家中，獨特妙喜語邪？〔註58〕

虎關通曉程朱之學，卻因擁佛而疑程朱。然識見高，曾告訴弟子稱：盡信書不如無書。其門下有龍泉、性海都兼通儒學。

二、雪村友梅（西元 1290～1346 年）

字雪村，自號幻雲，越後人，俗姓源，隨侍一山往來說法有年，參禪之餘，兼習儒書、莊子，以佛教詩人出名。年十八入元參諸名衲，被元以間諜罪拘囚三年，後流竄西蜀十年，著有《岷峨集》。遇赦後返日，主持萬壽、建仁諸寺，於貞和二年（西元 1346 年）卒，年五十七。雪村爲一代儒僧，在中國，嘗與周盛夫、趙子昂等人交游，周盛夫爲周濂溪後裔，可見雪村雖非朱子學者，但和朱子學中人物交遊，卻值得注意，《林羅山文集》卷四十八有〈岷峨集序〉，盛稱雪村之學，而惜其不居儒門。由此也可見雪村與儒家的關係。

〔註55〕《濟北集》前六卷錄詩，卷七以下文，卷十一詩話，卷十九載通衡之四，爲與儒教關係一大文獻。
〔註56〕《元亨釋書》第二卷第27頁，見《大日本佛教全書》第一五九冊。
〔註57〕《濟北集‧通衡之二》，頁362。
〔註58〕同上書，〈通衡之四〉頁364。

三、夢窗疏石（西元 1275～1351 年）

伊勢人，初好老莊，後嗜佛典，師事兀庵無學，高峯顯日、及一山。雲遊十餘載，曾主持臨川、天龍寺，受後醍醐天皇和足利尊氏崇敬，著有《語類》二卷、《夢中問答》三卷、《西山夜話》一卷，《和歌集》一卷。

夢窗除精佛典外，於孔孟老莊也無不涉習，他雖與朱子學無直接相關，但對名分順逆的見解，卻與朱子學符合。如他再住天寧寺時，曾記其感慨曰：

　　武家大息以謂，悲哉臣遂墜讒諛，陳謝不及，永沈逆臣之謬而已。

他在南北朝時代，在足利尊之前，竟記其自稱逆臣，實爲朱子學中名分論的意識所發。〔註59〕

夢窗門人七十餘人，高足者都是足利名儒，有名的如義堂、絕海、春屋、嚴中、龍湫、愚中、月山、無求等，夢窗雖誠弟子勿忘禪學本分，而馳外學，然時勢所趨，弟子大都兼學儒釋，尤其義堂以文勝，絕海以詩長，各有所攻，而讀春屋妙葩所著語錄，時可見其程朱學的傾向。龍湫周澤著《隨得集》，也有許多儒者口吻，又月山周樞爲常陸正宗寺第二世，也好儒學，月山門下資中，也口讀儒典，〔註60〕由弟子的表現，即知夢窗與朱子學、儒學必有相當關係。

四、中岩圓月（西元 1300～1375 年）

號中正子，相模鎌倉人，八歲入壽福寺爲僧，從道惠和尚讀孝經論語及九章算法，廿二歲入京居南禪寺，時虎關正在濟北庵埋頭撰《元亨釋書》，掩關謝客，獨圓月往謁而不被拒，廿六歲入元，與張觀瀾論太極無極之義、一貫不二之旨，又與賀九成、薩天錫等相唱和，居八、九年方歸日，時正逢建武中興，因作原民、原僧二文，論王政中興，又加上賀表，可見其望治心。歷應元年（西元 1338 年），圓月於藤谷埋首修撰日本紀，而以吳泰伯爲國祖，謂歷代天皇爲泰伯的子孫，此說一出，群議譁然，朝議令燒燬其書，遂不傳於世。〔註61〕後卒於京都，所著書有《語錄》二卷，《東海一漚集》三冊，《中正子》一冊，都收入《五山文學全集》第二卷。另有《日本紀》、《文明軒雜談》等書，現已佚。

〔註59〕參閱西村時彥《日本宋學史》。足利衍述《鎌倉室町時代之儒教》頁 235 亦可參考。

〔註60〕見義堂周信《空華日工集》中，〈與月山書〉。

〔註61〕此事可見於〈日本名僧傳〉，載於《續群書類從》二○三卷頁 428，又《林羅山文集》第二五卷頁 2 第三六卷頁 11 等亦有此說，圓月之說似採自《晉書・倭人傳》：「倭人自謂泰伯之後」，因與日人自稱天神後裔之說衝突，故被焚燬。

　　圓月與虎關、夢窗同時，而被尊爲當代精通程朱學的泰斗，他的學術於五山僧侶中，號稱第一，詩、文亦有可觀，讀其〈中正銘〉、〈窒欲銘〉、〈溫中說〉、〈道行說〉（均載於《一漚集》中），即可看出他是釋服儒心的人，再讀他的《中正子》一書，〔註62〕可見他採釋儒不二的論點，有許多本程頤等宋儒的說法。要之中岩之學是祖述易、中庸，標榜「誠明」二字，以同化儒釋。他深受伊洛之學影響是可斷定的。

五、義堂周信（西元 1325～1388 年）

　　號空華道人，土佐高岡人，少從其邑里松園寺的淨義大德學法華經及儒書，後學於虎關、玄慧之門，而師夢窗最久，以文章與絕海的詩被稱爲五山文學的雙璧。義堂攻究程朱之學，頗致力於儒教的教化。他在三十五歲時，應鎌倉管領足利基氏（足利尊氏次子）之招，往圓覺寺爲首座。四十七歲，執事上杉能憲建報恩寺，招義堂爲開山祖，在鎌倉二十多年，大揚宗風，五十五歲，足利義滿召還京師，居建仁寺，爲講孟子，盡用元、倪士毅的四書輯釋，並解析新舊註的不同，又常詣二條准后講新舊二學之別。義堂病漢唐訓詁學之煩瑣，而喜宋儒之說，故其說四書，必從朱註。他輔佐三代將軍義滿以文治國，用仁義道德之說，改造窮兵黷武之風。

　　義堂服膺宋禪僧契嵩所倡三教一致說。他認爲儒教可以補充佛法，所以佛教得兼儒教。

　　義堂曾從中岩圓月學漢詩，曾說：「詩有補於吾宗。」教人作詩要先立志正，教人讀書先須正心而讀之。這些主張都可在他所著的《空華日工集》見到。《空華集》二十卷，收入《五山文集全集》第二卷。

六、絕海中津（西元 1336～1401 年）

　　自號蕉堅道人，土佐人，十三歲離鄉，遊京洛，列籍天龍寺，侍夢窗研讀，每入室徵問，應對如流。後居東山建仁寺十二年，於三十三歲時渡海遊中國，〔註63〕以詩著名。四十一歲時，明太祖召見武英殿，奏對如意，曾當殿賦詩曰：

　　　熊野峰前徐福祠，滿山藥草雨餘肥。

〔註62〕　《中正子》共十篇，內篇有四，敘佛教，外篇有六，述儒道，其目內篇爲性情、死生、戒定慧、問禪。外篇爲仁義、方圓、經權、革解、治歷。另有敘論一篇，此書爲中岩圓月的心血結晶，有單行本，也編入《東海一漚集》第四卷。
〔註63〕　詳見北村澤吉《五山文學史稿》頁 413 下。

　　只今海上波濤穩，萬里好風須早歸。

太祖極爲高興，特爲和詩而成全其願，送之歸國。

　　歸國後，受足利義滿尊崇，晚年駐錫相國寺，因之相國寺在應永八年（西元 1401 年）成爲五山第一。著有《蕉堅稿》二卷、《語錄》一卷。門人有觀中、月山等。

　　絕海爲室町時代的文豪，生平讀書，兼涉儒釋，既是詩僧，又爲儒者，其詩毫無「和臭」，〔註64〕置之中國詩人詩作中，亦無法分辨。論者稱其詩雄渾精練，在禪林中，實屬罕見。絕海對朱子學當也有貢獻，但關係尚淺，事迹也不明，但其詩與中岩圓月的文章並稱南北朝黑暗時代的兩大星光，實非過譽。

七、岐陽方秀（西元 1363～1424 年）

　　號不二道人，名方秀，字岐陽，與名僧空海同鄉，爲讚州多度津人。十三歲入東福寺，從石窗和尚，又就學於夢岩，夢岩爲潛溪門人，潛溪爲聖一國師圓爾的門人。後就學於安國寺的靈源，居八年，治儒釋二學。在二十四歲時，至南禪寺，從當代碩學義堂受程朱之學。三十歲，歸東福寺，司藏鑰。後與明赴日僧寄書相交，切磋琢磨，受益亦多，晚年於東福寺慧日山邊建不二庵。著有《琴川集》及《不二遺稿》。

　　岐陽對日本儒學最大的貢獻是創出四書和點，〔註65〕在五山文學的極盛時代，朱子學也隨之在叢林間傳播，而岐陽和尚始創和點，施於朱子注以便講談。這對於朱子學的普及必有助益。此和點本現已失傳。但他對朱子學的關係，可從其題濂溪愛蓮圖一詩覘知，詩曰：

　　太極翁亡三百年，廬山風月尚依然。

　　姚黃魏紫春如海，近有誰來愛此蓮。

　　岐陽同門弟子周亨，字大椿，爲南禪寺僧，也喜朱子學。少年東游，就常州學四書五經，始聞孟子講，時食不繼，就人求豆一斗，挂之座隅，日煮一握以療飢，如是者凡五旬，大椿所聽孟子應是朱注孟子，由此可見朱子學勢力的強勁，其門下以雲章、惟肖最爲英才，傳其朱子學。

八、雲草一慶（西元 1386～1463 年）

　　爲左丞相一條經嗣之子，關白一條兼良的庶兄，生於平城，六歲投山崎

〔註64〕「和臭」，日人作漢詩、漢文，每夾日文語詞或襲其文法，不似漢人所作，即特具有日本人風味，稱爲「和臭」。

〔註65〕岐陽創四書和點之說，參見西村時彥《日本宋學史》頁 111～113。

的報恩寺，十六歲剃髮，次年列籍東福寺，師事歧陽，屢與共論碧巖錄，四十六歲在後小松天皇前，講《元亨釋書》。歷任東福、南禪等寺主持，律己甚嚴，傳承程朱之學，贊美新注而斥本注，所著《清規要綱》、《五燈一覽圖》皆矯正禪林之弊。他在七十四歲時講《百丈清規》，據桃溪瑞仙所記的《雲桃抄》來看，可見涉及程朱學很多。

九、惟肖得巖（西元 1360～1437 年）

號雙桂，又號蕉雪，備州人，故又稱山陽備人，十六歲上京，從草堂林芳修佛典，又從歧陽學程朱學，學成後，以文馳名，任義教將軍的外交秘書官，起草國書，當大內氏〔註 66〕與中國交通的重任，並獎勵文教，以陶冶後學為事。他宗程朱之學，講四書外，好讀東坡詩，於莊子也有研究。著有《語錄》及《東海瓊華集》七卷。

惟肖任職大內氏時，曾購入明成宗敕修的四書五經大全，這些書由胡廣、楊榮等纂修，於朱子學的研究，甚為方便，因此惟肖於大內文學、朱子學的傳播關係甚大，與雲章同為歧陽門下倡導朱子學，而於儒學有功的人。

惟肖同門，文有惠風，字翱之，美濃人，也通朱子學。曾入明游學，歸日後，也受義政將軍尊崇。作有德政論頌揚義政將軍，而基本論點則主儒佛一致，並倡仁義經權之說。著有《竹居清事》、《西游集》各一卷。

惟肖門人有希世靈彥著《村庵稿》，橫川景山著《京華集》、《小補文集》、《東游集》。另有竹居正猷、景徐周麟、蘭坡景茞、了庵桂悟、及桂庵玄樹。桂庵玄樹是薩南學派的開祖，名最著，其說詳後，先述其講友：

十、竹居正猷（西元 1380～1461 年）

號化化禪，生於薩州，少侍同州石屋和尚，後師惟肖，兼習儒釋兩典，惟肖鄭重訓誨，傳其朱子學，與「竹居」號。後應大內氏（弘忠、教弘）之聘，主持長州大寧寺。當時關東名將上杉憲實辭管理職，入身僧籍，周游天下，遂侍竹居於防州大寧寺，大喜宋儒之學，朱子學漸傳於武士間。

十一、景徐周麟（西元 1440～1518 年）

號宜竹，少壯入萬年寺，及長，與師友惟肖之徒共研究內外之書，學成

〔註 66〕大內氏為中古時代居於周防國的豪族，至義弘時，征服四鄰，為中國地方之雄，在義興時為全盛時代，握中央政治實權，控制與明朝及朝鮮的貿易實權，其山口城成為日本文化的另一中心，甚至有凌駕京都之勢。至義隆時，以族內爭亂，為家臣陶晴賢所滅。

後，四住相國寺，後遷南禪寺，著有《日涉記》、《翰林葫蘆集》十三卷（內詩四卷，文九卷）。

景徐也曾向當時講程朱學的淳英和尚問學，他主張儒佛一致，文集中有許多關於朱子學的言論，《漢學紀源》第二卷載慶長十五年（西元 1610 年）僧文之與僧恭畏書，最能見出景徐在早期朱子學的傳播地位。其言曰：

> 應永年間，南渡歸船載四書集注與詩經傳來，而達之洛陽，于是不二岐陽始講此書，爲之和訓，於時東山有惟正（即惟肖），東福有景召（即景徐），二老名衲而同出於不二之門，匪翅精此二書，以博學多聞藉甚天下。我桂庵從二老受程朱之學，游明七年，遂研究之歸，教授四藩，傳之月渚，月渚傳之一翁，以至文之。

十二、蘭坡景菅（？～西元 1501 年）

號雪樵。幼受法於南禪的大規梵規，及長專耽儒學，曾從泉州石津人學詩，又與景徐共聽雲章講學，獲益不少。學成後，歷諸寺後，遷南禪寺，得後土御門的優遇。著有《仙館集》、《雪樵獨唱》等。

十三、了庵桂悟（西元 1424～1514 年）

號缽袋子，生於岐陽卒之年，與薩南朱子學派之開山祖桂庵共游於惟肖之門，修習朱子學，歷諸寺住持，八十三歲時，後柏原天皇賜號佛日禪師。同年，竟以如此高齡，奉足利義證之命，出使明。在明時，應對得體，既達成使命，又受明朝學者等款待，其中，與王陽明交往事最值得注意，學者間認爲桂悟爲日本王學倡導的濫觴，即基於這段因緣。〔註 67〕

綜上所述，五山禪僧雖以漢詩、漢文聞名，但他們兼倡朱子學，於日本朱子學的傳播是居於承先啓後的地位，五山禪僧的桂庵是惟肖的弟子，他下開薩南學派，其繼起傳人月渚、一翁、文之、如竹等，都宗朱子學。五山派朱子學研究的盛況，也影響了當時朝廷公卿，形成博士公卿派，而惟肖在周防任大內義教的外交秘書，曾提倡朱子學，後經梅村南軒提倡，朱子學就在海南興起，追溯其源，室町中期末期的朱子學三派，都與五山脫離不了關係，甚至連日後陽明學興起，也基因於五山，五山在日本學術史上，真是值得大書特書。其學統如下：

〔註 67〕 參見井上哲次郎《日本朱子學派之哲學》頁 636〈附錄〉，又見川田鐵彌、《日本程朱學之源流》頁 64，武內義雄《儒教之精神》頁 200。而蘇振申先生譯〈王陽明與了庵和尚〉，載《華學月報》第 3 期，尤詳盡，可查閱。

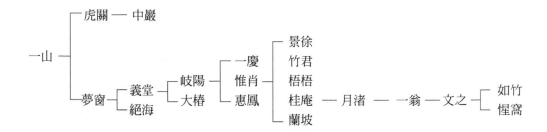

第四節　室町後期的朱子學派

應仁之亂〔註68〕後，京都殘破，五山禪僧所倡的朱子學，遂散而至各地，其時朱子新註書及其後學之著述也陸續輸入，朱子學逐漸凌駕於舊儒學之上，而形成有力的學派，如在薩摩、肥後有薩南學派，在土佐有海南學派，而原傳舊儒學公卿、博士們也間採用朱子學說，乃形成另一學風。茲分別敘述：

一、薩南學派

薩南學派的承傳如下表：

```
       ┌─ 南村梅軒（傳海南學派）
桂庵 ──┼─ 月渚英乘→二洲一翁→文之玄昌→泊如竹→愛甲喜春→東鄉重輕 ┬─ 左衛門俊矩
       └─ 佐佐木永春等                                              └─ 伊集院仁
```

薩南學派一稱桂庵學派，是桂庵玄樹受聘於肥州的菊池氏〔註69〕和薩州的島津氏〔註70〕而建立的獨立學派，桂庵講學四書用朱子集註，周易用朱子

〔註68〕應仁之亂，又稱應仁文明之亂，自應仁元年起至文明九年止（西元1467～1477年）共十一年，以京都為主要戰場，波及全國，敵對的雙方為細川勝元與山名持豐，他們為爭霸，藉幕府將軍繼嗣問題及守護大名畠山家繼承問題，而起混亂。此役使京都幾化為焦土，寶物與典籍文獻損失慘重。公卿庶民多避難於西方。此役之後，幕權不行，進入戰國時代。

〔註69〕菊池氏是九州肥後（今熊本縣）的土豪，元軍征日時，建有軍功，南北朝時，菊池氏屬南朝，威鎮九州，後歸足利氏，勢漸衰，至1533年被大友氏所滅。

〔註70〕島津氏是源賴朝庶長子忠久的後代，初為九州薩摩、日向、大隅的守護，曾防戰元軍，後與少貳氏、大友氏鼎足而立，為九州三大勢力之一，至島津貴久時雄據九州，至豐臣秀吉時，方全聽命於京都朝廷，德川幕府時，為重要的外姓大名。明治維新時，薩藩人物扮演極重要的角色。

本義，書經用朱子高徒蔡沈集傳，詩經用朱子集傳，春秋用南宋胡傳，禮記用陳澔集說，這種學風，配合菊池氏的文學風氣，蔚成一特出的學派，傳播所及，島津一族深受影響，九州民風原甚慓悍，經朱子學之陶冶，竟轉爲文武兼備，成爲日本學術的重鎮之一。以下分述其代表人物：

1. 桂庵玄樹（西元 1427～1505 年）

號島陰，周防山口人，九歲游洛，在南禪寺師事惟肖，學四書新注，十六歲削髮爲僧，因其師惟肖居雙桂院，就取「桂」字爲號，稱桂庵。學成後，歸長州，愈信朱子學，後讀倪士毅四書輯釋及四書大全，而未明其太老師歧陽所點四書是否合於註意，慨然有游中國之志。適朝廷選遣明使，桂庵以作詩入選。四一歲，桂庵奉使節至明，同行者有日本畫聖雪舟（名小田等揚）。此行受明憲宗極高禮遇，賜以幣帛，而得以游學蘇杭間，潛心經籍，業大進。所交明儒都大爲讚賞。明洪子經序島陰集曰：「桂庵精內典，通儒書，旁及莊列，無一不究心矣。」〔註71〕其詩也頗爲明人所稱。如〈紀夢詩〉曰：

> 歸夢飄然入海東，赤城舊院杏花紅，
>
> 坐迎諸友一樽酒，似慰多年離別中。

讀之，確如洪子經所稱：「有唐人之風。」

四七歲時，桂庵歸國，適京師有亂事，乃避寓石州，受肥後好學尊儒的菊池爲邦所優禮，〔註72〕他以當時明人所說的：「不宗朱子原非學，看到匡廬始是山」一語，勸菊池氏倡導朱子學，於是朱子學信者日多。如菊池輔臣限部總州忠直、阿蘇氏之臣白石兵部，他如源基盛及其子生德、僧月舟等皆傳桂庵之學。

五二歲時，桂庵受薩州島津忠昌之聘，抵薩摩講學並被聘爲外交顧問，忠昌爲創桂樹院於龔府的海岸，一名島陰寺，從此，除曾在相州相國寺及南禪寺住過外，都在薩摩，弟子如伊地知重貞、伊勢貞昌、愛甲季定、竹內益祐、山口治易等都是學識俱佳的武士，晚年退居於桂樹寺畔的東歸庵，八十二歲卒。

著有《島陰漁唱》三卷、《文集》、《雜著》各一，《桂庵家法倭點》二卷、《南游集》等。除游明所作的《南游集》已佚，餘皆傳世。

桂庵逝世三百二十年，昌平黌教授佐藤一齋撰〈桂庵禪師碑銘〉，最能說

〔註71〕見〈島陰集上〉，載《續群書類從》頁 648，〈洪子經序文〉。

〔註72〕菊池爲邦爲文武全材的名將，兼好儒書釋典，文名俊秀，有唱和詩七三篇。曾派人至明蒐購典籍及孔子與十哲畫像。其子重朝亦尚儒學。

明其生平大要，銘曰：

> 吾道一貫，無隱乎爾。身披禪衣，心服闕里。
>
> 洛派東漸，實自師始。心月千古，桂影遠披。

桂庵居薩摩三十一年，自以關西夫子自任，授徒以程朱學說為主，違背晦庵之義者皆不敢取，學風純為朱子學。從他受業的自藩主島津忠昌以下，人才極多。他們學成以後，各歸本州倡其師承之學，因而造成朱子學的一大潛勢力。

2. 月渚英乘（？～西元 1541 年）

一名玄得，號宿蘆，薩州牛山人，少游肥州，隨侍栖碧於高瀨清源寺，時桂庵之友一枝，居其地以詩文名，因亦從學，業將成，一枝卒，然猶居六年不去，後從學於桂庵，勤學不輟，終成高足。桂庵很重視他，薦舉他住日州福島的龍源寺，後轉安國寺主持達二十年，兼掌外交簡牘。並曾使明，為外交史上的人物，歸後，徒眾愈盛。

月渚講學也承師說，傳朱子精義。

3. 二洲一翁（西元 1507～1592 年）

俗姓鹿屋，號二洲，薩州大迫人。在安國寺受月渚之教，故其學兼內外，於程朱學尤得其精要。在薩州，二洲與許多歸化日本的明人論學，如福建連江縣人黃友賢，即因通曉周易程傳朱義，而與二洲稱莫逆之交。由是學益精進。歷監相州建仁寺，日州安國寺，龍源寺，隅州加治木神護寺等。其弟子不少，但以文之最出色。

4. 文之玄昌（西元 1555～1620 年）

號南浦，又號懶雲、狂雲等，其居稱雲興齋，取「龍吟雲興」之義。其先河內人，避亂漂泊於日州福島，文之生於日州的外浦，故號南浦，幼聰穎，有神童之稱，師事二洲後，剃髮受戒，所作詩常膾炙人口。二洲教文之以四書及三體詩，二洲好友黃友賢也欣賞文之的才華，特為講授孔孟濂洛之道。

文之在十五歲時，曾從僧熙春學於慧山的龍吟庵，熙春預期他能弘大其道，後果然博綜內外，歷主龍源寺，隅州少林寺、日州正壽寺等。薩州藩主如忠良、義辰、義久等聘主隅州正興，安國二刹，後又充顧問，多所請益。

四六歲，隨義弘上伏見邸，時譯周易大全並加倭點，又講大學章句於京都東福寺，聽眾頗多，後水尾天皇聞其學識卓絕，詔講新注於宮庭，後又歸薩藩，除任島津氏秘書外，致力於講學、著作，由於他的努力，終於完成了

歧陽、桂庵等先輩四書倭點的修正工作，他訓點了三種書：即《四書集註》、《周易傳義》及《黃石公素書》，其中因訓點《四書集註》，曾與清家古註派的恭畏闍梨論戰，他力排古註，以道統自命，從其所著的砭愚論中，可見他如何推崇洛閩新義，如何傾向於儒家學說，他的倭點工作有很大的文化意義，江戶時代朱子學之祖藤原惺窩得文之之倭點抄本，用其意，成惺窩點。而傳朱子學於京都。〔註73〕

文之所著有《南浦文集》六卷、《聖迹圖和抄》、《日州平治記》、《砭愚論》、《決勝記》、《襟帶集》等。

5. 泊如竹（西元 1570～1655 年）

姓泊、名日章，號如竹散人、簡稱如竹，為隅州掖玖島人，父舵工，少入村之本佛寺為僧，曾游京都，後西歸，就文之受程朱學，居八年，業大進。精研四書新注，於性理之學特有心得，後遊歷諸州，偶遇藤堂高虎，被聘往勢州，輔佐治教，刊行桂庵、文之的書，尤其文之倭點四書的刊行，使《四書集註》成為當時讀書人必讀之書，對朱子學的傳播，功勞不小。六一歲時，歸掖玖島，以餘祿分惠故舊戚朋友及貧者。二年後，渡琉球，翌年與明使梁澤民論經義。琉球國王很重視如竹，聘為師，輔助教化，居三年歸鄉，又分散其餘祿，後講學大阪，七一歲時，被聘至薩州講說四書，晚退老於本鄉本佛寺，導鄉人興諸產業，後得《近思錄》，大喜。卒年八十五。

如竹尚實踐，不好為文作詩，他刊印書籍，傳播朱子學的功勳，大於他所作的著述，其門人很多，其最著名的，如愛甲喜春，受程朱之學，以儒醫名世，著有聞書，記其師如竹之語，述「惺窩點」與「文之點」的關係，可供研究儒學史者參考。

二、海南學派

海南學派的承傳如下表：

〔註73〕參見川田鐵彌《日本程朱學的源流》頁 101～112。井上哲次郎書 650～655。

　　海南學派一稱南學派，又稱梅軒學派，爲室町末期興於土佐的朱子學派，以南村梅軒爲始祖，梅軒於西元1548年前後爲土佐吉良宣經門下客，講解儒學，其教以四書爲本，間以小學，近思錄等，固守朱子學立場，重視禪定工作，具有道學者之風，兼修武經，文武並重，時周防的大內氏提倡文教，致力學術，獎勵朱子學，曾遣使朝鮮購回《程易傳》、《胡春秋傳》、《蔡書傳》、《朱詩傳》、《四書集註》等新註書，又送紙張往明，印刷各種書籍，因此促使朱子學在土佐的勃興，梅軒門下有忍性、如淵、天室三人稱南學三叟，其中天室最能發揮其學，其弟子谷時中下開江戶時代南學興盛的局面，而如淵門下的吉良親實則幫助長曾我部氏之文教有功，茲略述其人物事蹟如下：

1. 南村梅軒

　　號離明翁，生卒年不詳，南學傳與土佐人物誌認爲是防州人，大內實錄則說爲土佐（高知）人，海南朱子學之研究一書則以爲是周防人，西元1548、49年間，往土佐，仕於吉良宣經。梅軒資性沖澹恬靜、不好虛名，身雖緇衣，心向儒學，講《孝經》、《四書》等新註，並兼授孫吳兵法。宣經命世駿河守宣直及老臣吉良宣義侍坐聽講，一日，問儒者之學，梅軒答道：

> 夫儒者，學者之總稱，而有小人儒、君子儒之分，或有達儒、腐儒、眞儒、曲儒等之目，務記誦之末，昏義理之源，徒賣名買祿，牽於利習，惟私欲是計，是小人儒也。拘泥文章字句之迹，不辨一般事務，不適當時之用，是腐儒也。其心頑曲偏頗，專引古道謗今政，不責己而尤人，巧筆辯舌而顚倒是非，是曲儒也。此皆名爲俗學。君子儒則不然，講習仁義之道，得心躬行，自綱常彝倫之大，至起居飲食之細，幽而鬼神之道，顯而至天地之理，周通無遺，其心活動，左右自在，當事接物，應機從變，無所澀滯者也，眞儒爲言行一致而無詐，心貌和同而不雜，事君父以此道，使臣妾以此道，齊家、治國以此道，推而至平天下，弘行四海九州皆是此道，此爲經業之學，亦謂性理之學、道義之學，君所問儒，何儒邪？宣經說：
> 願聞道義之學。

梅軒答：

> 備具於四書之中而無缺，君就習之可也，臣又何説？〔註74〕

〔註74〕見《吉良物語》上卷，或系賀國次郎著〈海南朱子學發達之研究〉頁11～12。

如此往返答問，宣經心服，禮遇甚優。

梅軒曾向宣義說爲學方法曰：

> 進學必漸，勿欲速成。唯當循循不已，則遂必得之，既得則又不得
> 自己，故學必三年不斷，則必有所得也。

大高坂芝山之《南學傳》記梅軒爲人「巍尊道義，淵默躬行」，述其教育方針
爲「教學者必以存心、謹言、篤行三事爲修爲之基。道雖廣邈，其實備於己，
體得爲己，則不依貧富而添減，確乎操定，是學問之效驗也。」

重視實踐、躬行是南學的基本精神，修爲之道先在修己，聖學爲己之道，
實在於茲，梅軒重實踐，頗似陽明之學，川田鐵彌稱：在大和民族中，梅軒與
王陽明幾乎同時，他從程朱學入，自立一家之說，卻達於王學的見地。英雄所
見略同，德川幕府末年，海南學派門徒，每以光明正大之心，忘身奔走於王事，
終成維新大業，可謂梅軒學風的影響所致，後世大高坂芝山讚梅軒云：

> 南村有梅，幽芳絕妍，孤立萬花之頭上，獨步天下之春先。〔註75〕

所贊確非虛言，梅軒於西元 1551 年宣經死後離土佐，而不知所終。

2. 吉良宣經（西元 1514～1543 年）

姓源，爲源賴朝之弟土佐冠者希義的後裔，爲土佐弘岡的城主，即所謂
「土佐七族」之一。宣經爲人溫和聰明，屈義從諫，謙虛好學，文質兼備，
事親盡孝，對下慈愛，故在位時，士民悅服，國內安和樂利。他從梅軒學程
朱新義及孫吳兵法，故文武全才，其時天下紛亂如麻，群雄攻伐，幾無寧日，
宣經獨有志於蕩平亂事，弘布文教，曾訓其子曰：

> 明主有四得，得己而後得取人，得時而後得勝敵，智到遠制敵，故
> 克永保其邦家。暗主有四失，失時而後失勝敵，失人而後失自己，
> 惛到近忘己。則貽戮辱於後昆爾，其明暗之分，不可不辨也。〔註76〕

天文十八年（西元 1541 年）冬、雪深之夜，集諸謀臣，定併吞四國。戡服戰
亂的大策，旋即施行，而威震遠近，二年後的秋天，得微恙而歸，竟至不起，
卒年僅三八、壯志未酬，梅軒弔之以詩曰：

> 梁山乍圮惜無勳，營內妖星阨蜀軍。
> 炎德喪輝龍既踣，何人又染素絲君。〔註77〕

〔註75〕《南海傳》上卷〈梅軒傳〉，或系賀書頁 15。
〔註76〕全上書，〈豫牧傳〉，或系賀書頁 21。
〔註77〕見《吉良物語》中卷，或系賀書頁 22。

詩中充滿哀惜的至情,寫英雄早逝壯志未竟的遺憾,眞切感人。

3. 吉良宣義

為吉良宣經的堂弟,為宣經老臣,為人木強方正,崇道好學,師事梅軒習經義,善於詩,才學勝人。赤心佐宣經,深受信賴。宣經逝世後,輔佐宣直,但宣直嗜禪空,屢諫不聽。後宣直信佞臣之言,遣小池孫六、夜須三七郎二人,責宣義五罪。宣義慷慨陳言,竟惹來半年多的牢獄之災。西元 1562 年,宣義揭宣經畫像於壁間,焚香三拜,作絕命詞:

> 丹心一片斷無私,幾度朗吟正氣詩;
>
> 沒後雙瞳先欲槁,勿看勾踐破吳時。

宣義逝世不久,宣直果為本山梅慶所滅,宣義之子求馬時在霩城,城陷力戰而死,又宣義之女嫁大高坂權頭亦傳貞烈之名,《南學傳》曰:

> 宣義父子之死,忠孝兼成一家之風,亶千古之赤心,不負所學者也。

可見梅軒學風的表現,以赤誠事君,以貞烈事夫及舅姑,實為南學精神的表現,這是梅軒所倡學風蔚為弘岡精神的具體表徵。

4. 忍 性

初稱忍藏主,又稱吸江庵藏主,居土佐五台山的吸江寺,天資敏悟,赴弘岡,聽梅軒講經義,遂能講經書,論經義,與其同門友如淵在岡豐城講經,傳道義之學於長曾我部一門。

5. 如 淵

號眞西堂,眞為其名之一字,西堂是僧官之意,據土佐物語稱:如淵為吉良宣義之甥,土佐守元親之婿吉良親實的異父兄,嘗游京都妙心寺,後歸鄉,主宗安寺,初師事梅軒,涉覽儒學,寓於親實之邸。常好靜坐,作內省工夫,用力於修為上。嘗訓學生曰:

> 靜觀本心之靈敏,夜氣之湛清,以植應事接物之根本。

其說略近陽明之說。親實信從如淵之說,與同志歧川玄蕃,一官飛驒等謀,聚有氣概者數十人,建校舍,設課程,以如淵、忍性為師,讀書、習武,士人雲集。

西元 1588 年,親實遇讒死,玄蕃、飛驒等伏誅,忍性不知所終,如淵連坐,自殺身死,其絕命詞曰:

> 五蘊聚散處,人間作古今;不生還何滅,洞然常法心。

由前之訓學生詞及絕命詞合而觀之，可見他傾心於朱學之外，仍依據禪理心法，不失禪僧本色，這是南學初期的一大特色。

6. 天　室

《海南朱子學發達之研究》一書，以爲室爲質之誤，天室應作天質，大江文城等亦以爲應爲天質，他與藤原惺窩同時，在慶長、元和之際，〔註78〕講學於長濱之地，他爲長曾我部氏的菩提所雪蹊寺的第三代主持〔註79〕講程朱之學，砥礪經義，學者多出其門，梅軒學脈賴之傳承下去。其弟子以谷時中最稱翹楚，號爲南學之祖，而以梅軒爲遠祖，時中門下有小倉三省，野中兼山，山崎闇齋三傑，由於他們的傳播，南學派朱子學就流布於各地。大高坂芝山《南學傳》讚天室之功曰：

> 南村先生之後，任我道重天倫者。唯宣義而已，宣義之後，親實在焉。及其沒，南學將廢，有天室續文教，則碩果存復生之理，空谷足音，跫然僅聞，不絕如縷，聯聯綿綿，至寬永正保中，〔註80〕一時英才群興，斐然成章。谷翁爲升堂之先。

南村梅軒所傳的南學，除天室一支谷時中所傳，將續留待後述外，由吉良宣經所傳形成弘岡文化，惜隨吉良氏滅亡而俱廢。而由忍性、如淵等於岡豐所傳，以長曾我部爲首，而由吉良親實、長曾我部掃部介、一宮飛驒、波川玄蕃等的傳播，形成岡豐文化，自經學、文藝、音樂，以至於武術無不講究，惜因內亂而國破家滅，岡豐文化因之而滅。實令人浩歎，以下述岡豐諸朱子學者以作本節的結束。

1. 長曾我部元親

爲土佐守，是土佐七守護之首，受中村文化的影響，〔註81〕大興文教，聘忍性、如淵爲講授，每月六回講文武之道，勢大張，終能伐滅其他六守護，統一四國。其普及文教，培育諸臣子弟有以致之。

2. 吉良親實

〔註78〕　慶長爲一〇七代後陽成天皇的年號，共十九年，元和爲一〇八代後水尾天皇年號，共九年，慶長元年即西元 1596 年，元和元年爲西元 1615 年。

〔註79〕　雪蹊寺開山祖爲月峯，二代爲南針和尚，南針爲天室之師。

〔註80〕　寬永爲一〇八代後水尾及一〇九代明正天皇的年號，共二十年，正保爲一一〇代後光明天皇年號之一，僅四年。即在西元 1624～1647 年間。

〔註81〕　中村文化爲儒學博士一條兼良之子，一條教房在土佐南部仿京都建中村城，與大內家文化交流而產生的，是當時的京洛文化與大內家文物混合而成的。

姓秦，稱左京進，為土佐守元親之弟親貞之子，初據高岡郡的蓮池城，故亦以蓮池氏為姓，又有稱之為太平氏的，為元親之婿、如淵的異父母，驍勇善戰，被堅執銳，攻城野戰之功，當時無比，性耿直不阿，認為儒家不僅應習修齊治平之道，也應習戰攻之學，故召集同志，互勉於砥礪氣節。因嫉惡如仇，為嬖倖所忌。時元親奉豐臣秀吉命，攻伐島津氏，戰敗，喪長子信親。次子親和亦病死。議立嗣子，親實建議以三子親忠為嗣，元親卻中意於季子盛親，故不悅，適有流言中傷親實，元親乃命桑名彌次兵衛至小高坂村之親實邸，賜親實死，時方與客奕棋，聞訊，靜收棋局，自行切腹而死，年僅二六，後元親悼其冤死，為建廟，祀其靈，名為蓮池明神。

坐親實死罪者，有一宮飛驒，波川玄蕃，勝賀次郎，吉良彥太夫，城內太守坊等人。如淵亦自刃亡。

後盛親繼元親之位，翌年，參與關原之戰，被山內氏所滅，國亡族滅，父子二代僅二六年而亡。

三、博士公卿派

五山儒學的發展，給武家不少刺激，而一向重家法，注重漢唐訓詁的博士、公卿也受到影響，最初由於玄慧法師在經筵中講朱子學，因此公卿間思想即受到影響，如南朝忠臣日野資朝、俊基、北畠親房、吉田多方、四條隆房、洞院實世等充滿朱子學的精神，而北朝廷由於玄慧門下，如菅原公時，紀行親、勸修寺經顯等人的努力，對朱子新註也極為重視，形成新舊註兼用的折衷學風，其中博士家最可稱道的是清原家，而公卿中，以一條兼良最稱代表，他們都以講學、抄書及詩文為主。先述博士家：

博士家有七，即清原家、中原家、菅原家、江家、南家、式家及善家，但後來有的漸趨沒落，竟至廢其家傳，惟有清原、中原、菅原三家尚篤守儒業，如式部等則轉入神道了。就中，清原家對新註最能吸收，就建立了朱子學的博士學派。其主要人物如下：

1. **清原業忠**（西元 1409～1467 年）

本名良宣，號環翠軒，於六十歲時，官正三位，〔註 82〕同年十月辭官薙

髮，號常忠。著有本朝書籍目錄、永享大饗記等書。

業忠的學識是當時第一的，因此五山禪僧也多從之問學，他講學庸用朱子章句，講論語時，也兼取朱子新注，瑞溪禪師臥雲日見錄記其珍重四書大全事（寬正七年三月三日條）（西元1466年）另有書記載他讀晦翁集卅冊事，又記他講朱子易學啓蒙講義事。可見清原儒學中朱子學成份很高。

2. 清原宣賢（西元1475～1550年）

本卜部兼俱子，出嗣清原宗賢，爲業忠之孫，法名宗尤，襲祖父號，也稱環翠軒，歷仕至正三位。他一生講經說道，曾任後柏原，後奈良二朝及方仁親王（天親町天皇）的侍讀，又爲將軍足利義植、義晴及諸公卿之師，又爲一般縉素盛開講席，在能登（西元1530年）若狹（西元1532年）越前各地大弘道化，尤其在越前講經，盛況空前。清原講四書五經實爲日本講儒經全部的嚆矢，他博學多才，精力超人。所持心性的思想，都依據朱子，並受禪門及一條兼良的影響。宣賢治學以新注爲主，參以古注，如所著的論語聽塵，用古注只有魏何晏（？～西元249年）集解，宋邢昺（西元488～544年）正義、唐韓愈（西元768～824年）筆解而用新註卻有以下數種：

宋・朱子	論語集注及或問、語類
宋・張栻	癸巳論語解
元・胡炳文	四書通
元・陳櫟	四書發明
元・王元善	四書通考
元・倪士毅	四書輯釋
元・張存中	四書通證
元・程復心	四書章圖纂釋

此外尚引宋眞德秀、趙順孫、金履祥、饒魯、吳季子、輔廣、馮椅、陳植等及元許謙、熊禾、黃紹、汪炎昞、吳程、齊夢龍等人的見解，他如《孟子》、《學庸》等書都是新舊兼採，而對《學庸》尤其重視，至宣賢之孫國賢時，學風稍變，崇神道，倡神儒佛合一之說，然國賢之子秀賢卻持古註勝於

僅次於太政大臣及左右大臣與大納言同級，詳見陳水逢博士的《中國文化之東漸與唐代政教對日本王朝時代的影響》，頁290，日本位階沿革表，及頁429之四等官表，及頁431～435官與位的關係。

今注的看法，離朱子學漸遠。他反對林羅山聚徒開講論語集注，但朱子學的隆盛，並沒有因之受到太大的挫折。

博士派除清原家外，另有菅原家，菅原家承前代遺風，兼治程朱學，而其貢獻在於周易的訓點讀法。菅原家有名者如章長、和長、長淳、以緒四人，都能詩。

又有中原家，以康富最有名，康富常出入清原家，其學也折衷新古，屢次進講論孟、左傳、孝經，惜其文獻不存。

而與博士家並立的有公卿派，室町時代公卿中，被推為第一的就是一條兼良（西元 1402～1481 年），世稱一條禪閣，號桃華，又號三關，歷任攝政、關白之職。七二歲時，薙髮號覺慧，應將軍足利義尚之請，著文明一統記，說主道。七九歲著樵談治要，敘政道。他的儒學得於家傳，外祖父是菅原秀長，為當代名儒，父為左丞相一條經嗣，庶兄雲章一慶及其師歧陽都對兼良的學問有所助益。兼良博學多聞，精儒佛、通神道，又熟朝儀，能和歌，時稱才學絕倫，他奉新注朱子之學，他曾據朱子注編成四書童子訓，是《四書集註》的日譯，是日本最早的四書集註講義。

兼良主張神儒佛三教一致，他以神道為心性教，並以朱子學的理氣說與神道相調和。認為理即心之禮，氣即心之用，聖人因能變化氣質，恢復本然之性，故成其為聖。他採程朱陰陽二氣屈伸往來之說，解釋神道所奉祀的神，並根據朱子之鬼神來格說，說明祭祀的意義。

他和北畠親房相同，把鏡、玉、劍三種神器用來比知、仁、勇三達德，並進而歸之於一心，為神儒佛三道之根源，即心是本體，神道的鏡、玉、劍，儒教的知、仁、勇，佛教的般若、法身、解脫，都是心的作用，而心的實現，就是中庸裏的「中道」，用中道可統一神儒佛三教，使內外典一致。三教一致論是一條兼良的創見，朱子學在這個主張的掩護下，更普及的傳至各地。

談到博士公卿派的朱子學，應順便提及足利學校與金澤文庫。

足利學校在距東京約四小時車程的栃木縣足利市，是由足利義兼創設的〔註83〕據分類年代記曰：

> 足利義兼嘗創學校於足利，納自中華所將來先聖十哲畫象、祭器、
> 經籍等，世推曰足利學校。其後歷一百年而災。源尊氏出奔西海，

〔註83〕足利學校的創立有四說：1. 839 年小野篁所創辦。2. 是日本國學的遺制。3. 1196 年由足利義兼所創。4. 1439 年上杉憲實所創。其中第三說較為近理。

　　與菊池戰於多多良濱，時默禱孔廟，遂得勝利矣。於是再造聖廟以
　　宗奉之，以先祖之所創，世世不絕祭祀。

尊氏父子雖重建該校，但把該校從一家之學，轉爲一般的學校，則應歸功於
上杉憲實，憲實深嗜文教，曾捐獻許多宋版書，以復興該校，聘請鎌倉圓覺
寺僧快元爲第一代庠主（校長），講授中國經子典籍，旁及戰法醫術，一改以
前只講漢唐訓詁之風，而漸趨向於宋儒的新注。快元之後，歷任庠主都爲五
山禪僧，因此傳授也以朱子學爲主，它直至今日仍以庋藏中國古典著名，是
日本自古代教育方式進展至現代方式的橋樑。現存書中，有程朱一派的注解
本，可爲物證。現藏書仍很多，多屬珍本、孤本。

　　金澤文庫在武州，久良歧郡金澤鄉，創立者爲鎌倉將軍外戚北條實時，
實時好文史，敬師儒，與清原教隆結交，故能蒐集罕見的珍籍，成此盛舉。
他在建長（西元 1249 年）文永（西元 1264 年）之際，創金澤文庫，其後顯
時、貞顯也都好文學，尊經史，於是文庫藏書與年俱增。所藏如《尙書正義》、
《太平御覽》都是北宋版，極爲珍貴。

　　金澤文庫在北條極盛時，專崇清家一流經籍，以漢唐訓詁之學爲主。自
西元 1333 年漸與五山禪僧往來，西元 1419 年上杉憲實興起文庫，以程朱之
書爲蒐集主題，故武州金澤文庫也是當時鼓吹朱子學之地，與足利學校號稱
千古雙美。由此可看出當時日本學風，自漢唐訓詁轉向朱子學的端倪。

　　講室町時期的儒學與禪僧脫離不了關係，由於五山禪僧的提倡，朱子學
漸次發展，直至室町末期，朱子學思想已漸占主要位置，京都的博士公卿派
如此，各地方也是如此，尤其土佐的海南派、薩摩的薩南派，在當地顯得一
枝獨秀的形勢，朱子學的全盛已在此時埋下生機旺盛的種子了。

第三章　江戶時代儒學概述

第一節　朱子學在江戶時代的學術地位

　　日本文化，始自「大化革新」。革新的重點在於接受唐朝文明；這使得日本貴族首先受到中國思想的洗禮。平安朝以後，知識的特權掌握在貴族與僧侶間，直到室町時代，教育漸趨普及；一般武士雖以戰爭爲主，但對學術已有所嚮往。十六世紀中葉，日本戰國時代趨於尾聲，經織田信長和豐臣秀吉的努力，天下漸趨統一。由於身分制，刀狩令及兵農分離制的實施，〔註1〕使得戰國時代下尅上的衝力，完全瓦解；德川時代的幕藩封建體制基礎從此確立。十七世紀初，德川家康結束長期的戰亂，創江戶幕府。他初期的政策，帶有濃厚的武力統治色彩。但隨即調整封建體制，推行文治政府。他深知「馬上得天下，不能馬上以治之。」爲了確保既得的政權，他致力於轉換戰國殺伐的人心。他說

　　　　予常聞儒生講經書，深知欲爲天下之主者，不可不通天下之理。即

　　　　不能全通，亦當熟玩《孟子》一書。〔註2〕

家康在創設幕府前，曾在江戶召見藤原惺窩，聽其演講貞觀政要。關原戰後，刊行《吾妻鏡》〔註3〕、《貞觀政要》、《論語》、《武經七書》等中日書籍。他

〔註1〕豐臣秀吉曾頒檢地政策，測量耕地面積，畫分耕地等級，制定納稅標準，並規定農民不得隨便離開土地，轉業工商，而工商及士人的身份、職業、居處都各有分別，且固定不移，建立了兵農分離的原則。而刀狩令爲沒收除武士之外其他的武器。

〔註2〕見山口察常撰〈德川幕府與儒學〉，載《近世日本の儒學》頁28，岩波書店版。

〔註3〕吾妻鏡，又名東鑑，現存五一卷，記錄1180～1266年之間鎌倉幕府事蹟的編

在群經中特嗜《孟子》；曾與林羅山論湯武放伐之事。林羅山對此予以絕對肯定，亦間接肯定了德川政權的合理與正統性。林羅山於西元 1607 年出任幕府顧問，擬制朝儀、律令，幕府文書，多經其手。他編纂了《本朝編年錄》；從歷史觀點上肯定江戶幕府的成立。其子鵝峯也以同一觀點，編成《本朝通鑑》。從此奠定朱子學的特殊地位與林家在學術界的領導權。

家康又頒武家諸法度與禁中及公家諸法度，〔註4〕從此對諸侯的領地可隨意與奪，而置天皇於政治之外。從西元 1603 年（慶長八年，明萬曆四一年）德川幕府成立，至西元 1868 年（清同治七年）明治維新止，德川氏在江戶統治日本共二六五年，掌握政治實權，這段時期為德川時代，又稱江戶時代。

家康獎勵儒學不遺餘力；他復興足利學校，將金澤文庫古書移置江戶，成立紅葉山文庫；晚年隱居駿府，耽於學問，收集中日典籍，〔註5〕並刊印多種書籍。其後歷代將軍多能承其遺志，獎勵儒學。

江戶儒學約可分三期，即：

1. 朱子學勃學期

約一百三十多年。從西元 1603 年，德川家康設幕府於江戶起，歷秀忠、家光、家綱、綱吉、家宣、家繼、吉宗等將軍執政時期，至西元 1735 年止。此期間為幕府的創建，隆興期，至吉宗短暫的中興後，幕府威權迅速走下坡。

2. 朱子學衍生之古學隆盛期

約五十多年。古學為源出朱子學的分支學派；其目的在了解聖人所處的世界。自朱子學受到懷疑、批判，古學乃大行其道。此期即自西元 1736 至 1788 年，歷吉宗、家重、家治三將軍的執政期間。由於家重的糊塗奢侈，好惡無常，使得吉宗的政治事業破壞無遺；加上田沼意次的專權貪污，〔註6〕使民不

年體史書，著者名不詳。該書為現存鎌倉時代的重要史料，以漢文記敘，武家用語多，行文簡潔，述事客觀。

〔註4〕兩種規定都由德川家康的親信金地院崇傳起草，藉此確定幕府統制朝廷與諸侯的方針。在武家諸法度中規定諸侯和家臣叛逆的揭發，居城修理須經許可，不得新建居城，確定參勤交代制，不得違背幕府法令等等。禁中與公家諸法度則指出：「天子之藝能，以學問為要」。又任命公卿中的親幕派為武家傳奏，為幕府監視朝廷的眼線。

〔註5〕其蒐集的日文書，死前分給第八子尾張侯義直；中文書則分給第九子紀伊侯賴宣。

〔註6〕田沼意次（西元 1719～1778 年）為江戶時代中期的政治家，與其子意知掌握十代將軍家治的政治實權，造成所謂的田沼時代，他以商業資本促進殖產事

聊生，農民暴動迭起。學術上，國學、古學、神道興起；朱子學雖仍爲幕府所擁護，但民間學術的反對勢力日強。

3. 朱子學與陽明學對立期

又可稱公學私學對立期，約有八十年。從西元 1789 年起，至西元 1868 年止。歷家齊、家慶、家定、家茂、慶喜等將軍的執政。其間有松平定信〔註7〕的寬政改革，有水野忠邦〔註8〕的天保改革，及外力的壓迫，於是有尊王攘夷、倒幕還政等風潮。此時朱子學，在以林家爲中心的傳統中，雖居正學的地立，但已漸僵化。民間有陽明學出現，另有折衷朱子陽明及古學的折衷學派出現，朱子學的別支——水戶學，也適時大放光彩。

上述第一期的五代將軍綱吉，特好儒學，禮讚忠孝，推行道德統制，復設湯島聖堂，成立大學頭講座。任林信篤爲大學頭，使朱子學正式成爲官學。他常召集名儒討論經書疑難，並親向大名〔註9〕、公卿講大學、中庸。又刊行《四書集註》等書，分贈社寺，或頒賜聽講群臣。而第八代將軍吉宗也熱心於提倡學問，收集古書，刊印書籍。也聘請碩儒木下菊潭，室鳩巢等講演經義，鼓勵民眾聽講。這是朱子學最興盛的時期。由於幕府倡之在上，各地諸藩也紛紛振興儒學。江戶初期，藩學名爲「學問所」、「稽古所」或「講釋所」；至後期，就發展成學校形式，訂有教科學則。校名都採自經義，如名古屋、金澤的「明倫堂」，山口、上田的「明倫館」，水戶、弘前、佐賀的「弘道館」，

業，頗有績效，但在政治上，卻賄賂公行，而敗壞官箴，後受松平定信等保守派攻擊，被免職，後在失意中去世。

〔註7〕松平定信（西元 1758～？）爲江戶後期的政治家，爲三家之一——田安宗武子，後過繼於白河藩的松平定邦家，襲封爲白河藩主，他在藩內勵精圖治，使藩政一新，後主持寬政改革，以振興幕府。他要重建農村秩序，故強行節約，實施思想統制，建立廉潔的吏治，頗有成效，但因無法阻止貨幣經濟的進展，他的改革露出破綻，因失去將軍及幕僚的支持，於寬政五年（西元 1793年）被革職，著有《集古十種》，《退閒雜記》等書。

〔註8〕水野忠邦（西元 1794～1851 年）爲天保改革的中心人物，效享保、寬政改革的精神，整頓幕府官僚，獎文事，修武功，勵行節約，主張抑制商業資本，恢復自然經濟政策，曾任用佐藤一齋、二宮尊德、高島秋帆等賢才，後因鳥居耀藏之不法，被減封免職，鬱鬱而終。

〔註9〕大名是指經幕府認定，擁有一萬石以上領地，而直屬將軍的武家（武士門第），總數近三百，他們擁有領地上的行政、司法、徵稅權，惟應聽命於幕府，共分三類：1. 親藩——即德川家康的子孫，有尾張、紀伊、水戶等所謂御三家，及越前、會津二松平家。2. 譜代大名——爲德川氏統一全國前後，已有主從關係。3. 外樣大名——爲關原戰爭後，始服從德川氏者。

新發田的「道學堂」，長岡的「崇德館」，大洲的「正善書院」，土浦的「郁文館」，高松的「講道館」，熊本的「時習館」等都是，由其命名，可知各藩學都以發揚儒學精神為目的。〔註 10〕而各地學者也創辦了許多私塾，如中江藤樹的「藤樹書院」，廣瀨淡窗的「咸宜園」，伊藤仁齋的「古義堂」，三宅石庵的「懷德堂」，松本新道的「松下村塾」等都是。他們興學的宗旨也是傳授儒學。由於教育普及，人才輩出，學術界呈百花齊放的現象；初期為朱子學獨尊的局面，第二期則古學派出而爭衡，到末期則陽明學勢力漸宏。學術界呈鼎足而立之勢。

在三個時期中，朱子學一直受到官府的提倡、保護。初期藤原惺窩將朱子學自佛學中獨立出來，後其高足林羅山被任為大學頭，林氏後代世世繼承此職。寬政二年（西元 1790 年）幕府下異學禁令，限制古學派的發展，也使陽明學派受到壓迫，其學者亦被放逐。但政治的迫害，阻擋不了對真理的追求，朱子學派是統一了學術界，但各學派仍暗中滋長，終於使江戶時代成為千巖競秀，萬壑爭流的學術黃金時代。各派名家紛出，承先啟後，傳其學說，淵源流長。朱子學固然因地域不同，而有京都、江戶、海西、海南、大阪、水戶各派的不同；而陽明學派也淵源有自，根深葉茂；他如折衷學派，考證學派，獨立學派，心學派以及日本國學派等各有主張，於學術思想及事功上各有貢獻。如明治維新時，所謂的草莽志士，有出於陽明學的，〔註 11〕也有出自朱子學中的水戶學的，〔註 12〕另有如獨立學派的二宮尊德提倡報德主義，於第二次世界大戰前被尊為模範典型，列入日本小學公民教育中。〔註 13〕由此可知其貢獻。

不管其他各派儒學發展如何，各學派與朱子學卻脫離不了關係。朱子學提倡五倫五常的倫理，講究大義名分，主張以「禮」為規範，嚴君臣上下之分；這些主張正好符合德川時代，封建制度的需要。德川時代封建階級如下：

天皇 ── 將軍 ── 諸侯 ── 士農工商四民 ── 穢多與非人

天皇是名義上的統治者，有小朝廷，朝廷上的公卿，官職雖高，但實際

〔註 10〕　參閱大江文城撰〈諸藩の文教一般〉。《近世日本の儒學》頁 244，岩波書局版。

〔註 11〕　陽明學者對明治維新的貢獻，可參見戴瑞坤博士著〈陽明學說對日本之影響〉一文中，第四章陽明學與明治維新，頁 251～293，又頁 176～251 日本主要陽明學家一節亦應參閱。

〔註 12〕　如會澤正志齋所著的《新論》後來成為維新時代志士的經典，他可類推。

〔註 13〕　戰前，二宮尊德背柴讀書的銅像遍佈於日本各小學的校園中，為勤儉向學的典型。

地位並不高。

掌實權的是幕府將軍，他統率諸侯。這些藩侯依其對將軍血統的關係，分親藩、國主、外樣大名、譜代大名等，他們都統轄武士。將軍直轄的武士，分為「旗本」、「家人」兩級，他們的地位高於諸侯的武士；諸侯轄的武士，約兩百萬人，他們賴主君給與的祿米為生，擁有免稅，腰懸兩刀，和殺死被統治階級無償的特權。

四民中，士即武士，屬統治階級。後有文士的出現，地位同武士。其次為農、工、商，而以穢多、非人地位最低。〔註14〕

要建立這種以將軍、大名為頂點，如金字塔式的君臣身分結構；及士絕對優於農工商的幕藩體制社會結構；儒家朱子之說恰可適用。於是朱子學確立了以封建身份的政治倫理體系，成為官學。其他各派學者，最初都曾研習朱子學，後才別創新宗，或轉入他派，如佐藤一齋受學於大阪朱子學派之中井竹山，後採「陰王陽朱」的態度，實執近世陽明學的大蠹。再如三宅石庵兼修朱王，難以分辨應屬朱派或王派。有歸為大阪的朱子學派，亦有視為陽明學派的。再如陽明學中興之祖三輪執齋曾自言說：「信王固深，尊朱亦不淺。」等皆是。武士道學派的山鹿素行，其學自朱子學者林羅山出。堀川學派之祖伊藤仁齋初潛心於伊洛之學，專讀《性理大全》《朱子語類》等書，二十八、九歲時，即撰〈太極論〉、〈性善論〉、〈心學原論〉等文章，而護園學派祖師荻生徂徠，也曾師事朱子學者林鳳岡，初服朱子學。折衷學派的井上蘭台也是林鳳岡的學生。而考證學派的松崎慊堂就學於昌平黌，於林述齋門習讀朱子學。促成明治維新的先鋒吉田松蔭號稱陽明學派，實則他並尊朱王，他所主持的松下村塾即明揭此旨。可見朱子學雖曾被不滿，被排斥，但它總是官學，因此在日本學術地位的崇高，自不待言，其影響之大，是難以估計的。這情形一如三民主義對現代中國影響極為深遠一般。

江戶時代，儒學隆興的結果，日本學者間反應各異，一般認為儒學在說明普遍真理，非某一國家可得而私，不應斤斤計較出自何國，持這種看法的人，如賴山陽，他說：

> 今天下之仁義也，儒者指而私之曰：是漢之道也。有稱國學者斥而
> 外之曰：是非我之道也。皆非也。道豈有彼此，夫道一也，則學亦

〔註14〕穢多為特殊行業者，如掘井者，鞋匠、刑吏、守夜人、皮匠、唱歌與奏樂者，非人都是放浪者，以弄猴、舞獅為業，娼妓、優伶也屬非人。

一也，寧有所謂國者云乎？陋哉！〔註15〕

另一種人對中國文化極端崇拜，如荻生徂徠，他說：

> 東海、西海皆不出聖人，唯中華有聖人。

又以日本爲東海之夷，自稱「夷人物茂卿」，這種有強烈民族自卑的態度，自然引起反感，於是山鹿素行抑漢揚和，標榜極端國家主義。他說：

> 恆觀滄海之無窮者，不知其大，常居原野之無畦者，不識其廣，是久而狃也，豈爲海、野乎？愚，生中國（指日本）文明之土，未知其美，專嗜外朝（指中國）之經典，嘐嘐慕其人物，何其放心哉，何其喪志哉！夫中國（日本）之水土，卓爾於萬邦，而人物精秀於八紘，故神明之洋洋，聖治之綿綿，煥乎文物，赫赫武德，以可比天壤也。〔註16〕

本居宣長、平田篤胤等標榜國學的一派，也是在同樣刺激下崛起的。這些有識的學者致力儒學日本化，使儒學思想和日本精神融成一片，直至明治維新後，其影響仍籠罩著日本思想界。所以有些學者認爲一部近世日本思想史，在某種意義上，無妨認爲是一部儒學史。〔註17〕

總之，日本江戶時代的儒學，雖派別繁多，人才輩出，但終究以朱子學爲主。雖然寬政異學禁令，曾使各派暫受壓迫，但並非水火不容。以下擬分析朱子學興盛的原因並將江戶時代儒家各派略作介紹，藉明與朱子學派的關係，亦可覘知日本儒學大勢，了解日本人思想淵源所自。

第二節　朱子學興盛的原因

朱子學傳入日本，初期一直附屬於禪學，隨禪僧的傳播，方漸打入人心，然而至江戶時期經官府的提倡，在德川幕府近三百年的統治中，滲透了日本社會的每一階層，也流行至日本每一地方，其影響之大，可想而知。

然而把朱子學的興盛，完全歸因於官府的提倡，則太過於籠統含渾，詳細分析，朱子學特盛於江戶時代的原因，約有以下數端：

〔註15〕見賴山陽撰〈日本政記〉，《賴山陽全書》頁 22。
〔註16〕見山鹿素行著〈中朝事實的序文〉。
〔註17〕見北村澤吉撰：儒學概論講義第一章。又高橋芳次郎撰《近世日本儒學史》頁 151。

一、儒學本身思想的革新

　　學術思想往往爲適應時勢需要而產生，其本身有如一種有機體，其發展每可看出它由形成而至全盛、衰老以及僵化的過程。這種情形在文學上尤其顯著，王國維說：「文體通行既久，染指遂多，自成習套。豪傑之士，亦難於其中自出新意，故遁而作他體，以自解脫。一切文體所以始盛終衰者，皆由於此。」〔註18〕故漢賦、唐詩、宋詞、元曲，各擅勝場，哲學思想亦復如此，以中國學術而言，初由孔子集春秋之前學術大成，至漢有今文經學，又有古文經學，而由鄭玄集今古文學之大成，魏晉盛行玄學，至唐有義疏學、佛學，宋創義理之學，朱子集理學大成，下開明代陽明心學之端緒，至清又以考證學著稱於世。日本學術受中國影響至爲深鉅，在鎌倉、室町時代，日本儒學即爲朝廷博士家修習的漢唐訓詁之學，或爲寺院內僧侶個人的隨興研究，由於博士家株守家法，抱殘守闕，偏重經典訓詁，忽視儒家修己治人、立身處世之道，其學漸乏精義可取；而寺院儒學因五山禪僧傳入朱子學，朱子學重義理，倡窮理盡性、持敬靜坐，與佛家求佛理，見性成佛，坐禪等相通，因此深受佛僧歡迎，於是朱子學透過禪僧的傳播，就凌駕明經博士的家學。在天皇經筵中，如玄慧法師即開始講朱子學，傑出的明經家如清原家的業忠、宣賢等人不得不兼採朱子新註講經。後藤原惺窩、林羅山等人更脫離佛學而大倡朱子學，林家的朱子學且掌德川時代近三百年文教的牛耳，此朱子學術本身思想革新，而使豪傑之士得以涵泳其間所致。倘明經家不秘珍家學，而公開擴大講學，不墨守成規，株守漢唐古訓，則朱子學是否能迅速風行，實爲疑問。

二、佛教學術的衰頹

　　日本奈良至鎌倉時代，佛教思想籠罩一切，但至室町時代，五山禪僧漸倡儒佛一致，以對抗朱子學中排佛的因素，如月舟《和尚語錄》引〈梅屋〉云：

　　　　文公（朱子）平生深知禪學骨髓，透脫關鍵，此上根利器。〔註19〕

可見他是以朱子附會禪學。其他如中巖圓月、雪村友梅、義堂周信、岐陽方秀、惟肖得巖、桂庵玄樹等人都有三教一致的說法。〔註20〕當時，許多禪

〔註18〕見王國維《人間詞話》。頁 37，開明書局版，民國 42 年。
〔註19〕見《續群書類從》卷三四二，頁 247。
〔註20〕見辻善之助：《日本佛教史之研究》，續編頁 524～525。

僧都充任將軍或各地諸侯的文書、秘書,當僧人不念佛習經,卻鶩俗務,由即佛即儒,而變爲近於儒家爲主的思想。當時僧侶日漸墮落,不守清規,犯女禁,食酒肉,蓄男色,養舞妓,買賣職位,放高利貸,甚至聚眾興兵作亂,無所不爲,因此當時有志之士恥爲儒僧,佛教徒本身的腐化,使得佛僧還俗,並進而排佛。如藤原惺窩本相國寺之僧,林羅山學於建仁寺,山崎闇齋原爲吸江寺之僧,他們都離開寺院而反對佛教,倡導儒教。最初這些儒者還剃頭不入士籍,至林鳳岡一代,才完全蓄髮爲儒。《先哲叢談》談林鳳岡條云:

> 及國家隆平,儒者別立業,然猶且爲制外之徒,禿其顱,不列士林,此戰國之頹俗,未及革也。鳳岡慨然以爲儒之道即人之道;人之道非有儒之道,而斥爲制外者,可謂敝俗矣。時大君崇儒術,蒙命種髮,稱大學頭信篤,此爲元祿四年(西元 1691 年)正月十四日事,於是和田春藏稱傳藏,大河內春龍稱新助,林春益稱又右衛門,人見沂稱又兵衛,坂井伯隆稱三左衛門,伊庭春庭稱五大夫,深尾春安稱權左衛門(數人皆系林門)其餘列國儒者,盡改名變形,以入士。至今人無賢愚,知儒者教主世用,實鳳岡之力也。

由此一般輿論都傾向排佛,而神道學者也都排佛。佛教在江戶時代已不能支配人心,而尊重理性、重名分及倫常的儒學,尤其朱子學思想就成了江戶時代學術的主流。

三、適合封建社會的需要

前面已提過:江戶時代爲封建社會,其身份結構是金字塔式的,以將軍、諸侯爲頂點,家臣爲中層,而基層爲四民,其社會結構是士絕對優於農工商。這種家臣團的身份結構與武家對庶民的絕對優越性,據日本學者丸山眞男的類比研究,認爲在類型上正與儒家思想——周代封建制度中,天子、諸侯、卿、大夫、士、庶的身份結構相似,士與庶民的區別,也以勞心、勞力爲分野。而武士階級內部的君臣上下的關係,也需有一種超越情緒依存的客觀倫理,而儒家以「禮」爲規範的君臣道德正適合這種需要。〔註 21〕正如茅原定氏在茅窗漫談中所說:「程朱之學得勢,『似天地有四季之序,爲萬物之長的

〔註21〕 參閱李永熾著《日本史》,頁 207。

人，也有君臣、夫婦、父子、兄弟、朋友的關係。忠君、孝親、悌兄、夫婦友愛、交友以信。』如果，一個社會的各階級，由政治生活而至家庭生活，都能如此，統治者就可以垂拱而治。」朱子學主張道統名分論，宇宙觀爲理靜、氣動，理爲先天的、靜態的，在階級社會中，有固定作用。林羅山根據這點說：「天尊地卑、天高地低，上下有別，人亦如此，有君有臣。」（見《三德抄》）而氣質之性是動的，應用於實際人生，就產生「人有差別性」，這種差別性一旦被固定，就造成上下定分的身分差異。這樣一來，朱子學更該提倡，因朱子學提倡禮樂、敬神尊祖、盡忠致孝、節情慾、禁爭奪，正好符合當時的要求。因此江戶幕府遂以朱子學爲官學。

朱子學的名分觀確定了戰國時代的主從關係，使諸侯去掉「將軍輪流做」的觀念，而改成效忠幕府爲天理、天命。朱子學反對佛教否定現世與人倫的觀念，日本的朱子學者，往往利用神道來排斥佛教，又利用佛教勢力來壓制基督教，這些又符合幕府需要，朱子學在江戶中期雖受古學派、陽明學派的反對，但仍屹立不搖，實在有他存在發展的道理在。

四、政府的大力提倡

朱子學是江戶時代身份制社會的理論根據，居上位者要安定社會就大力提倡，不僅幕府提倡，朝廷也提倡，商人做生意要在安定的環境中才有保障，所以大阪也有商人提倡，據西村時彥《日本宋學史》中「文教之興隆」一節，〔註22〕即分爲朝廷之學與幕府之學來敘述，而兩者都講朱子學。

在日本朝廷，朱子學頗爲盛行，後陽成天皇（西元 1587～1612 年）好學，曾敕令開版刊印《論語》、《孟子》、《中庸》、《大學》等書，其中除日本書紀神代紀及職原抄屬日籍外，都是漢籍，而四書採用的是朱子注，這些印成的書對近世儒學的普及發達，貢獻不少。

後水尾天皇（西元 1613～1629 年）敕版皇宋事寶類苑，分類編次宋之君臣言行，以供政治道德參考。又令南浦文之及赤冢藝庵進講。文之是朱子學先驅桂庵的三傳弟子，完成四書的倭點，號「文之點」，他在宮中講新註時，天皇甚喜，爲詠和歌，而以五倫爲題。又赤冢藝庵進講孟子，也賜御筆「止至善」三字給赤冢爲獎勵，使爲傳家寶。又召見朱子學者之一江村專齋，賜

〔註22〕 西村時彥：《日本宋學史》頁 305～322。

以鳩杖，傳爲儒林盛事。

及至後光明天皇（西元 1644～1654 年），最信程朱學。十七歲時，他的日課是：「辰讀書，巳筆道，午未論語二枚，復一日，三體詩二枚，酉游戲，戌亥詩一首」，可見其熱心於儒學。十九歲時，御製惺窩文集序文，獎其學德。又前後請伏原賢思講《論語》，授《周易》。承應二年（西元 1653 年），特令朝山意林庵講《中庸》、《周易》，以一個無官位的民間學者，竟能和公卿一樣升殿講學，可見朝廷對朱子學的熱心程度。又重刊《性理大全》，立程廟，設尺五堂學校。天皇既尊儒，上行下效，於是公卿之間也盛修朱子學。堀杏庵在近衛家講《中庸》（西元 1631 年），杜子美講《周易》（西元 1636 年），朝山意林庵在二條家講《尚書》（西元 1630 年），松永尺五在大覺寺宮講《中庸》（西元 1640 年），在平松家講《孟子》（西元 1627、1639 年）、《孫子》（西元 1631 年）。其他如一條家之講《論語》（西元 1641 年），德大寺家之講《周禮》（西元 1642 年），其例不少。

靈元天皇（西元 1663～1686 年）初進講古文孝經。西元 1676 年，命近臣就其志向修學神書、歌書、經書、詩文書、歷代書、手迹、音樂、蹴鞠均可，又在東山文庫繪孔子像，加贊辭。

東山天皇（西元 1687～1709 年）於西元 1689 年進講大學。

根據以上資料，可見朝廷所重均爲朱子學，或敕版印書，或學者進講，或公卿修學，儒學爲當時學問的中心，而朱子學則爲儒學中心。朝廷的倡導朱子學自然是朱子學隆盛的原因之一。

至於幕府之學，從德川家康起就極爲重視朱子學，家康深知馬上得天下，不能馬上以治之，爲轉換戰國殺伐的人心，爲消弭戰國武將「將軍輪流做」的觀念，他大肆提倡朱子學，招藤原惺窩講《貞觀政要》，登用林羅山司文事，在伏見及駿府兩地刊行有用書籍。並在禁中及公家諸法度，武家諸法度及諸寺院法度中，皆舉修學爲第一。

三代將軍家光以林羅山爲侍讀，西元 1632 年爲羅山在忍崗立孔子堂，翌年親臨視學，四代家綱在林家設銅瓦葺的書庫，後遭火焚毀，又賜官庫重複本，並撥銀五百兩爲購圖書之用，稱其家塾爲弘文院。西元 1651 年發生浪人擁由比正雪的謀叛事件，〔註 23〕幕府鑑於浪人橫行與危險，需用文教來改人

〔註23〕由比正雪是駿河國人，師事楠木正成後裔軍學家楠木傳，得其眞傳，爲有名的軍學家，他廣交浪人與諸侯，勢力龐大，其弟子金井半兵衛與丸橋忠彌謀

心，而崇朱子學可使武士奉公守法和忠於主君，於是更重用林羅山，至五代綱吉特好儒學，親自講《四書》、《孝經》、《周易》等書，又在湯島建孔廟，號聖堂，廢儒者僧職，而敘儒官，令林羅山之孫鳳岡蓄髮穿儒服，爲大學頭，專司文教，並登用木下順庵、吉川惟足，北村季吟，同湖香、保井算哲等學者。六代家宣自青年時即好讀書，在名儒新井白石的侍講下，讀《四書》、《近思錄》、《小學》、《五經》、《通鑑綱目》等書，新井白石之進講達一千二百九十九日，在政治上也有很高成就，另有朱子學者深見天漪、三宅觀瀾、室鳩巢也被任用。八代將軍吉宗也極爲好學，他令室鳩巢和譯《六諭衍義》，〔註24〕並刻印發行，用爲民族教育的讀本，且許各書店翻刻，並定爲民眾習字的範本。朱子學的精神，隨這本書的流傳更普及於民間。

　　由於幕府的尊崇和獎勵學問，影響了好學的親藩和諸侯，如尾張侯德川義直聘堀杏庵、陳元贇等，〔註25〕著《神祇寶典》，《神君年譜》、《類聚日本紀》等。水戶侯德川光圀用佐佐宗淳、栗山潛鋒、三宅觀瀾、安藤爲章等多數學者，從事《大日本史》，《禮儀類典》、《扶桑拾葉集》等的大編纂，又師事朱舜水。保科正之爲二代將軍秀忠第三子，曾輔佐四代將軍家綱，他學於山崎闇齋與吉川惟足，設藩校，著有《二程治教錄》、《三子傳心錄》、《玉山講義附錄》、《會津風土記》。外樣大名池田光政用熊澤蕃山司藩政，開學問所，前田綱紀聘木下順庵、岡島石梁、稻生若水等，使室鳩巢從學於順庵，又從各處蒐集珍籍善本，譜代大名中，曾任大老的酒井忠勝使林春齋編和漢歷史，堀出正俊尊儒學，著《颿言錄》，柳澤吉保也修儒學，歌道、禪，聘荻生徂徠、服部南郭、安藤東野、細井廣澤等，著《憲廟實錄》、《擁法常應錄》、《同抄》等書，可見幕府與諸侯的大力提倡是朱子學昌盛的主因。

　　到了寬政年間（西元 1789～1800 年），儒家諸派並起，黨同伐異，幕府官學因林家數代夭折，學問權威漸失，朱子學的隆盛期已過，思想界呈混亂

反，擁正雪爲號召，幕府掌權的松平信綱接到謀叛的消息，派兵拘捕，一網打盡。

〔註24〕六諭衍義爲清順治九年頒行的，内容有六：1. 孝順父母；2. 尊敬長上；3. 和睦鄉里；4. 教訓子弟；5. 各安生理；6. 毋作非爲。具有安定社會的作用。爲朱子學精神的顯現。

〔註25〕陳元贇，字義都，號芝山，浙江杭州人，明亡渡日居長崎，傳袁中郎集於日僧元政，影響日本性靈派的詩風。又治老子書，書法別成一體，曾創安南式的元贇燒，名古屋爲製陶名地，實基於元贇之傳，又傳武術柔道於浪士三浦次右衛門，磯貝次郎左衛門爲日本柔道之祖。

狀態，黃遵憲《日本國志》卷三十二〈學術志〉上曾說：

> 三百年來，國家太平，優游無事，士夫每立一義，創一說，則別樹
> 一幟，如宋明人聚徒講學之風。為之黨徒者，若蟻慕羶，以千百計。
> 及其黨羽已盛，名望已成。則王公貴人列藩侯伯，爭貴束帛，餽兼
> 金，或自稱門下，或冀得其尺牘手書以為榮，其上者，拔之草茅，
> 命參機密。其次者廣借聲譽亦得溫飽。而此徒彼黨，往往負氣不相
> 下，各著書說，昌言排擊，即共居一門，亦有同室操戈，兄弟鬩牆，
> 以相狎侮者，甚則師弟之間，反顏相向，或隙末而削籍，或師死而
> 背去，又比比然也。

在這種情形下，德川家康的思想政策宣告破產，林家的勢力日衰，時幕府執
政松平定信認為思想不統一，有害幕府統治，於是極力獎勵儒學，並著手統
一學政，於寬政二年五月，頒「異學禁制」令，公稱朱子學為「正學」，他學
為「異學」，這個禁令雖使過去對漢學的自由研究精神受到拘束，但朱子學的
正統地位由是更加確定，各藩的藩主也聞風傚效。朱子學定於一尊，於是不
完全贊同朱子學者，只好陰王陽朱，或假借神道、國學以行其術。直至明治
維新以後，程朱學方隨儒學的被忽視而沒落。

朱子學定於一尊的得失，學者討論甚多，西村時彥認為發揚朱子學的結
果，養成日人重名分、尚氣節的風氣，結果竟促成尊皇思想的發達，奠定明
治維新的基礎。〔註 26〕而其弊病在於妨礙學術發達、拘束思想自由，驅使人
人株守規矩，養成曲謹之風，使人消磨壯志，妨礙人材的成長，當然一種學
術必有其利弊得失，朱子學對日本的功當大於過，此將待下章詳述，本節僅
述其興盛的原因〔註 27〕而已。

然而政府為什麼要提倡朱子學呢？黃遵憲在《日本國志》卷三十二〈學
術志〉的漢學部分中曾提出其看法，他說：

> 逮德川氏興，投戈講藝，專欲以詩書澤，銷兵革之氣，於是崇儒重
> 道，道拔林忠於布衣，命之起朝儀，定律令，俾世司學事，為國祭
> 酒，及其孫信篤遂變僧服種髮，稱大學頭，而儒教日尊，幕府既崇
> 儒術，首建先聖祠於江戶，德順常憲自書大成殿字於其上，烏革翬

〔註 26〕見西村時彥《日本宋學史》頁 344。
〔註 27〕朱子學勃興的原因，阿部吉雄在其所著的《日本朱子學の朝鮮》一書序章中
　　　　指出三點，其中有朝鮮文化的刺激一項，可參閱。

飛，輪奐俱美，諸藩聞風仿傚各建學校，由是人人知儒術之貴，爭

自濯磨，文治之隆，遠越前古。

這看法相當中肯，偃武揚文，安定社會，朱子學能任其責。朱子學興盛的道理在此，然而朱子學的別支水戶學的興盛，最後卻導致幕府的崩潰，這倒是提倡朱子學的幕府始料未及的。

有關朱子學各派爲本論文重點，將留待下章敘述，以下先略敘儒家其他各派。

第三節　古學派的興隆

當朱子學風行於日本時，卻有一股反對的暗流洶湧著，這就是古學派。古學派否認朱子的注釋，認爲朱子學滲雜佛老思想，非儒家本來面目，而主張應回溯到原始儒學，直接以漢唐註疏，研究孔孟眞髓，以承繼中國之道統。

古學派是由江戶初期的儒學家山鹿素行、伊藤仁齋及中期的荻生徂徠所提倡的。他們雖同屬古學派，但目標各異，故分爲三派，先錄其傳授表如下：

```
        ┌ 甲、聖教學派（武士道學派）── 山鹿素行
古學派 ─┤ 乙、古義學派（堀川學派）  ── 伊藤仁齋 ── 伊滕東涯
        └ 丙、古文辭學派（蘐園學派）── 荻生徂徠 ┬ 服部南郭
                                                └ 太宰春台
```

聖教學派的得名，是因爲山鹿素行曾著《聖教要錄》二卷，向官學——朱子學挑戰，並因之被流放於赤穗，故取「聖教」爲名，又因山鹿素行通習武藝、兵法，對武士道有精湛研究，故又稱爲武士道學派。

山鹿素行初奉程朱之學，於朱子頗爲讚賞，後疑理氣心性之說，以爲抽象、空泛而不切實用，於是倡古學以攻擊朱子學，爲批評朱子學的先鋒。門人達四千人之多，聲振朝野。

素行在赤穗十年，鼓吹日本主義，他著有《中朝事實》一書，稱日本爲「中華」，「中國」，強調日本不劣於西土，而政治武德且較西土爲佳，這種排華尊王的思想，使《中朝事實》一書，成爲明治王朝的國體明徵主義者愛讀的作品。他兼長兵學，講求文武合一，忠君愛國，形成武士道學，提倡殺身成仁，捨身取義，影響所及，造成赤穗四十七義士爲主復仇的事件，〔註28〕

―――――――――――――――

〔註28〕赤穗四十七義士爲主復仇事件導因於赤穗主君淺野長矩的含恨切腹。在西元

他所倡的儒學，日本化的味道最濃，行動重於理論是其特色。

古義學派的得名，是由於伊藤仁齋名其所設私塾爲「古義堂」而來。伊藤主張爲學應從孔孟原著入手，把握古義。又因居住處爲京都的「堀川」（或稱堀河），故又稱堀川學派。

伊藤初修朱子學，專讀《性理大全》、《朱子語類》等書，窮其精奧。後不滿宋儒的性理論，以爲與孔孟原義有違，故斥學庸，而推崇論孟。嘗以《論語》爲「最上至極宇宙第一書」，而《孟子》次之。他主張由孔孟原典，探求聖人眞面目，反對朱子的理氣二元論、復性說與無視現實的「靜寂」世界觀，他重常識，倡仁義，強調實踐力行。主氣一元論，爲純然儒者。

伊藤於堀川執教四十年，門人達五千人，勢力龐大。

古文辭學派的得名，是由於荻生徂徠倡古文辭學而來，〔註29〕又因四十四歲時，從政壇暫退，住日本橋茅場町講學，因茅與護兩字意義相近，遂號「護園」，故其學派又稱護園學派。

荻生徂徠曾師事朱子學者林鵝峰、林鳳岡，初服朱子學，並講朱子學，四十九歲著護園隨筆，尚護宋儒，只評及伊藤仁齋之學，晚年自成一家，痛駁性理，兼究武術。五十六歲以後，任德川吉宗顧問，仕途順利，爲江戶名儒。自元祿、經寶永、正德而至享保約五十年，〔註30〕徂徠學睥睨一世，實非偶然。

徂徠學問的範圍甚廣，政治、經濟、教育、文學無所不通，尤以研究古代文學而研究及古代語法。又提倡漢文直讀法，用中國字音，依次一字一字地讀中國文章，應用此法促成江戶學術研究稗史小說的流行。也奠定了以後考證學的基礎，指示出漢文學發展的方向，對日本國學的研究，給予莫大的

1701 年，天皇敕使至江戶，幕府派淺野長矩招待，而由吉良義央指導儀式及典禮。義央以長矩年輕而蔑視他，長矩懷恨，以刀傷義央，幕府議處，命長矩切腹。長矩家臣大石良雄等四七人得報，爲主復仇，斬義央頭，祭於長矩墓前，後集體投案，被賜切腹，此事件影響很大。

〔註29〕古文辭是指剪裁先秦諸書中的成句或故事，編成一篇文章而言，初由明嘉靖七子之一的李攀龍（于鱗）與王世貞（元美）提倡，一時大爲流行，但以後繼作者少。李王用古文辭於辭章，而徂徠卻用之於解釋古書精義。

〔註30〕元祿、寶永爲東山天皇時的年號，元祿共十六年，其元年爲西元 1688 年，相當於清聖祖二七年，寶永共七年，而正德、享保爲中御門天皇的年號，正德只五年，其元年爲西元 1711 年，享保共二十年，元年爲西元 1716 年。合計共四八年。

刺激與影響。

　　徂徠之學較具功利主義色彩，以政治家重現實的眼光，重視政治、經濟，他認為儒學的目的不該只是道德修養，而是學習安民治人的政治技術及文藝技術的學問。是增進國家、社會福祉的有利工具。他的思想與治學方法最為中國化，對中國極端崇拜，其思想不僅風靡江戶中期的學術界，中韓學者也交相稱許。其弟子頗多，成就亦非凡，如服部南郭的詩文，太宰春台的經術，山井崑崙的校勘，都是個中翹楚。

　　古學雖分三派，但都自朱子學出，而對朱子學加以修正或另闢出路。他們反對朱子學禁欲、嚴肅、內觀的精神主義，主張擴充、存養德性的經驗主義道德論。反對宋儒靜寂的修持法，而主張在活動中學習。朱子學常以理想主義解釋個人道德問題，並擴充至政治及社會問題。而古學派則就禮樂刑政的法律制度或文物典章，加以歷史性的考察，而發揚政治上的道理。古學派的成立，對學術走向日本化、近代化有相當的貢獻。

第四節　陽明學派的興起

　　當朱子學受德川幕府的提倡、保護，在思想上成為權威時，王陽明、陸象山的著作也受到日本學者的重視，尤其懷有自由思想者，更喜陸王之學。陽明學的傳入日本，可溯源自明正德八年（西元 1513 年），日僧了庵桂梧自明返國時，親訪陽明，並承陽明贈序一篇。〔註31〕但初期五山禪往往兼修朱王，不分軒輊，迨林羅山純倡朱學，山崎闇齋尊朱更趨於褊狹，於是王學始從朱學獨立而發展，王學獨立的先驅，首推中江藤樹。其後經熊澤蕃山、三輪執齋，再經佐藤一齋、大鹽中齋；此五子為世所公認，至幕末陽明學之士紛起勤王，於明治維新的促成其功不小，有名者如佐久間象山、西鄉隆盛、吉田松蔭等，他們為民間之學，官府視為異端邪說，時加壓迫，但由於學者都在野授徒，故對平民的感化力特強，以下錄其傳授表：

〔註31〕此序真蹟現存山田祠官正住隼人之家。

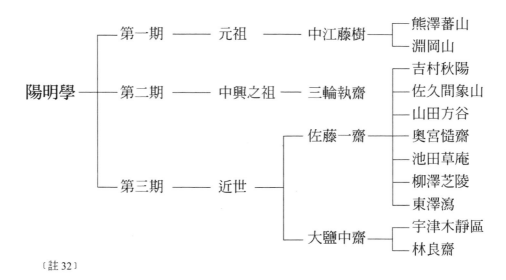

〔註32〕

中江藤樹是日本陽明學的元祖，初修程朱學，以禮法自持，後厭倦於朱子學的形式主義，而無所適從，三十三歲時，讀龍溪語錄，始與姚江學派接觸，然心疑龍溪近於禪，至三十七歲時，購得陽明全書而讀之，豁然貫通，從此，捨朱（但不排朱）就王（陽明）倡導以孝經為中心的哲學。他讀陽明全書後，雖僅四年而沒，但造詣很深，學者尊稱他為近江聖人。其弟子最重者有二：即屬內省派的淵岡山，屬事功派的熊澤蕃山，號稱藤門雙璧。

三輪執齋是日本陽明學的中興之祖。初亦治朱子學，為朱子學者崎門三傑之一的佐藤直方之門徒，初尊朱如神明，信朱如蓍龜，三十三歲，因藤樹遺書，熟讀《傳習錄》及《陽明文錄》，於王學漸有所得，終於捨朱（但仍尊朱）歸王，佐藤直方因而宣佈與之絕交。其所事藩主亦不以其奉王學為然，執齋因之辭職家居，專以倡導陽明學為己任，他講王學至精彩處，四坐感泣，可見其感化力之強勁。其學說要領以日用心法及四言教講義為代表。平易實際，足以導初學於正路，其學術思想影響於幕末維新甚大。

佐藤一齋與大鹽中齋為日本陽明學第三期的首要人物，佐藤與林述齋為友，學於中井竹山之門，初亦習朱子學，二十九歲後，始專注於陽明學，後出任昌平黌教官，表面上採朱子學為教，然心服陽明，故後人稱他「陽朱陰王」。實際上他於朱王之學是採調和融合之態度，其弟子有守朱子學的：如大橋訥庵、楠木端山、林樫宇、中村敬宇等人，亦有宗陽明學的：如佐久間象

〔註32〕有關日本陽明學派的敘述，可參閱戴瑞坤博士所著的《陽明學說對日本之影響》一書，頁 174～250。

山、吉村秋陽、山田方谷等，而明治維新的重要人物，如吉田松蔭、西鄉隆盛都是一齋的再傳弟子，而木戶孝允、山縣有朋、伊藤博文等又是松下村塾（吉田松蔭創辦）的學生，可見影響的深遠。

　　大鹽中齋嘗學於林羅山後裔林述齋之門，後得陽明學書，讀之，大爲崇奉，爲關西著名的陽明學者。著有《古本大學刮目》，於王門各派學者對大學的解釋著述特詳。他後來爲拯救飢民而造反被殺，爲實踐理想，不惜犧牲生命，正是儒者本色，大鹽可說是即知即行的典範。

　　陽明學派，人數雖不多，然均非腐儒，或以省察爲事，或盡瘁於事功，於日本裨益非淺。

第五節　折衷學派及其他

　　江戶時代中期，荻生徂徠之蘐園學派風靡於日本學界，朱子學派學者乃起而攻擊之，思想界諸說紛紜，折衷學派，即折衷各派特色，採取各家長處，而以溫和、穩健爲其學風，其於文獻之考證、道德之建立，皆有相當之成就。廣瀨淡窗曾具體的說出本派的隆盛，他說：

> 三百年來之儒風，大略三變：自惺窩、羅山始開與佛獨立之儒，又開程朱學。藤樹、闇齋、了介、益軒、錦里等，性理躬行之學；專斥佛，明聖人之道，此一變。伊、物復古，說古義復興，精訓詁，主詩文，不務躬行，此再變。伊、物盛，程朱衰，儒者浮華放蕩，世人厭之，雖有再歸宋學，其弊有故，兩者有取捨之處，稱折衷學。當時高名儒者，十之七八爲折衷學派，走利多，此三變。〔註33〕

折衷學派的始祖，有以爲是木下順庵弟子榊原篁洲（東條琴台著《先哲叢談·後篇》卷二載有此說，西島醇著《儒林源流》頁243亦據此說），有以爲始自井上蘭台·井上金峨（高田眞治著《日本儒學史》，即主此說），今依高田之書，錄折衷學派的傳承表如下：〔註34〕

〔註33〕見黃得時教授撰：〈日本江戶時代的儒學派系〉（六），戴《孔孟月刊》第九卷第1期，頁24。

〔註34〕見高田眞治著：《日本儒學史》，頁182。

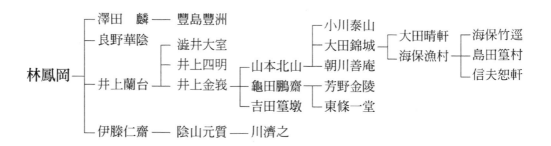

井上蘭台學於林鳳岡，但不盲信程朱學。於仁齋、徂徠之學亦有所取資，其教導門人亦不標榜一家之言，令各從所好，為折衷學派之開山，然以折衷派著名者為其高足井上金峨。

井上金峨著有《經義折衷》，評論朱、王、仁齋、徂徠四派之得失，其為學不主一家，而兼取眾長，訓詁取漢唐，義理求程朱、陸王、仁齋、徂徠之真義，詩取中晚唐，文推韓柳歐蘇。專務清新流麗，主平散暢達，聞其學風而起者，有豐島豐洲、山本北山、龜田鵬齋等人，他們與冢田大峰與徂徠之市川鶴鳴，世稱「五鬼」，反抗寬平異學禁令最力。

本派著名學者尚有片山兼山，傳山子學，兼用諸子解經，引起日本研究諸子的風氣。又有皆川淇園長於文字聲韻及易學、書畫。另有細井平洲、增島蘭園、仁井田南陽等人。學風都趨向於折衷，然乏獨自之理論。

江戶時代儒學，除上述四派外，另有所謂的考證、獨立及心學派，茲亦略加敘述，以明其時的儒學梗概。

一、考證學派

日本考證學盛於江戶時代後期，發源於江戶中期。初荻生徂徠著有《譯文筌蹄》，說明漢字同訓異義的用法。又著《論語徵》闡明古語的意義，可說是考證學的萌芽。徂徠門人山井崑崙，根本武夷曾赴足利學校校勘內藏的宋版書籍，著《七經孟子考文》，為日本考證學的先鋒。江戶後期，折衷學派於考證學頗為致力，尤於井上金峨門下吉田篁墩，蒐求宋元版籍，校勘古典，著有《活版經籍考》，《論語集解考》等書，被推為考證學的首創者，後有太田錦城、松崎慊堂、狩谷掖齋等人，間採清儒之說，蔚為壯觀，另有專考證日本古典，專致力於書誌目錄的。幕末，考證學有儒學主流之勢。明治維新後，朱子學、陽明學等趨於沒落，考證學獨盛，他們的實證主義學風，開近

代學術的先河，加以歐美學術的刺激與清儒直接交往的結果，發展更快，哲學方面，近代有服部宇之吉、狩野直喜，史學方面有重野安繹、那珂通世、內藤湖南等，以下錄其傳承表：

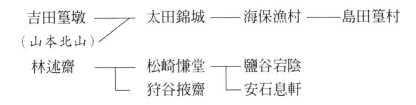

探察考證學派諸大家之師承，可知與朱子學之關係亦很密切，如吉田篁墩號為考證學派的開祖，其學卻自井上金峩出，金峩之師為井上蘭台，蘭台之師為林鳳岡。鳳岡為朱子學者，而松崎慊堂為林述齋門人，述齋亦為朱子學者。慊堂門人鹽谷、安井等都曾修習朱子之學。日本考證學者的特色在於厭棄空疏之學，他們不像清代學者只知宗許慎、鄭玄，閉門讀書，皓首窮經，不問世事，而在義理上，仍取宋明理學的精義。朱子學重現世，不離修己安人之作風，為他們所一致實踐，太田錦城、海保漁村對政治、經濟都十分關心，松崎慊堂至七十餘高齡，日記上竟仍有許多憂國憂民的奏事稿，鹽谷宕陰是實學家、政論家，安井息軒對政論亦有卓見，他們的考證成果固然不及清儒，但其做學問，不離經世致用之旨，於國計民生，大有裨益，於日本國學研究亦有正面的影響，尤其治學方法為日本國學者所襲用，成果頗為輝煌。

二、獨立學派

本派原為追求超越儒學各派的偏見，取神、儒、佛三教的精粹而成一家之言者。其代表人物三浦梅園與二宮尊德，先驅則為富永仲基。由於學風自由，不拘一家之說，故又稱自由學派，對近代日本思想影響很大。

三浦梅園初學於朱子學者室鳩巢之門人綾部絅齋，後轉學他師，精研易理，而所學範圍廣及各部門，於自然科學、社會哲學無不涉及，其《梅園三語》（玄語、贅語、敢語）說明其宇宙觀、人生觀及論辨君臣之道、忠孝之德，相當精采。其學問特富獨創性與進步性，又重經世之學，是日本傑出的大思想家，論者且以之比擬西哲黑格爾、康德、與笛卡兒等人，可見他被推崇的程度。

　　二宮尊德爲日本的農村復興運動者，他設立「報德社」，〔註35〕指導農民
耕種，提倡勤勞、善種、分度（財政緊縮）、推讓（造產濟貧）的生活，他的
主張由其弟子富田高慶、齋藤高行、福住正兄等加以推廣，而成立大日本報
德社，後成爲全國性的組織，勢力龐大，影響深遠，他所創的報德教，鼓吹
日本精神，其一生致力於消滅貧窮、愚昧，卓有成就。他的勤儉力行，成爲
日人的典型，戰前，日本小學校園中，常見一負柴讀書者的銅像，即爲二宮
尊德，其事蹟收入小學教科書中，可見受尊崇之深。

　　獨立學派尙有帆足萬里、廣瀨淡窗，他們二人與三浦梅園合稱豐後三先
生。「帆足爲日人研究西洋學問的先驅」，「廣瀨號稱南海詩聖」，對日人教育、
思想都有相當影響。

三、心學派

　　日人儒學史上的心學派與中國哲學史上的陸王心學無關。陸王心學主張
心即理，由心的修養，以達良知。而日本心學卻由江戶中期的學者石田梅巖
所創，是一種平民的道德思想，源自儒、佛、道三教及神道的學說，摘其適
用者，而採朱子學的特別多，由於創自石田，所以叫做「石田心學」，以別於
陽明的心學。錄其傳承如下：

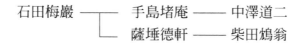

　　石田出自農家，原習商，後讀儒書，特好朱子學，年屆不惑，忽頓悟，
四十五歲，開學塾講學，獻身於平民教育，著有《都鄙問答》，記述學問的
根據和修養法，此書是石田心學的經典，引用儒書很多，而於朱子學取用最
多。

　　石田主張學問的目的在於知萬物之性，要知萬物之性，須以「心」來體
認。他博採儒、佛、神、道諸教學說之精萃，在日常生活中，提倡道德的實
踐，他所教導的對象爲商人或婦孺，他爲商人樹立經商營利的尊嚴，肯定營
利的正當性，建立近代功利主義的商人道德。他所提倡的正直、儉約，也成
爲日本庶民的道德準繩。

〔註35〕報德社，如今之合作社，專以濟世事業爲業務。

　　石田弟子手島堵庵組織各種團體，致力於推廣心學，有功於心學的普及。其他如中澤道二，柴田鳩翁都著有「道話」以口語文體傳播心學，因此心學乃更普及民間。

第四章　江戶時代的朱子學派

　　朱子學在鎌倉初期由入宋僧侶和宋渡日僧侶的傳播，而引入日本，其間有主佛從儒、儒佛一致、神儒佛合一等歷程。南北朝、室町時代，五山禪僧都以朱子學作爲必備的教養，及至安土、桃山時代，漸有脫離釋氏緇門而獨立的傾向，當時朝廷、公家與神道家之間，與五山禪僧一樣，對朱子新註書與朱子學思想也漸有人研究，此時朱子學都居於附屬地位，因爲禪林的研究以禪學爲主，明經家以古注學爲主，神道家以神道爲主。然朱子學研究愈深，愈有獨立研究的趨向。

　　朱子學在宋代，原具有對抗佛教的特性，因此他與五山禪僧的儒佛一致論必然會分裂，朱子學的主張中，有激烈的排佛主張，因此到了江戶時代，藤原惺窩、林羅山、谷時中等朱子學大儒都離棄佛門，這是必然的。佛教否定現世與人倫的觀念與朱子學是不能相容的，相國寺僧侶承兌問惺窩何以棄佛歸儒，惺窩答道：「人倫皆眞，……聖人何廢人間世」，佛教的出世主義是儒者排斥的要點，林羅山且引佛教信徒蘇我馬子〔註 1〕等大逆不道的歷史事例，嚴厲攻擊佛教。

　　朱子學否定漢唐的古注學，主張反咒術的合理主義，因此明經家的新古註折衷主義，當然最後仍不能不與之絕裂。室町末年，中央權力式微，貴族

〔註 1〕蘇我馬子爲西元六世紀的日本佛教徒，主張信佛可消除社會不安，與不信佛
　　　　的物部氏對立，後雙方戰爭，馬子與聖德太子合作，消滅物部氏，立崇竣天
　　　　皇，馬子以立天皇功，而作爲橫暴，爲天皇所不滿，馬子怒而殺崇峻天皇，
　　　　又於 593 年立推古天皇，而以聖德太子爲攝政，掌政達卅年之久。後於 626
　　　　年去世。

文化沒落,學術流散四方,朱子學也轉入地方獨立發展,產生各種流派,至江戶時代,政府又加鼓勵,於是朱子學大盛,以下分京都、海西、海南、大阪及水戶五派,敘述各派的代表人物及其學說。首列傳授表,次分人,按名號、籍貫、學經歷、學說、著書等順序來敘述。

第一節 京學派

創於藤原惺窩,門下人材輩出,江戶初期朱子學興盛都是這些人的功勞,其中林羅山出任幕府儒官,朱子學成為幕藩體制的理論基礎及封建統治的正統教學,以名分論為基礎的君臣關係,身分差等極受重視,為封建社會思想統制的支柱,為社會安定的力量,除林家的官學外,此派的新井白石、木下順庵、室鳩巢等人影響也大。他們興於京都,因稱京學派,後來主要人物出任江戶幕府學官,而遷居江戶,但江戶是政治中心,因此不另列江戶學派,仍稱京學派,其始祖為藤原惺窩,其傳承表如下:

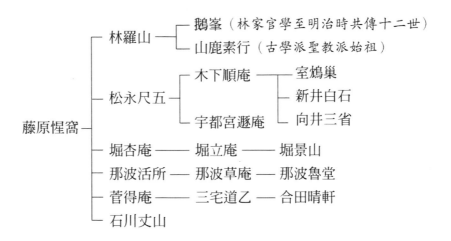

```
                        ┌── 鵝峯(林家官學至明治時共傳十二世)
            ┌── 林羅山 ──┤
            │            └── 山鹿素行(古學派聖教派始祖)
            │            ┌── 木下順庵 ──┬── 室鳩巢
            ├── 松永尺五 ─┤             ├── 新井白石
藤原惺窩 ───┤             └── 宇都宮遯庵 └── 向井三省
            ├── 堀杏庵 ── 堀立庵 ── 堀景山
            ├── 那波活所 ── 那波草庵 ── 那波魯堂
            ├── 菅得庵 ── 三宅道乙 ── 合田晴軒
            └── 石川丈山
```

一、藤原惺窩(西元 1561～1619 年)

名肅,字斂夫,號惺窩、妙壽、惺惺子、昨木山人、柴立子、北肉山人。播磨(今兵庫)人。為和歌名門、中納言藤原定家的十二世孫。幼穎悟,入佛門,名曰蕣,誦心經、法華經,迅即成誦,人呼為神童。其師東明長老受學於慶雲寺長老成九峰,九峰為儒僧,因此惺窩除禪學外,兼見群書,後歸鄉,受播磨城主赤松廣通知遇,遊于洛,漸傾向於儒學,後以接待朝鮮國使,

與金一誠筆談，金爲朝鮮大儒李退溪的門人。惺窩由此機緣對朱子學認識更深。西元 1593 年，謁見德川家康，講貞觀政要。後六年，因赤松廣通的援助，及與朝鮮儒者姜沆合作，對四書五經加註倭點，在註點四書五經中，惺窩對朱子學更有信心。他久從事於釋氏，然有疑於心，讀聖賢書，則信而不疑，以爲道在於儒，而不在於釋，釋氏既絕仁種，又滅義理，是爲異端，於是信儒更篤。曾計劃到中國求學，但因風浪，漂流於鬼海島，終於盛志不遂。

當時有和尚承兌、靈三等，頗自負於文字，曾經指責惺窩棄佛就儒，惺窩據理力辯。又曾有一次辨識壁間所掛草書掛軸一幅，眾不能讀，惟惺窩能讀之，他屢與承兌、靈三等衝突，所以決意不仕，退隱於洛北的北原村，韜晦養性，他很仰慕陶淵明的爲人，曾爲陶作贊，題歸去來圖，他曾作四景我有文。文曰：

> 嘗聞佳山水者，觸發道機。仲尼之登泰山，在川上，有所以哉！……
> 我有一宇，不假工巧不費脩補。……圓顯於上，是我棟宇也；方趾
> 於下，是我基址也。載我佚我，到處有我，屋不可言無矣。我屋之
> 所在者乃我地也，不可言無矣。瞻前忽後者，皆我尤物也，悉我珍
> 臭也，不可言無矣。……於是乎室有空虛，心有天游。……斯游樂
> 哉！地其不廣乎！屋其不大乎！物其不備乎！實威武不能屈，富貴
> 不能奪，貧賤不能移，意必固我，既絕之後，優哉游哉，我以爲我
> 有云。

這一段文字說明他放浪山水後，領會所得的世界觀，他認爲世界是有不是無，佛教的眞空觀應完全捨棄，該肯定的是：世界是「有」的存在，儒教的現實世界觀是可取的，他有五言絕句和風堂云：

> 和風吹萬物，物自不曾知。是故有生意，三春貫四時。

又山中即事詩云：

> 逍遙山水村，目擊道相存。見趣高椰下，讀書不待言。

由此可見他的襟懷灑落，他作的倭歌與漢詩同爲意致曲折、理義味長之作。分析其因，與他最初習佛的空寂有關。

惺窩爲日本朱子學派的開山祖，其最大貢獻在使儒學擺脫禪學的束縛，而走向獨立發展之路，他捨棄訓詁章句的老套，轉向人倫義理方面，他不拘泥於師法承傳，而創自由研究之風，從他之後，儒學再不是禪僧所倡的緇流文學，而是人人所依據的道學。黃遵憲《日本國志》卷三二，〈學術志〉云：

自藤原肅始爲程朱學，師其說者，凡百五十人。

又注云

時海內喪亂，日尋干戈，文教掃地，而惺窩獨唱道學之說。先是講
宋學者，以僧元惠爲始，而其學不振。自惺窩專奉朱說，林羅山、
那波活所皆出其門，於是乎朱學大興。物茂卿曰：「昔在邃古，吾東
方諸國，泯泯乎罔知覺，有王仁氏而後民始識學，有黃備氏而後經
藝始傳，有菅原氏而後文史可誦，有惺窩而後人人知稱天語聖。四
君子者雖世尸祝乎學宮可也。〔註2〕

巨正純、巨正德撰《本朝儒宗傳》論及此云：

自應神、仁德儒教遍布天下，政綱大行，一千五百年暨足利家，儒
教盡亡，天下皆爲野狐精，偶看佛經者禪僧，而假文字，不貴經理，
使於異邦，司於鄰好，亦爲禪僧職，於是仁孝之政息，忠信之民荒，
而兵戈無定，臣弒君，子奪父，本朝壞亂，極於此時矣。膺星聚奎
之運，惺窩先生中興此道，門弟益進，施學諸州，上下始識有道。……
嗟！大哉斂夫之功，其功不在王仁、南淵、吉備、善公、江帥之下。

〔註3〕

惺窩自述也說：

日本諸家言儒者，自古至今唯傳漢儒之學，而未知宋儒之理。四百
年來不能改其舊習之弊。卻是漢儒非宋儒，實可憐笑。……余自幼
無師，獨讀書自謂漢唐儒者，不過記誦詞章之間，說注釋、音訓標
題事迹耳。決無聖學誠實之見識矣。……若無宋儒，豈續聖學之絕
緒哉！〔註4〕

惺窩並不絕對排斥漢唐之學，他說：「漢唐訓詁之儒，僅釋一、二、句費百千
萬言，然淺近如此」。又說：「漢唐訓詁之學，不可不一涉獵者也，其器物名
數典刑，雖曰程朱，依焉而不改者伙矣，讓矣而不注者數矣。所謂十三經疏
云，魚亦所欲也耶？」，〔註5〕對朱子的學敵陸象山的主張也兼容並用，他調

〔註2〕 物茂卿即荻生徂徠，此與都三近（松永尺五門下宇都宮遯庵）信中語，載《徂
　　　　徠集》卷廿八，又見《先哲叢談》，藤原惺窩條，黃備氏即吉備眞備，爲日留
　　　　唐學生，對奈良文化的發展貢獻極大。
〔註3〕 《本朝儒宗傳》卷下，頁42～43，〈藤斂夫傳〉。
〔註4〕 《惺窩文集》第二卷，頁30～31。
〔註5〕 〈與林道春〉，《朱子學大系》第十三卷，頁530～531。

和朱陸說：

> 如朱夫子者繼往聖開來學，得道統之傳者也。後生區區，置異論哉！
> 如陸文安者，有信而最學之者，有疑而未決之者，有排而斥之者。……
> 在同時者，張敏夫、呂伯恭……亦以文安不爲全非。（元朝）如文清
> 亦於朱陸左之，右之，未偏執。在皇明者，儒門一代巨擘。皆有冤
> 陸之疑。故余亦疑其所疑而已……紫陽質篤實而好邃密，後學不免
> 有支離之弊。金谿質高而好簡易，後學不免有怪誕之弊，是爲異者
> 也。人見其異不見其同，同者何哉？同是堯舜，同非桀紂，同尊孔
> 孟，同排釋老，同天理爲公，同人欲爲私。然則學者各以心正之，
> 以身體之，優柔饜飫，圓機流轉，一旦豁然貫通，則同歟異歟，非
> 見聞之智，而必自知然後已矣。〔註6〕

惺窩不僅調和朱陸，且回護王陽明，稱「陽明詩灑落可愛」謂：「先哲尚因資
稟之所近，點出數字示人爲警策，各得入頭處，所謂大小程子之敬，朱子之
窮理，金谿之易簡，陽明之良知等也」，〔註7〕惺窩固然兼取陸王，然所主在
朱子學。他說：

> 象山從孟子先立其大者之語發明，陽明從孟子之良知良能之語發
> 明，朱子尊七篇，作集注，或問並學庸論語爲四書，成百世萬年聖
> 學之標的，嗚呼大哉？〔註8〕

可見其推崇朱子學。他的中心思想都本於朱子學，他在論五事之難中說道：

> 夫天道者理也。此理在天，未賦於物曰天道，此理具於人心，未應
> 於事曰性，性亦理也。蓋仁義禮智之性，與夫元亨利貞之天道，異
> 名而其實一也。凡人順理，則天道在其中，而天理如一者也。狥欲，
> 則人欲勝其德，而天是天，人是人也。是故君子用力。以知復乎天
> 命之實理，小人肆欲，而不知近乎禽獸。〔註9〕

這幾乎就是朱子學的性理觀。《續群書類從》第十教育部，有千代茂登草，是
惺窩述儒學大意以諭其母氏的作品，內述明德、誠、敬、五常、五倫、儒道、
佛法及天下傳授之辭。其中所言不出於朱子學所云：天地萬物本吾一體，與

〔註6〕〈答林秀才〉，《朱子學大系》第十三卷，頁522。
〔註7〕〈與林道春〉，前書同卷，頁525。
〔註8〕《羅山文集》七十〈隨筆之惺窩評語〉。
〔註9〕《朱子學大系》第十三卷，頁520。

存天理、去人欲之說。天道別無勾當，只以生物爲心，天地以此心普及萬物。人得之，遂爲人之心。物得之，遂爲物之心，故人道不外天道。只要一念至誠，就自然天人合一，而其維持的工夫，則全在明字。這種觀念應用到治學上，也如朱子，主理一分殊說。他曾說：

> 學問之道，分爲義理，以理一分殊爲本，萬物一理，物我無間，則
> 必入於理一，流於釋氏平等利益，墨子兼愛而已。專以分殊分之，
> 則必流於楊子爲我矣。兩未得其善，故讀聖賢之書，曉聖賢之心，
> 則可專以理一分殊爲宗，則無弊矣。〔註10〕

惺窩曾沈潛於《延平答問》一書，愛延平的灑落不羈，他雖尊朱子的性理觀，但更重視現實人際關係上倫理道德的實踐。他對詩文也很有造詣，又喜莊子，因此畢生隱居講學，家康曾召其出仕，亦不爲所動，薦門生林羅山以代，因此促成林家十二世主幕府官學的機緣。他把儒學從朝廷博士家及五山禪僧中解救出來，貢獻極大，他的著作有《惺窩先生文集》（藤原爲經編、源光圀校）內首一卷、《詩文》十二卷、《和歌集》五卷。另有林羅山編的五卷本，菅得庵續編的三卷本，與前略同，此外有《倭文二編》、《寸鐵錄》、《逐鹿評》、《文章達德錄》等書。〔註11〕

二、林羅山（西元 1583～1657 年）

名忠、一名信勝，字子信，號羅山或道春，通稱又三郎，京都人，父信時，母爲田中氏，爲長男，祖父正勝，爲加賀藩士，至其父信時方定居京都。羅山幼聰慧，八歲略識文字，十二歲已能讀演史小說，後入建仁寺，從慈稽修業三年，後以「入釋而棄父母之恩」爲不可，就回家專事習儒。《先哲叢談》卷一記其少年軼事二則云：

> 年十四，寓建仁寺讀書，時宿僧有才學者，亦皆屈而問學，遂以爲
> 此人入佛，則必當爲善知識，皆勸以出家，羅山不可。僧請京尹前
> 田玄以強之父信時，信時曰：「唯兒所好。」，羅山愈不可，竟去歸
> 家，不再入寺門。
>
> 羅山少時，世未有奉宋說者，羅山年十八，始讀朱子集注，心服之，
> 遂聚徒講朱注。清原博士議之曰：「自古無敕許，則不得講書，朝紳

〔註10〕《杏陰稿》卷四。
〔註11〕見《朱子學大系》第十三卷，頁 12。

猶然，況處士抗顏講新說，不可不罪也。」東照君（德川家康）黜
博士之議，而稱羅山爲有所見，於是羅山益攻其學。〔註12〕

可見羅山早年反佛教的態度，而其抗顏講新說的勇氣也極可嘉，當時惺窩避
世不接人，惟羅山聚徒講朱子學書，若非德川家康有卓識，對明經家清原秀
賢的彈劾置之不理，朱子學的興盛，不知將延後多久。

羅山讀書很勤，五山所藏的書、神社及有職名家的藏書，無所不讀，後
入惺窩之門，與松永尺五、那波活所、菅得庵、堀杏庵號惺窩五高徒，除菅
得庵外，號稱惺窩門下四天王。羅山學成後，經惺窩之薦，任家康侍講，爲
幕府秘書，頗受寵信，爲起朝儀、定律令，制法度、書文案，參劃幕府文教
政策，後歷任二代秀忠、三代家光、四代家綱等將軍侍講，他爲幕藩體制奠
定理論基礎，是江戶時代文治的功臣，他的子孫代代均爲幕府官學儒官，成
一家學系統。他的學問極爲廣泛，從其既讀書目中，可知他所習從歷史、和
文、漢文，以至神道、基督教、本草學、醫學、天文、地理以及兵學無不涉
及。以下述其思想與學說：

（一）羅山的思想是徹底主知的合理主義，他對歷史上的記載如覺得無
理，必疑而辨之，他曾有格物端緒的小冊子，舉許多疑義而欲窮其理，如：

> 昌黎羑里操曰：「臣罪當誅分，天王聖明。」程子曰：「能道文王心
> 也」。未審文王罪何當誅哉？紂又何聖明哉？

他主張理氣合一論，雖然他尊崇朱子，〔註13〕但不取他的理氣二元論，他說：

> 理與氣，一歟？二歟？王守仁曰：「理者氣之條理，氣者理之運用。」
> 〔註14〕

他認爲陽明二語正確，就取資於陽明，在寄田玄之書中，他說：

> 太極理也，陰陽氣也，太極之中，本有陰陽，陰陽之中，亦未嘗不
> 有太極。五常理也，五行氣也，亦然。是以或有理氣不可分之論，
> 勝雖知其戾朱子之意，而或強言之，不知足下以爲如何？〔註15〕

他擁護朱子，曾有詩讚朱子曰：「儒門第一集成功，道統傳來垂不窮。」但在世
界觀上，他抱持眞理高於一切的想法，不取朱子之說，在理氣之說，他採陽明

〔註12〕《先哲叢談》第一卷，頁5。
〔註13〕見《朱子學大系》第十三卷，頁557〈朱子眞蹟跋〉一文所述可證。
〔註14〕王陽明語，羅山隨筆多次引用，見《朱子學大系》第十三卷，頁563～564。
〔註15〕見大系第十三卷，頁541。

說法，但卻不贊同陽明學，曾作《陽明攢眉》五卷，首舉困知記，學蔀通辨，傳習存疑，次載陽明學術之辭，末則作格物良知辨數件以排陽明，他說：

> 如王陽明之良知，雖似頓悟，雖有高明，然不平易歟！〔註16〕

又說：

> 陽明出，而後皇明之學大亂矣！必有可畏之君子者出焉而一之。
> 〔註17〕

可見林羅山的為學態度，這也是日本朱子學的一大特色，日本的朱子學者，除少數較偏執外，一般都能依理有所選擇，不固執於派別。不黨同伐異，有用者，雖異派我亦取之，無用者，雖同派，亦捨之，「學術為公器」，這種態度，很值得我們效法應用。

（二）林羅山重視中國文化，尊重孔教而有所選擇，在對幕府問中，〔註18〕他說：

> 今也大明自閭巷，自郡縣至州府，無處不有學校，皆所以教人倫，
> 而以正人心、善風俗為要。

又《詩集》卷五二，〈大成殿前櫻花〉云：

> 草木欣榮繞聖宮，白櫻獨秀一春中。
> 中華禮樂花開遍，元氣吹噓日本櫻。〔註19〕

都明顯的表現尊崇中國文化，他甚至承認東山僧圓月以日本為吳國泰伯後裔之說為似有其理。他在《神武天皇論》說：

> 夫泰伯逃荊蠻，斷髮文身，與交龍共居，其子孫來于筑紫，想必時
> 人以為神，是天孫降于日向高千穗峰之謂乎。當時國人疑而拒之者，
> 或有之歟。是大己貴神不順服之謂乎？……以其三以天下讓，故遂
> 以三讓兩字，揭於伊勢皇太神宮乎？其牽合附會雖如此，而似有其
> 理。〔註20〕

此說出，不免獲罪於時，因此其子林鵝峰曾著《泰伯祖論》，辨泰伯來日本非必無之事，但日本上古靈神，實自有在焉，不必非取泰伯為祖也。然而從此也可見羅山對中國的仰慕。

〔註16〕同書卷，頁 564。
〔註17〕同書卷，頁 555。
〔註18〕同書卷，頁 552。
〔註19〕中山久四郎，〈林家與文教〉，《近世日本之儒學》頁 83。
〔註20〕同註 18 書，同卷，頁 548。

羅山尊重孔子，他以孔子爲聖賢典型，《詩集》卷六七，〈聖像贊〉云：

> 天不生仲尼，萬古如長夜。日月代明然，古言今不訝。

又：

> 道兼天地通，大聖德無窮。祖述憲章際，存神過化中。一言成世教，
> 六藝起皇風。時有逝川感，余流漸海東。

但他對中國文化的接受是有選擇的，如他的忠孝節義觀即置孝於忠之後。他認爲爲臣死忠，爲子死孝，若二者不可得兼，則捨孝而取忠。他說戰陣無勇，雖苟免而偷生，實爲心之義已亡，與行尸走肉無異。從這裡，可見他發揮了日本儒者忠君愛國的精神。與中國「百行孝爲先」的傳統有所歧異。

（三）他倡導朱子的名分論，奠立了德川幕府的封建基礎，他說：

> 鳶飛魚躍，道在其中。蓋上下定分，而君有君道，父有父道，爲臣
> 而忠，爲子而孝，其尊卑貴賤之位，古今不可亂，謂之上下察也。
> 舉鳥魚之微小，而天地萬物之理具於此矣。〔註21〕

他以儒家道德作爲當時武家的規範：在《羅山文集》中第三八卷有〈楠正成傳〉，第三九卷有本朝武將五十人小傳，第四七卷有日本武將贊三十人外，更有源義經贊，第五八卷有武家諸法度十九條。又在所著的書目中，刊行的有鎌倉將軍家譜，京都將軍家譜，織田信長譜，豐臣秀吉譜等，這些著作都在樹立忠於主君的觀念，並建立武士的獻身道德，結果相當成功。

（四）羅山倡神儒合一論，羅山尊儒，孔子原重人事，但於天道則有泛神色彩，如「祭神如神在。」而易經所謂「神也者，妙萬物而爲言也」。「神無方而易無體」；周濂溪所謂「物則不通，神妙萬物」；朱子所謂「變化之道莫非神之所爲也，故知變化之道，則知神之所爲」，這些都是羅山神道思想的根源。羅山的神道觀是神儒合一，號稱「理當心地神道」。

他在隨筆中曾說他的主張：〔註22〕

> 或問神道與儒道如何別之？曰：自我觀之，理一而已矣，其爲異耳。
> 夫守屋大連沒而神道不行，空海法師出而神法忽亡，異端之爲害也
> 大矣。……嗚呼！王道一變至神道，神道一變至於道，道吾所謂儒
> 道也，非所謂外道也，外道也者、佛道也，佛者，充塞乎仁義之路，
> 悲哉！天下之久無夫道也！又：

〔註21〕《羅山文集》第六八卷，頁14。
〔註22〕同註15書卷，頁563。

我朝神國也，神道乃王道也。一自佛法興行後，王道神道都擺卻去。
〔註23〕

《文錄附錄》卷三云：「本朝神道是王道，王道是儒道，固無差等。所謂唯一宗源，理當心地，最當盡意。」又《神道傳授》云：「神理即理也」，「理當心地神道，此神道即王道也。心之外，別無神，別無理」。又云：「心者，神明之舍也。」

這些對神道的解釋是用朱子學的主張，朱子學倡主敬以立其本，羅山思想也是特別重視敬字。他著有〈心說〉、〈慎獨說〉、〈敬說〉、〈敬義說〉〔註24〕等篇，都是用程朱的持敬說，來說明他的主張，《文集》卷六六〈隨筆二〉云：

心爲宅，神爲主，敬亦一心之主宰，故有敬則神來格。若無敬則亡本心，故爲空宅。神何爲來止乎？惟敬乎！敬所以合于神明也。〔註25〕

敬是傳統儒學的要訣，敬則心神專一，而萬理具在。這也是羅山神道傳授的秘訣，羅山主張心是神明之舍，人行善，則其心有神，神因祭祀到處出現。神道與儒家道德是幾乎一致的。

羅山崇朱，排陸王，反佛老，斥耶蘇，〔註26〕他說：

陸氏之於朱子，如薰猶冰炭之相反，豈同器乎？同爐乎？……論頓悟，則陸氏卻當得禪錄。古人所謂「人生識字憂患始」。又曰：「禍始羲皇一畫時」者，陸氏有之焉。是則禪家不立文字之意乎？嗚呼！何躐等也，何太早計也！不經階梯而升高，不蹞躓者幾希？不乘舟筏而到岸，不沉溺者幾希？是則理也，陸氏理哉？

他反對老子說：

李耳曰道可道，非常道。其所謂道者，言清靜無爲也，言天地未分也。夫人生乎今之世，不可爲上古之無事，而況何以置此身于天地未判之先乎？若以天地爲譬喻，以混沌未開爲不起一念，則一息未斷之間，何以不起一念乎？人本活物也，爭與枯骸似歟！蒙叟之槁木死灰及柴立之說，亦如是異端之言語也。聖人之道不然，其道不在君臣、父子、男女、兄弟、朋友之外，所以行之者五常也。五常本在一心，此心所具之理，即是性也。人人所共由者道也，得道於

〔註23〕同右註。
〔註24〕同書卷，頁550～551，可資參考。
〔註25〕《朱子學大系》第十三卷，頁563。
〔註26〕以下所引皆出自同註25書卷，頁539至565，不再一一加註。

心謂之德，故道德仁義禮智，其名異實一也，非李耳所云道也。若
棄一倫，別謂有道，則非儒道也，非聖人之道也，非堯舜之道也。

他排斥佛家說：

夫儒也實，佛也虛，定虛實之惑，滔滔者天下皆是。……傳曰：「攻
乎異端，斯害也已」，程朱曰：「佛書如淫聲美色，能易惑人。」朱
子曰：「寂滅之說，高而無實。」……嗚呼！彼所謂道者非道也，吾
所謂道者道也。道也與非道也無他，實與虛也，公與私也。

又：

浮屠氏畢竟以山河大地為假，人倫為幻妄，遂絕滅義理，有罪於我
道。故曰：事君必忠，事親必孝，彼去君臣，棄父子以求道，我未
聞君父之外，別有所謂道也。故曰吾道非彼所謂道也。

羅山反對佛教的反現實，反社會道德，他排耶穌的只信天主說，他堅持理為
最高的正義，是自然的規律，耶穌的天主無始無終，故不可信。

　　就這樣羅山把儒學從明經家手中，從僧侶手中，解放出來。而自己在整
理學術，普及教育，搜集書籍上都有出色的成績。

　　（五）羅山藏書多，他曾說家有藏書一萬卷，或謄寫，或中華、朝鮮本，
或日本開版本，或抄纂、或墨點朱句，六十餘年間蓄收極多，他一生藏書多，
著書也多，有《徒然草註》、《大學解》、《論語解》、《羅山文集》等，達一七〇
種之多，他所訓點的書傳刻很多，世稱「道春點」本。他的學問由三子春齋
承傳，直至明治維新止共十二世，其承傳表如下：

1.羅山（道春）－2.(鵝峰)春齋┬3.鳳岡（信篤）─4.榴岡（信充）┬─梅洞（春信）
　　　　　　　　　　　　　　　　　　　　　　　　　　　　　└（人見懋齋、黑澤維岡、松消交翠、菊池鵬溟、
　　　　　　　　　　　　　　　　　　　　　　　　　　　　　　中村顧言，亦為弟子中翹楚者）

┌5.鳳谷（信言）－6.鳳潭（信徵）─7.錦峰（信敬）─8.述齋（衡）──────┐
└ 澀井大室、後藤芝山

┌ 9.樫宇（煌）－10.壯軒（健）
└11.復齋（輝）－12.學齋（昇）

　　其中較重要的有以下諸人：

　　△林鵝峯（西元 1618～1680 年）名春勝，一名恕，字子和，號春齋、向

陽子，爲羅山第三子，先入那波活所之門學儒，後就松永貞德學書道，十七歲至江戶，承父業，嗣父職，官至治部卿法印，弘文院學士，精通日本歷史，著有《國史實錄》、《本朝通鑑》、《鵝峯文集》等。

△林鳳岡（西元 1644～1732 年）名戇、一名信篤，字直民，號鳳岡，又號整宇，通稱春常，鵝峯次子，初學於兄梅洞（二四歲死，著有《史館茗話》、《興來一儀》等），通經書、嗜詩律，多學多能，爲一代碩儒，仕四代將軍德川家綱至八代將軍吉宗共五代，特受綱吉、吉宗所信任，綱吉將忍岡的孔廟（林氏家塾）遷至湯島，稱「湯島聖堂」，並親臨講述儒學，任鳳岡爲大學頭，吉宗也曾對武士和庶民公開講學，於是民知敬學。

鳳岡死年八九，著有《聖堂再造記》、《武德大成記》、《鳳岡全集》等書。其門人很多，如關松窻、篠崎東海、井上蘭台、上田貞休、德力有彝、秋山玉山、岡島冠山、莊恬逸、岡林竹、林榴岡、小倉尙齋、多湖栢山、名越南溪、桂山彩嚴、高瀨學山等都有名，而以井上蘭台與林榴岡成就最大。井上蘭台門下有井上金峨開創折衷學，三傳弟子松崎慊堂〔註27〕轉入漢唐考證學。林榴岡二傳弟子有寬政三學士〔註28〕之一的柴野栗山，對日本儒學影響很大。

△林述齋（西元 1768～1841 年）名衡，字叔沈、公鑑、德銓，別號蕉軒，天瀑，幼字熊藏，美濃（今歧阜）岩村藩松平乘薀之次子，學於井上蘭台的學生澀井太室（也是林榴岡的學生）門下，西元 1792 年（寬政四），林家第七代林信敬死，無嗣，述齋就過繼爲林氏養子，翌年繼承林家之業，建議創建國學，培育士人，西元 1799 年改革學制，以湯堂聖堂學舍改爲昌平黌，爲幕府學問所，在職達四九年，幕府極爲器重，是中興林家的功臣，弟子有千人以上，有名的有佐藤一齋（其門下有爲朱子學者，有爲陽明學者）、松崎慊堂，西島蘭溪等人，編有寬政重修諸家譜、武家名目抄，德川實紀，另著有《蕉軒雜談》、《咏物》等書。而其貢獻最大的是佚存叢書的彙刻印行，保存了許多典籍。

〔註27〕松崎慊堂號退藏，與其師林述齋（熊藏）友人佐藤一齋（捨齋），平井澹所（直藏），葛西因是（健藏）等四人被稱爲「文化五藏」。
〔註28〕寬政三學士爲柴野栗山、山賀精里、尾藤二洲。

三、松永尺五（西元 1592～1657 年）

名遐年、字昌三，號尺五。京都人。為俳諧（日本和歌之一）名人松永貞德之子，與林羅山、那波活所、堀杏庵為惺窩門下四大天王。學問淵博，諸受禮遇，西元 1648 年天皇詔於禁闕南，賜數十弓地，建講習堂，堂成，石川丈有燕賀詩，其小序云：「幸得此地，去天尺五，可謂榮路之階，吉祥之宅」，這就是尺五號的由來，當時板倉候代司京師，對尺五特為崇敬，數延請講說，在講習堂受學的人多至五千人，造就人才很多，而以木下順庵，宇都宮遯庵為著，宇都宮遯庵有詩紀其三十三年忌辰云：〔註29〕

　　　先生學術建元勳，往昔門人聚如雲。

　　　三十年來追遠日，獨披荒草問孤墳。

他著有《五經集注首書》、《四書事文實錄》、《春秋胡傳集解》、《小學集說抄》、《本朝文粹》等書。

四、那波活所（西元 1595～1648 年）

名觚，字道圓，初名方，小字平八，號活所，晚號祐氏，播磨（今兵庫）人，家本豪農，至其祖父方從商，而成巨富，然活所淡泊於名利，喜讀書習字，父從之，年十七，入京，拜在惺窩門下，學程朱學，於詩很有心得，官為和歌山藩儒，受紀伊藩德川賴宣知遇，於藩內政教獻力甚多。曾撰人君明暗圖呈獻賴宣。

著有《活所遺稿》、《備忘錄》、《通俗四書註者考》、《帝王曆數圖》等書。門下著名者有那波草庵、木庵、魯堂及伊藤坦庵諸人。

五、堀杏庵（西元 1585～1642 年）

名正意，字敬夫，號杏庵，又杏隱。近江人，原事安藝侯，後德川義直重禮聘之，轉任尾張藩。他嚮慕陶淵明，懸像於壁，說：「對此人則塵慮頓消。」他博學多聞，凡禮樂刑政、典章文物，無不究明，所作文辭簡易平實，又精醫術方技。著有《眼目明鑒》、《歸尾紀行》、《炙炳要覽》、《杏隱雜錄》、《杏庵文集》等書。門下有堀立庵、堀景山、寺田臨川等人。

〔註29〕竹林貫一著，《漢學者傳記集成》，頁 30。

六、木下順庵（西元 1622～1698 年）

名貞幹，字直夫，號順庵，又號錦里、敏愼齋，薔薇洞，通稱平之允。諡恭靖先生，京都人。

順庵幼聰穎，時稱神童，後師事松永尺五，他對其師極爲尊崇，曾作詩頌禱，詩云：

先生何爲者？諄諄說典常。董帷春畫靜，韓檠秋夜長。白鹿近仙洞，三鱣落講堂。游戲或詩賦，餘波溢文章。豈只諸生福，眞是大明祥，大哉賢哲志，百世可流芳。

順庵景仰尺五，他自己本身也獻身教育，桃李滿門，爲世所敬仰。其學問以經學道德爲本，而以詩文爲末。《先哲叢談》曰：

物徂徠曰：「錦里先生者出，而搏桑之詩皆唐矣」。服南郭曰：「錦里先生實爲文運之嚆矢，雖其詩不甚工，首唱唐。」又聞先生恒言，非熟讀十三經注疏，則不可謂經矣。由此觀之，所謂古學亦先生爲之開祖。〔註30〕

由《先哲叢談》所說，可知順庵有功於日本文運的開闢，但稱他是古學之祖，卻與荻生徂徠，太宰春台的古文辭學派不同，他較重於義理，因此井上哲次郎在《日本朱子學派的哲學》第一篇第三章，澤田總清在《近世日本之儒學》382頁上說順庵是折衷派的開祖。事實上順庵篤守朱子學的範圍，他兼重古訓，並不與孔孟程朱之說牴觸。他的弟子室鳩巢在〈祭恭靖先生〉文中說：〔註31〕

至其晚節……益講道學之旨。

《祇園南海詩》曰：

程朱欲入請垂橐、鄭馬如逢愧容舠。〔註32〕

順庵有〈述懷〉詩：

滔滔儒流天地始，發源太極少人窺。羲黃堯舜百王祖，孔孟程朱萬世師。敬直義方宜守靜，博文約禮豈求奇。東夷小子空勤苦，佛法千年涵四維。〔註33〕

又題〈朱子詩〉云：

〔註30〕《先哲叢談》第三卷，頁 15。
〔註31〕見《朱子學大系》第十三卷，頁 570。
〔註32〕見註 31 同書卷，頁 242～243。
〔註33〕同上書，頁 215，又見於井上哲次郎《日本朱子學派的哲學》，頁 104～105。

遺經千載決群疑，義理精微抽繭絲。抑止鵝湖論舊學，確乎鹿洞定
新規。百王著鑑編綱目，四子階梯錄近思；頓悟金谿何足貴，泗源
嫡派舍君誰。〔註34〕

由此可見順庵應屬朱子學派無疑。

順庵原仕於加賀藩，後應五代將軍綱吉之聘，任侍講之職，才移居江戶。他原先在京都講學二十年，門人英才備出，有所謂木門十哲之稱。柴野栗山作《錦里先生文集·序》云：「盛矣哉錦里先生門之得人也！參謀大政則源君美在中（新井白石）、室直清師禮（鳩巢），應對外國則雨森東伯陽（芳洲）、松浦儀禎卿（霞沼），文章則祇園瑜伯玉（南海）、西山順泰健甫，南部景衡（南山），思聰博該則榊原玄輔希翊（篁洲）皆瑰奇絕倫之材矣。其岡島達（石梁）之至性，岡田文（竹圃）之謹厚，堀山甫（順之）之志操，向井三省之氣節，石原學魯（鼎庵）之靜退，亦不易得者。而師禮（鳩巢）之經術，在中（白石）之典型，實曠古之偉器，一代之通儒也。夫以若數子之資，而終身奉遵服膺先生之訓，不敢一辭有異同焉，則先生之德與學可想矣。」〔註35〕

其中新井白石、室鳩巢、雨森芳洲、祇園南海、榊原篁洲、南部南山、白井滄洲、三宅觀瀾、服部寬齋、松浦霞沼等十人即所謂的木門十哲。

順庵的主張都不出朱子學的範圍，其所著的《錦里文集》及《班荊集》中、說理、談敬，言及格物致知、窮理盡性、主一無二之說出自朱子所言，引用推稱的人也大抵不出朱子學的先驅與後繼者，如楊時，羅從彥、李侗、呂祖謙、薛瑄等人，他與歸化日本的朱子學者朱舜水過從甚密，在其往來的信函中，推崇朱舜水為「傳中華之道脈」、「極考亭之淵源」。又其詩文觀也是道德的、政教的，他以「感發善心，懲創逸志」來解《詩經》，這種說法與朱子學派亦大略相同。

七、宇都宮遜庵（西元 1633～1709 年）

名宮三近，字由的，號頑拙、遜庵。通稱三近，周防人，仕巖國吉川氏。幼游學京都，入松永尺五之門，與木下順庵同為尺五門下高弟。官至周防岩國藩儒，致仕後，開塾江戶，弟子甚多。曾著《日本古今人物志》，傳至中州清秀，觸當事者忌諱，而受禁錮於巖國。數年後遇赦，不久入京，仍以教授

〔註34〕同上書，頁 222～223。
〔註35〕《栗山文集》第二卷下，頁 5。

為務，歷久而名聲益遠益重。

邃庵博學，著書很多，他把四書及許多經書，詳加標註，極便初學，由於他的標註都是蠅頭細字，如蝨穿衣，因此被稱為「標註由的」或「蝨先生」。荻生徂徠於上總時，獲邃庵的標註，讀之，受惠很大，他稱讚這些標註，惠及海內。

邃庵卒年七十七，所著有《鼇頭四書集註》、《近思錄首書》、《杜律詳解》、《邃庵詩集》、《蒙求詳說》等書，其《鼇頭四書集註》在日本很受重視。

八、榊原篁洲（西元 1659～1706 年）

名玄輔，字希翊，和泉（大阪）人，幼入木下順庵門，後由順庵之荐，任紀伊藩儒官，他精研日本歷代制度沿革及明律，通天文及測量之學，他學問固出於朱子學派，但為學並用漢魏傳注與宋明疏釋，訓詁大抵據漢儒舊說，義理則採宋儒的新解，因此有人以為近世折衷學派脫胎於此。

篁洲以技藝勝，精天官家之言，推測日月盈蝕、星辰躔度，極為準確。著有《易學啓蒙諺解》、《老子經諺解》、《古文真寶諺解》、《談苑》、《談藝》等書。

九、新井白石（西元 1657～1725 年）

名君美，字在中，通稱勘解由，初名璵，號白石，錦屏山人，為江戶人，他是一位才學兼優，有魄力、有膽識的政治家，父正濟為上總久留置城主土屋侯的目付（官名，如調查局之調查員，或刑事警察），母坂井氏，他生而聰慧，三歲能書「天下一」等字，四歲聽講「太平記」，能質問疑義，六歲能誦漢詩，九歲始習字，日中行書三千字，夜一千字，此後，常代父寫書簡。十七歲借閱「翁問答」，始知聖人之道，並作詩文，曾自誦曰：「大丈夫不得封侯，死則何面目見閻羅」，可見其自負之大。後仕土屋伊豫守主稅，又仕古河侯堀田正俊，皆不甚得意。三十歲，入木下順庵門，得木下賞識，當德川家宣（綱豐）在甲府邸讀書，請順庵推薦侍讀的學者，順庵即推薦新井白石，時白石三七歲，從此備受寵遇，家宣繼任為六代將軍後，白石輔佐他，開所謂「正德之治」，竭力於政教的合一。他長於文史，以朱子學的全理主義，確立實證的學風，也應用在實際政治上，如他對朝鮮使節的外交折衝，整備儀式典禮，施行海舶互市新令，對幣制改革，改訂武家諸法度，都是重要的政績。他對語言學的卓識，對

西歐各國事務的了解，都是超人一等的，尤其歷史學的成就及詩的造詣，更受矚目，他在六十歲時，八代將軍吉宗即位後退休，於六九歲時卒，著作很多，據明治四十年（西元 1907 年）圖書刊行會編的新井白石全集統計：共著書七九種，一九三卷。可分七類：其重要者，列記於左：

1、歷史學——有《藩翰譜及續編》、《折焚柴之記》、《新井家系》、《岩松家系》、《古史通及或問》、《讀史餘論》、《經邦典例》等。

2、地理學——《畿內治河記》、《島羽海運記》、《五十四郡考》、《蝦島志》、《南島志》等。

3、語言學——《東雅》、《東音譜》、《同文通考》等。

4、外交學——《朝鮮聘禮事》、《朝鮮信使進見儀注》、《朝鮮信使議》、《西洋紀異》、《采覽異言》、《江關筆談》等。

5、軍事學——《孫子兵法釋》、《孫武兵法釋例言》、《本朝軍器考》、《本朝軍器考集古圖說》等。

6、文學——《白石先生異文》、《白石詩草》、《白石先生餘稿》、《白石先生手簡》等。

7、哲學——《鬼神論》。

白石的歷史觀是本於儒家的名教論，他擁護幕府政治，但對於江戶時代以前的武家政治則加以批評，期以過去的失敗為誡，希望能行儒家的仁政。他《論源義朝》云：

　　父不父、子不子、兄不兄、弟不弟、夫不夫、婦不婦、君不君、臣

　　不臣，一言以蔽之，將北畠准后之所謂名教喪亡盡了。〔註36〕

又論義滿之世，引證孔子語：「名不正則言不順，言不順則事不成」，又「名之必可言也，言之必可行也，君子於其言無所苟而已矣。」〔註37〕

　　《讀史餘論》外，他另有以武家時代為對象的《藩翰譜》，研究上代史的《古史通及或問》，和取材於當代的《折焚柴之記》，這些書都能以合理的態度、客觀敘述，他批判歷來神道所根據的神話傳說，因此與闇齋的垂加神道對立，他對水戶派無疑的採用日本紀，續日本紀的記事，也有不滿，總而言之，他的史學應是他那個時代中，最合乎科學標準的，他的《西洋紀聞》與《采覽異言》能成為當時蘭學的開祖並不突然。

――――――――――――――

〔註36〕《讀史餘論》，頁 51，岩波文庫本。

〔註37〕同上書，頁 224。

白石的詩很有名，室鳩巢作〈新井源公碑銘〉稱其：「最善唐詩，其詩豐腴馴雅，直與開元諸名家相頡頏，由是四方爭傳，以逮海外之國，而公之詩名擅天下。」江村北海《日本詩史》第四卷稱之曰：

> 余按白石天受敏妙，獨步藝苑，所謂錦心繡腸，咳唾成珠，囈語諧韵者，索諸異邦古詩人之中，未可多得者也。……雨森芳洲著《橘窗茶話》曰：「韓人索白石詩草者，陸續不已，可見異邦人猶且重之。」

其詩確亦清新可喜，如〈咏白牡丹〉云：

> 奇葩出洛陽，素色皎如霜。羅幬春光淡，珠帘午影長，梨花留月色，桂子借天香。十五盧家婦，憑欄愧靚妝。

又題〈肖像詩〉：

> 蒼顏如鐵鬢如銀，紫石稜稜電射人。
> 五尺小身渾是膽，明時何須重麒麟。〔註38〕

由此可見其平生本色。他的《鬼神論》大抵承繼儒家合理主義之說，但卻足以代表日本儒者關於神、靈魂、宗教的最開明見解。他與室鳩巢的《鬼神論》一致，首先指鬼神難以適當說明，他引用孔子的話，如「未知生，焉知死？」「敬鬼神而遠之」等語作證。接著他說：「神、祇、鬼其名雖異，但同為陰陽二氣的巧妙作用。」「天之氣常伸，氣之清明為神，如日月星辰之類，變化不測，故在天為神。地山崎川流，草木成長，陰陽的作用明顯，故在地為祇，「祇」為古「示」字，有顯現之義（朱子說如此），在人為鬼，人死，其魂歸天、魄歸地，魂魄歸於天地，故有鬼之名，」又說：「人貴則其勢大，其魂強，十分富裕則其養厚，其魄強。……而其鬼神甚明，」又說：「妖由人興」。總之白石在《鬼神論》中，引用朱子之說，也引用程子、張載，邵雍、謝良佐、陳北溪的話。他的鬼神說不出於朱子學的範圍。他否定怪力亂神之說，也站在儒教立場排斥佛教，這些都是出自朱子學，因此新井白石可說是一個出色的朱子學者。

白石在經濟方面有改貨議，被室鳩巢譽為「唐陸宣公奏議以外未見的」封事，內陳五點：

1、金銀恢復慶長之法。

2、不惜費用，改劣幣為良幣。

3、不可與奪下之利。

〔註38〕見《白石遺文拾遺》卷下，頁25，甘雨亭叢書本。

4、預選改鑄新幣的良吏。

5、誠信不可失。

　　這些建議主張治國應以義爲利，政治家應該就是道德家。他的見解，尤其付諸實施的勇氣與毅力，都是值得讚賞的。

　　他行政講仁義，事功隨之，但弟子不如鳩巢之盛，其傳承爲：

新井白石 ┬ 土井霞舟
　　　　 └ 益田鶴樓

十、室鳩巢（西元 1658～1735 年）

　　名直清，字師禮，一字汝玉，通稱新助，號鳩巢、滄浪、駿台，父玄樸爲備中人，後遷江戶，業醫。鳩巢幼穎悟，年十五，仕加賀侯，後西游於京都，入木下順庵之門，群推爲木門高弟，又師事山崎闇齋門之羽黑養潛，西元 1711 年，白石薦爲幕府儒官，受業者漸多，爲八代將軍吉宗的侍講，遵命作《六諭衍義大意》，《五倫五常名義》等書，並由官刻印行全國。影響深遠。

　　室鳩巢篤信朱子學，《駿台雜話》卷首〈老學自序〉，〔註39〕說明他爲學的三個歷程：即記誦詞章的俗儒期、懷疑朱子學期、及篤信朱子學期，其言曰：

> 天地之道即堯舜之道，堯舜之道即孔孟之道，孔孟之道即程朱之道。
>
> 捨程朱之道，即不能至於孔孟之道，捨孔孟之道，即不能至於堯舜之道，舍堯舜之道，即不能至於天地之道。

當時古學派盛行，群相排擊朱子學，而林家並無對抗的實力，唯有鳩巢高舉擁護朱子學的大纛，振其筆力，反擊排朱勢力，他在贊朱子〈太極圖說解〉云：

> 自古聖賢語天道，未有如上一節之簡易明白者，而朱子又解之，命辭屬意，大出人意之表，亦非宋元以來諸儒可得窺其閫域焉。〔註40〕

同書中，他駁羅整庵之倡氣的哲學，謂其泥於言，無望乎得朱子之意。又斥平言葉氏著《近思錄集解》取張南軒「性說」代朱子「有物必有性」之說爲非。〔註41〕

〔註39〕同註31書，頁306～308。
〔註40〕見《太極圖述》卷下，〈續日本儒學叢書解說部第一〉，頁61。
〔註41〕同上書，頁79～80及77。

在〈答游佐次郎左衛門書〉第三書中他極推朱子，在第二書中他指責山崎闇齋說：〔註42〕

> 若山崎逃禪歸儒，尊朱氏而黜百家，嚴師道而誘後生，其有禪于斯道，有不可誣者，亦近世豪傑之士也。……然聞山崎氏自處太高，待人太嚴，少含弘之度，不容人過失，其授受之間，無能平心虛懷，以容委曲，以盡彼我之情，此其所短也。

又〈答鈴木貞齋書〉，他批評闇齋專於理一而略於分殊說：

> 僕向者以爲山崎氏之學，專於理一而略於分殊者，知有君臣之大義，不知湯武放伐與君臣之義並行而不相悖；知敬義有內外之分，而不知不可以修身以上爲敬以直內，以齊家以下爲義以方外，此其大者也。其他所見多執定一理，而不察分殊，所以流於神道也。然今而思之，其理一者，守義理之一隅也。於本源一理處，所見未徹，故往往有所窒碍，而欲以其所見一之，是其略於分殊者，暗於理一故也。賢明之論當矣，然山崎氏之徒，固守師說，不可與語。〔註43〕

他排擊古學派所主張的：「大學非孔氏之遺書」、「我能塞伊洛之淵源」、「道不出於天」、「道非事務當然之理」。他說：「若有王者起，必聚海內之籍，悉取其叢雜無用之書而火之，然後詔天下之學者，專務體察躬行，不事空言，抑虛文，剝浮華，正人心，距邪說，如是數年，則天下靡然復歸於正矣。」〔註44〕

在《大學新疏》卷上〈序〉，他批評陽明學不本於修身，他說：

> 自象山、陽明、白沙之後，世之儒者，率皆於修身之事，忽焉不加注意。好爲明心頓悟之說，以遂高簡疏略之志。凡如此者……徒見涵養之素，著於言論氣象，而不見道德事業，有以成己成務。

鳩巢也反神道思想，《日本道學淵源錄》第四卷〈附錄〉曾指出他雖曾師事闇齋門人羽黑氏，取其理的哲學以成其學，然甚疾神學，遂至於不甚信闇齋，又與友人游佐木齋論神道而不合，往復辨難，遂絕交，文云：〔註45〕

> 直清……素性愚陋，不知神道之可喜耳。……嘗謂足下儒者也……

〔註42〕同註39書，頁603～604，又第二書見前篇《鳩巢文集》第八卷。
〔註43〕後篇《鳩巢文集》第八卷。
〔註44〕同註42後半。
〔註45〕日本道學淵源第四卷附錄，頁52～58。

今觀來書一曰：「我神洲之道」，一曰：「我國之神道」，其尊奉之意殆出於吾儒之上矣，直清竊惑焉。……嘗聞爲神道者言曰：「道一而已，我國有神人者，猶不由中國之傳而先得之，故謂之神道，不得使中國專道之統。」今觀高明之意，得無亦出於此乎……直清於神道未之學焉，不知其所謂傳授者，亦有開物成務如上古聖人否，亦有禮樂刑政、典章文物如唐虞三代否？亦有立言垂訓，明白深切如四書五經否？今皆不聞此……雖使其所謂傳授者有契於道焉，亦不過至要之義，至約之言而已，有體而無用者也，自成而不成物者也，安得與聖人之道相爲統哉？……今足下……又推尊神道，加之於聖人之道之上，以爲我國之至貴……左袒如此，直清能無失望乎？神道者……其書多幽隱之言，而少明白之訓，進神氣之說，而退理義之言，則直清未信其同於儒而異於老耳。

鳩巢也指斥楊墨佛老爲異端，他提倡革命，主張維持名教，他的政治思想表現在《不亡鈔》第三卷，把主權與人民的關係，歸於契約，極與近代「民約論」相似，他說：

主君本不貴，因民之信而貴。民與我皆獨夫，民來求我勞，以勞事約我，是以民拜我爲君，我爲民勞，行約也。又說：人本無貴賤，貴惟因人望而生。

因此他斷定君主的責任，在「只爲民謀利」。強調儒家天下爲公與禪讓說。他尊崇幕府，而貶黜朝廷，因盡忠於德川氏，就不惜貶豐臣秀吉、楠正成等尊王派人物。在《駿台雜話》中，他對日本所稱的賢相武臣的批評，都根據儒家的觀點，他提倡忠義，講名教，但其效忠的是幕府政府。他以爲吾儒之道平居應不忘父之恩，君之恩與聖人之恩。因此他提倡忠義之風。他本著朱子學所說的：「仁者愛之理也，心之德也」，主張仁爲心之全德，而義爲心之制限，浩然正氣從義而生，既生之後，又可助義。據此觀念，他禮贊赤穗四十七人爲義人義士。提倡「食君祿，死君事」的觀念，四十七士在他潤色下，成爲日本忠臣的典型，至今仍爲一賣座的舞台劇「忠臣藏」的故事來源，爲日人津津樂道。

鳩巢著有《献可錄》、《國喪正義》、《駿台雜話》、《太極圖述》、《鳩巢先生文集》等書。

其門人很多，著名者如下表：

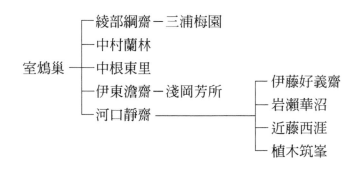

十一、雨森芳洲（西元 1668～1755 年）

名東五郎，一名誠清，字伯陽，號芳洲，尙絅堂，京都人，一說爲伊勢人。

年十七、八到江戶，入木下順庵之門，爲後進領袖，因順庵的推薦，仕對馬侯，掌文書，外交通譯書，他精通華語、韓語，有語言天才，自號「東方朔」，他的語言及外交天才，名馳海內外，甚爲外人所重，朝鮮趙壽億有〈贈別詩〉云：

> 絕海誰奇士？芳洲獨妙譽。能通諸國語，且誦百家言。落拓寧非數，
> 才華盡有餘，明朝萬里別，回首意何如？

他性溫厚，不與人爭，在七十六歲時，作書示說：

> 錢帛不欲，官職不願，不附勢，不養高。所嗜者豆腐，所安者綿褥，
> 所好者棋，所待者死。靈台內，只有此幾件事而已。

可見他的淡泊。年近八十，仍好學不倦，他認爲生死有命，如晝夜變化，出自天然，因此生的時候，要活得有意義，要活得有意義，就需求學，學只在學做人，要學做人，就得窮理，窮理最重視倫理教育，而進行倫理教育，言教、書教不如身教，身教要樹立一個聖人的理想。這些說法都本於朱子學。他教學生的方法可見其所著教法一節，〔註46〕也與朱子相同，重視循序而進，講求趣味化，要應用熟練原則，同時學習原則，因材施教等。

他的根本立場是以孔孟爲標，以程朱爲準，對於三教則主張：「天惟一道，理無二致；立教有異，自修不一。」〔註47〕就形而上言三教都同一理，但就形而下言入門修持的方法卻各異。因爲老莊以虛無、無爲，爲入道之要，佛

〔註46〕同註34書卷，頁 580～581。
〔註47〕見《橘窗茶話》卷下，頁 13。

教則棄人倫以求道，這些都是講人倫大道的儒家所反對的，而明儒往往雜用申韓老莊之說，流於詭譎，因此也受到芳洲的排斥。

芳洲最重視名教大義，因堅持正名，他曾大事評擊同門好友新井白石的作法，當時朝鮮使者出使日本，在國書上改變以往稱「日本國源某」的稱呼，而逕稱幕府將軍爲「日本國王」，新井白石竟夷然接受，因此芳洲即寫了一篇論國王事書〔註 48〕給白石，強烈譴責白石失恭順之義，悖祖上之法，他自跋書尾云：

> 東作此書，實切憂慮，一言既言，駟馬難追，倘加以謗訕時政之罪，則家門之禍可勝言哉？第一片慷慨忠義之心，勃勃不能自制，且任紀綱，正名分，唯爲君子之學者能之。若自畏威偷安，箝口於履霜堅冰之際，則平日所讀者果何書耶？縱蹈不測，實所甘心云云。

以一個安於淡泊的人，當大義名分所在，不惜直言諫諍，凜然如秋霜烈日，令人敬佩。

他的思想，有濃厚的愛國主義，他甚至認爲日本勝於中國，他爲了闡明中日國體的優劣，探討幕府與天皇間的關係，寫了一系列的文章，如〈大寶說〉、〈文質論〉、〈論武〉、〈武國論〉等〔註 49〕都是。

徂徠曾以之與伊藤仁齋、室鳩巢並稱，推崇甚高。

芳洲著有《橘窗文集》二卷、《橘窗茶話》三卷、《芳洲口授》一卷。

十二、西山拙齋（西元 1735～1798 年）

名正，字士雅、子雅，號拙齋、至樂居、山陽逸民等，備中（岡山）人，幼隨其父讀經書，十六歲至大阪，學醫術於古林見宜堂，學儒術於母系親戚岡孚齋，實際上由那波魯堂執教，魯堂之學自那波活所傳來，精於朱子學，後拙齋從之至京都，更信朱子學，三四歲返鄉設家學「欽塾」，以講明朱子學，作育英才爲終身職志，雖諸藩屢次招聘，均辭之，在出處辨上他說：

> 余以老嬾，辭聘處隱，高臥丘園，與樵歌漁唱，同浴泰平之化，生無素餐之責，死全首邱之志，亦自量我不能而然。〔註 50〕

他雖屢以「老衰多病」辭聘，實則他自知天性不羈，喜愛閒適，眞率樸直，

〔註 48〕原文見註 36 同書卷，頁 577～578。
〔註 49〕同上書，頁 572～576。
〔註 50〕見《朱子學大系》第十三卷，頁 504 或 624。

不適於官場逢迎，因此效陶淵明長爲處士以終，卒年六四。著有《詩文集》、《和歌集》等多種，其世系如下：

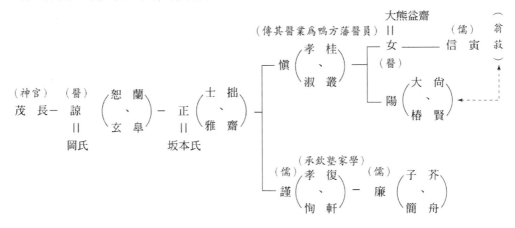

門人有百三十名，有名者如小野達、塚村崇、構溝恆等。

拙齋之學篤守朱子學，於朱子之居敬、道統、名分及理氣論都衷心服膺，他教學生先讀經傳，次及子史，要求他們愛親敬長，隆師親友，懲忿窒慾，改過遷善，要立志堅確，肄業專一，舉止端肅、語言恂謹，執事勤慎，這些教條幾乎全抄自朱子，有「關西孔子」之稱。他憤於當時異學囂張，在〈與赤松國鸞論學書〉中，他說：

> 伊藤、荻生二氏或擯學庸繫辭。爲非孔氏之舊，或毀思孟程朱，謂悖聖人之道。外心性而說仁義，混王霸而譚禮樂，詭辯飾辭，簧惑後進，藉口古學，售己邪說，仇視先賢、罵詈溢巷。何物小人，無忌憚之甚。……從此已降，俗儒效尤。驕傲自大，各執意見。謬解經傳，詈洛閩，呵鄒魯，競立門户者數十家……學術之弊至此……任道君子。固當辭而闢之，禁而絕之。〔註51〕

他寄給柴野栗山一封信，勸禁異學，此即「答客問」。文曰：

> 方今海内之學，四分五裂，各自建門户，胥失統歸久矣。有黜六經，廢學庸，歧堯舜孔子爲二致者，有外性理，混王霸，蔑視思孟程朱者，有陽儒陰佛。妄唱心學者，有稱神道而薄湯武者。或枯單說道，或雜博論學，或抵掌談經濟，或抗顏騁詞壇，唯新奇是競，異言百出，迭相驅扇，動輒著書炫世，以此自欺欺人，釣名罔利，遺毒後

〔註51〕同上書頁621。

昆，實繁有徒……噫學之失統，未有甚於此時也！……今欲修學政，整學統，宜先申論理，刮剔節行，以抑奔競，警浮華，……又宜建白於朝，嚴禁異學，峻絕邪說，著之令，行之郡國，則海內從學者，必將幡然改圖，翕然向方矣。而後建學立師，作新斯民，博約培達，以成其材，庶乎聖學可復興也。眞儒可繼出也，舉以從政，亦可贊善治之化，可以鳴泰運之盛矣。〔註52〕

他的主張被栗山所用，於是在寬政二年五月，由執政松平定信頒「異學禁制令」。使江戶中期儒學的自由風氣由此凍結，拙齋雖無官位，然建言之力，影響甚大。書生建言報國，豈可妄自菲薄。

十三、柴野栗山（西元 1734～1807 年）

名邦彥，字彥輔，號栗山，古愚軒，讚歧高松人，幼赴江戶，入林家之門，爲榴岡高足後藤芝山的弟子，仕阿波的蜂須賀侯，任儒官，與京都之西依成齋、赤松滄洲、皆川淇園等友善。宗朱子學，通經史詩文和日本典故。五三歲，奉幕命，爲昌平黌教官，與古賀精里、尾藤二洲，共稱寬政三博士，他受松平定信信任，推行異學禁制令，凡是攻讀異學者，一律禁出任幕府官員，其風潮波及全國，程朱學雖伸張了相當勢力，但也使朱子學的研究受到窒錮，除《四書》、《小學》、《近思錄》外，別無他書可讀。

柴野栗山雖斥異學，但本人卻是尊王主義者，他自稱日本的蘇東坡，他在〈神武陵〉一詩中，自稱陪臣柴邦彥，可見他還是尊皇統的，其詩曰：

遺陵繞問路人求，半死孤松半畝丘，不有聖神開帝統，誰教品庶脫夷流？廡王像設專金閣，藤相墳塋層玉樓，百代本枝麗不億，誰能此處一回頭。

其《文集》卷二有〈二葉草序〉云：「使人知皇統所肇開，綱常所由立。」

基於此，西村時彥在《日本宋學史》上稱許栗山：有才有識，辨大義而富權略，幕府所以尊崇王室者，亦栗山翼贊之功」，〔註53〕然而統制學術，不許自由研究，一如極權世界，壓榨、迫害自然產生，據《先哲叢談・續編》記載，當時與栗山不合，受其排擠者如下：

若皆川淇園、佐野山陰、村瀨栲亭、龜井南冥、筱郁洲、東藍田、

〔註52〕同上書頁 619～620。
〔註53〕《日本宋學史》頁 341。

市川鶴鳴、豐島豐洲、崎淡園、紀平洲、冢大峯、山本北山等皆名
於時，各以其所見，不欲趨時而改舊習，藝苑之士，相為朋黨，頗
作門戶之見，群議汹汹。〔註54〕

為禁遏異學，栗山頗受當時文士非議，被視如仇敵，在栗山與林述齋的努力
下，日本朱子學似乎復興了，然而在朱子學內部卻萌生尊王倒幕的幼芽，最
後竟滙成洪流，終於冲走擁戴他的德川幕府。

栗山著有《雜字類編》、《聖賢像考》、《栗山文集》。

十四、尾藤二洲（西元 1745～1813 年）

名孝肇，字志尹，號二洲，別號約山，伊豫川上人，父溫洲，幼家貧，
食乏魚肉，惟以豆腐佐餐，五歲時，誤落船塢，跌傷了脚，而成跛者，其祖
父觀翁好稗史小說，故二洲也得知許多軼聞史事。十四歲，受儒醫宇田川楊
軒之教，楊軒曾師事伊藤仁齋門人香川修庵，但崇信當時盛行的徂徠學。二
洲亦從之學，後博讀陸王及仁齋之書。二四歲到大阪，入片山北海之門，北
海受學於徂徠學者宇野明霞（土新），明霞亦師向井三省，三省為木下順庵之
徒，北海擅詩為混沌詩社的盟主。其學風自由，二洲與混沌社友賴春水、古
賀精里切磋講學，開「作文會」，共同講習朱子學，二六歲，開塾授徒。其後
與中井竹山、西山拙齋、菅茶山等過從甚密。

四五歲，受幕府命，為昌平校教官，因足疾，賜邸於校內，任教官職計
二一年，其間與其他同事共為中興正學，屢至各藩學，各私塾視導，期望矯
正天下風俗，使朱子學大揚於世，於朱子學的普及貢獻不小。

著有《素餐錄》（有續集擇言）、《靜寄餘筆》（有續集冬讀書餘）、《正學
指掌》、《稱謂私言》等書傳世。

在《素餐錄・自序》他自述成為朱子學的經過說：

余少惑於伊物，又溺於陸王，出彼入此，不知所止。歲之及壯也，
而始與聞洛閩之說，乃顧其初，悚然自悔，是以當時與人談，輒多
斥邪明正之意，掌手記其言，為小冊子，名素餐錄，以其隱居無事，
乃得成斯書也。今茲辛亥，命入國學。教督諸生，因出諸篋中，以
示有志者，亦欲知正邪之分，而無若吾之貽悔也。〔註55〕

〔註54〕《先哲叢談續編》第十一卷，頁 25。
〔註55〕《素餐錄》，頁 344，見日本倫理彙編第八冊。

他後來作正學說，以朱子學爲論學標準，他極推崇朱子，在《素餐錄》中他寫著：「自有儒者以來，未有朱子」，「學至於朱子極其大，而德行言辭，皆師表百世。」〔註56〕

維護正學，就得攻擊異學，他猛烈的攻擊伊物陸王。斥陽明爲文士。〔註57〕說陸王爲告子之流，伊物爲荀子之流，〔註58〕他認爲徂徠溺於功利之說，畏言義字，〔註59〕又以爲仁齋徂徠自稱古學，實皆新奇無謂，不求義理，務巧文辭而已。〔註60〕他承朱子理氣二元說，於古學派之以理氣一元之說殊爲反對，認爲他們都是禪老之道。〔註61〕

二洲又教人持「敬」，敬爲戒愼恐懼，時時持敬，則當有所得，無有禍患。

二洲之詩，其甥賴山陽評曰：「皆高朗簡遠」，文則可「直逼漢人」，「雅潔簡遠」。

其門人，除長子積高承家學，著有《水竹文集》外，另有門下三傑：即近藤篤山（篤行）、越智高洲（經學）、長野豐山（文章）皆有名。

十五、賴春水（西元 1746～1816 年）

名惟寬，字伯栗、千秋，號春水，通稱彌太郎，爲安藝（廣島）人，父爲豪商賴又十郎，幼學於大坂片山北海之門。他爲學專崇朱子，因此對當時異學紛紜的現象至爲不滿，他有〈學統辨〉一篇，斥異學說：

> 學不可無統也，各學其學，而張皇之，非古也。……至於學統，獨取程朱，斷然退其他，何歟？本天道，主人倫，本末兼備，傳之無弊，唯程朱爲然。是非程朱之學，謂爲古聖賢之學，其或陷於卑近，或鶩高遠，皆害其政者，是之謂異學，不可不斥。

因此他在天明四年（西元 1784 年）送奉白河城主源君敘中，贊賞松平正信能「辨析異學之源委」，松平正信受此激勵，對禁異學的決心更加堅固。

春水與其弟杏坪都當過安藝藩的儒官，因此朱子學當然成爲安藝藩的正學。他重踐履，著書不多，僅有《日記》三五卷、《霞關掌故》等傳世。

〔註56〕同上書，頁 388。
〔註57〕見《靜寄餘筆》卷下，頁 45，日本儒林叢書隨筆部第二冊。
〔註58〕《素餐錄》頁 353。
〔註59〕同上書，頁 362，369。
〔註60〕同上書，頁 378。
〔註61〕同上書，頁 355。

　　△附：賴杏坪（西元 1756～1834 年）名惟柔，字千祺，杏坪其號，與其兄相師友，著有《原古編》，鼓吹程朱之學，收入日本倫理彙編第八冊中。又著有《春草堂詩鈔》。

　　他斥古學，以太極爲理，人物貴賤，皆爲命也，命爲天定，不可轉移，凡此承朱子之說。以下錄其壬午元旦恭謁文廟詩，由此可覘知他辟異的言論。

> 恭謁先師禮至聖，復崇傳道拜醇儒。漢唐魯淺非其撰，老佛浮虛豈我徒？學舍繁規揭鹿洞，道排異教斥鵝湖，人心若亂公私緒，國政亦迷王霸塗。已是淵源謬思孟，奚唯傳教達程朱。〔註62〕

十六、安積艮齋（西元 1785～1860 年）

　　名信，字思順，通名祐助，號艮齋、見山樓。奧州人。勤於爲學，不修邊幅，又因家貧，爲妻所厭，發憤奔江戶，得法華僧日月之助，介紹於佐藤一齋爲學僕，一齋治學兼採朱王，艮齋受一齋程朱之學，刻苦自勵，汲水採柴，暇便讀書，如此經二、三年，學漸進，廿一歲游林述齋之門，業益進，二四歲設帷講學。四一歲文名遍江戶，至六十歲，召爲昌平校教官。與其師一齋齊名。

　　艮齋來自民間，很能同情民間疾苦，在文章中，也曾抨擊富有奢侈，同情貧苦的人。他的學術主張是崇奉程朱，以爲程朱醇正可據，〔註63〕朱子能發揮格物致知之義，〔註64〕有獨得之見。〔註65〕然而他以爲對於朱子之說應信其所信，疑其所疑。他說：

> 朱晦庵氣魄極大，天才極高，承濂洛諸賢之統，而更昭廓之，以明斯道於天下，實孔孟以來一人而已。學者由其說而遡聖人之道，如沿河而至海，浸浸乎孰御焉。……但六經四子非一人之作，其言或因時而發，或隨事而出，紫陽雖賢，安得以一人之見，斷群聖賢之言，故其詩傳早晚不同，集註、或問、語類頗多牴悟，倘使晦庵其齡更加十數年，其說與今所傳不同也昭昭乎！後儒宜當信其所信，疑其所疑，……宋元之儒……迄於明初……諸儒亦皆尊奉朱子之學，而未必墨守其說也。……夫道者，天下之公道也，學者天下之

〔註62〕《春草堂詩鈔》卷三，頁 1，天保癸巳刊本。
〔註63〕《艮齋文錄》卷上，頁 10～11，〈明善堂記〉，嘉永六年刊本。
〔註64〕同上書續卷一，頁 5～6，〈大學札記序〉。
〔註65〕同上書，頁 36～37，〈續焦氏孟子正義〉。

公學也，非朱子所得而私也，後儒苟有可疑，輒折中乎古人之說，

以補其或有所遺，無乃朱子所望於後學固如是耶？〔註66〕

他在《南柯餘編》中，竟指出：「世所傳孔子家禮，是後人所僞託。」可見他見解之新。他以爲聖賢因時立教，時異故教異，因此儒者之道，不但是孔孟程朱之道，佛、老、管、商、申、韓之道亦可謂之儒道，只是其道不全而已，我們應取其善而用之，〔註67〕他引朱舜水的話說：

學問如治裘，遴其粹然者用之，若曰：吾某氏學，吾某氏學，則非

所謂博學審問之道也。

而讚此爲會通之論，他說：

朱子者嚴毅方正之人，雖與陸象山太極之辨、鵝湖之論不合，而在

白鹿洞招象山，集門人聽講，又請象山撰講義，此取人之善，公平

之道也。象山當其門人議朱子時，大辨責之，見文集，然則學問之

道，博取諸人以爲善。〔註68〕

他雖對異學採兼容並包的態度，但對佛教撻伐極力，〔註69〕而主張結合儒道與神道。至於洋學，艮齋所知不多，認爲只是小技末藝，支離煩碎，而拒絕接受，對與外國交通，他期期以爲不可，他以傳統的知識與道德爲根據，排斥西學及耶教，倡鎖國閉關說，於今觀之，固屬可笑，但處於當時日本，不能不說艮齋是一位有愛國熱誠的學者。

　　艮齋著書有《詩略》、《文錄》、《間話》、《南柯餘篇》、《史論》、《洋外紀略》等書。其弟子岡本寧浦、松岡毅軒、間崎滄浪、山岡鐵舟、岩崎秋溟、能勢成章、近藤昶等人都承其愛國之教，或教導學生勤王攘夷，或親自參予勤王同盟，奔走國事，不怕生死，於促成明治維新大業，有直接的貢獻。

十七、賴山陽（西元 1780～1832 年）

　　名襄，字子成，通稱久太郎，號山陽、三十六峰外史。父爲春水，爲朱子學者，極受安藝藩主淺野重晟推重，山陽幼受家學，誦讀《小學》、《近思錄》，一日曝書，得《東坡史論》讀之，大喜，遂以文章名世。十三歲曾由安

〔註66〕《艮齋文錄略》卷三，頁8～9。
〔註67〕同上書頁1。
〔註68〕《艮齋間話》卷上，頁20～21，
〔註69〕《史論上》，頁4～6，續日本儒林叢書雜部。

藝寄信給在江戶的父親，內附詩一首云：

> 十有三春秋，逝者已如水。天地無始終，人生有生死。安得類古人，
> 千載列青史。

名儒柴野栗山看到了大為讚賞，於是指示他讀朱子《資治通鑑綱目》，以明治亂大勢，十八歲從叔父杏坪東游，學經學與國學於姨父尾藤二洲之塾，二十一歲，以提倡天皇親政，思想與藩國及家庭均不合，恐釀成大事，就出奔京都，旋被叔父追回，以狂疾之名監禁在家，半年後移於「仁室」（慈悲之牢獄），許用筆墨，山陽即在仁室中，從事日本外史的編纂，屏居數年，外史寫成，三十歲，其父執菅茶山迎為備後國廉塾的都講。二年，未得藩廳許可往京師，因被認為第二次脫藩，數年間，禁止歸省廣島，他就在京都下帷講學，不仕他藩諸侯，享年五三。臨死前，門人為畫像，他自題云：

> 身偃仰一室，而心關百代之得失。弗恤己鹽虀，而憂人家國。文章
> 滿腹，不濟乎饑，曲尺直尋，則所不為。噫！是何物迂拙男兒乎！
> 雖然，烏知無念此迂拙者之時哉！

又有一自贊曰：

> 此膝下屈於諸侯，聊答故君之德，此眼竭之群籍，不虛先人之囑。
> 此腳侍母輿，二躋芳山，五踔大湖，十上下溥灣，而未曾踵朱頓之
> 門，此口不能銛殘杯冷炙，而此手欲援黔黎之寒餓也。

他著有《日本外史》、《日本政記》，鼓吹勤王精神，到幕府末年，發揮了作用，竟使幕末志士受其感化，而促成了明治維新大業，有志者，事竟成，誠如他自贊，誰能不想念他的功勳，誰又敢說他迂拙呢？

他著《外史》的成功，在於取材於《平家物語》與數世紀來，民間最愛慕的人物如重盛、義經、正成等英雄故事，用生動有力的漢文體寫出，尤其強調建武中興，當寫楠木正成的盡忠至誠處，筆端奔流，有激巖之慨，尤其楠氏後贊神采奕奕，使讀者如見其人，尊王賤霸的觀念不知不覺已深烙讀者心中。

山陽的歷史哲學承繼儒家的看法，他的歷史觀受孔子春秋的影響，又受朱子《綱目》的影響：

> 他說：春秋之書，無意褒貶，直書其事，褒貶自明。又說：春秋之
> 書有文例，有特筆，有隱諱，是三者而已，有文例以明彼此之可推，
> 有特筆以知大義之所繫，有隱諱以知其不忍言國惡。

對《通鑑綱目》他說讀《綱目》可以晰其條理，不必拘於義例，他在所作的

史論中，隱約的學《春秋》與《綱目》的筆法，在體裁方面，他仿《史記》世家之體以敘武家歷史，而在敘述中，提明王道之所以興廢，王室之所以衰微，如此一來勤王思想自然被讀者所接受。

在山陽的歷史敘述中，他表揚尊王人物如楠正成、織田信長，對德川家康，表面上恭維備至，說源氏、足利氏以來，在軍職兼太政官署者，獨家康而已，爲武門之極盛。而盛極必衰卻是隱筆，這段記載，暗中鼓舞了勤王志士〔註70〕可見其史筆是基於勤王論的。

山陽之學出自朱子學，他的門人江木鍔水所作的賴山陽行狀說他：「經說歸本洛閩，而不甚墨守，要以通古聖賢立言大義爲務。」他在君子儒論中主張：君子儒應談性命，辨天下而不遺日用之務，研訓詁，究章句而須知其神聖，述五帝三王之道須通今日政事，經綸天下國家之事，須正身以正人，〔註71〕他認爲：「儒學敘人倫，平易無可喜，其文雖外來，而其實固我。」〔註72〕在其全集第三冊有許多讀儒書後寫的「書後」，從這些文章可知他的學術宗旨在於實，亦即要適用，要通大義，凡不悖於此者都可取，和他論及陽明之學，提到大塩中齋學陽明，取其適用，不藉口良知以爲恣睢，而讚其善學，他推崇陽明學者熊澤蕃山的事功，也對朱子學者新井白石的勇於任事深致敬意。對宋儒的不切世用處，則痛加鍼貶，如朱子注太極圖、參同契，他就不以爲然，他說：「朱注病在極精處。」他〈題朱考亭先生像〉詩，很能道出朱子學的流弊，詩曰：

　　韓岳驅馳虎嘯風，四書獨費畢生功。

　　一張萬古科場穀，無數英雄墜此中。〔註73〕

當然他仍相信宋儒，他說惟甚信洛閩，故有所不甚信，又說伊洛淵源錄，敘傳授系統，直接於孟子，其意可參考。他對孟子極爲贊嘆，他對孟子的湯武放伐論也表贊同，可見他思想的開明，他尊孔孟，故對於非人倫的神道、佛道都加以反對，他認爲敬神無如務於民也。又佛以寂滅爲尚；滅絕人倫，亦智者所不取。他以爲日本王統出於天命，是不變的，但歷史的治亂興廢卻因時而變，而變的關鍵在於統治者對人民的態度與作法，若統治者不得民心，自會被放伐，這個被放伐的對象，山陽解釋爲幕藩，而與天皇無關，因此山

〔註70〕　參照塩谷溫、〈賴山陽之史筆〉，頁16，見近世日本之儒學。
〔註71〕　《賴山陽全集》第三冊，《山陽文集》卷二，頁58。
〔註72〕　《日本政記》卷二，頁44。
〔註73〕　《山陽詩鈔》卷二，頁14。

陽主張勤王，也主張湯武放伐，實因兩不衝突的緣故。

賴山陽的史學、經學有所成就，然而他在文學上的成就也是不容忽視的，他的詩、文、書，號為三絕，為日本文學的泰斗。在史論之外，他有一些詠史詩，很能發揮日本的民族特色，如：蒙古來一詩嘗膾炙人口，詩曰：

> 筑海颶風連天黑，蔽海而來者何賊？蒙古來，來自北。東西次第期吞食。嚇得趙家老寡婦，特此來擬男兒國。相模太郎膽如甕，防海將士人各力。蒙古來，吾不懼。吾懼關東令如山，直前斫賊不許顧。倒吾檣，登虜艦，擒虜將，吾軍喊。可恨東風一驅附大濤，不使膻血盡膏日本刀。

其史詩，筆力雄渾，沈鬱頓挫，論者以為有昌黎眉山之風，他有唐絕詩選，論唐絕壓卷之作，語極中肯綮。造詣甚深，故自作詩也絕佳。

十八、大橋訥庵（西元 1816～1862 年）

名正順，字周道，通稱順藏，號訥庵、曲洲、承天，為倡尊王攘夷的砲術兵學家清水赤城（遯庵）的三男，二十歲遊學江戶，入佐藤一齋之塾，後被一齋親友大橋淡雅認作養子，他初治陽明學，與安藝的陽明學者吉村秋陽，同為一齋門下高足，為中外儒者所景仰。訥庵後來專攻朱子學，開思誠塾於江戶，教授子弟。他志切尊王攘夷，美海軍提督培禮至日本強迫開國通商，他上書幕府，痛論固國防，攘夷狄之策，但未被用。安政二年（西元 1855 年），關東大地震後，他移居郊外的小梅村，策謀討幕運動，在安政年間，他成為討幕勤王的領袖，安政大獄〔註74〕時雖免於難，萬延元年（西元 1860 年）三月三日水戶藩士發動櫻田門事變〔註75〕成功的刺殺幕府大老井伊直弼，接著又策劃刺殺繼任的老中安藤信正，訥庵參與其謀，為添削斬妖狀〔註76〕後事洩，於文久二年（西元 1862 年）正月被捕，在獄中染上時疫，出獄不久，於七月病死，享年四七。

〔註74〕安政大獄，為江戶時代末期，幕府大老井伊直弼彈壓尊王攘夷派的整肅措施，牽連達百人以上，結果引起櫻田門事變，井伊被刺死，從此下級武士走入政界，促使倒幕運動急遽進行。

〔註75〕櫻田門事變，在 1860 年，尊王攘夷派志士不滿佐幕開國派幕府大老井伊直弼彈壓政策，於 3 月 3 日上巳節，乘井伊進江戶晉謁將軍的機會，在大雪紛飛中，埋伏於途中櫻田門附近，成功的刺殺井伊，這些人的行動成為日後暗殺者的典型。

〔註76〕斬奸狀，文內指陳被殺者的罪狀之文告。

　　訥庵與吉田松蔭、橋本景岳、眞木和泉守合稱勤王四傑，爲江戶勤王的
領導者，其門下多出討幕志士，但其講友也有爲明哲保身，與之絕交的。

　　訥庵初曾折衷朱陸、朱王，但晚年則專奉朱子學，並採反陸王的立場。
著有《元寇紀略》、《隣疝臆議》、《闢邪小言》等書。

　　養子大橋陶庵（西元 1836～1881 年），資性篤實，富義氣，承訥庵朱子
學，善於詩書。維新時，曾任大學教授，後辭去。於家塾教其子弟而已。其
弟子竝木栗水承其朱子學，至死不移，卒於大正三年，享年八十六歲，與楠
木碩水之篤守朱子學相輝映。

十九、楠木端山（西元 1828～1883 年）

　　名後覺，字伯曉，號巴山、端山，爲肥前針尾島（佐世保市）楠木祇伴
（養齋）的長子，十五歲到平戶學儒學，後遊於佐藤一齋之門，初持朱王折
衷學風，後純守朱子學，於闇齋的崎門學也很欣賞，很受大橋訥庵重視，端
山學成後、回藩仕藩主，爲侍講，很受信任，幕末維新時，輔佐藩主勤於王
事，於革新藩政，安定人心，貢獻很大。他與其三弟碩水，被稱爲「西海二
程」，因端山學風似程明道，碩水學風似程伊川，二人都任教於平戶的櫻谿
書院，晚年回鄉，建鳳鳴書院，專心講學。明治政府行新政，端山嘗數度建
言。他對朱子學體認甚深，在當時的朱子學者中，允推第一。端山五六歲逝
世，弟碩水於大正五年才去世，享年八五，爲明治維新後少數篤守朱子學的
大儒之一。其二弟山田梅窗，四弟楠木松陽也是學者。一門俊傑，殊爲難得。

二十、元田東野（西元 1818～1891 年）

　　名永孚，字中孚，號東野、茶陽、東皐、猿岳、樵翁等，幼名大吉，通
稱傳之丞，熊本人，幼受庭訓，後於藩學時習堂，受橫井小楠長岡監物指導，
並受其前輩荻麗門、下津休也等誘掖，讀《資治通鑑綱目》、《近思錄》等書，
得朱子學眞髓，始形成實學的主張，他一生爲學的規模也大體定型，有人視
爲熊本實學派。學成後，扈從藩公至江戶，後回藩司藩學，明治四年（西元
1871 年）受命到東京任藩公侍讀，後以安場保和之薦，出仕宮內省，爲天
皇侍讀，同年六月四日初次進講論語公冶長首篇，時東野五四歲，明治天皇
二十歲，從此二十年間，東野竭智盡忠，實踐致君於堯舜境界的臣道，而明
治也英明好學，君臣師生頗爲相得。六一歲時，天皇巡幸東北地方，痛心於

臣民群騖西學，不務道義之學，於是命東野草教學大旨，以訂定適合日本國情的國民道德規範，經二年多才完成，而在明治二三年，由天皇以「教育勅語」公布實施，又編有《幼學綱要》，當時教育部的編輯局長西村茂樹撰小學修身訓也曾採用東野意見，日本維新後教育仍以孔孟儒家思想為骨幹，日人的道德觀念基本上仍為儒家，東野之功不可抹滅。後東野也曾參與日本帝國憲法與皇室典範的制定。七四歲時因病而死，副島種臣，〔註77〕曾稱許東野為維新功臣的第一人，就影響的廣大、深遠而論，可謂非溢美之辭。

東野的一生可分為二個時期，一為五四歲以前，是蘊蓄道德學問，涵養志氣節操的時期，一為五四歲以後至死亡為止，是得時輔君，遂行大志的時期。由於他，使得日本在歐風美雨的侵襲下，仍不失東方的本源！重視人倫，講求忠孝節義，日本國民道德大抵以朱子學為根基，東野力挽狂瀾之功，當為大家所共認，朱子學不單只是理氣心性之論，它藉經史的教導，使學者把修己安人的理想，付之實現，就這一點來看，東野實在是一個真正的朱子學者。

著有《經筵講錄》、《東野雜錄》、《幼學綱要》等書。

第二節　海西朱子學派

前面已述過京學派，京學派在江戶，發展成林氏家學，在京都發展為木門學，有木門十哲，其弟子傳播很廣，他們除專心講學外，有許多高居要位，發政施令，成為思想界的主流，除藤原惺窩所傳的京學二派，在九州即所謂海西地方，也有獨立提倡朱子學，如筑後人安東省庵，早年雖以松永尺五為師，但他受明儒朱舜水的影響更大。又筑後人藤井懶齋、筑前人貝原益軒，其學都不由師授，或轉學多師，都是海西地方人。如益軒弟子中村惕軒，雖是京都人，但受海西學派之學。他們都是宗朱子學，特別重視實學，重孝道，都屬於海西學派，以下敘其生平與學術：

一、安東省庵（西元 1622～1701 年）

名守約、守正，字魯默、子牧。通稱市之進。號省庵、恥齋。青年時出

〔註77〕副島種臣（西元 1828～1905 年）為明治時代的政治家、書法家、伯爵，曾任侍講及外務卿，與中國交涉台灣生番殺琉球人案，倡國權外交，主征韓論，官至內務大臣。

江戶，學於松永尺五，因此有視爲京學派，後仕柳川侯，尺五歿後五年，明
儒朱舜水來長崎，困窮不能支，安東省庵師事之，贈祿一半，而自奉甚薄，
親友譏笑他，勸他不要做傻事，省庵恬然不顧，惟日夜讀書樂道而已，這種
薔己刻苦，尊師重道的行爲，眞是令人感動，在當時也傳爲美談。伊藤仁齋
〈答安東省庵書〉云：

> 承聞明國大儒越中朱先生，躬懷不帝秦之義，來止於長崎，台下急
> 執弟子禮，師事之。且不蓄妻子，不恤衣食，奉廩祿之半，以爲留
> 師之計，其志道之高，其行義之潔，非不待文王而興者，豈能然乎！
> 儻先生之道，得大行於茲土，則雖後來之化，萬萬於今，實台下之
> 力也。豈不偉哉！〔註78〕

朱舜水對安東省庵的盛情，也十分感動，他寄給他的孫子毓仁的書中，讚許
省庵說：「此等人中原亦自少有。」而要求毓仁銘心刻骨，世世不忘。《朱舜
水全集文集》第六、七、十二、十五各卷有與安東守約書五十三封，附錄安
東守約上朱先生書二十四封及祭朱先生文四篇，都可看出省庵高誼絕世。也
因此有人視之爲水戶學派。

　　省庵一生以文事知名，然佐柳川藩主，運籌帷幄，亦有事功。他謙卑敦
篤，不騖虛名，與男元簡遺訓道：

> 我無才無德，汝與諸生勿爲我撰年譜、行狀、行實、碑銘、墓銘及
> 文集序等。〔註79〕

可見他的謙虛，又曾作〈遣興詩〉二首，其一云：

> 我生愚魯不如人，自許居常慕隱淪。爲善近名本非善，志仁役物亦
> 何仁！種花靜觀有開謝，酌月朗吟作主賓。至樂知從自然得，隨時
> 舒卷任天眞。〔註80〕

由此詩可見其平生懷抱，以下再舉省庵所作，以見其爲人。在〈上朱先生書〉
說：

> 竊聞萬物之生，莫貴乎人，人之爲業，莫貴乎儒，儒者之道乃修身
> 齊家治國平天下，以配神明，而可以參天地之化者也。苟不志於此，

〔註78〕《古學先生文集》卷一，頁28～29。享保丁酉刊本。
〔註79〕竹林貫一著〈漢學者傳記集成〉，關書院，頁65。
〔註80〕詳見邱師伯安譯山室三良著之〈安東省庵其人，其事及其詩〉，載《華學月刊》
　　　　第47期，後引三文亦同。

其生徒爲天地之疣贅耳。

又

> 屢辱賜書，心不能安，何惠愛之至於是也？取與之道，君子所重，
> 況先生聖賢之徒，守約雖愚，何幸忝列門下，若非其義，非其道，
> 則奉者受者猶之匪人。先生之意，雖窮而弗受不義之祿，豈以守約
> 區區微忱所奉爲不義之祿乎？

又有〈夢朱先生並序〉云：

> 舜水先生歿於茲五載，時時夢見之，每於睡覺，未嘗不涕淚溢枕，
> 謹想莫非先生之靈充滿於天地之間，感而遇之使然歟？此蓋吾不能
> 忘之所致歟？昔先生賜書云：「萬里音容夢寐通」，今乃「泉下音容
> 夢寐通」，追慕曷勝，聊賦小詩云：「泉下思吾否，靈魂入夢頻，堅
> 持魯連操，實得伯夷仁。沒受廟堂祭，生爲席上珍，精誠充宇宙，
> 道德合天人。」

省庵學問屬朱子學系統，但因受朱舜水兼取陸王好處，重視實學的影響，所
以他的學風顯然較爲自由。有時且超脫朱子學範圍，因他是筑後人，又無常
師，故本文歸之爲海西學派。他主張理氣合一論，以爲理隨氣而有，這種見
解有羅整庵的影響在，他說：

> 天地之間，唯理與氣，以爲二不是，以爲一也不是，先儒之論，未
> 能歸一，豈管窺之所及哉？羅整庵〔註81〕曰：「理須就氣上認取，然
> 認氣爲理便不是，……要之，人善觀而默識之，只就氣認理，與認
> 氣爲理，兩言明白分別。」又曰：「理只是氣之理，當於氣轉折之處
> 觀之。往而來，來而往，不知其所以然而然，若有一物主宰其間而
> 使之然，此即所以有理之名。易有太極，即謂此。若於轉折之處，
> 看得分明，自然頭頭皆合。」此說極明，要須省悟。

此即與朱子理氣二元論略有不同。他曾論朱陸異同，以爲其所入不同，而其
所至皆一，兩者並非完全相反：

> 蓋朱子以博文而漸次歸約爲教，陸子以頓悟而一躍至道爲教，夫以
> 博文爲支離，則經禮三百，曲禮三千，何者非煩碎？以頓悟爲禪寂，
> 則一貫忠恕，何者非簡易？其博文所謂溯末，其頓悟所謂探本，其

〔註81〕羅整庵，名欽順，是明代的唯物論者，反對王陽明，而擁護程朱學說，著有
　　　　困學記。

歸約至道，未始非從本來。然則本末之非有二，況其師堯舜，尚仁
義，去人欲，存天理，其心同，其道同，是其支離禪寂，特其末流
之弊而已。

其論甚切。他一生孜孜不倦，精進不已，崇實務本，雖老彌篤，無愧乎伊藤
東涯之讚爲關西巨儒。西元 1701 年歿，年八十。著有《求是錄》、《愚得集》、
《困知記》、《初學問答》、《恥齋漫錄》、《省庵文集》、《理學要抄》等書。

二、藤井懶齋（西元 1628～？）

名藏，字季廉，號懶齋、伊蒿子，筑後（今福岡縣南）人。《先哲叢談》
第四卷述其事蹟曰：

> 以醫術宦久留米侯，嘗療一病者，而不起，自以爲誤治所致，於是
> 慨然投匕辭事，乃入京拜山崎闇齋爲師，專修儒業。晚以近其先塋
> 所在，退居於京西鳴瀧村，超然絕世累，其學宗紫陽，高談性理，
> 一時襃然有隱君子聲。〔註82〕

當時名儒室鳩巢，聞其名，他曾敘及懶齋說：

> ……懶齋……有言有德，隱君子也。孟子以王說齊梁之君，而懶齋
> 心莫之。……常居家慨然曰：江都若有命召隱士，雖老死於行必往，
> 至江都一以此義陳亦足矣。一言之後，使在京縉紳聞之，雖爲斷舌
> 亦無悔焉。〔註83〕

又三宅觀瀾在《觀瀾文集》卷六下也提到懶齋說：

> 有藤井懶齋者，……素以質行稱，嘗聞其爲人，亦個好人。其人恆
> 言，名不正則言不順，孔子之言昭昭。今土地政令則悉歸關東，而
> 正朔冠服僅在京師，不名不正之甚哉！……若一日被關東徵，則首
> 發此議，直移虛位天子，准爲三格耳。

由此可見懶齋思想的前進。他性格豪放慷慨，室鳩巢很推崇他，曾作詩詠他
曰：

> 鳳凰翔溟溟，時鳴崑山岑。鳴聲一何悲，生平多苦心。所願簫韶奏，
> 蹁躚托遺音。世路日艱險，下視邈古今。唐虞忽已逝，岐山不可尋，
> 文彩須日愛，羽儀世所欽。誰復爲稻梁，低首從群禽？飢餐綠竹實，

〔註82〕《先哲叢談》第四卷，頁 12。
〔註83〕見《日本道學淵源錄》卷四，〈附錄〉，頁 52～58。

寒棲倚桐陰，自甘隱淪久，寧辭霜露深。清高有如此，虞羅安可侵。
懶齋胸懷坦蕩，不信鬼，不信佛，有人告訴懶齋勿居宦舍，謂該屋多崇，居
之會有災厄，懶齋夷然居之二十年，終無恙。平日深疾浮屠，閒作筆記，往
往罵詈緇僧。攻擊佛教徒忘恩不孝。

海西朱子學派特重「孝」字，懶齋著有《本朝孝子傳》、《國朝諫諍錄》等
書，都有功名教，尤其《孝子傳》共三卷，內收孝子七一人，各紀其事，繫之
以贊與論，名畫家狩野永敬為每傳作圖，流行極廣，影響日本人道德觀甚大。

由於他把孝視為人所以為人的必備條件，認為孝出自天性，不拘貴賤。這
種看法與林羅山偏重忠的看法不同。一代表民間儒學，一代表官學，民間道德
確以孝為先，與中土「百善孝為先」的說法相通，他的朋友如米川一貞（操軒）、
中村惕齋都以性行篤學名世，不干祿仕，這當是民間儒學的學風特色吧！

三、貝原益軒（西元 1630～1714 年）

名篤信，字子誠，通稱久兵衛，號益軒、損軒，筑前福岡侯侍醫寬齋之子。
幼警敏穎異，少習醫書，略通方劑。後就兄存齋讀書，多能暗誦。益軒初崇浮
屠，每當佛日，則素食拜佛堂，誦佛書，存齋告戒以佛宗寂滅之非，從此遠離
浮屠之學。又嘗好陸王，曾讀陽明之書數年，有朱陸兼用之意。後讀陳清瀾的
《學蔀通辨》，遂悟陸氏之非，而以論語、尚書之說與陸王之說有所不合，因知
陸王有所缺憾，由此益信濂洛關閩為正學，欲直溯洙泗之流，於是專心致意，
盡夜力學不懈，學乃大進，後仕黑田侯，主筑前藩學，時年三十六歲。

益軒思想凡三變，上述為第一期。此期中，自力苦讀，而無所主，因此
泛濫多端，而無所歸。其間他到京師，與松永尺五、山崎闇齋、木下順庵諸
大儒交遊，刻苦助學，學業大進，從此步入第二期篤信朱子學期，他認為：
後世學者能知經義，都是朱子開導之功。他在三十九歲時，著《近思錄備考》、
《小學句讀備考》，對朱子之學備極推崇，然而在熟讀深思朱子學之後，他對
宋儒開始致疑思而審擇了。他說：

> 宋儒之說，以無極為太極之本，以無為有之本，以理氣分之為二物，
> 以陰陽為非道。且以陰陽為形而下之器，分別天地之性與氣質之性
> 以為二，以性與理為無死生，是皆佛老之遺意，與吾儒先聖之說異
> 矣……且論守心法，曰主靜，曰靜坐，曰默坐澄心，體貼天理，以
> 靜坐為平生守心之工夫，是皆偏於靜，而不能時動靜，即是禪寂習

> 靜之術，非儒者之所宜言也。且論心體爲虛靈不昧，論天理爲沖漠
> 無朕，此佛老之遺意，與孔孟之所教異矣。〔註84〕

又以爲宋儒雖有繼往開來之功，而不能無偏僻蔽固之病，同異得失之差，學者當知所取捨。

在疑朱批朱中，他捨棄那些可疑的成分，他從周敦頤的太極圖說，下至二程朱子都加以批判，作有《大疑錄》與《愼思錄》。這是他思想的第三期，爲疑朱獨立期。這段期間，他雖疑朱，但於合理的部分，仍重孔孟，尊程朱爲道學正統。他說：

> 孔子之後，傳聖人之教，而學到至處者，特孟子一人而已，蓋由有
> 三幸也。一曰以其命世之才也，二曰其生也近聖人之世也，三曰其
> 所處近聖人之居也。孟子之後，周程張及司馬，並是賢哲，有功乎
> 斯道之人，而程朱之所傳，最得其正。其學術，亦比之諸儒，特廣
> 大精詳，可爲後學之模範。故孟子以後，程朱之功甚高矣，而朱子
> 之功最大矣。然則孔孟之後，唯此二子，誠可以爲知道之人，學之
> 所當爲宗師也。〔註85〕

他認爲二程與朱子固可貴、可信，但其言論有不與孔孟合者，因此於其學說，當信可信，而疑可疑者。且後儒每以朱子之是非爲是非，雷同遷就，而不能發揮朱子學，這不但阻礙了學術的發展，而且也不是學朱子的好方法，學朱子最好是疑朱子，正如朱子所說的「大疑則可大進，小疑則可小進，不疑則不進。」疑朱子是應當的，他說：

> 予是庸拙之材，不能爲程朱之忠臣，亦不阿所好，是卻可不背於程
> 朱之心而已。〔註86〕

他應用朱子的格物方法，採其道問學的精神，並用來批判朱子。他並不株守朱子的思想範圍：如他宇宙觀即受張載西銘的影響，他的思想有得於尊德性學的益處，雖然如此，他仍批判張載《正蒙》中說：知死之不亡者可與言性的說法爲不切事實。

益軒主理氣合一說，此說在日本的傳播，林羅山從王陽明來，伊藤仁齋從吳蘇原來，益軒則讀明代羅整庵（欽順）的《困學記》，而取其理氣合一說。

〔註84〕《大疑錄》卷上，頁211，日本儒學彙編第八冊本。
〔註85〕同上書，頁210～211。
〔註86〕同上書，卷下，頁225。

其世界觀固出於羅整庵，其人性論也接受羅的觀點而有所發揮，他認為：

> 羅整庵以理一分殊說性，而不分天地氣質，雖與先正之說稍異，可
> 謂有所發明也。蓋本然者理一也，天下之人所稟受皆一也。氣質者
> 分殊也，眾人所稟各不同。羅氏此說後出者，可謂巧也。〔註87〕

益軒批評王陽明的學術偏於唯心而不顧事實，他認為陽明文章功業超絕於一世，為天下之英才，然學術出於禪佛，有所蔽惑，導天下蒼生，陷溺異學，陽明為作俑之首。他又反對日本的古學派，指責徂徠黨人「游蕩泛濫，偏僻駁雜」，「讀書學文之事常多，順德力行之功常少」，「欲立己說而責人之小疵，動常傷於刻薄，雖有其說是者也，其心則非也。浮躁淺露，非君子之氣象，其文字雖間有可采者，其人猥陋可賤而已矣」。又指責伊藤仁齋為「近世之俗儒」。〔註88〕

益軒反對學者偏執固滯，主張要信可信，疑可疑，這種為學態度，導致他「博聞洽見，海內無比」。〔註89〕

益軒為日本社會教育家的元祖，他將儒家的倫理道德通俗化，著有許多益世通俗、教化大眾的書，如《益軒十訓》，〔註90〕即很受歡迎，二百年後，不但日人受教，且傳播於西方，西元1913年，星野選其中樂訓、大和俗訓、養生訓等關於娛樂、身心、言行、社交、養生之教訓，譯成英文，名為《自足之道》，西元1941年，葛理神父以德文著《貝原益軒》一書，也特別提及這些大眾化的書。〔註91〕他又有《萬寶鄙事記》（八卷）、《日本歲時記》（七卷）等有關民生實務的書，他希望透過這些書，教導平民將生活與歲時作適宜的配合，使生活合於時宜，在西元1683年，他著有《大和事始》一書，內分十八類門，也包含了各項民眾生活必需的常識，這種關心大眾生活的作法，真是值得大書特書。

他對教育的見解是教導學者確認為學的目的在於學做人，學明辨善惡，而為學之道則以行仁為本，以忠信為主，以孝悌為先，以博文約禮為勤，以為君子之志。〔註92〕其中特別強調孝悌，這是海西學派的特色，無庸多言。

〔註87〕《慎思錄》卷六，頁193。
〔註88〕《先哲叢談》卷四，頁19。
〔註89〕太宰春台，讀損軒先生大擬錄內語。
〔註90〕十訓為五常訓、大和俗訓、和俗童子訓、初學訓、文訓、武訓、武道訓、君子訓、養生訓、樂訓。
〔註91〕詳見陳榮捷教授所著：〈歐美之朱子學〉，載《華學月刊》第31期，頁47。
〔註92〕《慎思錄》卷一，頁8。

益軒一生讀書不倦，自云：

> 篤信（益軒名）之稟性也，信庸劣，是故文學之事，無一所能，百
> 事皆拙陋，不能及於人也遠矣，唯恐有勤苦讀書，恭默思道之二事
> 以及人而已。

又云：

> 唯讀書之功，至老勉勵不休，雖耄耋之年，衰憊之至，亦無敢間斷
> 而已。〔註93〕

他讀書如此勤奮，執筆也勤，著書達九八部，二四七卷。六十歲後，著述仍
不斷，看下列各書的著作年齡，可知他自云：「八十五年為曷事，讀書獨樂是
生涯」，並非虛言：

成書歲數	書　　　名	成書歲數	書　　　名
六十歲	和漢名數增補	七九歲	大和本草
六七歲	大和迴	八一歲	樂訓、徒然草
七四歲	筑前續風土記及點例	八四歲	養生訓
七五歲	諸菜譜	八五歲	慎思錄、大疑錄

益軒從朱子學中，應用其格物窮理的觀點，研究自然，他早歲習醫，得
讀中國的本草綱目，又喜旅行，得以實地觀察採集，又曾在長崎港的一個圖
書館讀到許多有關醫學、儒學的各種圖書，於是成為一個富有經驗的自然研
究家。他所著的大和本草是日本本草學的開祖，筑前土產志從化石論地殼的
變遷等都涉及自然科學方法，朱子的格物學，在他手上獲得最大的發揮。他
認為天下事物眾多，其理無窮，若能逐一通曉其理而無可疑，是人生一大快
事，其樂無窮。〔註94〕因此他研究時人認為小道鄙陋之事，他以為苟有助於
民生，有助於眾庶與童稚者，雖執方技之小道，受世儒之誹議，亦所不辭也。

由於他治學方法卓越，憑著他經驗的科學知識，於是他反對日本古代的
神話傳說，他認為上古民俗質樸而無知，如有一談神怪鬼異者，舉世信尚、
附會，後之記事者，亦懵聖學，而不察其妄誕，承訛踵弊，漫信而筆之於書，
以傳之後人，因循沿襲，逮於後世也無窮。

他的思考方法周密，極有條理，有合於近代邏輯辯證的方法。他從老子

〔註93〕同上書卷六，頁 203。
〔註94〕同上書卷二，頁 63。

所說的「禍兮福之所倚，福兮禍之所伏」，看得天地間消息盈虛之理都是自然而然，所以他提倡尊德樂道，主張以道制慾，減低物質欲望，安份守己，自然無入而不自得。

益軒認為天人是可能互相感應的。因為人對天地應有報恩的思想，把這種崇德報恩的儒教思想引申下去，就成為神儒合一論，而反對神佛合一論。他認為學儒者順其道而不泥其法，擇其禮之宜於本邦者行之，不宜者而置之不行，神儒並行而不悖。他又曾著《本邦七美說》，論證日本有七種長處，歌頌日本重節義廉恥，驍勇善戰，他認為中國是先進之國，可取其長，這些觀念都是相當進步的，伊藤東涯題貝原翁及妻某氏字帖云：「前時海之西，有二巨儒，曰省庵先生，曰損軒先生。」觀其生平成就，真不愧為一代巨儒。

他因不設私塾，不欲為人師，所以直接門人很少。而以香月牛山、貝原恥軒、竹田春庵及中村惕齋為著名。

四、中村惕齋（西元 1629～1702 年）

名之欽，字敬甫，小字仲二郎，號惕齋，家業商，他卻不喜浮靡，厭市中喧囂，遷居於閑靜之處，杜門讀書，論學談文之外，不與人交際，終身隱居。但他一生治程朱學頗有所得，又受其師貝原益軒影響，於《周易》中，悟出相反相成的道理，而於道問學上也卓著成績，因此名聲遠播，室鳩巢曾推崇他說：

> 聞洛下宿儒有中村惕齋先生，隱居講經於家，一皆崇尚朱子，其於
> 五經論孟等書，皆有筆記，篤學之人也。其後惕齋已沒，京師之學
> 大變，今三十年猶使人感慕先輩之風而不能自己。〔註95〕

《先哲叢談》第四卷記惕齋少伊藤仁齋二歲，頡頏齊名，當世稱為難兄難弟，他有自題詩曰：

> 利名雙字胡為者？億萬民生俱策驅。
> 耆耄棄材懺世計，考槃林曲永言娛。

由此可見他的為人。他博學洽聞，精通天文、地理、度量衡、禮典、樂律等，學風與益軒相似。

惕齋的學說可自其講學筆記研究析出，他最著重「仁」德，而以「孝」

〔註95〕見室鳩巢作中村氏五經筆記序。

爲行仁的根本，論死生也以孝爲標準，這點是海西學派的特色。

惕齋作有《律尺考驗》一書，拿和漢古今十種尺來對比考驗，而辨其異同，又在《筆記詩集傳》卷八，就天文學的知識批判朱子曆數不精。從他對自然科學的研究，也可見海西朱子學派學風的獨特風格。

他著有《姬鏡》、《講學筆記》、《五經筆記》、《四書筆記》、《四書鈔說》、《讀易要領》、《三器通考》、《三器考略》、《愼終疏節》、《追遠疏節》、《本朝學制考》等書。

第三節　海南朱子學派

海南學派是室町時代末期，南村梅軒在四國地方的土佐所傳的朱子學派，也稱南學派，初傳於僧侶間，至梅軒門下三叟（忍性、如淵、天質）之一天質的高徒谷時中，方脫離禪學而獨立。在傳授時，爲使聽講的武士能夠接受，所用教材常配合日常生活與土佐當地特色，而形成獨特的學風，此與薩南學派，略爲相似，然薩南學派自桂庵開派以後，傳給文之，而文之以後，一直未自禪僧的研究獨立出來，而海南學派自谷時中以後，就獨立發展了。谷時中的門人很多，著名的有野中兼山、小倉三省與山崎闇齋等人，尤其闇齋剛毅威重，承朱子學嚴肅的一面，他崇朱子學的名分論，富尊王精神，後來他到京都講學，形成崎門學，學風峻烈嚴肅，影響後世甚大，雖其末流，傾向於偏狹固陋，但在日本儒學史上，卻有一席重要的地位，他的弟子谷秦山，後返土佐，使南學復興，下爲其承傳表：

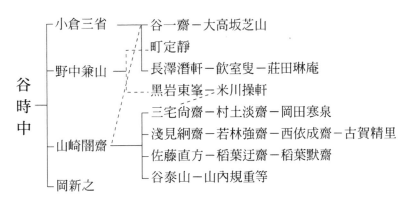

一、谷時中（西元 1598～1649 年）

名素有，字時中，通稱大學，後稱三郎左衛門，號鈍齋。土佐人。其先祖世世爲親鸞派僧侶，父名宗慶。時中幼於眞常寺削髮，師事長濱村雪蹊寺的住持天質，法號慈冲，學四書及詩、易二經，古文、唐詩也涉獵不已，後聞南村梅軒宗朱子學，乃遍讀當時可見的朱子學書籍，如《語孟朱註》,《學庸章句》,《朱子文集》等，深愧浮屠廢棄人倫，遂棄法號還俗，專修經義，重程朱之說，對四書尤用心良多。

他還俗後，固守程朱之說，深慕許魯齋、薛敬軒等，爲存養踐履之實行，篤學縝密，厚重拘束，學風確固不拔，他性嚴峻剛毅，對門徒嚴格，而對鄉里農夫小民則循循善誘，爲親自開闢稼穡之道，以謀民利。於土佐地方普及文教有極大的貢獻。

時中自視甚高，土佐侯聞其名，屢徵之，皆固辭，他厭諂佞，遇顯貴，長揖而不拜，呼人不用敬語。大高坂芝山曰：「苟非烈丈夫，孰能致此。」誠非誣言。

時中方爲僧時，有一武士，痛恨其不遜，以刀擬之，要脅他說：

僧有何德，常在士大夫之上，若無一言以辯之，莫怪刀下不留情。

時中神色自若曰：

我視生死如一，何有所懼，唯任爾所欲耳。

武士異之，不惟未加害，反謝罪而去！

可見其性行之剛烈。

晚年賣其田地於播磨屋宗德，所得款，悉以買書，家多好書，號稱「架插萬軸」。著有《素有文集》六卷、《語錄》四卷。

弟子有野中兼山、小倉三省、山崎闇齋、岡新之等，視同親友。其妻爲須賀氏，嫡子松，即谷一齋，受學於小倉三省與闇齋，能繼父志，揚其家名。

二、小倉三省（西元 1604～1654 年）

名克，字政義，號三省，通稱彌右衛門，土佐人，他仕土佐侯，爲中老，以仁慈守約以當民治，人比之鄭之子產，他廣讀朱子學相關書籍，閒則聚諸士，開講筵以教導之，兼重知行，倡主敬以涵養性情。

三省與野中兼山同出於時中之門，兼山富政治之才，識見超凡，然過於明察。三省每每勸他說：

古之功臣，皆德量寬大，仁惠垂布，故能惠及子孫。若嚴刑重罰，

雖收效於一時，其積怨畜禍，亦未有自全，君子熟慮之。〔註96〕

後兼山未納善言，雖建功立業，以至奢靡，與諸大夫不合，被讒，而自殺身死。《先哲叢談‧後編》記三省曰：

三省官迹功烈若遠不及（兼山），而人物之高，殆出乎其上，平生以

實踐體察，自得性命之源，因不欲誇耀勝人，懃啓後進，實爲南州

理學之巨擘矣。〔註97〕

三省曾於居齋之廳壁大書曰：「一命之士，苟存心於愛物，則於人必有所濟」，這是仿程明道作縣令時，在坐處所寫的「視民如傷」四字而來的。

他教導學生講習經傳有《小學》、《四書》、《近思錄》、《五經》、《通書》、《周易啓蒙》、《春秋三傳》、《通鑑綱目》、《大學衍義》、《十七史》等，而以《四書》、《近思錄》兩書最受重視，著有《周易大傳研幾》八冊等書，其生平言論，可見之於大高坂芝山所撰的《南學傳》與《南學遺訓》，大抵以讀書窮理，知止安份，無欲則剛，淡泊養德爲說。弟子除芝山外，尚有曾我晚亭，尾崎直重等人。

三、野中兼山（西元 1615～1663 年）

名止，字良繼，小字傳右衛門，號兼山，土佐人，世仕國侯，父良明性磊落，不善算計，家計嘗一度甚爲窮乏，賴其母秋田氏苦撐，方克維持，四歲喪父，母苦心籌維，以教養兼山成人爲志。兼山日後能有高尚的人格，有卓越的功業，完全是他母親的庭訓所賜。後由其叔父直繼迎至高知，教其修文講武，後與小倉三省、山崎闇齋同師谷時中，由是傾心於朱子學，或託闇齋在京都爲他買書，或託書店老闆道清到長崎爲他蒐購好書。因他極力搜購珍貴書籍，並極力勸奬學習朱子學，高知地方竟成相當可觀的朱子學研究中心。他在爲政餘暇，常集學生講《小學》、《近思錄》、《四書》。帶讀《五經》、《春秋》與《通鑑綱目》。其頭腦明敏，眼識卓越，能明儒學精微。《南學遺訓》曾記載他的世界觀云：

兼山先生嘗舉體用一源，顯微無間之語嘆曰：自秦以下，學者未有

恁麼之見，所以程子續千載不傳之緒也。先儒謂：自理之微者觀之，

〔註96〕竹林貫一、〈漢學者傳記集成〉，關書院，頁44。
〔註97〕《先哲叢談後編》卷一，頁7。

則沖漠無朕而萬象森然已具也。理爲體，象爲用，而理中有象，是一原也。自象之著者觀之，則事事物物而此理無乎不在也！象爲顯、理爲微，象中有理，是無間也，言理則先體而後用，蓋舉體而用之理已具，言事則先顯而後微，蓋即事而理之體可見，是所以一源無間也。

又舉「由太虛有天之名，由氣化有道之名，合虛與氣有性之名，合性與知覺有心之名」解釋道：

太虛言天之形體，渾渾洞洞也，氣化言晝夜寒暑流行不已也。此二句即天道自然之本體而言之。天化生萬物，氣以成形，而理亦賦焉，是合虛與氣有性之名也。性理虛底者也，知覺靈底者也，虛靈則心也，是合性與知覺，有心之名也。心總性情，此之謂也。〔註98〕

由此可見他的觀點大抵承朱子的觀點，而以事爲主，如言事則先就事象而後尋其理，他說氣以成形，而理亦賦焉，心統性情等，都屬朱子思想合理的部份。

兼山不僅到處蒐購珍籍，講習之，同時還翻刻了許多朱子學書如《小學句讀》、《小學素本》、《小學本注》、《朱子語類》、《朱子學的》、《自省錄》、《玉山講義》、《仁說》、《刑經》、《夙夜箴》、《敬齋箴》等書，這些書，世稱野中本，對朱子學說傳於海南，貢獻很大。

兼山與小倉三省在土佐藩推行文教，門下有長澤潛軒、町定靜、黑岩慈庵等人，在南學史上是不可抹滅的人物。

他雖是學者，但不只是從事教育而已，最可貴的是他能結合理論與實際，成就造福民生的大事業，他開拓荒地，興辦各種水利設施，改修手結港、室戶港、建築柏島港及浦戶港的防波堤，開渠治水、功績斐然，《先哲叢談》卷二載兼山在津呂御崎的治水功勳曰：

其功業最可觀者，有津呂御崎者，海沸如鑊之湯，騰騰滾滾汹汹盤旋，危險不可言，自古往來，舟船覆沒者甚多。昔者僧空海爲鑴佛像於岩竅，以祈其冥助矣。而兼山舉大策，破碎水中巉岩，終令永世無風濤之難，時人有詩云：「波濤曉起翻銀屋，滄海夕晴吐玉盆，洞港擬神神禹績，岩窩徒志釋兒痕」〔註99〕

〔註98〕系賀國次郎著：《海南朱子學發達之研究》（東京成美堂）頁53～54引〈南學遺訓〉。

〔註99〕《先哲叢談》卷二，頁13。

他曾著有《室戶湊記》，〔註100〕文末述及人力戰勝自然之功說：

自今而推諸太古有舟楫之始，而覆溺於此（室戶）者，不知其幾
何人矣，自今而引諸大敞之後，而免覆溺之害者。亦不知其幾何
人矣。甚矣！賢君之所以勞其民，所以逸其民，皆得其道也。昔
人有言，天地之雷電草木，人不能爲之，人之陶冶舟車，天地亦
不能爲之。於此見人事之功用，有可以補助化工之不及者。溱溱
之利，視陶冶舟車，尤爲不動。而及物一成而永賴亘萬世，而上
有助於聖人起舟楫之利也。若夫疏國內處處新大澮。灌山原郊野。
而開墾田疇三十邑，以興廢民間之士，繼古家之絕矣。如鑑野、
山田之大澮，其中之大者也。又鑿高岡、弘岡、中村之大澮，而
爲眾民之助，決中野、日出野之二川，而爲運漕之便，其間散財
物，勞人工，或劈山嶽，摧岩石，其施爲豈細故哉。抑興廢繼絕，
與盡力乎溝洫者，近世之所未聞焉，因並書其事，而明賢君之政
事不局於此也。〔註101〕

兼山又用心於殖產興業，常謀產業之發達與物產之增加，保護森林，嚴禁濫
伐。又規定糧價，力求穩定經濟，他又倡導善良風俗，依朱文公家禮，立祠
堂，祭其祖先，逢朔望及忌日必親自禮拜，又獎勵勤儉敦厚之風，禁止角力
與舞蹈，因其助長嬉玩閒蕩之心，又酗酒泥醉，晚起遲到都得受罰，禁止火
葬，直至現在，日本四國地方人民仍以土葬爲主，即肇因於此。

兼山崇敬朱學，力行居敬窮理之道，律己謹嚴，早上四時起床，八時上
班辦公，晚上六時至十時，處理私人事務，十二時就寢，生活極爲規律。他
事母極孝，而平居餘暇，每召集後進講學論道而不懈怠，其性雖嚴竣，但造
就學生也很多。

可惜兼山後因參與國政，自持功績彌著，流於奢靡，高其邸宅，宏其庭
園，耽於歌舞。又因資質剛介，不能容人，終於怨議紛起，遂託病辭官歸隱，
不久病死，年四九，死後，被異黨攻擊，於是追罰其家人及門徒，土佐南學
一時有中斷之虞，後其徒避難於四方，傳其學，海南學派傳播竟因之更遠，
後谷秦山回土佐，方中興土佐的朱子之學。

兼山著書不多，僅有《兼山餘草》、《室戶湊記》等傳世，其刻書之功大

〔註100〕湊，港口之意，室戶在土佐安藝郡，即室戶港記。
〔註101〕同註98書，頁58引《南路志》卷四三。

於他的著作。

四、山崎闇齋（西元 1618～1682 年）

初名柯，後名嘉，字敬義，通稱嘉右衛門，號闇齋，晚年信神道號垂加，京都人。父名長吉，號淨因，於京都業鍼醫，母佐久間氏，夢神投梅花一枝，有娠生闇齋，他是么兒，個性倔強，有英邁、豪放的氣概。《先哲叢談》卷三記其早年時事，可見其人風格，文曰：

> 闇齋幼鶩不可制，父爲托諸妙心寺，剃髮名絕藏主，乃一意修禪，無懈怠，然性行猶不悛，嘗與倫輩論議，闇齋詞理塞，即其夜就彼寢，火紙幃。或讀佛典，深夜忽拍案，放聲大笑，眾起怪問，曰：「笑釋迦虛誕！」其豪放不羈皆此類。眾議欲逐之，當是時，土佐公子某，居妙心寺，公子聰明有藻鑒，嘆曰：「此兒神姿非常，後當有爲」，乃遣之學於土佐吸江寺，時土佐有鴻儒小倉三省、野中兼山，共見闇齋，亦深器之，而惜其陷異端，示之四子及程朱書則大悅，遂蓄髮歸儒，時年二十五。〔註 102〕

又稻葉默齋《先達遺事》記其去佛歸儒的情形云：

> 南人每會絕藏主（闇齋之僧號），必設嘉饌，一日集野中氏、僧時中講中庸，野中氏豫令廚人具魚肉，云：「今日集主必吃肉」。頃之。主至，讀中庸，一次，通身汗出，即輒脫僧服，擲珠子歸正焉。

闇齋在土佐因故忤藩公，遂歸京師，兼山憐其窮乏，爲其求住所，月給與米薪，以爲餬口之資。闇齋三十歲時，自著《辟異》一書跋，述其脫佛入儒的由來曰：

> 夫程朱之學，始未得其要，是以出入於佛老，及其反求而得諸六經，豈用佛老也？其辟之也，有廢綱常之罪也。若有可用之實，無可辟之罪，而陰用陽辟，則何以爲程朱矣。……吾幼年讀四書，或童爲佛徒，二十二、三，本於空谷之書，作三教一致之胡論，二十五讀朱子之書，覺佛學之非道，則逃焉歸於儒矣。今三十而未能立，深悔吾之不早辨，又懼人之可惑，故此篇之述不得已也。〔註 103〕

〔註 102〕《先哲叢談》卷三，頁 1。

〔註 103〕同註 98 書，頁 70 引，又見於《垂加文集》之二，《山崎闇齋全書》上卷，頁

三二歲秋九月，始設祠堂，制祖先神主，奉祀一遵文公家禮。三八歲春，始開講筵於京師，四方游學之士，靡然向風。年譜（山田連思敘）述其講學情形云：

> 其講學先小學，次近思錄，次四書，次周易本義及程傳，至明年十二月而云。其教人常執一杖擊講座，音吐如鐘，顏色尤厲，聽者凜然莫敢仰視，其解義略舉要領，取易解耳。

闇齋的嚴肅，講究師徒之禮，諸書頗有記載，如《先達遺事記》曰：

> 垂加翁師道至嚴，其接門人，雖細過不少假，一日鵜飼金平與諸人侍坐，翁方講談，金平在稠人席，偶弄剪刀磋爪，翁睨視，屬聲云：「師席磋爪何禮？」金平掉慄，諸人失色。

《先哲叢談》記載也很妙，文曰：

> （闇齋門下）諸生每竊相告曰：吾儕未得伉儷，情慾之感時動，不能自制，則瞑目一想先生，欲念頓消，不寒而慄。

而《大室儒林傳記》佐藤直方的話尤妙，佐藤說：

> 昔師事闇齋，每到其家，入戶，心緒惴惴然如下獄，及退出戶，則大息，似脫虎口。

闇齋課徒雖然嚴格，但竟能大行其道，四一歲，游江戶，寓書商村上勘兵衛之家，時笠間侯，大洲侯聞訊都來從學。四八歲時，應會津侯保科正之之聘，爲其賓師，俸百人扶持，初闇齋曾從山口延佳受神道之說，此年又從吉川惟足受卜部家神道，五二歲赴伊勢，大宮司精長授其中臣祓，五四歲又受吉田流神道，接受垂加靈社之號。他在會津侍保科正之達八年之久。保科正之懿德夙成，威嚴明斷，能禮賢下士，爲學主誠敬，而深服大學之道，得闇齋之佐，德益高，治其邑，崇儉抑奢，能體下情，哀憐民間疾苦，建社倉，行常平策，興廢祀、毀淫祠、禁火化遺體、提倡善良風俗，號爲賢王，實則闇齋輔弼之力最大。正之對闇齋極爲優待，卑辭厚禮，言聽計從，無所不至，情形恰如備前藩池田侯的對待熊澤蕃山。五四歲時，正之薨，闇齋赴會津會葬，以答知遇。後返京，以教授學生，著述終老，六五歲因病卒。其門人前後達六千人之多。

著書甚多，除《神道學》著述外，如《文會筆錄》二十卷，是編錄讀四書、五經、小學、近思錄及濂洛關閩諸子之書的心得，而《辟異》，《仁說問

答》等書也大都抄自語類，另有《山崎闇齋全集》、《續集》、《會津風土記》
等書。

闇齋的主張約有以下諸點：

一、極端崇拜朱子學，然闇齋的朱子學，號稱崎門學，有其特色，即重
實行，視朱子的結論為信條，主張應付之實踐，不可留滯於空談性理的階段。

從他的著書中，他引用的學者都是朱子學的人物，周張程朱固不必說，
朱子後繼如黃榦、蔡沉、陳淳、許衡、方孝孺、薛瑄、高麗的鄭夢周、李彥
迪、禹天章、朝鮮的李退溪也都是他引為證的人物，他曾對門人說：

> 我學宗朱子，所以尊孔子也，尊孔子以其與天地準也。中庸云：仲
> 尼祖述堯舜，憲章文武，吾於孔子朱子亦竊比焉，而宗朱子，亦非
> 苟尊信之，吾意朱子之學，居敬窮理，即祖述孔子而不差者，故學
> 朱子而謬，與朱子共謬也，何遺憾之有？是吾所以信朱子，亦述而
> 不作也，汝輩堅守此意而勿失。

又說：

> 學之道，在致知力行。而存養，則貫此二者也。一高卑，合遠近者，
> 聖人之道也。學者知與行而已，知可博也，不可雜也，可精也，不
> 可鑿也，行可一也，不可二也，可篤也，不可薄也。知行並進，而
> 可上達焉。近日自稱學朱子者，誹記誦以蔽己之寡聞，謗詞章以蓋
> 己之無文，譏笑陸氏之禁讀書，而其所讀所行，卻在陸氏下，此吾
> 人之所宜警省也。

凡此，都可見他的主張，都從朱子來，另一方面極力排斥陸王及佛學，他教
導學生要用正文朱註，斥元明諸儒注疏之非，如大全蒙引，其意雖在發明朱
注，但仍排斥它。他認為：「朱注豈有可間然哉」。可見其尊信之深。

闇齋之學，尚研精，不拘章句，見識超逸。他博究聖賢之書，力謀折衷
於紫陽，因此有人指出這是朱注教條主義。他對朱子學，輕其博覽涉獵之教，
不重其詞章，而以貫徹致知力行，修為存養為務，以實踐躬行為朱子學的第
一要務。

二、闇齋的宇宙觀也是承朱子的理氣論而來，在實踐上，也承朱子學的「敬
內義外」說。此說本於易經，而倡導於程子，至闇齋則以敬與義為實踐道德的
二大原理，由敬可誠意、正心、修身、進而依義之基準，可正家國與天下。

在朱書抄略後，他以敬為內界正直，以義為外界方正，合內外兩界，即

爲道德的最高境地。他說：

> 「敬以直內，義以方外」八個字，一生用之無窮，朱子豈欺我哉！
> 論語「君子修己以敬」者，敬以直內也；「修己以安人，以安百姓」
> 者，義以方外也。孟子「守身守之本者」，敬以直內也；「君子之守，
> 修其身而天下平」者，義以方外也。大學「修身」以上，直內之節
> 目；「齊家」以下，方外之規模。明命赫然，無有內外，故欲明明德
> 於天下也。中庸九經「修身也、尊賢也」；此直內之事，其餘則方外
> 之事也。「誠者非自誠己而已也，所以成物也，成己，仁也，成物，
> 知也，性之德也，合內外之道也，故時措之宜也。」夫成己內也，
> 成物外也，是故程子曰：「敬以直內，義以方外，合內外之道也」。
> 又曰：「敬義挾持，其上達天德自此」。夫八字之用不窮，朱子不我
> 欺矣！〔註104〕

他以敬爲先，以義爲後，故最重視敬，他說：

> 敬者，一心之主宰，而萬事之本根也。〔註105〕

> 夫天命之性，具於人心，故存心養性，所以事天，存養之要，敬而
> 已。〔註106〕

闇齋的敬內義外說：除佐藤直方，淺見絅齋有所懷疑外，其他門人都繼承其
說，如友部安崇、稻葉默齋等是。

　　三、闇齋晚年迷於神道，創垂加神道，他的神道學，一方面承受吉川神
道的儀式，另一方面則從朱子學脫胎換骨而出，他採用朱子學的心，來說明
神，他說心便是神，心是神明所在之處，又以敬爲本，說明敬則有神，又以
太極附會日本神代的國常立尊神，以理一分殊說明國常立尊，化身八百萬以
佑民的道理，這種神道觀雖不免牽強附會，但後來與日本國家主義結合，竟
蔚成一股大勢力而對後世發生絕大的影響力。

　　四、闇齋對日本最大的貢獻是他由比較中、日兩個國體的異同，而生出
的勤王與尊崇日本國體的觀點，它鼓舞了日本精神，使日本人有了國民的自
覺，產生忠君愛國，日本國至上的信心，當然這個觀點仍種因於朱子學，朱
子學討論的華夷之辨，正閏之別，名分網常等問題，給予闇齋很大的啓示，

〔註104〕〈垂加草第十一〉，全集上卷頁90，同註98書，頁77〜78引。

〔註105〕同註98書，頁79引〈闢異〉文。

〔註106〕同上書，同頁引〈垂加草第十〉。

他從民族本位文化的立場出發，他推翻了崇拜外國者所倡的皇祖泰伯說：皇祖大日如來說，又以中國沒有日本「萬世一系」的國體，而認為中國應受輕視，他說：

> 周雖舊邦，其命維新，而服事殷，此文王之至德，天地之大經也，湯武革命，順天應人，是古今大權也。三代以後，漢唐宋明，稱之盛世，然薄天王土，率土王臣，則漢高非秦民乎，唐高非隋臣乎？宋祖、明祖，不周元之臣民乎哉？孔子謂武未盡善，亦殷之臣也。夫天吏，猶不免斯義，矧漢唐宋明權謀之主乎？〔註107〕

他尊重孔孟程朱，是尊其學問，他更尊重他自己的祖國，《先哲叢談》中曾記這一軼事說：

> 嘗問群弟子曰：方今彼邦以孔子為大將，孟子為副將，率騎數萬，來攻我邦，則吾黨學孔孟之道者，為之如何？弟子咸不能答，曰：小子不知所為，願聞其說。曰：不幸若逢此厄，則吾黨身披堅，手執銳，與之一戰，擒孔孟以報國恩，此即孔孟之道也。〔註108〕

由這個軼事，可知他的愛國思想，但他的愛國卻走入神道，與神道結合，他著有《倭鑒》一書，依《通鑑綱目》的精神〔註109〕取材著成的，他主張南朝本紀為正統，絕筆大書曰：

> 後小松帝明德三年（西元1392年）壬申冬十月朔己酉二月庚戌三種神器入洛。〔註110〕

這裡所謂三種神器論與正統論，就是神道思想與朱子學的大義名分論相結合的表現。闇齋且進一步在大和小學的書中，把朱子的父子之親先於君臣之義，倒置為君臣之義先於父子之親。這種忠於君王的說法，形成他門下勤王主義者輩出，維新志士有許多出自崎門，因素即在於闇齋尊王室，講名教重力行的教導上。

　　闇齋的學統除神道弟子不計外，約如下表：

〔註107〕鄭學稼著：《日本史》頁196引《垂加文集》。
〔註108〕《先哲叢談》卷三，頁4～5。
〔註109〕宋尹起莘〈綱目發明序〉曰：「尊君父而討亂賊，崇正統而抑潛僞，褒名節而黜邪佞，貴中國而賤夷狄。」此朱子綱目的精神。
〔註110〕《闇齋全集》卷下，頁686。

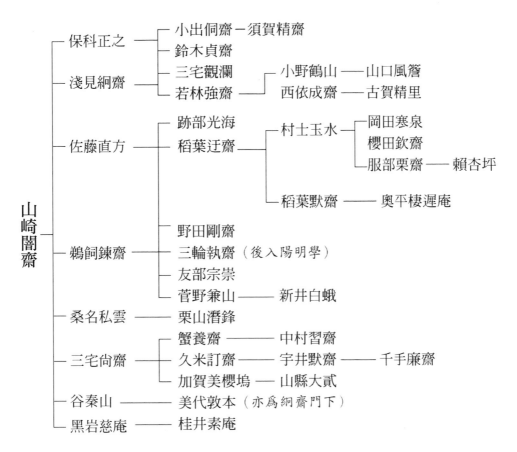

五、岡新之

俗稱源右衛門，其先世嘗爲縣令，後流離落魄而爲處士，幼即與群童有異，有俊秀之資，後入谷時中之門，修朱子學，通經義，性廉潔，敦孝友之道，惟因身體虛弱，常加意養護，始勉強得以健康，惜大業未成即逝世。

上面述時中門人，以下述小倉三省門下。

六、谷一齋（西元 1625～1695 年）

名松，字宜貞、己千，通稱三介，號一齋。土佐人，父即南學之祖谷時中，時中臨終之前年，曾買許多書籍，欲以傳之子孫，一齋幼承教，又從小倉三省學，研鑽經義，並屢游學京師，刻苦黽勉，遂克成其業。學成後，仕藩主山內侯，性魯訥醇厚，與野中兼山交情甚深，常相會讀書，互質疑義。三九歲時，兼山病歿，同黨皆受讒株連及罪，他也稱病辭職，次年，赴京師，下帷教授學徒，改名爲瀨良一齋，不久，從學者日眾。在京師數年，憤幕府

之專橫，乃上遷都之封事，後游江戶，游事稻葉侯，爲土井侯客。五九歲時，與澀川春海同奉幕命，赴京師，議改曆可否。晚年，辭公養，爲處士，屢受諸侯詢事之召，後以齒德俱尊，特准杖杖於邸門之中，備受尊寵，土佐藩主曾聘京都儒者緒方宗哲爲賓師，備前侯池田光政謂忠豐曰：「如君之舊臣谷三介實爲天下之大器，如宗哲者，不過斗筲之才爾，然不用三介，而用宗哲，無乃失其當乎？」後忠豐召一齋，許以往來江戶藩邸，可見當時其名聲之盛。後卒於江戶，年七一。

一齋資性廉介清苦，無財利之累，恬淡自然，爲人所稱讚不已，大高坂芝山在一齋墓碑上讚曰：

> 尊信小學四書如父母神明。遍涉諸史，歷覽百家，覆成敗，研得失，
> 悉曉其要歸，熟視素行，孝友能忍，所以親族雍睦矣。逮訓弟子，
> 務就本實，敢不尚文字之華，常好延客，賙窮而家貧，雖貧而泰然
> 無憂慼也。〔註111〕

由此可見其困勉切磋之狀、教學情形、及道德操守。

門下弟子甚多，著名者有大高坂芝山、松田正則、莊田淋菴、江木三壽、高橋遠治、三木正秀等人。

以下介紹野中兼山門下：黑岩慈菴

七、黑岩東峯（西元 1627～1705 年）

名恒，字震翁。通稱慈菴，雅號東峯，安藝人，爲忠臣黑岩越前之後，父長右衛門，幼志於學，受教於野中兼山之門，後出京師，入闇齋之門，他博覽強記，篤崇朱子，其爲學由程朱以窮孔孟之學，專勤約要，不好博雜，於實學頗爲注意，學成後，回土佐，任藩公之侍讀。

兼山歿，他離鄉入京，又移江戶，聲名漸盛。時筑前黑田侯好學，於鄉里興辦學舍，聘貝原益軒爲教授，使司藩學，給祿二百石。又在江戶藩邸也開學舍，聘慈菴爲教授，給祿三百石，內外並力，期使藩學昌盛，益軒在鄉，固著有學績，而慈菴在江戶也努力教導藩士，對藩政也有許多貢獻之處。後卒於江戶筑前邸，男久八郎承其家業，亦仕黑田侯。弟子桂井素菴也是出名學者。

〔註111〕同註98書，頁90引《芝山存一書》卷之四、〈一齋谷先生墓碣〉。

著有《慈菴文集》、《除患錄》、《歷代君臣要略》等書。

慈菴長於文章，能詩，詩輕淡有致，他致力於教育，於海南朱子學的普及貢獻不小。錄其自警詩以見其崇朱之情及勤於省察的風範。

世學千年唯說夢，濂伊喚起一時醒，晚生若欲效先覺，寸晷無遺朱考亭。

道緒綿綿不可終，中間屈指幾豪雄。自疑衣鉢傳何少，爲缺本根培養功。〔註112〕

下爲兼事三省與兼山者：

八、長澤潛軒（西元 1621～1676 年）

名虎，字小貳，通稱文藏，潛軒爲其雅號，高知人，父道壽，母稻葉氏。幼師事三省及兼山二人，通《小學》、《四書》、《近思錄》，又探究《易書》、《洪範》、《啓蒙》等書。其他涉獵甚廣，雜書、小說、醫學、天文、曆數無所不通。其資質鈍重，恬淡如水，喜怒不現於色，不厭困苦，不圖貨殖，雖受飢寒所逼，亦不爲意，日夜惟孜孜於讀書，而於義理不通處，常發憤努力以至廢寢忘食。必求其通而後已。性嗜酒，嘗沈醉廢事，或至釀疾，一日誦陶淵明詩，大有感悟，竟從此戒酒而不再飲。其父業醫，號賣藥山人，潛軒及弟太菴亦承父業，以道壽之名醫人。

潛軒之在江戶，不剃鬚髯，狀貌甚怪偉。有一郡牧欲聘用他，而以其形狀怪異而罷，潛軒亦不爲意。平居以醫爲生，然有時也倒貼藥錢，而以癒人爲樂，嘗仕淺野侯，爲稻葉侯客，並曾赴宮津城下講學。後以病，歸京師，卒年五六。

潛軒實爲奇人，視寶玉如瓦礫，棄爵祿如敝屣，夷然自甘於學，大高坂芝山曾述其功曰：

又聽正保以往，唱南學於東武者，潛軒爲之冑，弘南學於西洛者，闇齋爲之冠，此後覬覦跰關陝之路，沿伊洛之流者，或雖非二子耳提面命，而仄聞進修之方，以堪自淑也。〔註113〕

這是相當正確的批評，將南學向外傳播，潛軒之功不可沒也。

〔註112〕同上書，頁 98 引《南路志》卷四一，及〈武藤致和集詩文集一〉。
〔註113〕同上書，頁 101 引《南學傳》下卷，〈長澤傳〉。

九、町定靜

通稱孫兵衛，爲人豪放卓偉，尙文好武，受學於三省及兼山二人，通《小學》、《四書》及《近思錄》之大義，仕山內侯，爲江戶內用役，參與國政樞要務。後居親喪，歸家守喪，悉依南國仕士執喪之禮，未有少違。

西元 1663 年，坐兼山事被黜，翌年，離鄉，隱居於丹波大江山下，其間屢屢微行，往來京師，傳授朱子學亘二十多年，卒年七十餘。

將南學之由來，口授於後進，町定靜之功也。大高坂芝山評之曰：

> 僖窟子獲黨錮之禁，不克事列國，以至謝世……余在洛，每見此老，忝被誨諭，此人也。曲識南學之由，余向三省兼山之景行，躡長澤山崎之遺蹤。咸緣此老之說也。〔註114〕

以下述崎門諸子：

十、三宅尙齋（西元 1662～1741 年）

名重固，小字儀左衛門，後改稱丹治，號尙齋，播磨人。十九歲遊京都，師事闇齋三年，闇齋死，就正於佐藤直方、淺見絅齋二人，二人以畏友待之，互相切磋，遂共得崎門三傑之稱。三人都宗朱子學，惟尙齋年最小。業成後，赴江戶，仕阿部侯，忠誠盡職，後以諫其嗣侯乞致仕，而得罪被判幽閉，下於忍城監獄，他在獄中，每天還仍乞水沐浴，遇布袍破裂，則以紙線補綴。飯後必起身繞獄中環走數百圈，守衛覺得奇怪，嚴加戒備，尙齋見之曰：「大丈夫義不苟逃，所以然者，罹脚疾，就膝行刑，恐爲人所笑也。」

他在獄，閒居無事，無書可讀，無筆可寫，只終日靜坐。僅在心中複習舊日所讀的書，很想把想到的心得筆記起來，但無法可想，一日偶於獄中，拾得一枝釘子及小木片，於是以釘刺指使出血，咬木片成筆，以血書著成《狼疐錄》二卷、《白雀錄》一卷。前者是他的哲學及倫理的見解，後者以日記體記當時藩君內側的奸臣、忠友及自己的心事，經三年，才獲赦出獄，不久歸京都，講學於西洞院。開大小二塾，小曰培根，大曰達支，蓋寓古之大小學之意，時縉紳貴族從遊者甚多，後被迎出東都爲土佐侯的賓師，半年，又歸京都。又再出遊於東都，唐津的土井侯，長島的增山侯，曾同在佐藤直方門下學習，直方歿，就請尙齋教導他們。舊君阿部侯時已年老，語及往來，悔

悟涕泣曰：「聞卿齒德俱劭，海內景仰，予心深喜之。」尚齋亦感泣拜謝，左右見之，亦嗚呼不能禁。由此可見其情誼之嘉。

尚齋的學說大體如下：

（一）由理氣二元論轉爲理一元論——初倡理氣二元混合說，後基於性善論，而推及至理一元論，在《狼疐錄》三頁1，提及理氣說云：

> 理無形體，以氣爲形體；氣無模範，以理爲模範。故理則無體之氣，氣則有體之理，無體之理則顯於有體之器，有體之氣則無體之理之爲體也。

此即程子所謂體用一源，顯微無間是也，中庸之說隱，說無聲無臭，周子之說無極，程子之沖漠無朕，張子之大虛皆理無形體之謂。有聲色貌象而可見聞者即爲氣。理無聲色，以氣爲體，故氣是理之形體，理是氣之無體，因此理不離乎氣，而氣也不能遺理，這是理氣二元論，但他更進一步將理氣二元推進爲理一元論。他說：

> 天地之間雖萬殊，然要之不過理氣之二，人之有生，自父子君臣之品，以至手足百骸，雖不一，亦要之不外理與氣之二。性者生之理，亦理氣之合也耳。然程子以理也說性，何故遺氣而不言，蓋天地萬物雖不過理氣之二，然亦要之不過曰理也，氣本於理而生，亦理之形而已，理固善而氣亦善。〔註115〕

> 天只是理與氣而已矣，而其氣亦理之質也，要之只是一個理而已。〔註116〕

> 氣是理之體，理是氣之骨子，故根於理而生，循於理而聚者氣也。

> 氣有聚散，而理則無消散。〔註117〕

這種從理氣二元說明宇宙萬象，而歸結到理一元論，探究其來源，仍舊出於朱子的言論，《朱子語類》卷第一，論理氣上說：「未有天地之先，畢竟先有此理，動而生陽，亦只是理；靜而生陰，亦只是理。」「有此理，便有此天地，若無此理，便亦無天地，無人無物，都無該載了，有理便有氣，流行發育萬物」。「（理氣）本無先後之可言，然必欲推其所從來，則須說先有是理。然理又非別爲一物，即存乎是氣之中，無是氣則是理亦無掛搭處。」朱子將理氣

〔註115〕《默識錄》卷一，頁492。
〔註116〕同上書卷二，頁509。
〔註117〕《狼疐錄》卷一，〈祭祀上笠詳說〉。

分爲先後，尚齋詳細演繹其說，終於走向一元的唯理論。

（二）由其理一元論出發，窮究天地萬物之理，他獲得一個根本法則，即所謂的：「本原一定的規矩」，這個規矩一絲不紊，所謂「誠」，所謂「太極」都指這個規矩而言，在《默識錄》卷一（頁502）上他說：

> 天地如此大，而日月星辰，行度盈縮，亘千萬世，無一毫之差繆。萬物如此多，而飛潛動植，形狀氣味，亘千萬世，無一毫之差繆，非有本原一定規矩者，何爲能如此？所謂誠；所謂太極，即是指本原一定之規矩者而言，其無一毫之差繆者，其誰尸之？亦造化之妙，知音能知之而已。

把這個本原一定之規矩，應用到實踐生活方面，於是形成他的定命論，天人合一論及其祭祀觀。

（三）定命的人生觀——他以理氣來說明宇宙萬象，理有其不變性，故宇宙萬象可保持一貫的秩序，氣是依時而變的，君子只要守理，安於所遇的吉凶禍福，斯可矣，他說：

> 君子惟理之守，而吉凶禍福，安乎所遇，在己者，義理不差，所遇吉凶，皆正命也。我眞元之氣，可得百歲之壽，與於義可死而五十歲死，皆是時運也，然亦是命也。百歲之壽，定於有生之初，其時運是張子所謂遇也，要之遇亦定於有生之初者耳，故程子不言遇。〔註118〕

但命有可變之理，他說：

> 貴賤壽夭吉凶禍福（爲命）……有可變之理否？曰：亦可變之。蓋自盡無慊而後至者正命也。所謂修身以俟之是也，若岩墙之復厄，桎梏之誅死，怠四肢而凍餒，情欲過度而生病，皆不謂正命。孔曾顏孟之不得志，絕糧微服之厄，陋巷三十之夭，比干剖心，箕子爲奴，文王羑里之難，伯夷西山之餓，皆無慊於己，則其至者，於其人謂之正命，於天則卻可謂之非正矣。故盡人事而後可言命也。又說雖吉凶禍福在天，亦盡人事，則凶變乎吉，人事不盡，則吉亦盡乎凶……不盡人事，則凶禍非正命也。〔註119〕

這種說法正是傳統儒家的觀念，盡人事，待天命。尚齋的人生觀是相當合乎

〔註118〕《默識錄》卷二，頁508。
〔註119〕《狼疐錄》卷下，頁5～10，39。

理性的。

（四）祭祀來格說的鬼神觀——尚齋的鬼神觀是天人合一，古今一氣，百世貫於今，則已往可復，將來可致。天地、祖考、自己三位一體，精神可互相感通。祭之以誠，則祖考來格。祖考雖死，但其理不滅，則其氣亦不絕，故祭之能感格百世之上。這雖有些玄虛，但仍出之於儒家。尚齋可稱為純然儒者。

（五）在倫理道德上，他主張「努力最善主義」，學能變化氣質，化愚為明，變弱為強，而在學習之道上，他主張「居敬窮理」與「困知勉行」，知在先，行在後，知之真確，行之方能篤實有成。他以人為上天所生，天有好生之德，因此主張不妄殺，力主人道說博愛。他氣象豪爽，論理義甚嚴峻。他對弟子嚴肅，然有實直仁恕之風，雖重禮制，然循循善誘，提攜備至。他不贊同闇齋的神道說，著有《四書五經筆記》，因此其影響於崎門學者很大。

（六）尚齋的國體論是以中華居天下之中，為最上之國，日本國體皇統萬世一系的特點是一種偏長，不足與中國相比。神道家動必曰孔孟之道不合日本國風，斥為外教，居偏而守偏，終不知中和之道。他不反對湯武革命，反而肯定其意義與價值。這種說法被日人評為崇外自卑，引為遺憾。他的學生很多，有名者如久米訂齋、多田蒙齋、村士淡齋、蟹養齋、唐崎彥明、山宮雪樓、服部梅園、谷垣守、加賀美櫻塢、石王塞軒等。

十一、淺見絅齋（西元 1652～1711 年）

名安正，初名順良，小字重次郎，號絅齋，近江人，初業醫後入闇齋之門，刻苦黽勉，遂成其業。年少氣剛，時以意氣壓人，先達遺事曾記載他豪飲，酬酢之間，人不飲，己亦不飲，雖其師闇齋亦不許，闇齋曾開他玩笑說：你平素順良，至飲酒就不順良了。他在闇齋門下是最有氣概的人，終生不仕，家計窮乏，亦不為意，以處士自居，足未嘗蹈關東之地，常謂去此一步，非其死所。他對出處進退極為嚴峻，曾與佐藤論出處，晚年與佐藤絕交，因為佐藤居親喪而出仕，不合禮，而與其門人三宅觀瀾決絕，也是因為三宅出仕水戶，其志非行道。從這些事可見他個性的孤峭狷介。

絅齋為人慷慨，兼好武事，常騎馬擊劍。佩劍鐔上有三宅觀瀾所鐫刻的「赤心報國」四字，可見其志士風骨。

其師晚年倡垂加神道，絅齋卻篤守朱子學立場，並不惜與其師決絕，所

謂吾愛吾師，吾尤愛眞理，用之於絅齋可說是恰如其分。《先哲叢談》卷五記載此事云：

> 絅齋少學山崎闇齋，砥行植節，社中無出其右者，後不從闇齋敬義內外說，又不喜神道，是以遂不見容。闇齋歿後，悔其叛師，炷香謝罪云。蓋闇齋倡神道，一時及門弟子皆靡之，而堅守舊說不少變動者，不過絅齋及直方、尚齋數子耳。〔註120〕

《先達遺事記》其講《近思錄》爲萬世開太平章後，竟呼徒曰「吾今日爲諸生講解書，亦是爲萬世開太平」。平日他常講綱常民彝，綱常是三綱五常，民彝是民之彝德。而以之教導其門下。他教導學生峻烈得如秋霜烈日一般。《先達遺事記》其教學情形云：

> 絅齋晚講授錦里，師弟之間嚴峻又甚於闇齋，先君子（稻葉迂齋）嘗侍其講筵，課會之日，門人侍坐函丈，實如臣下在君前，每請業請益及講談中，語勢有段落，聽徒唱喏叩頭。每一章一節解之，呼聽徒曰：咸且如此會去，聽徒又一一叩頭。席間錄口義者，筆硯墨楮皆豫備。翁既出席，則不復許注硯磨墨也。翁爲人尤肥大，及其從室出講席，尚扶杖發氣息，登褥盤坐，倚几安體而後低聲說出，標儀威重，一坐肅然，屏氣拜聽，無敢嚏咳欠伸者。

由此可見門人對他的信服。

絅齋的學說有以下幾點：

（一）世界觀重本體，本體是物理的自然大根本，即物而本體亦存其中，知道心、明德、性與天道、性善、天命之性等都是所謂的本體。本體亦即日用，日用教學與性命自然是一件事，而非二件事，而重本體也應注重工夫，工夫的著力處，在於一「敬」字，聖賢所說的只是主敬畏之道而已。這些說法可見於聖學圖講義，此書可代表絅齋的世界觀。

（二）大義名分論，這是絅齋學問精華所在，影響最大，闡明這個觀點的著作就是《靖獻遺言》，這本書寫了四年才完成，他在書中評論中國八位歷史人物，表彰他們的精忠苦節，後來成爲志士殺身成仁的經典，對於明治維新的思想運動有很大的影響。山片蟠桃說《靖獻遺言》涉及世教，淺見氏之骨髓在於此書，讀此書而不流涕者，其人必不忠。吉田松陰野《山獄文稿》也說此書使讀者勃然沛然興起忠義之心，又說書內精忠苦節洋溢於紙上，讀

〔註120〕《先哲叢談》卷五，頁5～6。

之反復不忍釋手，抗聲誦讀，傍若無人。可見被推崇的情形。《靖獻遺言》的編纂旨趣是要使讀者從讀歷代中國明大義的賢哲生平事蹟中，獲知義理而實踐之。使讀者能明大義，於緩急之間，能不惑而乖。這種「大義」的思想，絅齋是承師說，及受朱子《通鑑綱目》的影響。絅齋深愛綱目，校讐討論不下四十回，對其精義深有所會，《靖獻遺言錄》有八人，即按綱目精神取材，其目錄如下：

　　　〈離騷懷沙賦〉　　　屈平
　　　〈出師表〉　　　　　諸葛亮
　　　〈讀史述夷齊草〉　　陶潛
　　　〈移蔡帖〉　　　　　顏真卿
　　　〈衣帶中贊〉　　　　文天祥
　　　〈初到建寧賦詩〉　　謝枋得
　　　〈燕歌行〉　　　　　劉因
　　　〈絕命辭〉　　　　　方孝孺

這些都是中國人，味池直好曾說絅齋本欲用日本史實，但蒐集資料僅得楠木正成、新田義宗、結城氏等三數人而已，且事實也不能詳考，於是只好取中國史實。〔註121〕其中所表現的忠孝大義正如絅齋所說：「萬古一心，彼此無間」因此他這本書極能感人。

　　絅齋在書中總論朱子學這些忠義之士的關係云：
　　余嘗論：朱子明聖學，植綱常。為天下後世所尊信表章，固非一日，
　　而其間大不幸者有三焉，宋理宗也，元許衡也，明文皇也。何也？
　　朱子大中至正之學，百世俟聖人而不惑，彌久彌信者，固自然之理，
　　必到之勢，雖莫此輩，奚憂乎其不發顯流達也，……然吾聖賢相傳，
　　綱常名教之學者，豈有憑此等賊逆臭穢之徒，虛美相詡，同惡相掩，
　　鼓唱引重而後可得行耶？吾知朱子在天之靈，其憤罵排斥而不容也
　　必矣。武王周公克殷，制禮立政，澤浹生民，威加四海，世祚之永，
　　八百餘年，可謂盛矣，誓誥之策，風雅之典，可謂富矣，而終使天
　　下萬世凜然知名分大義之嚴，不可得而犯，慚德口實之責，不可得
　　而辭，而不至天壤易處，人類斷滅者，則特在乎西山餓死兩匹夫而

已矣。故予三不幸已爲朱子嘆，於此又有爲之賀者，何也？當理宗
時也，幸有若李燔矣；當許衡時，幸有若劉因矣；當文皇時也，幸
有若方孝孺矣；皆以豪傑之士，醇正之學，而篤信朱子，確守綱常，
寧避世就義，就各遂其志，與西山餓死並五匹夫矣，到今風采義氣，
烈烈如秋霜夏日，昭揭常新，夫然後聖賢綱常之學，實爲有賴，而
朱子在天之靈，於是亦有所慰矣。〔註122〕

又《靖獻遺言‧跋文》曰：

古今忠臣義士，素定之規，臨絕之音，見乎衰頹危亂之時，而表於
青史遺編之中者，昭昭矣。每捧誦而復玩之，其精確惻怛之心，光
明俊偉之氣，使人如際乎當時，接其風采。而感慨歎息，歆慕奮竦，
有不能自已者。其跡可尚矣哉。……嗚呼！箕子已往矣。而其所以
自靖自獻於先王者。萬古一心，彼此無間，如此，然則後之讀遺言
者，所以驗其心，亦豈遠求也耶？〔註123〕

上面所錄都是站在大義名分的思想上立論，其提倡忠義大節之志，是出自朱
子學及闇齋的忠貞愛國思想的。

（三）正統論——絅齋的正統論是繼承闇齋的以爲天地之道，即是唯一
天地的正統，但是他也尊重日本，以日本爲「中國」，強調皇統一系，爲日本
國體的特色：「吾國自開闢以來，正統續，萬世君臣之大綱不變，是三綱之大
者，非他國之所及。」他發揮朱子的意見說：「正統之義：纂臣、賊后、夷狄
是非正統，此方正學一代之名論也。但正學所說，乃有不足之處。因除此三
者之外，使天下一體，穩治之，即爲正統乎？漢、唐、宋之類是也。如推根
究底，均缺大義。唐之高祖，隋臣也，宋之太祖，亦後周世宗臣下，無理而
取天下也。」明顯的他指出朱子的正統是承認統治的事實，而非有一根本的
原則，當然他更攻擊司馬光以魏爲正統的失誤，應用這種正統論來說明日本
史，就形成他的「南朝正統論」，他讚美楠木正成，稱許赤穗四十六士的忠義，
又指足利尊氏、直義爲亂臣賊子。這些觀點對後來三宅觀瀾編纂大日本史中，
關於南北朝史的記載很有影響。觀瀾著《中興鑑言》，味池修居著《南狩錄》，
也都祖述絅齋之說。

絅齋又有敬義內外說反對闇齋之說，但以中國爲夷狄之國，排斥湯武放

〔註122〕《靖獻遺言》，頁265～268，岩波文庫本。
〔註123〕同上書，頁274。

伐，卑中華，尊日本則大抵承闇齋之說，此處從略，不加詳說。

綱齋門下弟子眾多，知名者如三宅觀瀾、三宅尚齋、谷秦山、宮田定則、美代敦本、若林強齋、小出侗齋、山本復齋等，繼其學統的如須賀精齋、山口剛齋、西依成齋、同墨山、古賀精里、小野鶴山、山口風簹、同管山、尾藤二洲等都是著名的學者，維新前的志士竹內式部也是若林強齋弟子松岡仲良的門人。

綱齋著書很多，重要的有《靖獻遺言》、《忠孝類說》、《赤穗四十六人辨》、《氏族辨證》、《聖學圖講義》、《拘幽操講義》、《大家商量集講義》、《西銘參考》、《太極圖說筆記》、《綱齋先生文集》等書。

十二、佐藤直方（西元 1650～1719 年）

名直方，小字五郎右衛門，號剛齋，備後人，二一歲出洛，見闇齋，為其門下，刻苦勤學，少無所怠，《先達遺事》曰：

> 左藤直方因永田養菴見垂加翁，翁問曰：汝嘗讀何書，直方云：且
> 誦五經。翁乃問：大夫適四方乘安車，此記得不，直方答少疑滯。
> 翁直云：在曲禮、戴記初卷尚記不得，烏為誦五經。因顧養菴曰：
> 年少從學予，早在。且退須誦讀。直方大懷恥慨。自是發憤，苦學
> 至廢眠食。

學成後，至江戶，下帷教授諸生，自己仍進修不已，在江戶聞人說闇齋在京都開講易，即登道至京都聽講。後嘗為結城侯、廐橋侯及唐津侯講經書。他資性磊落，不嚴師弟之禮，《先達遺事記》曰：

> （伊藤子）嘗云：吾且為慕來者講書，此為友生，豈師弟之謂乎？
> 但從遊日久，則稱呼以爾汝，此輩亦自是在弟子之列耳。今之學者
> 多不信其師，師獨自尊大，甚可笑云云。

直方頭腦明敏，講學有暢達快辯之風，譬喻百端，教人踴躍自得，對中庸，易的講義尤其得意。而於《四書》、《小學》、《近思錄》最為重視。

直方之學，尊信朱子學，以朱學為正學，而排詞章記問之學，重道德之實踐躬行。他說：

> 晦菴朱先生之德廣大，才賅博，真孔子以來之一人，而其用心之深
> 也如是，則集注章句之詳審精密，固其所也，而讀四書者，何待他

求哉！〔註124〕

又跋《講學鞭策錄》云：

> 爲學之方，朱先生明之至矣盡矣，今究其要而舉之，不過敬義兩言，
> 而至於日新之功，上達之效，則全在乎積累習熟而已矣。

可見其崇朱之篤，崇之則斥異端，他著有《排釋錄》以反佛，攻擊陸王之學
有背聖賢之道，至比王陽明不知而行之說，爲「得鼠之性」，爲欺孩兒之術。
又非議古學派，評擊仁齋以眞儒名而每譏宋儒，議程朱。至其師闇齋倡神道，
則不惜背師之名，高唱反調，他猛烈反對闇齋的敬義內外說與神道說，竟被
破門，削弟子籍，他說：

> 易文言：敬義內外，此乃以心與身言者，而程朱明說，不可移易矣。
> 往來敬義先生（闇齋），講近思錄爲學敬義內外，有身爲內，家國天
> 下爲外之說，當時門人或信或疑，信疑相半，辯論紛然。至爲學友
> 之爭論焉。予時偶有疾，不侍於講席日久，同友徒，日來問內外之
> 說者眾，予亦以先生之說爲非，辯之不止。由是遂得罪於先生，不
> 出入於師門者，幾二年。淺見安正不得已而著敬義內外說，以發明
> 程朱之正意，而解釋學者之疑惑。今讀孔孟程朱之書，而曉其文義
> 者，一觀之，則不待辯詰。而可以自識其旨，何疑之有乎？〔註125〕

在《韞藏錄》討論筆記中，他說明反神道的理由，他說：

> 宇宙之間，一理而已，固不容有二道矣，儒道正則神道邪，神道正
> 則儒道邪，從於正則離邪，從於邪則離正，豈有兩從之理乎？先生
> （闇齋）之雜信，吾不識其義也。抑自古有三教一致之論，而朱子
> 極言老佛之非正，則可知儒佛一致之爲妄論矣。我邦有儒神一致之
> 說，而先生尊儒惡佛之深，而其於神道，非惟不以異視，而至於謂
> 我國之道，尤當深尊信之。不知從之則實邦人之子，而非其父母之
> 子焉，此學者所以大疑議而不止也。

又說：

> 今乃謂日本自有其道其教，而不資於中國聖賢大中至正之訓，則天
> 地之間，所謂道者多端，而庶邦各有其教也。……且尊信神道，如
> 是之重，乃何不取足於此，而又學於異邦之道，以自犯其唯心之訓，

〔註124〕《韞藏錄》，頁18～19。
〔註125〕同上書，卷二。同註98書頁556引。

習合之戒耶？〔註126〕

這種不信異端的精神，是出自理智的，連帶的，他不信世俗擇日之說，排斥淫祀和求冥福之舉，對湯武放伐與赤穗義士的見解也與闇齋不同。

直方死於享保四年（西元 1719 年）八月十五日，三輪執齋聞其師病變，倉皇急驅省親，時已遲矣，爲咏和歌，哀慟逾恆。

門下除三輪外，尚有野田剛齋，菅野兼山，稻葉迂齋等，承其學統的有稻葉默齋，岡田寒泉、服部栗齋、賴杏坪等有名學者。

所著書有所謂佐藤門四書，即《講學鞭策錄》、《道學標的》、《鬼神集說》、《排釋錄》等，另有《四書便講》、《韞藏錄》、《學海餘波》等。

十三、谷秦山（西元 1663～1718 年）

名重遠，幼字小三次，通稱丹三郎，又稱櫻井清八，號秦山，土佐人。

秦山夙聰明強記，九歲時學讀《小學》、《四書》、《五經》，十歲時，就僧守信讀《法華經》，不到二個月，竟能背誦。年十七，上京都，晤淺見絅齋，十月，見山崎闇齋，闇齋盛稱其才。翌春四月，歸土佐，每呈書闇齋請教。後數度到京都，歷遊高岡幡多兩郡諸村，四十歲，一度出仕，居僅半年，又埋首經籍之間，後得藩主遊學之許可，又到京師，受教於淺見絅齋及佐藤直方，而以研究程朱學爲主。另就澁川春海深研神道，於日本社地神名有所啓發。

四五歲，坐案得罪，被禁錮家居，然毫不怨嘆，只專心研究學問，幽居十二年，能忍貧苦而進道愈速，不知老之將至，觀其詩，可酌得其情。

> 罪籍未除歲六歸，固知四十九年非，
>
> 今朝誠覓日新日，一敬惟安危與微。壬辰元旦
>
> 十二年來罪籍中，年年無事臥牆東：
>
> 旨哉玉傳被黎庶，面上溫然常世風。戊戌歲旦〔註127〕

五六歲，解除禁錮，旋即病歿。葬於山田町之北茱萸谷。里人呼爲丹三郎之墓。娶土橋氏，長男垣守承父衣鉢，傳其家學。

著有《俗說贅辨》、《保建大記打聞》、《秦山集》、《秦山隨筆》、《神代卷鹽土傳》、《中臣被鹽土傳》、《土佐國式社考》、《元亨釋書抄》、《東遊草》等。《秦山集》收入土佐國《群書類從》卷百二十，他的學問淵博，通儒學、神

〔註126〕《學談雜錄》，頁 408～409，又頁 398、406，日本倫理彙編第七冊本。
〔註127〕同註98 書，頁 125～126，引《秦山集》七。

道、經傳、歷史、詩歌。於神道、天文造詣頗深。

秦山承淺見絅齋的大義名分論，把絅齋的《靖獻遺言》在土佐大爲講授發揮，以後土佐，成爲勤王之先驅，種因於此，他說：

> 夫國之強久，不在乎土地甲兵之盛，在乎名分之嚴，……而天理民彝之在人者，不可泯沒，名分之所存，不可周也。我朝終古不受外國之侵侮者，豈以大小強弱之勢哉，唯其名分之正，冠絕乎萬國也。……〔註128〕

在《秦山集》十一〈與中村恒享書〉中，他認爲日本皇朝是神明系統，爲一本之國，與西土的二本之說有異，外國的國王可以是平民出身的，日本國卻是皇統萬世一系，彌足珍視，這種名分論推到極端，竟變成神國崇拜，而驅向於愛國排外。這種態度受闇齋影響，他崇拜闇齋，認爲儒道神道兼修，方無欠缺，他答淺見先生書說：〔註129〕

> 讀神書之說，終未能詳其微意所在，以愚言言之，今日學，雖悉讀天下之書，雖盡窮天下之理，於我神聖相傳之道，憻乎無聞焉，則於義理之大，心術之微，可謂大欠闕，而爲人之臣子，不能知君父旨訣之要，此豈可言學乎哉？請更下一語以裨得所以自處焉，渴望至懇云云。〔註130〕又於私講牓諭云：

> 頃觀二三子之稱說，其於堯舜湯武之事，雖或不詳，猶可聞焉。其於日本神聖祖宗之事，非特不知傳授之次第，或至不辨名號男女之分，嗟呼，知人之父，不知己之父，認人之君，以爲己之君，此莫大之罪。……只宜神儒並進，博詳兼舉而已……謹約從來年正月爲始，一月中，以一旬講我書，二旬講經傳……。〔註131〕

秦山的主張，除上面所引含神國思想之大義名分論外，也主張理一分殊，主一無適。讀書窮理習熟積累，自然有成。淡泊，愼獨等，大抵不出朱子學的範疇。我國朱子學者薛瑄曾推崇朱子，以爲考亭以還，斯道已大明，無煩著作，直須躬行而已，秦山也有這種見解，因此他有功於朱子學的普及，而於學理上無特別建樹。

〔註128〕同上書，頁144引《秦山集》十，〈答宮地介直壬辰〉。
〔註129〕同上書，頁145～146。
〔註130〕同上書，頁137引《秦山集》九。
〔註131〕同上書，頁138引《秦山集》十四。

十四、米川操軒（西元 1626～1678 年）

名一貞，字幹叔，小字重，通稱儀兵衛，號操軒，祖先爲知州奧山邑人，父名淨光。十一歲以三宅尙齋爲師，尙齋深愛其才氣，至中年，聽闇齋講學，初通理學梗概，又與長澤潛軒、谷一齋等人交，相互切磋，困學精究，故得通曉《小學》、《四書》、《近思錄》及《書經》、《易經》等書。

他篤守朱子學，有異端必辨明之，如其舊友伊藤仁齋倡古義學，他辯之不已，後竟至絕交。

他與藤井懶齋、中村惕齋、貝原益軒等人交情很好，後名聲漸著，就學者漸多，遠方來書求教的也不少。他教人，議論剴切，理義透徹，因此形成一股吸引力，吸引學者來學。在講學餘暇，每好弄管絃，以資涵養性情，他終身不仕，門無雜賓，堂無雜話，几無雜書，高踏超逸，樂道而不思邪，眞可謂醇然儒者。貝原益軒曾在米川操軒實記之後曰：

> 操軒爲人，明敏而有志操，不鑽營求利，其接人也，嚴而和，其處事也，敬畏而不苟，其言之出也、辨而有序，聽者不厭，其爲學也純正，專好經術，平日用心於程朱之書最勤，不好雜書，文中子所謂：不爲雜學，故成明者也。〔註132〕

十五、鵜飼鍊齋（西元 1648～1693 年）

名眞昌，字子欽，通稱金平，號鍊齋。京都人。爲文學家鵜飼石齋次子，幼聰敏，七、八歲時，已能背誦數萬言，及十歲，能賦詩數章，十四、五歲，訓點通鑑綱目，其博聞強記，世所罕見。二十歲，從山崎闇齋修業，通四書五經與洪範之義，爲同門所重視。佐藤直方拜見垂加翁時，鍊齋適在座，剛好書店送來漢本二程全書，翁取書命直方誦讀，直方讀起來蹇滯得很，翁叱之，轉命鍊齋誦讀，鍊齋開卷誦序文，一字不差，誦畢，傲然曰：「明人作文亦復浮靡。」翁向直方言：「讀書要如他們才可以。」直方受此刺激，日益奮勵向學，才成爲崎門三傑之一。後鍊齋名聞四方，三一歲，仕於水戶爲史館總裁，潛心修史，爲義公所信賴，終能宣揚忠孝之道，筆誅亂臣賊子，鼓舞後世忠君愛國的精神，貢獻很大。大高坂芝山〈答鍊齋書〉：

> 昨得華牋，承吾子康健，慰我瞻望，聞說修日本史既過半，我國古

〔註132〕同上書，頁 166 引自《娛樂》卷之七。中譯文，未查對原文。

今之實蹟，瞭然肇昭，歷代孝子忠臣之靈，由是就安。亂臣賊子之魂，由是受誅。吾子當勤屬早終其功，豈當後世之龜鑑也哉，仰任君之台命，俯繼父之遺業。苟兼盡忠孝之道也。〔註133〕

他與芝山極爲友善，芝山曾向他談及批評深草元政、陳元贇、朱之瑜、心越禪師等人的事，彼此能切磋學問，後芝山作有《南學傳》，於歷史也有貢獻。

錬齋弟稱齋，爲人謙勤，不嗜聲色，不趨勢利，亦任職史館，勤勉從事，有功於史學。

十六、鹽田任庵（西元 1657～？）

字任安，號任庵，土佐人，十五歲時，與谷秦山鄰居，同讀小學之書，二十三歲，同遊京都，學於闇齋之門，與秦山交稱莫逆，都宗朱子學，秦山曾有和任庵詩曰：

> 同閈同門同志人，眉霜鬢雪欲爭新；
>
> 聞君甲子一周壽，張口呵噓枯木春。〔註134〕

任庵亦曾藉詠梅花，和秦山詩，讚秦山之性行高潔，詩曰：

> 西溪梅一朵，危岸幾春霞，滔滔往來客，勿知君似花。〔註135〕

十七、川井東村（西元 1601～1677 年）

名與，字正直，通稱布袋屋與左衛門，號東村，父正次，初居伏見，後移京都賣茶，爲富商。東村資性質實木訥，承受家業時，父誨之曰：「勿望家財日多，若望家財暴增，必至欺人。」東村直至五十歲，始萌求學之念，爲達其志，乃學於垂加翁之門，時翁少東村十四歲，翁謂東村曰：「修道之要在於持敬，晚學之人，應較讀書更注力於實踐。」由是東村遵其教，專念持敬，以實踐爲重。

他雖晚年向學，但信程朱極篤，每天抄寫經傳。《孝經刊誤》、《小學句讀》、《學庸章句》、《語孟集註》、《近思錄集解》、《朱子語類》、《魯齋全集》、《讀書錄》、《天命圖說》、《自省錄》等書，都曾從頭到尾抄讀一遍。有人問他說：「你抄的書，坊間都有刻印本，抄寫不是沒有用嗎？」他答道：「我抄書，並

〔註133〕同上書，頁 168 引《芝山存一書》卷之三。
〔註134〕同上書，頁 170 引《秦山集》七。
〔註135〕同上書，頁 172 引《南路志》卷四十一。

不考慮用不用的問題，一方面我練習持敬，另一方面使心不放逸。」結果，他終能涉獵群書，成爲博學的人。他喪父後，不到三年又喪母，因此前後服喪六年，悉遵禮制，鄰人都讚其至孝尊親。

他與米川操軒、谷一齋等爲好朋友，彼此互相切磋琢磨，受益極大。他個性恬淡如水，年愈老，竟厭貨殖之途，乃遯於東山，甘於粗食敝衣，日與有道之人清談爲樂，所謂樂以忘憂，不知老之將至。實爲最佳寫照。

大高坂芝山曾問他進修之法，他答道：僅須每日勉力行善，使成習慣即可，由此可見他的實踐主義確能貫徹到底。這是他成爲崎門高弟的主因。

十八、深井秋水（西元 1642～1723 年）

名政圓，字得縣，通稱主膳，號秋水。山內人。秋水夙來聰敏，文武全材，造詣都高。二四歲時，其父坐罪免職，不久去世，秋水迎其母及諸弟至江戶奉養。他曾從山崎闇齋習經義，持身謹嚴，治家整齊，克得其道。又服父母喪，守禮達三年之久，人讚其盡孝，待童僕有恩，童僕皆怡然任職於其家，闇齋也愛其爲人，情誼頗篤，每至江戶，例常寄身於秋水之家。

秋水門下有田邊晉齋者，仕於仙臺侯，爲該藩維持名教，匡救不逮，誘掖朝野，有功於該藩治教。

秋水槍法超群，愈老愈能發揮其妙，劍道亦爲名師，可謂闇齋門下文武雙全的海南人材。

十九、大高坂芝山（西元 1660～1713 年）

姓平，名清介，幼名岡九郎、三郎，字季明，號芝山，又號一峰，喬松、黃裳閣、黃軒、清處士等。土佐人。其先爲土佐國大高坂城主經久，父爲宜重。

芝山師事谷一齋，修洛閩之學，他廣才博覽，遂能究明性理，又善賦屬文。初其姊嫁一齋，五歲時，他隨一齋舉家遷京都，後赴江戶，自稱大高坂清介，號芝山。不久，以儒術仕岩城公，後改仕內藤氏，與來聘的韓人唱和，後仕稻葉侯，頗受知遇。晚年隱居，以詩文自適。

芝山自視甚高，常好排斥時輩，如木下順庵、伊藤仁齋、山崎闇齋、僧元政及陳元贇、朱舜水等都遭受他的酷評，他評仁齋說：

> 洛人有名維楨（伊藤仁齋名），讀書能文，但未知學之宗，喜可否先

賢，或譏程張分釋氣質之性，天地之性。或議程朱說體用二字，謂
不出於聖經……厥到昏冥偏駁之酷，則決然非大學，非中庸，疑十
翼……其繆戾方可知焉。凡渠議程朱之學，迺攀陸子靜、王守仁爲
巢窟，還不陽言焉。含含胡胡，沮喪於正大之姿。呈露於姦佞之態，
彼肺腑之本色也。〔註136〕

又評及山鹿素行曰：

近有東溟鰯生、山鹿、伊藤者，此二人者。自謂得聖學之歸，繼孔
孟之統。叱吒程朱，蹂躪諸儒，如臧獲僕隸然，……適取不知量之
辱，其於聖賢果奚爲？〔註137〕

評闇齋，比之爲荊公，招致南學派的分裂、他說：

只慊資質褊急粗厲，負才倨傲，凌忽人物。是以朋友故舊，或愍或
慍、或鄙或憎、無始終全交之人，口藉先聖之語，躬爲飽膽之行，
讀書如此，不如不讀之愈也。……嘉也固讀書者之罪人也。

在〈答鵜眞昌書〉中評木下順庵爲一痴訥人而已，未能見其風采，評深草元政
暗弱固滯，無實見之明，評陳元贇爲卑猥瑣碎，無風雅之致。評朱舜水多卑猥
之姿，少彥士之相，而心越禪師，亦徒談花鳥、話風月而已，無一言及於學問
上。他曾將所作詩文送請明朝來往於長崎的學者林珍、何倩、顧長卿三人批正，
三人各極口褒爲佳作，說雖韓柳歐蘇亦無過之，芝山也自以爲然。甚爲得意。

芝山意氣慷慨，富獨立不羈之精神，他褒貶人甚嚴苛，人家對他的褒貶，
亦不在意，其見識超眾，氣象卓越，所著《南學傳》，事實或有誤，字法等也
有誤謬，但此書述海南朱子學的梗概，對學者研究海南朱子學有參考的價值。
谷秦山在《秦山集》評他文格生硬、字法差謬。說他的《南學傳》：「不足論
也」倒是太過分了。

芝山，對人的批評並非完全意氣，如評闇齋也說他的長處：

逼聽諸眞昌曰：晚年矯揉得，自和平，不似昔者之強梁，學增長，
知洞徹，宛如玻璃盤載琉璃瓶子，絀佛老，闡聖誨，俾人瞭解披蓁
蕪，徂大路。余未盡信其說，然於勵學問、誘後生之功，則有不可
得而蔑焉也。〔註138〕

〔註136〕同上書，頁178引《適從錄》下卷，〈撞巢窟〉。
〔註137〕同上書，頁181引《適從錄》下卷，〈適從文〉。
〔註138〕同上書，頁182引《南學傳》下卷，〈山崎傳〉。

芝山著有《南學傳》、《喬松子》、《適從錄》、《存一書》、《餘花編》等書。《南
學傳》分內外二集，內集敘南村以下十一人、外集敘長澤以下十人，對海南
土佐的朱子學源委敘述很詳盡。有文集《存一集》、詩集《餘花編》，都收入
土佐《群書類從》中，《存一書》中載有〈南學遺訓〉，是研究南學的重要參
考資料。《適從錄》則反駁伊藤仁齋的《語孟字義》，《喬松子》敘述他的學說，
是日本諸子的嚆矢，源有本總敘之曰：

　　　　本邦子類爲之魁，此後恐多出焉。〔註139〕

其第四卷爲其學問的蘊奧，他認爲道爲天地公共底理，天地一體，萬古一理，
聖聖同心。積存養下學之功，可達天人合一的境界，又以爲：天者性源，性
者心之體，心者身之司，三者一理，各有所指而異名，又云：道即是中，是
仁，故若悟得理一分殊之道，則可入古今一理，千聖一心的境界。

　　《喬松子》書中，另曉喻學者體認學問之道重在躬行，應著力於存養省
察，不要躭於詩文之餘技，要立志窮理力行，去私慾，求仁道，要明天理人
慾，辨義利之別。這種說法與他的《存一書》類似。《存一書》中，有義利說，
明道說、正學說、出處說、另有箴、戒、訓、規等，都不出朱子學的範疇，
只是綱目更詳而已。文繁不錄。

　　芝山之妻維佐子亦知書能文，篤信朱子學，著有《唐錦》、《續女則》等
書，於德川時代的女子教育有所影響，其子義明，承其父學，學德俱佳，亦
有名於當時。

二十、谷一齋門下

　　一齋門下除大高坂芝山外，另有松田正則，莊田琳菴、江木三壽、高橋
遠治、三木操之，以下略述之

1. 松田正則

　　土佐人，年青時，倜儻不羈，多膂力，能劍槍弓馬。尤精劍道，後見谷
一齋，談儒道，豁然大悟，得其指導，習儒術，先小學、四書，後及於儒學
諸書。及篤信朱子學，居敬主一，其學德與武術相得益彰，後仕於土州侯，
承其父祿，善積善散，曾出使豫州松山，後仕藝州侯十數年，盡力國事，卓
有成就，其允文允武，與深井秋水爲南學史之雙璧。

〔註139〕同上註。

2. 莊田琳菴

武藏人，名靜，字子默。初學於四方，後從土岐重元是正所疑悟，年壯時，仕丹波龜山城主松平伊豫守，為其侍讀。性溫和而剛毅，到京都，就學於谷一齋及町定靜之門，習《學庸》及《近思錄》，大有啓發，後廣見群經，旁涉諸史。而學乃有所成。後以欲輔幼主，上書直言，被讒下獄，在獄中，著《獄吏問答》，引用史書，一字無誤，四年後，賜死，神色自若，從容燒香，拜其先君與生母，昂然就義。真可謂知命知義，處患難不失其常者也。

3. 江木三壽

備後人，名愛，字晦養，從一齋與米川操軒學，與大高坂芝山為同學，為人謙抑敬慎，勤學力行，與芝山共讀朱子學與諸經，而特別重視實踐躬行。嘗戒學生勿近名利，勿逞口辯，惟學不厭，求有得於身，斯可矣。惜英年早逝。

4. 高橋遠治

大和人，名遠治，字慎夫。初好學，訪學於諸大家，後就一齋與米川操軒學，為芝山同學。芝山寫《南學傳》，慎夫曾訂正部分錯誤。並建議列入谷一齋與鵜飼鍊齋之傳，雖為芝山同意，但結果未及實現。然由此可見慎夫為芝山益友。兩情至為融洽。

5. 三木操之

會津人，名正秀，仕於濃州稻葉公，直言不憚，恭忠敬恪，得參樞要。薦能士，使發揮長才依次擢升，列為大夫，然固辭不受。

操之初學兵書，修禪皆有所得，後豁然志於儒道，學於谷一齋之門，修程朱之學，繼南學之道統，學漸進，而以謙抑恭敬為信念，惜因病亦早逝。

廿一、淺見絅齋門下

除谷秦山外，有美代敦本等人，以下亦略述其要者：

1. 美代敦本

高知人，名重勝，重本。性直率，記憶特佳，初師事谷秦山，秦山僅大他一歲，後轉就絅齋學，業成後，回鄉教授生徒，家計窮乏而不介意，時執政山內氏興招為賓師，請講書，他敝衣往見，氏興賜錦衣一件，他卻以不好有紋章之盛服為辭，可見其耿介不阿的風範。秦山雖為其師，然常以友待之，愛重有加。

2. 宮田正則

安藝人，名辰之助，通稱用藏，初習醫，後學儒術於絅齋之門，十多年後，返高知教授學生，以《四書》、《近思錄》爲主，宗朱子學，鼓舞忠孝節義之風，來學者甚眾，門下傑出弟子甚多，如戶部愿山，南惠山等是。他性恬淡灑落，氣概橫溢，行事每出人意表，嘗夜臥橋上，警察來問是誰，揚言曰：宮田正則觀察天象云云。

其教學有其師絅齋嚴厲之風。土佐藩忠孝之傳統，正則教導之功也。

3. 馬場一梯

山內人，名氏信，又號雲山，幼學書道，本擬爲執筆小吏，後有所悟，遂傾志學，師事絅齋，潛心朱子學。另方面又從持明院基時卿學書道，刻苦勤學，所寫書法作品，曾受天皇賞賜獎狀。後爲絅齋所信賴，介紹爲藝州侯任用，但因無鄉藩之許可，不克赴任，最後，雖取得鄉里的士籍身分，年已古稀，不久歿於鄉里，著有《居業偶筆》、《和風消息》，其六孫馬場辰豬爲明治之名士。

4. 鈴木貞齋

佐川人，名重允，通稱金七，就學於絅齋，亦往來於室鳩巢之門，信其學甚篤，切磋琢磨，終於通曉朱子學，著有《知行書口義》。闡述朱子先知後行的精義。曾大肆攻擊伊藤仁齋之「仁」字犯諱，不知大義名分之說。又承其師神國一統之說，於神道亦有頗深的造詣。

廿二、尾池存齋

山內人，名敬續，通稱彈之進，幼進學，即傾心於程朱性理之學，至壯年，游江戶，就佐藤直方與三宅尚齋兩師修業，學德漸進，任奉行與大目付之職，後受家老（藩內首席執政）山內規重尊信，與宮田定則，直邊廣道等共同講解經義。而存齋最受信賴。

存齋在公事餘暇，以教養及門諸弟爲樂，後於六九歲病歿。其子春水、敬永能承其家學。

廿三、谷秦山家學及其門人

1. 谷垣守

爲谷秦山長子，小字虎藏，稍長稱神介自直，後改稱丹四郎垣守，號瑰

齋，幼承家學，篤守朱子學，詳於經義，通國學，能和歌，與同門的美代敦本友善。

秦山歿，他到京都從玉木葦齋學神道，又屢出江戶，與諸家遊，修儒學與神道，嘗以外臣上疏於藩主，破外臣不上書之例，蓋仿朱子之所爲，而得認可也。從此藩內言論之道漸開，下情得以上達。後專心講儒術，職位亦日昇。後爲岡田磐齋門下浪士酒井修理太夫、家臣十島十助等講神代卷，一日也不缺課。

著有《神代事蹟考》、《土佐蠹簡集拾遺》、《土佐鏡草》、《見憎草》等。

2. 川谷薊山

名致眞，先世爲土藩小吏，薊山幼好學，嘗就谷垣守修神儒之學，又通天文學，與谷秦山很類似，性溫厚，無物我之別，後赴江戶，學數學於豐島氏之門，極算數之蘊奧。歸國後，教導學生，從學者很多。

3. 吉本東原

亦爲谷垣守門下，名蟲雄。爲人方正，勇敢，忌諂諛，嫌傲慢，言行有法則，篤信朱子學，好詩歌，善書法。年過而立，始志學劍道，入今喜多高之門習劍，至五十歲，讓職於子里而閒居，七三歲時，被擢爲本村村長，後任長岡郡本山鄉鄉長，頗受鄉人敬愛。數年後，回吉原村，再致力於教育學生。

4. 谷眞潮

父爲垣守，初名舉準，通稱丹內，號北溪，少穎悟，有慷慨的氣象，傳其家神道與儒學，也好孫子兵法。

初爲藩公侍讀，後與宮地爲齋及戶部愿山同爲藩之教授，四四歲任浦奉行，〔註140〕時安藝郡，室戶港入口處有一中礁，妨礙船舶進出，他派人除去此礁，船舶稱便，五七歲以病辭職，復爲教授，五九歲後，藩主豐雍數擢昇新職。雖經懇辭而不許，可見被倚靠之重。主臣相得，如魚得水。眞潮既受重用，也竭智盡忠，除藩治積弊，振肅風紀，號爲天明改革。眞潮參政之功甚大。豐雍去世，他才離職，仍任學館教授。西元1797年，病歿，享年七十一。著有《神道本論》、《論聖》、《論佛》、《舊事記僞撰考》、《孫子秘解》、《北溪雜集》、《文集》、《冢內獨見書》、《流澤遺事》等。

〔註140〕浦奉行，負責港務行政事務。奉行原爲各機關內承長官之意處理事務之職員而言，江戶時代，即專指若干行政及財務官署之長官，浦奉行相當於今日的港務局長。

5. 久德直利

為谷眞潮門下，是土佐藩山內氏家臣守保之子，修經史學，頗有造詣。資性廉直，備經世之才，事公、能行其所言，事親，能盡孝養之道，父中風臥病於床，行動不便，直利日夜護持不倦，直至其父死亡爲止。他後來受藩主豐雍簡拔爲勘定奉行（官名），與谷眞潮及箕浦秦川共同輔政，終於成就所謂的天明改革。後屢經升遷。至豐雍死後，才辭要職。卒於西元 1797 年，享年六十六歲。

6. 宮地水溪

也是眞潮的門下，名仲枝，幼習經書，能知洛閩學眞義，又嗜和歌，好武技，博學多能。

他曾屢遊江戶，訪諸大家求學，幫助編纂《群書類從》，在昌平黌曾與松山藩儒岩原桐月論湯武放伐之事，桐月認爲湯武革命，順天應人，爲聖賢之事，水溪以爲湯武放桀伐紂，爲賊臣之事，兩人相持不下，後由箕浦進齋調停，兩人才停止論辯，但仍各自堅持立場。他曾被舉爲山奉行，後退職。在西元 1841 年去世，享年七四歲。

7. 植田桂南

名順，字子和，通稱清之丞，亦號咬菜堂。仕土佐藩，從谷眞潮及戶部愿山習儒學、神道，從川谷薊山學天文曆數，從土居茗山學醫術。又明白山鹿氏的兵法及伊勢家的故實。愛讀韓非子，長於經濟，而資性廉潔，爲博覽多識之士。

他家藏有許多書籍，本身又善書法，曾自己抄寫萬卷書，也都收藏在家。著有《桂南漫錄》、《齊家必用》、《說齋錄》、《御侮錄》等書，卒於西元 1796 年，享年五七歲。

8. 中山嚴木

也是谷眞潮弟子，通稱十平，篤志好學，精通和書，善記錄，歷遊諸國，執經請益，受益甚多。他頭腦明敏，儒學之外，精於歷史，又能和歌，所交者都是當時名士，如本居宣長、伊勢安齋、與塙保己一等。西元 1832 年死亡，享年六十九，編有《土佐國編年紀事略》、《參考土佐軍記》等書。

9. 谷好井

垣守之子，眞潮之弟，通稱萬六，號採薇，承眞潮之後，爲谷氏第四代，

傳家學，通達和漢之書，亦通醫學，與處士高山彥九郎交稱交逆，都有氣節。
其後代有谷干城，明治時，以功被封爲子爵。

谷秦山之家學既如上述，其門人有山內規重及宮地靜軒等，其學統如下：

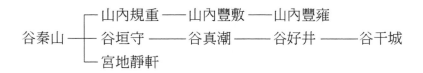

谷秦山門下另有所謂谷門八哲，即八江正雄、奧宮正明、澤田弘列、安
養寺禾麿、川谷薊山、齋藤實純、美代敦本、坂垣喜右衛門等八人。以下簡
述谷泰山門人略歷：

10. 山內規重

幼名七郎，號畏齋，爲家老嫡子，幼聰穎，十一歲已讀完《小學》、《四
書》、《近思錄》，及十五歲，《五經》、《唐鑑》、《杜律》也已讀熟，他與谷秦
山、宮田定則、尾池存齋等人爲師友，習洛閩之學，又精研武術，後輔佐藩
政，並爲七代藩主豐常之師傅，曾推薦京都儒者三宅尙齋爲賓師。其子正之
助入繼爲豐常之後，而爲八代藩主豐敷。

規重著有《學否辨論》一書，谷重山曾有跋文曰：

> 此論根據好學論，以立志居敬爲學者急務，富哉言乎，豈止砭鍼愚
> 俗耶，實於學者日用功夫，可謂深切著明也，佩服之餘，敢書其後。

〔註 141〕

豐敷繼位爲藩主，好文講武，亦以謹守程朱之說訓學生，其孫豐雍亦勵精圖
治，引用谷眞潮，箕浦秦川，久德直利等人，興利除弊，號稱山內氏中興之
明主，其治績號爲天明改革。

11. 宮地靜軒

名介行，師事谷秦山，勤學向善，篤信師說，能傳其肯綮。

土佐於野中兼山失勢後，曾聘古學派的緒方宗哲爲賓師，命藩士入宗哲
之門，靜軒亦師之，後又上京都，受教於伊藤東涯之門，然皆不愜其說，遂
上書以疾辭俸給，並陳更師之訴，由是得罪，命屛居宇佐村，日惟獨自讀書
以自慰，後復仕，常扈從藩主上江戶。西元 1759 年卒，年八十三。

〔註 141〕《土佐國群書類從》卷百二十六。

著有《與子談》一卷，為訓戒子孫之作，子春樹，孫仲枝都能繼其祖業，不辱其家名。

12. 入江正雄

為秦山晚年弟子，資性順良，篤志好學，堅信師說，為其師所喜愛，後娶秦山孫女為妻。曾任藩內儒員，西元 1784 年卒，享年六十七，著有《詒謀記事》十六卷。

13. 奧宮正明

秦山弟子，兼修和漢之學，潛心於闡明經義，用力於考證。著有《土佐國蠹簡集》、《為山集》、《一簣集》、《谷陵記》等書。

14. 齋藤實純

秦山弟子，廉直好學，兼修儒學與神道，又從武林洞學兵學，都頗有造詣。著有《明君遺事》。

15. 板桓喜右衛門

秦山弟子，當秦山住山田野講書時，他不厭路遠，必往聽講，數年間從不缺席，秦山也能親切給予指導，故秦山歿後，每至忌日，喜右衛門必不忘設祭。可見其崇師、敬師之忱。

秦山門下尚有富永成是、竹內常成、同康次、西原惟正、安東鄉東、傍士正直、市原辰中、高橋充良、池敬之等人，又有安藝恒實、小原正明、馬詰敬親、中村恒亨、黑岩慈庵等人為其益友，切磋琢磨，有良師益友，兼之門庭廣大，無怪乎其能成就南學復興之功。

廿四、稻葉迂齋門下

稻葉迂齋出自佐藤直方之門，而其門下多士也都是一時俊秀，如岡田寒泉在寬政學禁中，曾扮過要角。以下敘述其門下的箕浦兄弟：

1. 箕浦秦川

為老大，名行直；號秦泉，或秦川，先受業於戶部愿山，後就稻迂齋學，受益最大。仕土州侯，為天明改革大為致力。

2. 箕浦進齋

為秦川二弟，名直彝，字迂叔，幼受業於富永惟安，後受經書於戶部愿山，學曆於川谷薊山，學劍道於森下權平，至京都，又受西依成齋、澤田一

齋指導，後隨兄秦川至江戶，問學於迂齋，後回藩爲藩學教授，屢從九代藩主內豐雍及十代藩主豐策，至江戶參觀九次。前後五十餘年，都訪諸名家，多所請益，故其學彌進，理義彌透徹，而以實踐躬行爲念，成爲海南朱子學派之一大支，從學者甚多。松平定信敬慕其人，曾遣家臣黑澤雉岡贈送他自著的《永言錄》三卷，以表敬意。

3. 箕浦北江

爲秦川的三弟，名貞吉，字重充，任藩之教授，與兄秦川，進齋共同傳播朱子學於海南地方，指革人心，有益於風教。子仲平能承其家學。

箕浦兄弟三人都對攝生之法有所用心，守貝原益軒的養生訓，早睡早起，所以三人都克得長壽，秦川八八歲，進齋八七歲，北江亦至七十歲。

廿五、若林強齋

淺見絅齋門下有若林強齋一支，亦爲大宗，其學統如下：

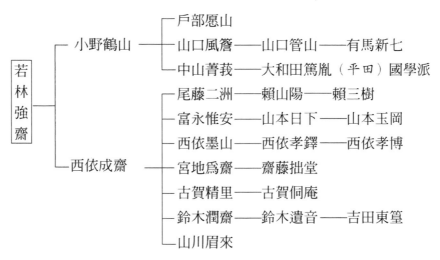

以下述其重要者：

1 戶部愿山

名良熙，號愿山或韓川，父爲樂人，愿山不承家學，志切儒學，師事富永惟安，宮田定則等人，後到京都，就學於小野鶴山，而學有所成。其好友中山高陽以畫成名，岩井玉洲以書成名，都能完成初志。

愿山博學多能，於天文，歌道，醫術，劍法、佛學神道都曾加涉獵學習，亦頗有造詣，著有《韓川筆話》十卷。

2 富永惟安

名康重，後稱惟安。初游西依成齋之門修儒學，篤信朱子學，學成後，回藩，仕於深尾氏，並任其侍讀，又下帷授學，亦以朱子學爲倡。門下傑出弟子甚多，如愿山，箕浦進齋、高陽、玉洲及山本日下等。

3 山本日下

名鸑，字文翼，號日下。師事富永惟安，修朱子學。後至京都游學，業益進，乃歸土佐，任佐川學館的教授，講論經史，教授士民，能盡其責。直至六十四歲病歿爲止，都能爲發揚朱子學而努力。

著有《論語私考》、《孟子說》、《左傳記》、《日下詩集》及《聞見錄》。其子玉岡及霞嶽都能繼其家業。而有所成，其門下弟子有功於鄉黨。幽山門人廣井遊冥也同其師一樣，文武兼修，而以朱子學爲宗。

4. 宮地爲齋

名春樹，於儒學與國學都有造詣，曾任藩之教授，山奉行等職，頗有事功，能傳其父靜軒之學，並有功於國學的闡明，子仲枝水溪師事谷眞潮，也能承其家業。

5. 北川眉來

名清，字子徵，學儒於西依成齋之門，雖以瞽爲業，但其志在儒，專心研究程朱之學，視錢財如土芥，可謂好道之士。

6. 松田思齋

爲古賀精里弟子、爲賴山陽所讚賞，學成之後，下帷課徒，來聽者甚眾。後任藩之教授，藩主侍講等職。詩作有晚唐氣韻，風神超逸。

7. 中村西里

爲古賀精里弟子，受精里重視實踐躬行之教的感化，刻苦勤學，終於有成，崇朱子學，以之教導藩之弟子，學生也很多。西里詩亦佳，氣格高峻，有西里文集傳世。

廿六、古賀精里（西元 1750～1817 年）

在西依成齋的弟子中，精里是很重要，很出色的一個，因此特別詳加敘述。

古賀精里名朴，字淳風，號精里，學於淺見絅齋的再傳弟子西依成齋，崇朱子學，爲人謹嚴寡默，見人之不善，必犯顏直諫，當時人稱他學問淵博，

一時無雙。他株守朱子學範疇，而特別重視實踐，於道問學的積累工夫，用力很多。從他著的《大學章句纂釋》、《大學諸說辨誤》等書，可見其功夫之勤。他崇朱說：

> 子朱子集群賢之大成，以注四子，然後其義昭晰悉備，學者苟能熟讀詳味，身體而力行之，則可以爲聖爲賢，豈待後人之發明哉！

> 朴性昏鈍，每讀朱注苦多疑晦，則參以朱書及諸家之說，時有新解，抄備遺忘，名曰纂釋。其系訂正者，則別輯之，名曰辨誤。大學既成編，將以次及論、孟、中庸，要之所收諸說，皆不出朱注範圍。

〔註142〕

他在寬政學禁中，扮演的角色是官方的，所以他當然要攻擊異端。他說：

> 世之疑朱語者，皆吠聲之徒。〔註143〕

他早年曾從事陽明學，對熊澤蕃山有褒有貶，他說：

> （蕃山）其氣焰足以懾人，器幹足以立事，豈世之庸腐乖僻汨沒章句者之所冀其萬一哉。但談及道學者，多憑臆杜撰，牽強支離，要之不免爲功利空寂之歸。〔註144〕

並評蕃山其器之小，在泣血錄稿中，提及這個批評說：

> 熊了介之得君柄國也，首斥佛教，破滅塔寺，其將破滅佛寺，必先與之辨，彼說屈，不能抗我，後才毀其寺……此舉驟觀之，似激烈可喜，然卒歸於不仁，待異端自有大道，豈可如此之苛虐耶？了介又嘗治水有績，深用自負，嗣後著書論經濟，拋擲百事，而專說水利。夫治天下國家，其急務不止一端，何乃獨舉此可以自炫耀也，即此一事，可見其器之小矣。〔註145〕

他攻擊新井白石曰：

> 源白石所爲，流於浮薄，慕虛名而遠實用，動依仿京師之制，拘拘禮文之末，幸其柄用之日短耳，使久據要津，其流毒必大矣！〔註146〕

精里爲寬政三學士之一，學生也很多，其子侗庵承其家學，亦有成就。

〔註142〕《大學章句纂釋》第1頁，日本名家四書注釋全書本。
〔註143〕《精里文集三・集文薰》第二卷，頁31，愛日樓刊本。
〔註144〕同上書〈初集抄〉卷二，頁30。
〔註145〕〈泣向錄稿〉頁30～31，見《儒林雜纂》。
〔註146〕同上註。

海南學派後期的學者，如古賀精里的高足篠崎小竹門下有遠近鶴鳴，鶴鳴門下有樋口彬齋、木戶鶴洲、田邊家豪等人，都受淺見絅齋學風的影響，而與其他土佐藩志士（其中有許多爲京學派安積艮齋的弟子及再傳弟子），都激於尊王大義，參加勤王同盟，進行尊王倒幕的工作，有以身殉之，有功成受賞者，推究維新志士，海南土佐人特多的因素，朱子學大義名分及尊王攘夷，實踐躬行之教實爲不可忽視的主因之一。而淺見絅齋倡導的功勳極大。

綜合上述諸人的略傳，可以發現海南朱子學的特色是以程朱性理之學爲根本，而求適用於日常行事。其學說是以居敬窮理爲信條，以之教授武門子弟，並普及到一般人士。故往往能兼長武術、算術、天文之學。其中心修養當然是以朱子學爲精神，應用先知後行的道理，居敬窮理的信條，匡正日常彝倫，授予盡忠君國之道。其中崎門派，尤其絅齋門下，更致力於倡導大義名分論與鼓舞尊王愛國的精神，艮齋的土佐籍高徒和篠崎小竹門下，也特重忠君愛國，鼓吹尊王排幕，他們盡心盡力，奉獻生命，使土佐藩成爲勤王之魁首，而得以完全翼贊王政復古之大業。也就是說，朱子學的精神涵養了土佐人士的風格，養成有用的人才，而獻身於釐革藩政，終於成爲維新大業的原動力。

第四節　大阪朱子學派

江戶、京都、大阪，爲日本的「三都」，江戶是德川將軍所在地，爲武家的都城，維新後，成爲日本的政治中心，京都，是天皇所在地，是歷史性的都城，現在仍是有名的古都，大阪則到元祿期間（西元 1688～1703 年）才成爲商人的都城。大阪原爲豐臣秀吉的根據地，後秀吉病死，子秀賴被家康逼死，大阪繁華一下消失。後德川家康移伏見商人至大坂，重建大阪，大阪城日見繁華，它表現出平民的、創造的、和進步的特徵。他是全國商品的集散地，是個商業都市，因此漸漸形成商人文化。〔註147〕

大阪的商人文化最初是西鶴等人的平民文學，次如契冲、阿闍梨的國學。至於漢學則以懷德堂成立的元祖五井持軒爲始，從五井持軒在大阪倡朱子學派，朱子學派就開始發展，其勢力一直到元祿以後，方告確立發達。

〔註147〕西鶴：爲井原西鶴，1642～1693 江戶初期俳人，原爲大阪的富商，因妻子早逝，盲女夭亡，使他捨棄家業，過著任情放浪的生活，他的好色一代男是浮華草子的代表作，描寫商人生活，極爲寫實。

　　大阪朱子學派以懷德堂爲中心，懷德堂是一所書院，西元 1724 年籌設於今大阪尼崎市，二年後確立，初代學主是三宅石庵，而中井竹山、履軒兩兄弟爲教授，學生以庶民爲多，造就不少人材，如富永仲基、山片蟠桃等即是其中的佼佼者。當時，昌平黌是關東（東京）的官學，而懷德堂卻是關西的準官學，盛極一時，於明治二年二月廢校（西元 1869 年），從創校到結束，共一百四十六年。西元 1916 年，曾建講堂於豐後町爲紀念。

　　這一派的學風有四項特色

　　（一）傾向於自由研究。

　　（二）較具有科學精神。

　　（三）有尊王賤霸的思想。

　　（四）是眞正的平民教育，重視實學。

　　大阪朱子學派雖以朱子學爲主，但學風自由，准許兼修他派學問，而以實用爲宗，如他們日常教學用書是《四書》、《書經》、《詩經》、《春秋胡傳》、《小學》、《近思錄》，這些都是朱子學，然而每月望日有同志會合，由老先生講象山集要，另在所讀的書中，有翁問答、孝子傳、集義和書等，可見陽明學者中江藤樹、熊澤蕃山的書也是大阪朱子學派的教學內容，即他們公開兼修陸王之學。陸王之學先德行，後學問，易受生活忙碌的商人所愛，因此「陽朱陰王」學風成爲此派特色，而商人求學的目的在實用外，就是希望能有助於道德修養，中井竹山在懷德堂記上說：

> 嘗竊論之，懷者何？念也。存而弗諼，循而無違也。德者何？得也。
> 夫固有之善與當然之則，知焉而得於心，行焉而得於身也，學者苟
> 從事於茲，日夕弗懈，則克念之作聖，將於是乎在焉。君子所守，
> 孔門標示之旨，簡而切矣，善夫，取於此以名也！〔註148〕

即對道德修養應存循而不忘不違，日行而不懈。

　　由於大阪是商業都市，商業重視實際，不尙虛無，因此對朱注理氣心性之說並不重視，而有佛老口吻語句率皆捨棄，他們嚴格批判神鬼之說，有的且認爲死後並無靈魂。他們的研究方法較爲科學化，說明力求淺顯，遇文句艱晦則加以改註，或不惜改訂書中本文。

　　又因爲地點靠近京都，尊王賤霸思想較顯著，爲後來推翻幕府統治開先聲。

　　這個學派的對象是平民階級，是商民，因此所教學的內容要重實際，講

〔註148〕《奠陰集》卷五，頁 18。

課要淺明，讓沒有書本的人也能聽得懂，而在上課中，准許遲到早退，以合乎商人的生活需要。

這個學派重視「誠之道」，而誠也是商人處世的準則，總之大阪朱子學派是針對實際需要而興起的，因此他的學風自然較為特殊。以下述其代表人物：

一、五井持軒（西元 1641～1721 年）

名守任，通稱加助，號持軒。大阪人。年十五，到京都求學，師事伊藤仁齋、中村惕齋，又與貝原益軒、恥軒、伊藤東涯、三輪執齋等人遊，當時惕齋年二七，篤信朱學，仁齋之年三十，仍宗朱，學風尚未變，益軒也還在宗朱階段，還沒有發表疑朱的大疑錄，因此持軒從諸儒研究程朱之學。極其崇信，到晚年就不拘守朱學，他批評宋儒之說雖精，但以理氣分歧言性，與孟子之言相背。他講孟子，雖從新注，而實無偏執之弊，其論證專以氣質說性。有人認為他的學問近於陽明學，而以國學為主，儒學為輔〔註 149〕不管如何，他卻是大阪朱子學的開祖。他的書毀於享保大火，不傳於世，但由先哲的談話片斷中，可知其對大阪的貢獻。

持軒性恬淡直達，素朴篤學，有君子之風，為海內所景仰，梁田蛻岩作《持軒先生傳》，記載他重視四書云：

> 先生嘗謂人得能通四子，可以識宇宙第一真理，乃行而躬焉，則天下之能事畢矣。以故說書循環學庸語孟，未嘗及他，……人戲目先生謂「四書屋加助」。

他在三十歲時回大阪，講學五十年，享年八一，其季子井上蘭洲，參與創設懷德堂，能承其父學。

二、三宅石庵（西元 1665～1730 年）

名正名，字實父，號石庵，又號萬年。與弟觀瀾同出於淺見絅齋之門，但他雖宗朱子，卻兼取陸王，他是懷德堂首任學生，因此影響所及，大阪朱子學派學風也較自由，香川太沖云：「世呼石庵為鵺學問，此謂其首朱子，尾陽明，而聲似仁齋也。」五井蘭洲也說：「宅子無宗旨，以賣藥為業，喜談醫，俗目之曰鵺學，言其首朱尾陸，手腳如王，鳴聲似醫也。」二說雖略異，但

〔註 149〕見系賀國次郎著：《海南朱子學發達之研究》，頁 468。

都指為鵺學，鵺為猿頭狸身蛇尾，手足如虎，鳴聲如畫眉鳥的怪獸，拿來形容石庵學問的龐雜，也還貼切。

《先哲叢談》記載他的事蹟：

> 石庵少耽學，不視家道，於是產遂蕩盡。……弟觀瀾……於是兄弟相攜來江戶，教授取給，居數年，石庵獨歸京師，尋至大阪，時名翹然起，弟子雲集。中井甃庵等相謀請諸官，建庠校，名懷德堂，眾皆推石庵主之，固辭不可，遂領祭酒事，後中井氏嗣之，至今不衰。〔註150〕

石庵之學著重適用，他提倡道德修養，認為：人有為人之道，即君君、臣臣、父父、子子、夫夫、婦婦、兄弟朋友之所以為兄弟朋友，為學即在學為人之道。他對儒學經典，並非一味盲從，他曾經考定中庸，創中庸錯簡之說，移中庸第十六章於第二十四章後，這種懷疑的治學精神，對懷德堂的學風影響很大。著作現存有《萬年先生詩稿》及《論孟首章講義》。其學統如下：

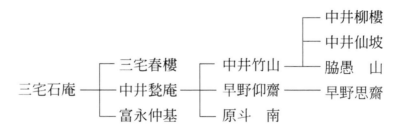

三、中井甃庵（西元 1693～1758 年）

名誠之，字叔貴，號忠藏，自號甃庵，播川龍野人。十四歲全家移住大阪，受句讀於五井持軒，師事三宅石庵。十六歲赴江戶，就室鳩巢、三輪執齋、三宅觀瀾等聞道。二十歲回大阪，再師事持軒、石庵。西元 1726 年，經他努力奔走的結果，創設懷德堂於尼崎坊，請石庵為首任學主。石庵歿後，繼為學主。

甃庵為學主實踐躬行，力排虛飾，不事詞章，其學問承其師風，亦有陽朱陰王的現象。其子竹山所作的行狀稱他云：

> 其學坦平簡易，不設蹊徑，深嫉近世學者驚虛文，廢實行，嘗曰：一部論語終身用不盡，何必鬪多誇博？又曰：鳥獸各成群，人道舍人曷求？

他最恨言行相違者，平日教人，常以孝悌爲先，他告訴學生說，除孝悌忠信外，我不知有什麼是學問？孝悌忠信可求之於家事日用之間。

　　他著有《詩文集》《和歌和文集》若干卷，但皆未脫稿，在懷德堂遺書五種中有二篇文章，一爲〈五孝子傳〉，一爲〈富貴村良農事狀〉。其子竹山曾指出他父親主踐履，不留意於翰墨，應爲實情。

　　這種重實際，尚躬行的學風，正是大阪朱子學派的特色。

四、五井蘭洲（西元 1697～1762 年）

　　名純楨，字子祥，通稱藤九郎，號蘭洲，又號洌庵。始爲懷德堂助教，曾仕於江戶津輕侯，後又歸大阪，爲懷德堂教授，繼螯庵之後，爲第三任學主。著有〈非物篇〉、〈雞肋篇〉、《蘭州遺稿》、《蘭洲茗話》等。

　　蘭洲承其父持軒之學，純然守程朱之道，他操守甚堅，而務去偏固支離之弊，其卓識獨見，往往發前人未發之旨，又長於辯論，所以在辟異方面，頗有成果，他有非伊之文，攻擊伊藤仁齋，大意可於遺稿中見之。而在〈非物篇〉則痛切駁斥物徂徠之說，他嘗論學弊說：

> 爲陸王之學者，廢學問，棄事物，其弊也禪莊。爲仁齋之學者，蔑義氣，疏心性，其弊也管商功利。爲徂徠之學者，局修辭，遺以敬直內之訓，其弊也放蕩浮躁。爲闇齋之學者，頗過嚴毅，乏雍容和氣，其弊也刻薄寡恩。惟茲四學，爭辯強聒，道乃四分五裂，使學者眩其所從，若觀孔孟則必爲長太息而已。無偏無黨，中正之道，蕩蕩平平，唯以聖賢之切己遺訓爲心術德行之基，如此而後乃免四學之弊。〔註 151〕

在〈非物篇〉中，他指責徂徠撰《論語徵》，非徵諸古言，而以臆測爲徵，他以《論語徵》寫本有皇侃義疏說旁注添入，而只見於〈公冶長篇〉，因指徂徠以朱子同皇說者爲朱說，誤駁爲道學之見很多，而據此說《論語徵》章章而戾，句句而誣。又指徂徠的姓名及地名，都模擬剽竊，如徂徠本姓物部，而擬漢人單姓爲物，事事欲模漢人，字字欲擬漢人，則自稱濟南物茂卿可，稱太倉王茂卿亦可。且不但自誣，而誣堀氏爲屈，誣宇野氏爲于，幾乎以人之姓爲戲，他指責徂徠拆其姓以揭卷首爲膚淺，非大家之爲。《論語徵》之作「誣

蔑聖經，侵陵朱注，其害已迫，禍且弗測，故蘭洲不得已出而辨之。」〔註152〕

　　他在攻擊異端外，也有自己的主張與見解，他針對程子說聖人用仁義禮智信以名性皆善，及朱子所說：「仁義禮智信，列於五常，聖人皆顯之以爲教」之言，而駁道：「四德加信爲五常，昉於董仲舒，非古義也。」可見他雖崇程朱，但非一味盲從。

　　蘭洲門下有中井兩兄弟，即竹山、履軒，於大阪朱子學的擴展有很大的貢獻。

五、中井竹山（西元 1730～1804 年）

　　名積善，字子慶，號竹山，又號同關子。師事五井蘭洲，後來繼蘭洲爲懷德堂第四任學主。

　　他生與關羽同日，因此對關公特別看重，從而對忠義之士每每讚賞不已。他稱讚關公義烈千年，童孺猶識名姓，可謂不世之豪，又稱讚赤穗義士，名傳外國，而讚文天祥說：

> 古人有言：三閭大夫有此忠憤而無其雍容，五柳先生有此清節而無其激烈。嘻嘻！孰知洛閩諸賢千萬言之緒論傳說，翻成正氣歌一闋。
> 〔註153〕

他這種忠義思想和商人社會的需要正好配合，所以受廣大的歡迎。他說：

> 吾儒之道，聖人之道也，聖人之道，人之道也，人之道即天地之道也……格致誠正戒懼愼獨，從一心之微以至治國平天下，天地位而萬物育一也。列而爲五倫，分而爲四民，布而爲禮樂刑政，冠婚、喪祭、朝聘、田獵、耕織、財鬻、幣帛、饔餐，莫非道之用，日月、風雲、山川、草木、禽獸、蟲豸，莫非道之發見，是皆吾儒中之道也。

凡有違儒道的，必加以批評，他談到的有禪學、腐學、巫學、俠學（指山崎闇齋）、霸學、妖學（指荻生徂徠）、野學、史學、市學等等，他評俠學說：

> 泥敬義之訓，過剛太嚴，陷於忿戾之矜，一言不合，瞋目棄絕，重子子，貴苟難，賊恩傷情之不顧，激少年血氣之勇，爭立圭角，靡然成風者有焉，因爲俠學可也。又說：向闇齋、尚齋二先生之學，一意尊信朱子，尊信朱子固矣，然頗有偏重，曲意周遮，若人有一

〔註152〕參見《奠陰集》卷六，頁 14。
〔註153〕見《奠陰集》卷八，頁 1。

語侵朱者，則努眼盛氣，目以詖辭邪說，不肯耐煩息怒，以息彼此
之情。……積善嘗議其自信太過與信朱偏重之病，合名之曰執拗。
又說：若夫非徵一書，特解洛閩圍而止，未足以悉鄙蘊焉。如我邦
一種朱子，一意死守，固陋自畫者，僕所大厭也。〔註154〕

這些都是指崎門派而言，而他攻擊徂徠的妖學也很激烈，他完全站在朱子學
的立場駁斥徂徠，他說：

（徂徠）仇視朱子，無復忌憚，極其毒螫，以取快於一時也已矣，又
何依禮之有？自是厥後，其徒相承，爭以名朱子爲張門戶之具，小人
淨躁之態爲然，可憎矣，又可笑也。又批評徂徠之駁仁齋說：既而作
辨道，以厭童子問，作辨名以厭語孟字義，作論語徵以厭古義，作學
庸解以厭定本發揮。彼抑宋儒獨尊思孟，己則並思孟詆之；彼以大學
爲孔門舊，己則斷爲養老之禮，見益殊絕，而說益新奇，飾以禮樂空
言，鼓以詞章末技，而盡廢進修之實，令人易溺而難悔。於是乎輕佻
浮薄之徒，奔走喘汗，改輒歸之，聲號哄然始起，自以爲得計，豎異
幟於關東者十有三年，一時貴介公子，列藩學士大夫，以至處士緇流
曲藝之徒，樞攝恐後，片語隻字，仰其褒貶，以爲欣戚榮辱不爲不感
矣。又說：物（徂徠）服（南郭）諸儒所論著，文必左國，詩必王李，
片言隻辭，極力裝做。爲剽竊沿襲之習。總之攻擊甚爲劇烈。

其實竹山之學也不拘泥於朱子學，他不像崎門學株守朱子學，他反對崎門派
的只重道義，反對蘐園學派的只偏文學，他說：

吾學非林，非山崎，一家之宋學也。

這一家宋學經義精密，能詩文，尤其倡尊王論，說國體的尊嚴，明大義名分
論，在懷德堂的學風中，鼓舞勤王的精神，這在竹山的《逸史》及〈答藤江
貞藏書〉〔註155〕中可看出這個尊王賤霸的思想，在《逸史》中，他稱德川家
康爲東照大君，雖頌揚家康戡大亂以輔皇道，然而他說：「三代而下至今日，
未嘗聞以大君易帝號」，又說：「如白石國王之儀，其僭不待明者而後知焉」。
由此可見他對幕府的稱號是有意要限制的。他論豐臣氏

雖然陽尊王室，陰樹已威，挾以令諸侯，成屋上建瓴之勢，使天下
益不敢枝梧，牛耳之命，雖以王家勤勞爲盟首，而其所主在乎列侯

〔註154〕《奠陰集》卷六，頁29、6、39。
〔註155〕見《竹山國字牘》卷下，頁23〜30所載。

不違己意耳。假而不歸，是則可憎矣，故曰：「五霸功之首，罪之魁。」
善夫！〔註156〕

由此可見他的尊王精神所在，雖然並沒有到達排幕的地步，但在當時已是很
前進的思想了。竹山的思想中，另有一種出自朱子學合理主義的見解，那就
是反對災異之說，其反對佛教、巫術，提供毀滅淫祠與限制寺院即根據合理
主義而來，他的這些見解，在他的草茅危言及《逸史》中，都可見出一些消
息，草茅危言且啓發了以後山片蟠桃的無神論。他根據天文學的知識解釋日
星變異之說，他說：

> 逸史氏曰：災異之說以惑人也深矣，今古滔滔皆是已，其賢知自居，
> 以爲學究天人者，猶且不免，可哀也哉！華人有分野之說，爲天唯
> 復禱己國，故歷代之史書日星變異，以爲國事所致者，相望於冊。
> 吾邦史乘，又皆傚之，非惑也耶。慧星有除舊布新之說，因以爲革
> 命易姓之機，殊不知其爲物，坤軸積年之伏火，有時上沖，氣盛力
> 厚，直突層霄，凝聚不散，即成慧孛，慧者芒偏出而長，孛者芒周
> 出而圓，能隨天轉，數旬之後，勢盡力衰者漸乃微減也。故每一出
> 履地而國焉者，莫不皆睹，所謂除舊布新，天意所屬，茫乎不可得
> 而測。抑凡所睹之國，不問崇替治亂，皆革命易姓歟？妄亦甚矣！
> 〔註157〕

由此可見其思想的具有科學性。而他反佛、反妖妄之說，也可自《逸史》及
草茅危言見到，文繁多，此處不抄錄其說。

六、中井履軒（西元 1732～1816 年）

名積德、字處叔，號履軒，少其兄竹山二歲，他也承家學，而長於文史，
他一生研經，著有許多經學之作，如《易斷》、《詩斷》、《書斷》、《禮斷》、《四
書斷》等，都是朱子集注或新注五經之欄外書。他雖列名懷德堂講師，但實
施隱居於其學舍水哉館，不好交遊，不仕諸侯，日以研究經書爲樂，他的經
學研究有很多與宋儒之說相違，他嘗謂理氣、體用、復初、居敬等朱說，都
有違孔孟本旨，《四書》、《五經》、《性理大全》全爲儒者三大厄，又《易‧十
翼》、《春秋》皆非孔子所作，《古文尙書》、《孝經》等均爲僞作，《周禮》獨

〔註156〕《逸史》卷六，頁 9，懷德堂原刊本。
〔註157〕同上書卷十一，頁 8～9。

取〈考工記〉一篇，他對經書有《七經雕題》、《雕題略》及《逢原》之作，是對經學研究的三個階段，《逢》原是晚年的定稿，他的經說可代表懷德堂經說的特色，即排斥理氣心性之說，而著重常識的探究。其根本思想可析爲四點：即（一）商人本位主義，（二）實用主義，（三）合理主義，（四）尊王賤霸思想，以下略作闡釋，

（一）商人本位主義

懷德堂學風是反映大阪市民社會的思想的，往往以商人爲本位，替商人說話。他解說《論語・先進篇》「賜不受命而貨殖焉，億則屢中」一節說：

> 人有資業，日月滋息，亦復何害？及自然外來之福祿，世俗所謂好時命也。賜也未遭好時命，唯奮智勞思，廢思轉賣，以殖其財，所以有不受命之訾矣。

> 貧富在天是士大夫之事矣，在商賈中矣，未嘗有束手俟命者，至於大貧大富，有似天命者，然亦千百中之一矣。竟不得以天命借口，總存乎精力志業。士大夫雖欲求富，而無所事耳，商賈則日夜所事皆是求富矣，但有守經與奇權兩道而已矣。夫子所謂受，亦在商賈中而言，蓋謂其守經勤乎業，不作奇權之術，時至而成富者也。子貢不受命，蓋奇權之億中云。〔註158〕

又《孟子逢原》，解說〈離婁〉章：「所欲與之聚之」句云：

> 通商賈，來百工，皆與聚之事矣。銅鐵布帛皮毛林木管葦之類，凡其國所令者，皆豫聚蓄焉，以待民用，或令商賈得聚蓄，皆是。

這些都是很現實的商人本位主義。

（二）實用主義

履軒學問最重實用，他解釋道，是指人倫日用之間所當行者而言，他認爲「古聖賢之於物，適用之外，無論其理也」。又以爲：「天下事物，理與我無干涉者不必講求也。知之無益，不知無損，何必勞思費功之爲，唯我之所以應物之方，則不可弗知也。五穀樹藝，蠶桑紵麻，五母雞、二母彘、數罟不入，斧斤以時，棟宇御風雨，弧矢威暴亂，馬則羈首，牛則穿鼻，皆明其理以應之，古聖賢之道也。燒埴熔金，雖我隨物理而應之，而物理反隨應而存焉，若夫蠶何由而吐絲，麻何由而生縷，雞豚何以養人，酒醴何以醉人，

〔註158〕《論語逢原》，頁 213～214，四書注釋全書本。

魚所以游泳，禽所以飛翔，皆置而弗論也。禽則矰之，魚則釣之而已矣，何曾其理之問。是理也者，在我之應，而不在物矣。」〔註159〕

　　這種實用主義思想與美國杜威所提倡的實用主義〔註160〕有點相近，都重視適應社會，事實上他與英國的功利主義之說最相近，英人陸克‧斯賓塞他們主張知識傳授的目的，不是養成吟風弄月的文人雅士，而在養成能自營生活，自謀職業，能爲人群國家服務的人，所教授的課程要以實用爲主，履軒的主張恰亦相同。這種功利思想正是大阪商業社會孕育出來的產物，對於不切實際的人文教育主義以一大打擊。

（三）、合理主義

　　朱子學中有合理主義成分存在，他重視理性，主張知行並進，論先後，知爲先，論輕重，行爲重，履軒承此說而提倡合理的格物方法，他說：

　　　格物謂躬往踐其地，涖其事，執其勞也。……此知行並進之方也，
　　　若夫暝搜妄索，徒費精神而已矣。〔註161〕

除以親身體驗所獲的感性知識外，他也重視推論的理性知識，他說：

　　　譬工正督百工之事，劍戈則辨其利鈍，布帛則審其精粗，而上下其
　　　稍，豈必待親操爐錘，弄機杼而後能焉哉？人皆可能矣。他事亦由
　　　此而推焉，可也。〔註162〕

他利用曆法的新知識，訂正舊曆法日食的缺點。他治春秋左氏傳即採此法，由此，他大膽提出對宋儒不合理的思想不予理會的見解，他說：

　　　商賈之家，萬貨紛紛，必有帳籍以統之，其立部分門，家各有法，
　　　而徽號不同，雖同業者，東家之人不能理西家之帳，西家亦然。夫
　　　帳籍之便利，彼豈不自盡哉！然而猶人面之不同也。天理人欲者，
　　　程張家之徽號也，欲持此以理孔孟家之帳，必有不合者。故學者弗
　　　若先熟於孔孟家之帳，而得其徽號也，若程張家之徽號，不必理焉。
　　　〔註163〕

他反對宋儒的世界觀，否認道體的觀念，認爲孔子並不曾以「中」爲主，又

〔註159〕《大學雜議》頁17，四書注釋全書本。
〔註160〕實用主義（Pragmatism）杜威提倡的，主張以實際上的效果，爲決定眞理標準之主義。
〔註161〕同註159書，頁14～15。
〔註162〕《孟子逢原》，頁390。
〔註163〕《論語逢原》，頁37。

否認性即理之說，否認理氣與天理人欲之說，在經學方面，他提倡一種合理
的自由研究學風，否認宋儒的穿鑿附會，如在周易逢原中，他就指出朱子「用
意太精密，遂失傳文之意。」有時，他更對經典本文加以懷疑，其見解發人
所未發，很值得加以重視。他不僅懷疑宋儒的經說，而且進一步提出反對宗
教迷信的主張，他反佛教，反神仙之說，有關鬼神、風水、禱祀、卜筮之說，
他一概否認，其結論與南朝齊范縝之無神論相同，范縝以爲形者神之質，神
者形之用也，神之於形，猶利之於刀，未聞刀沒而利存，豈容形亡而神在哉。
履軒也以爲神道、鬼說不可信。惟人道可確切把握而已。

（四）尊王賤霸思想

大阪距京都近，距江戶遠，因此其政治思想較爲開放，較富尊王的精神，
履軒之說特別應注意他的大義名分論，在通語中，他說：

> 神武闢宇，斯立人極，光參日月，緒等天壤，聖聖相承，無姓可紀，
> 但謂之天孫耳。叔世紀綱陵遲，野戰之血，重明之晨，一而不足。
> 降而保元，歷治承而極，眇視跛履，一治一亂，寰宇永爲武人之有，
> 方恣其吞噬之時，天地爲之震動，離宮之餓，泡島之狩，王道如線，
> 縮於其手，然皆不敢流涎於彝鼎，大統至今，穆如在天上者何耶？
> 豈畏天哉！將以民彝之不可廢也。嗟乎！是我邦禮文所以度越外國
> 者，余於此未嘗不蹵然而爲之嘆息者也。〔註164〕

可見他的尊王思想，從他常說的：「禮樂刑政不從天子出，不仕」的話來看，
他實在是一個憂國慨世的士人。他的哥哥竹山論尊王大義而無排幕之意，履
軒則既論尊王又主排幕。已向前推進一步了。

七、富永仲基（西元 1715～1762 年）

爲自由學派（或稱獨立學派）的先驅，因此有置於獨立學派敘述的。他
的根本思想是儒家思想的產物——誠之道，誠之道在使人爲善，論語的忠信、
孟子中庸的誠、朱子之窮理盡性、王陽明的致良知，其最後仍歸之於誠之道，
佛教之教也是一本至誠或至信，日本神道也是歸著於誠之道，他用儒教的誠
字統一說明了佛教與神道。這個誠就是懷德堂的學風，從石庵以下，懷德堂
都是提倡道德的修養，把朱子的理氣心性歸之於誠之道。

〔註164〕《通語三》。

　　仲基著出定後語批判佛教經典，著翁之文批判神道，這都是對宗教迷信思想予以決定性的攻擊，佛教徒對富永仲基也曾加以反擊，但效果不大。仲基的著作，影響所及，使國學家平田篤胤作出定笑語，更進一步排佛。

　　仲基師事三宅石庵，可說是出自朱子學派，但不受朱子學所限制，他把儒家經典視爲歷史的資料，與陽明傳習錄所云：「五經亦只是史」，「以言事謂之史，以道言謂之經」的意見是相通的，可見他也有所取資於陽明學。

　　仲基的排佛，排神道都是基於儒學的合理主義而發展的。從這點來說，仲基歸屬於大阪學派當然是正確的。

八、山片蟠桃（西元 1748～1817 年）

　　名芳秀，字子蘭，師事竹山、履軒，曾學西方天文學，也曾任大阪兩替屋〔註165〕的經理，因此他的思想就較具有合理主義的成分，在西元1802～1820年他著了一本《夢之代》的書，全書十二卷，是藉朱子學與西方自然科學的結合，以加強其合理思考的範例，這本書分〈天文〉、〈地理〉、〈神代〉、〈歷史〉、〈制度〉、〈經濟〉、〈經綸〉、〈雜書〉、〈異端〉、〈無鬼〉、〈雜論〉各篇，在書中，他主張地動的學說，否定神鬼，認爲死後並無靈魂，「生而活動即爲神」，他重視生命與精神作用。主張敬父母祖先，對父母生時應盡孝，死則盡哀，祭則尊奉，如爲求福祐，而祈神佛，則愚不可及，要求富貴顯達，最重要的莫過於「智力勤行」；要避免災過則需戒愼，在船則聽船長，病則求醫，只祈神求佛，並無用處，這些觀點都是極爲理性的，置之現代，亦不遜色。無怪乎被稱爲「日本無神論與唯物主義的鉅子」。〔註166〕

第五節　水戶學派

　　水戶在東京北方茨城縣中部，水戶藩則是在慶長年間（西元 1596～1614年）成立的，藩侯是德川家康的么子賴房，封祿爲三十五萬石。爲三親藩之一，水戶學派則爲二代藩主德川光圀爲修纂大日本史，而聚集許多學者共襄其事，才形成。以地方言，有人稱之爲「常陸學」（藤田東湖）；以時代言，

〔註165〕兩替屋，爲以交換金、銀、錢三種貨幣爲業的商店，資金雄厚的兩替商，接受全國商人寄存錢款，或發行票據，推展滙兌業務，頗具今日銀行的特徵。
〔註166〕見末中哲夫，《山片蟠桃之研究》，1973 年。

有人稱之爲「天保學」，就學問的性質言，也有人稱之爲「天朝正學」（栗田
栗里），實際上它是以歷史研究而興起的一種大義名分學。其時代綿亙長達二
百五十年。約可分爲三期

　　（1）以二代藩主光圀爲中心的時代。（義公期）
　　（2）以七代藩主治保爲中心的時代。（文公期）
　　（3）以九代藩主齊昭爲中心的時代。（烈公期）

這個學派網羅日本儒學各派學者，而以朱子學者爲主，第一期主撰大日本
史，以光圀所設彰考館爲中心，此期發展了水戶史學，以朱舜水、安積澹泊、
栗山潛鋒、三宅觀瀾、森儼塾、中村顧官、酒井竹軒等人爲代表人物。第二
期，以立原翠軒爲首，而藤田幽谷、青山延于、長久保赤水爲輔，爲行動期。

　　第三期主著爲弘道館記，代表人物爲會澤正志齋。藤田東湖、豐田天功，
同延光等人，以弘道館爲中心，在政治及社會運動方面都有成就，而有栗田
栗里及內藤恥叟的集學問大成人物的出現。

　　不管那一時期，他們的根本精神都是提倡大義名分，其學者大都是朱子
學者，因此水戶學派被歸入朱子學派之一。但其學統卻相當複雜。三浦藤作
在《日本倫理學史》頁222～224的表，相當明晰，茲抄錄於後，以清眉目。

　1. 藤原惺窩系統（京學派）

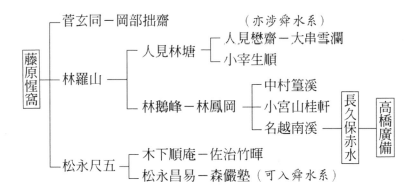

　2. 山崎闇齋系統（崎門派）

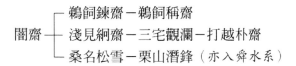

3. 朱舜水系統

4. 物徂徠系統（護園派）

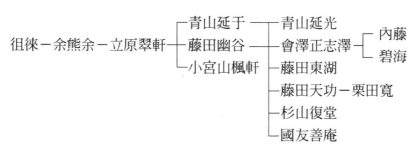

5. 伊藤仁齋系統（堀河學派）

仁齋──相田信也

6. 山鹿素行系統（聖教學派）

素行──佐久間立齋

據表所示，除京學、崎門及舜水三系屬朱子學派外，護園、堀河、聖教三系都是古學派，尤其護園系統的人物，在水戶學派後期的地位尤爲重要，他們實地參與了政教革新運動，對大義名分主義都由衷擁護，寫弘道館記，完成大日本史的偉大功勳，也以這一些人最爲主要。他們雖出自古學派，卻不拘泥於古學，而在立言大義上和朱子學合流爲一，如藤田東湖，雖屬古學派的徂徠系統，但他卻自行批判古學派對神記的看法肆無忌憚，他說：

> 始創古學者，猶有闕疑之意。然既開夸誕之端，至其徒則出入老莊，
>
> 知質而不知文，甚則陰挾西洋之學，以論述神代，其無忌憚已甚，
>
> 可不慎哉！

這個說法已脫離古學派的立場，而入於崎門學的範圍。其他各派學在水戶，大家在撰著大日本史這個前提上，都以朱子學的大義名分論爲衡量取材的標準，統名之曰水戶學。

水戶學的思想根源，遠溯可及於南北朝時代的北畠親房，近則以朱舜水影響最大，以下就從這兩個人開始敘述：

一、北畠親房（西元 1293～1354 年）

　　是南北朝時代的公卿，爲南朝忠臣。建武中興，曾參予新政，足利尊氏反朝廷後，他與其長子顯家、次子顯信、名將楠木正成、新田義貞合力輔佐南朝，對抗北朝，致力於南朝之復興，終雖未成，但他所著的神皇正統論，以伊勢神道的思想，揉合朱子學的大義名分論寫成，對皇位的正閏與天皇政治的本質加以論述，其筆力雄健，充滿神國思想與正義勝利的信念。這部書論皇位正閏，給日本史學思想影響很大，水戶學者著作大日本史，皇統的順序就是沿襲神皇正統記的，而他所鼓吹的忠孝之風，也給後世有志之士以景仰的典範，北畠親房之功在日本，是大家都同意的，他的皇道史觀、神儒一致論是水戶學的源頭之一。

二、朱舜水（西元 1600～1682 年）

　　名之瑜，字魯璵，號舜水，浙江餘姚人。爲明遺臣，數次往日本乞師。未果，明亡，仿魯仲連不帝秦之例，於西元 1659 年永往日本講學，有安東省庵、安積澹泊等師事他，時水戶藩主德川光圀聞其名，聘爲賓師，興起水戶學風。爲水戶學奠基人物，

　　安積澹泊作明故徵君文恭先生碑陰云：

> 寬文五年（西元 1665 年），我水戶侯梅里公聞其學殖德望，厚禮而聘，徵在慨然赴焉，待以賓師，禮遇甚隆。每見談論，依經守義，啓沃備至，教授學者，亹亹不倦，雖老而疾，手不釋卷。〔註167〕

　　《先哲叢談》卷二記其事云：

> 水戶義公聘爲賓師，寵待甚厚，歲致饒裕，然儉節自奉，無所費，至人或詬笑其嗇也。遂儲三千餘金，臨終盡納之水戶庫內。嘗謂曰：中國乏黃金，若用此於彼，一以當百矣。新井白石謂舜水縮節積餘財，非苟而然矣，其意蓋在充舉義兵，以圖恢復之用也。然時不至而終，可憫哉！〔註168〕

舜水的孤忠高節還可從他所作的中原陽九述略與安南供役記事〔註169〕中看出，他雖屏居海外，而志在復明，時以邦仇未雪爲恨。孤臣忠忱，精神照耀

〔註167〕《朱舜水全集・附錄》，頁 753，郭垣著《朱舜水》，頁 4，正中版。
〔註168〕《先哲叢談》卷二，頁 15。
〔註169〕見郭垣著《朱舜水》，頁 49～104。

千古。他曾參與大日本史的編纂事業。為其指導。安東守約上朱先生書中說：

> 敬聞上公大會諸儒，著日本史記，想先生定為總裁。然則宜與馬班
> 歐陽諸公並傳不朽。守約嘗曰：吾國學者之要，莫先乎史，若有能
> 為之者，其功不在管仲之下。今上公之德之功，與天壤同敝，誰不
> 尊宗焉，其所成有幾卷，既畢功否，鼎示惟望。〔註170〕

大日本史的首任總裁為安積覺氏，他束髮即從舜水學，為舜水衣鉢傳人，因
此大日本史受舜水影響甚大。凡水戶學者無不尊重大義名分，這是朱子學派
的特色，但水戶學派又不忽於實行。他對安東守約說：

> 學問之道，貴在實行，顏子聞一知十，而列德行之首，可見矣。

答林春信問云：

> 巨儒鴻士者，經邦弘化，康濟艱難者也。

答小宅生順問云：「為學當有實功，有實用。」

可見他對實行的重視，他也重視事功，如王陽明平宸濠之亂，他就極為
讚賞，許為英雄。他崇朱，言：朱注不可廢，說朱子道問學格物致知，於聖
人未有所戾。他認為格物窮理固為朱子學的骨幹，然不見諸行事，則其功用
不顯，故必躬行實踐，始足完成格物窮理的本能，他認為宋儒之學可為也，
宋儒之習氣不可為也，因為宋儒習氣流於迂腐，所以他戒學者不可學。日本
朱子學以經世治民為要，不尚空虛理論，是舜水對日本的一大貢獻。

舜水既重視實用，故無門戶之見，他評明道渾厚寬恕，斥伊川及朱子為
自明己志未免有吹毛求疵之病。他批評朱子足容必重，手容必恭，儼然泥塑
木雕，不可行於世，又認為朱子以陳同甫為異端未免過當，讚陽明雖有病處
但好處極多。這種治學態度造成水戶學兼容並包的自由學風，凡有實際功用
之學，就可取用，不必問其門戶。水戶史學有朱子學原已具備的尊王賤霸，
忠孝為上的成份，舜水既以自身為忠孝典範，又加注一實用實學的成份，使
水戶史學更有動人的力量。後藤新平論其影響，甚為妥切，他說：

> 若明季徵君朱之瑜，鄰邦所貢之至琛又至寶也。道義則貫心肝，學
> 術則主王業，不得行懷抱於故國，而卻傳衣鉢於我邦。……縱明室
> 恢復之志不成，而以滿身忠憤之氣，寓之一篇楠公之題贊，燭大義，
> 闡王道，使東海之日月，有光於千載，豈不亦賢乎。之瑜既義不帝
> 秦，堅守魯連之志，遂來蹈東海，得義公之知遇，乃為與湊川之碑

　　不朽千古之人。況於其純忠尊王之精神，滂溥鬱屈，潛默醞釀，可
　　二百年，而遂發爲志士勤王之倡議，一轉王政復古，乃至翼成維新
　　之大業，以致國運今日之蔚興。我之所得於之瑜也，固大矣。(《朱
　　舜水全集·序》)

朱舜水在日本與當時的學者，如山鹿素行，林春信，林春常，木下順庵等交遊，加賀藩臣奧村庸禮，以弟子禮事舜水，因此，受舜水感化的，不只水戶藩而已。舜水被欽佩的，節操、人格、道德之外，他的實學也受贊揚，德川光圀說舜水：

　　具有眞的經濟學問。縱今在曠寞無人之野，興一都邑，集士農工商，
　　事亦成就。先生乃由詩書禮樂，而至田園耕作，家屋建造，酒食鹽
　　醬，均可細密究得之人也。

他給水戶藩士的教導是去妄想，戒虛誕，實事求是，重節義，明綱常，倫理清楚，受其教化，水戶藩士在幕末成爲尊王倒幕的急先鋒，許多明治維新的志士，如吉田松蔭、高杉晉作、坂本龍馬、西鄉隆盛等人，全在維新前夕到水戶的弘道館受教，故朱舜水促成明治維新之功不可沒。

三、德川光圀 (西元 1628～1700 年)

　　字子龍，小字千代松，號梅里，諡義公。父賴房爲水戶藩始祖，爲御三家之一，但水戶藩較紀伊、尾張兩親藩小很多，且新藩藩主與藩士之間沒有世臣的關係，爲順利統治藩士，需要確立一個支持新藩體制的思想觀念，於是水戶學就應需要而產生了。

　　光圀是一個有眼光的政治家，也是謙虛的學者。在十八歲時，他讀了《史記·伯夷傳》，「蹶然慕其高義，撫卷嘆曰：不有載籍，虞夏之文，不可得而見；不由史筆，何以俾後之人有所觀感？於是慨然有修史之志。」(藤田幽谷、義公遺事)，由此時起，他勤力向學。適朱舜水到日本，他就禮聘至水戶，問道講學，執弟子禮甚恭，終有所成。

　　在梅里先生碑陰并銘裏，自述其爲人：

　　其爲人也，不滯物，不著事，尊神儒而駁神儒，崇佛老而排佛老。
　　常喜賓客，殆市於門。每有暇讀書，不必求解。歡不歡歡，憂不憂
　　憂，日之夕，花之朝，斟酒適意，吟詩於情，聲色飽食，不爲其美，

第宅器物，有則隨有而樂胥，無則任無而晏如。〔註171〕

可見生活的瀟灑自如。他受舜水之教，傾心於朱子學，講究春秋之大義，崇儒教，反怪力亂神，破壞領內祭邪神的寺社，計社祠三千零八十八所，佛寺九百九十七，令僧還俗爲民者三百四十四人。〔註172〕創立救濟貧病殘廢以及八十以上老人的雜穀制度。他獎勵孝子節婦，又表揚南朝忠臣楠木正成，在湊川修建墓，立碑，題曰「嗚呼！忠臣楠子之墓」，刻舜水所作贊語於碑陰，此湊川碑文是宣揚忠道的有名佳作，據說明治維新志士，常誦此文，〔註173〕以勵其氣，有助於明治維新大業是可肯定的。〔註174〕

光圀一生最主要的事業是編纂大日本史。他爲此開設彰考館，〔註175〕作爲修史的辦公處所，撥了八萬石的龐大經費，以厚祿招聘四方學者，最高給四百石，最低百五十石，其中支給二百石者就有六十，這個高薪政策，使所聘的史館諸儒，皆極一時之選，終能爲日本史學界創立新紀元，它透過對歷史事實的忠實敘述，以明儒學的大義名分。其特色是有所謂三大特筆，即列神功於后妃，揭大友於帝紀，以南朝爲正統。在這個著作中，他們試圖把幕藩體制形成後而產生的新身分制加以合理化，有其教訓意義，大日本史的編纂事業後來一直持續下去，直到明治三九年（西元1906年）才裁撤這修史的專設機構，時間共二百多年，此書取法中國正史，用漢文書寫，從日本古代，一直寫到日本南北朝末葉的後小松天皇爲止，內容爲本紀七三卷，列傳一七〇卷，十志一二六卷，五表二八卷，共計三九七卷。它根據朱子學的大義名分

〔註171〕《常山文集》卷二十。見水戶學全書第四冊、頁46。

〔註172〕參見藤田東湖《弘道館記述義》，頁132，岩波文庫本。

〔註173〕謹附錄原文，以爲參考：楠公碑陰記：忠孝著乎天下，日月麗乎天地。無日月，則晦蒙否塞；人心廢忠孝，則亂賊相尋，乾坤反覆。余聞楠公諱正成者，忠孝節義，國士無雙，蒐其行事，不可概見。大抵公用兵，審強弱之勢於機先，決成敗之機於呼吸。知人善任，體士推誠，是以謀無不中，而戰無不克。誓心天地，金石不渝，不爲利間，不爲害怵。故能興復王室，還於舊都。諺曰：「前門拒狼，後門進虎。」廟謨不臧，元凶接踵，構殺國儲，傾移鐘簴；功垂成而震主，策雖善而弗用，自古未有元帥妒前，庸臣專斷，而大將能立功於外者，卒之以身許國，之死靡他。觀其臨終訓子，從容就義，託孤寄命，言不及私，非精忠貫日，能如斯整而暇乎？父子兄弟，世篤忠眞，節孝萃於一門，盛矣哉！至今王公大人，以及里巷之士，交口而誦說之不衰，其必有大過人者。惜乎！載筆者無所考信，不能發揚其盛美大德耳？」

〔註174〕見鄭學稼：《日本史》（四），頁570之說及附註。

〔註175〕採《春秋左氏傳》杜預語：「彰往考來」之意。

論，對於歷史人物，加以道德上的批評，梅里先生碑陰並銘自述曰：

> 自早有志於編史，然罕書可徵，爰搜爰購，求之得之，徵遴以稗官
> 小說，據實闕疑。正潤皇統，是非人臣，輯成一家之言。

所謂是非人臣，即是著重歷史褒貶的作用。但他們於史料搜集和校勘很有成績，對出處都一一注明，考證其眞僞，而對神話時代不作詳述，這種修史方法，已有實證史學之味，受到甚高的評價。

光圀天資英毅仁恕，御眾有方，能推心置腹，故人樂爲之用，他肯定封建社會的道德觀，如男尊女卑，君尊臣卑等觀念，主張心爲世界的本體，以忠孝一致，文武不歧爲士道之本，他援用儒學教化藩民，尊皇室，擁國體，敬神道，主名教，終於成爲「名君」。

著有《禮儀類典》、《釋萬葉集》、《常山詠草》、《常山文集》、《西山公隨筆》等書。

四、安積澹泊（西元 1656～1737 年）

名覺、字子先，通稱覺兵衛，號澹泊齋、老圃、常山、老牛居士，年十歲，至江戶，師事朱舜水，後任水戶藩儒官，爲彰考館總裁。是水戶大日本史修撰事業的實際負責人。他首揭義例，嚴定「大義名分」，使後世讀史者，知將軍僅爲陪臣，天子在於京都，影響深遠。澹泊博學能文，能操華語，擅於史學，其祖正信有功於國，其父繼食其祿，澹泊亦承襲之，舜水警曰：「勿恃前蔭，汝宜勉之。」澹泊受教唯唯，勤力苦學，終有所成。光圀設史館編纂大日本史，囑澹泊寫神功皇后論，帝大友論，論成，呈上，深受光圀信任，後又奉綱條（肅公）之命，把論贊執筆完成，在宗堯（成公）時，校訂常山文集，更執筆義公行實，又以五年時間寫成德川家康傳（列祖成績）二十卷。後年老辭職，卻依然參與編修事務，卒年，還擔任食貨志，兵馬志的編述。《先哲叢談》卷五云：

> 當義公之世，史館得人，及公薨，一時名彥相尋凋喪，澹泊獨存，爲世所瞻仰。徂徠書曰：先侯業已去世，一時鄒（陽）枚（乘）之輩，寥落殆盡，而足下獨以朱先生高弟弟子，巍然以存，有如靈光。

〔註 176〕

可見其聲望之高，澹泊歷事烈、肅、恭、成四公，端亮方正，慎密自守，又博學洽聞，著名海內，當時名儒如新井白石、室鳩巢等都是他的知友。

澹泊為大日本史作論贊，其論贊具有一種發凡起例，與賅核謹嚴的教訓史精神，其論贊在現行本的大日本史中被刪掉了，相當可惜，這個論贊的精神是儒家的正名主義，即用歷史的事實來擁護名教，詳細的說，他作論贊是根據春秋，學習歐陽修的《新五代史》，與朱子《通鑑綱目》的筆法，在據事直書中，使名實相符，而褒貶之意，躍然紙上，此謂之核名實。除據事直書外，他又分別正統無統，有罪無罪，使君臣大義炳然，亂臣賊子，無所逃罪，此即正名分，其正面為尊王，反面為賤霸。尊王則定南朝為正統，並以神器在於南朝為證，除核名實，正名分外，大日本史還著重獎名行。旌名節，表賢能，以為後人模範。這些主張，總歸還是以朱子學的歷史哲學為主的。

澹泊擁護朱子學，而排斥佛教，當時佛教僧侶生活墮落，不守清規的很多，因此他在論讚中指責奉佛教者唯知有佛，而不知有君父，與三綱五常大相逕庭，應予排擊。

澹泊主持大日本史的修撰工作，根據的是大義名分論，水戶學重視大義名分論的學風固然溯自朱舜水的教導，但澹泊提倡宣揚的功勳也不可埋沒。

著有《老圃詩賸》、《朱文恭遺事》、《西山遺事》、《湖亭涉筆》，另有《澹泊史論》等書。

五、栗山潛鋒（西元 1671～1706 年）

名愿，又名成信，字伯立，號潛鋒、大拙、拙齋，通稱源助。山城淀人，本姓長澤，父真節，係儒者，仕淀侯。他生性穎慧，好學不倦，學於闇齋門下之桑名松雪，又嘗問學於朱舜水，他最精國史。後改姓栗山，以鵜飼鍊齋之薦，仕八條親王（為後陽成天皇第八皇子，彈正尹二品、尚仁親王），為伴讀，熱心進講經史，又著《保健大記》二卷，上之王府。他二三歲始遊江戶，後鍊齋又薦他仕水戶侯，賜祿三百石，為彰考館總裁，三宅觀瀾、安積澹泊二人均服其才識。著有《保建大記》、《義公行實》、《敝帚文集》、《國史後編》、《倭史後編》等書。

最能表現潛鋒思想的是他的歷史傑作——《保建大記》，從這本書可以看出他的歷史哲學觀點，它是以保元元年至建元三年（西元 1156～1192 年）共三十八年間的史實為中心，藉史實而論政治之是非，皇統之得失，他說日本

國體必然是一君萬民的政治，但因保元、平治之亂，〔註177〕給武家抬頭的機會，從此政權由武家掌握，武家固然橫暴，但藤原氏末流政治不善，才使皇運衰頹。潛鋒從這段史實的考察，得到幾個結論，即 1. 日本國體是尊嚴的。2. 三種神器爲皇朝正統所在。他認爲詳考王室衰微的原因，可以昭示鑒戒於後世。他的思想根據仍是朱子學，朱子學的尊王，使他固持天皇中心主義與王政復古思想，朱子學的大義名分論，使他持以三種神器爲正統的見解，甚至有把日本視爲中國，以中華爲西夷的法。三宅觀瀾的《保建大記·序》說：

> 晚近學降士庶，撰者頗多，其間亦特得潛鋒子保建大記，擬體范氏之鑒（范祖禹唐鑒），朱子之綱（通鑑綱目）。致敬畏於君心，謹禮分於臣道，忠邪不遁，始終可繹，以至政之得失，事之是非，一皆皆以古義，信其推本貴正，愛說名教者，固可與源准后之作相顯，而措辭之嚴，行文之難，迥度越前人矣云云。〔註178〕

這即說明提倡君臣大義，尊崇王室保建大記的基本思想，他認爲保元之亂，崇德上皇與後白河天皇的院、帝之爭，當以奉神器者爲尊，崇德雖爲後白河之兄，而臣下的向背乃歸於奉持神器的後白河天皇。他說：

> 古昔三器，通謂之璽，璽者信也。皇祖之授璽也：持寶鏡曰：吾兒視此，當猶視吾。又曰：莫思爾祖，吾在鏡中。又曰：如八坂瓊之妙，如白銅鏡之明，且提神劍平天下，建神武都於橿原，奉安三物，親祭不懈，以爲祖先之神，以爲天位之信，又以爲修己之具，又以爲馭天下之器。

> 又說：護身之靈器者，鎮宇之神物，萬物之公議也。終不容僞主之亂眞，閏統之蔑正，則世道雖夷，王風雖降，三璽之尊自若也。

> 又說：至以躬擁三器爲我眞主，則臣要質之鬼神而無疑，百世以俟聖人而不惑。〔註179〕

這種以擁有鏡、劍、玉三種神器爲正統的說法，早見之於源親房的神皇正統

〔註177〕保元平治之亂：爲十二世紀末葉，從院政轉移至平氏政權之際，發生於京都的戰亂，爲結束平安王朝時代而開創武家政治之重要歷史事件。保元之亂是源義朝弒父源爲義，平清盛斬其叔平忠正，而擁後白河天皇（七七代），流放崇德上皇（七五代）之舉。平治之亂則爲平清盛剿滅源義朝反叛之事，此役後，造成平氏二十多年的黃金時代。

〔註178〕《觀瀾集》、頁438，續續群書類從第十三冊本。

〔註179〕〈保建大記〉卷上頁16～18，《栗山潛鋒集》，見水戶學全集第五冊。

記，潛鋒之說應是承繼此說，《青山延于·文苑遺談》所說可證之，內云：

> 余家舊藏神皇正統記即潛鋒先生之遺書，由其訂謬誤，攻同異，塗
> 抹細書觀之，乃知先輩之用意國史，竭力編摩，雖一字之訛，參互
> 考訂，不遺餘力，其勤苦可謂至矣。〔註180〕

潛鋒又有以日本爲中國之說，這是承襲闇齋的說法，是日本學者重視本國的表現，也這本《保建大記》後因土佐谷秦山著《保建大記打聞》二卷，論辯其說，更加以發揮，而使得潛鋒的歷史哲學傳於土佐，影響所及，土佐也成爲維新志士的孕育場所。學術的力量實在是無形的。是不可忽視的。

潛鋒任彰考館總裁時，刻苦勵精，不遺餘力，又私閱諸家記載，作後小松，稱光、後花園三帝紀，〔註181〕名曰俟史後編。希望表章皇統的原委，抉摘人臣之幽隱，以備將來之鑒戒而所作，識見，才學、史筆俱佳，然而由於積勞成疾，終於一病不起，享年僅三六歲。他年輕時有豪語云：「寧爲虎而早死，勿爲鼠而長生。」倒是不幸而言中。然依賴其著作，加上他嘗編寫中世以降諸家記傳珍籍六十多種，爲日本類書之首倡，說潛鋒可不朽，大概不是溢美之辭。

六、三宅觀瀾（西元 1675～1718 年）

名緝明，字用晦，號觀瀾、端山，小字十九郎。京都人。初受業於崎門三傑之一的淺見絅齋，出仕後，以出處異途爲師門所絕。後入江戶木下順庵之門。

觀瀾天資穎悟，尤能文章，作謁楠公正成詩並序云：「一從廟算失元勛，海自蒼茫山自紛。當日臣軀唯粉碎，後來皇統遂瓜分。血凝地上青青草，怨遏嶠嶺漠漠雲。獨有餘心懷故國，依然南向岳王坟。」〔註182〕

友人鵜飼錬齋（金平）錄以上水戶侯光圀，光圀大爲稱讚，就召爲史館編修，後爲總裁。初觀瀾謁光圀於帝山，光圀大喜，賦詩贈之云：

> 久驚我耳轟雷霆，風度相逢江上萍。
>
> 驟雨一過涼洗暑，忽開柳眼放垂青。

當時觀瀾才二六歲，也作詩和他。君臣唱和應酬，至爲相得，傳爲水戶學興

〔註180〕《青山延于集》，頁 328，水戶學全集第六冊。
〔註181〕後小松爲第一○○代，稱光爲一○一代，後花園爲一○二代天皇，時代爲十四世紀末到十五世紀中葉，共七十三年。
〔註182〕《觀瀾集》，頁 500～501。

起時的一段佳話。

　　觀瀾熟悉南朝事實，大日本史，新田、楠木各氏等傳，都是他寫的。他撰寫本紀，極力宣揚皇政復古，並貶斥霸政。

　　西元 1711 年、觀瀾三八歲，因新井白石之薦，與室鳩巢同擢爲幕府博士，翌年與朝鮮聘使客館唱和，韓使南聖重見觀瀾出群拔萃，論議經義，商榷古今。乃和韻讚觀瀾云：

　　　　觀水必觀瀾，君應取於是，非徒汪汪波，更嘆洋洋美。〔註 183〕

其時唱和詩文，結集爲《支機間談》一書。

　　觀瀾不得長壽，卒年四十五，其文章學術爲同儕所重，如梁田蛻巖於祭文即曰：

　　　　文章典雅，學養深邃，志氣精采，宜其蚤譽水府，而爲史筆冠冕。

　　　　安積、栗山二子，雖材識博物，尚且退舍，足見英華擅發。〔註 184〕

雨森芳洲《橘窗雜話》曾許曰：「盛名轟雷」。荻生徂徠等人亦皆推重之。

　　觀瀾嘗作《中興鑑言》，與栗山潛鋒之《保建大記》並稱爲水戶學之史論雙璧。青山延于曾論史館人才，頗爲公允。其文曰：

　　　　余嘗觀潛鋒之議論核實，觀瀾之文章富贍，得此才可謂不易，其他諸子、安澹泊、村篁溪之徒，亦皆以老練之才，博洽之學，各因其所長，以竭其力。譬猶颺順風而下長江，居高屋而建瓴水，則國史之城，將不數年而奏其功，而潛鋒、篁溪相繼淪謝，觀瀾應幕府之辟，數年之間，人材零落，老成殆盡，頹波砥柱，唯澹泊先生而已。

　　　　〔註 185〕

《中興鑑言》一書，頌贊建武中興之事，而惋惜其時之短暫，尋究其因，而欲垂爲警戒，內容分〈論勢〉、〈論義〉、〈論德〉三篇，論大義名分，文辭雅健，但其正統思想則與潛鋒互有歧異。潛鋒主張：神器之所在，即正統之所在，而觀瀾卻主張：正統在義不在器，南北朝時，義在南朝，故不管有無神器，應爲正統。此說爲得。他又倡王政復古，歌咏古代帝王之學。推倡尊王。

　　觀瀾也提倡忠義，也如栗山潛鋒，歌頌赤穗四七士復仇之事，潛鋒敝帚集有忠義碑之作，觀瀾也有烈士報仇錄等書。

〔註 183〕竹林貫一著，〈漢學者傳記集成〉，關書院，頁 132。

〔註 184〕同上書，頁 129。

〔註 185〕〈文苑遺談〉，頁 333，見《青山延于集》。

七、森儼塾（西元 1653～1721 年）

攝津高槻人，師事松永尺五門下，松永昌易，學成後、仕於水戶，從西元 1684 年至西元 1721 年，共三十八年歷水戶侯光圀、綱條（肅公）、宗堯（成公）三代，爲儒員。他兼通佛儒二教，著述以護法資治論爲有名，主張佛教可爲日本政治取資之用，又主張採取中國的文學官制風俗。然而一切要以適合日本用爲考慮，其以日本爲第一考慮的思想，對後代的水戶學有很大的影響。

八、立原翠軒（西元 1744～1823 年）

名萬，字伯村，爲徂徠門人大內熊耳之門下田中江南之徒。光圀死後五六十年，至七十年間，水戶前期諸大師都已物故，然修史事業，仍在繼續，西元 1716 年，安積澹泊撰本紀列傳的論贊，西元 1720 年，大日本史二百五十卷獻呈將軍吉宗，西元 1734 年，得幕府版刻許可，西元 1737 年，澹泊完成紀傳檢閱之功，準備上梓付印，但同年澹泊去世，修史事業存而不振，至西元 1763 年，立原翠軒入史館，西元 1786 年昇爲總裁，開始整理大日本史，把大日本史的編纂暫時告一段落。

立原翠軒出自古學派，其門人小宮地楓軒云：「先生爲學以爲古人傳註經說已盡其義，故不喜窮究章句之末節。」〔註 186〕水戶學原有很強的朱子學傾向，自翠軒以後，開始注入古學成分。他爲了促使大日本史付印，建議先印現成的紀傳，而修志之事暫時延後。西元 1799 年，翠軒將紀傳淨寫本獻於光圀廟前，七年後獻刻本於幕府，再四年，刻本獻上朝廷，從此水戶學，從史學領域，擴展至政教學。史學方面：有關志、表及其目錄，直至明治以後，才由栗田栗里（名寬、字叔栗）博士完成，明治卅九年大日本史共三九七卷，目錄五卷全部呈獻於朝廷，這部花費水戶藩約三分之一的藩中經費，費時二百五十年的大日本史終於全部完成，號稱耗時甚久的明史也不過六十年就已編成，大日本史的事業實令人欽佩，在長期修史事業中，養成了許多學者，因而水戶就成爲天下論客之淵藪，爲培養尊皇思想與日本精神的溫床。促成明治維新之因很多，水戶思想的啓發當爲誘因之一。

〔註 186〕高田眞治、《日本儒學史》，頁 221 引者舊得聞。

九、德川齊昭（西元 1800～1860 年）

字子信，號景山，潛龍閣，幼名虎三郎，通稱敬三郎，爲水戶藩侯德川治紀的第三子，繼兄齊修爲第十代藩主。其第七子慶喜，後出任幕府第十五代將軍，其譜系如下：

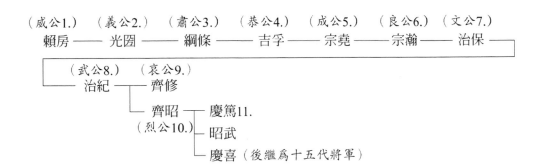

齊昭幼從會澤安學，通達文武諸道，多能鄙事，精力絕倫，一生計有廿二男十三女。他果斷英明，能適應幕末時勢。三十歲接掌藩政後，即斥貪污，開言路，正田界，減租稅，大行節約。設藩校弘道館，教育藩士，時外國船舶相繼強泊日本，他認爲應加強海防，故積極改革兵制，組銃炮隊，鑄造大炮，曾獻巨炮七十五門給幕府，並企圖開發北海道，以爲北邊俄患應予嚴防，對朝廷，則守光圀之教，忠於朝廷爲第一。這種尊王攘夷的主張，導致倒幕的後果，爲明治維新之先聲。

他曾協助阿部正弘〔註187〕主持幕政，後因通商條約問題與幕府大老井伊直弼意見不合，被排斥，令其「謹愼隱居」。在安政大獄被判永久蟄居，〔註 188〕後井伊被刺，齊昭也在悲憤與憂鬱下病死，他的尊王，使他贏得朝廷忠臣之譽，他的攘夷、討幕主張，卻成爲幕府的叛逆。

齊昭革新藩政措施中，創立弘道館，是最値得注意的，弘道館是水戶藩校，齊昭重視教育，爲建此校，他曾以家臣祿之半爲抵押向商人借金二千兩以爲經費，他所寫的館記與朱舜水的楠公碑陰記，都是宣揚日本皇道，倡言

〔註187〕阿部正弘（西元 1817～1857 年）江户時代後期老中（幕府中掌機要政務的最高官職），繼水野忠邦之後，爲幕府首要人物之一，在外國迫日開國之際，就外交問題廣徵國是意見，後打破鎖國政策，與美、英、俄、荷諸國訂友好條約，在其任內准許造船、創設海軍、鑄造大炮等新式武器，作風開明。

〔註188〕蟄居，禁閉閒居一室，不能自由行動，刑罰之一。

忠義的名作，研究日本精神，不能不讀這兩篇文章，而這篇館記被認爲是水
戶學的神髓，爲水戶哲學的代表作，分析這篇文章的思想，大體依據朱子學
的精神，而參用崎門神道派的主張。後來引申其說者又將之與國學派之說牽
合，於是竟成爲尊王攘夷的代表作品，以下抄錄其全文，以資研究者參考，
文曰：

> 弘道者何？人能弘道也。道者何？天地之大經而生民不可須臾離者
> 也。

> 弘道之館，何爲而設也？恭維上古神聖立極垂統，天地位焉，萬物育
> 焉。其所以照臨六合，統御宇內者，未嘗不由斯道也。寶祚以之無窮，
> 國體以之尊嚴，蒼生以之安寧，蠻夷戎狄以之率服，而聖子神孫，尚
> 不肯自足，樂取於人以爲善。乃若西土（指中國）唐虞三代之治教，
> 資以贊皇猷，於是斯道愈大愈明，而無復尚焉。中世以降，異端邪道，
> 誣民惑世，俗儒曲學，舍此從彼，皇化陵夷，禍亂相踵，大道之不明
> 於世也，蓋亦久矣。我東照公撥亂反正，尊王攘夷，允武允文，以開
> 太平之基。我祖威公（指水戶賴房）實受封東土，夙慕日本武尊（日
> 史傳說之英雄）之爲人，尊神道，繕武備。義公（指光圀）繼述，嘗
> 感發於夷齊，更崇儒教，明倫正名，以藩屏於國家，爾來百數十年，
> 世承遺緒，沐浴恩澤，以至今日，則苟爲臣子者，豈可弗思所以推弘
> 斯道，發揚先德乎？此則館之所以爲設也。

> 抑夫建御雷神（武神）者何？以其亮天功於草昧，留威靈於斯土，
> 欲原其始，報其本，使民知斯道之所由來也。

> 其營孔子廟者何？以唐虞三代之道折衷於此，欲欽其德，資其教，
> 使人知斯道之所以益大且明，不偶然也。

> 嗚呼！我國中士民，夙夜匪懈，出入斯館，奉神州之道，資西土之
> 教，忠孝無二，文武不歧，學問事業，不殊其效，敬神崇儒，無有
> 偏黨，集眾思，宣群力，以報國家無窮之恩，則豈徒祖宗之志弗墜，
> 神皇在天之靈，亦將降鑒焉。設斯館以治教者誰？權中納言（官名，
> 掌諫議）從三位源朝臣齊昭也。天保九年（西元 1838 年）歲次戊戌
> 春三月齊昭撰。

這篇館記現仍立於弘道館中。爲研究水戶學不可欠缺的重要文件。

十、藤田幽谷（西元 1774～1828 年）

名一正，字子定，號幽谷。水戶人。初仕水府史館爲編修，受水戶中興之祖文公治保命，專掌補志表之事。後爲總裁。

幽谷幼穎悟超人，成童時，即著有《讀孝經》，長赤水以之示清人程赤城，赤城大爲嗟賞，致書云：

> 吾土之大，妙筆屬文者固不乏其人，然至論經義，則寥寥鮮聞，貴
> 國得才，實可貴也！〔註189〕

又作有〈志學論〉、〈正名論〉、〈建元論〉、〈安民論〉，都收入《幽谷遺稿》內，尤其〈正名論〉，辨明大義名分，爲幽谷一生學術所寄，爲其代表作。他教子弟以忠孝即本此說。務求勵名節，振風俗，尤謹於名分。他應用儒教天地人爲三才的思想，賦予日本國體以形而上學的意義，他說：

> 赫赫日本，自皇祖開國以來，以天爲父，以地爲母，聖子神孫，世
> 世繼明德以照臨四海，四海之內尊之曰天皇，號八洲之廣，兆民之
> 眾，絕倫之力，超世之智，從古迄今，未嘗有一日以庶姓而奸天位
> 者。蓋君臣之名，上下之分正且嚴焉，猶天地之將不可易也。〔註190〕

他闡述日本國體的本質說：

> 天朝開闢以來，皇統一姓，傳之無窮，擁神器，握寶圖，禮樂舊章，
> 率由不改，天皇之尊，宇內無二。〔註191〕

又說明幕府與皇室的關係，說明幕府政治爲霸主之業，將軍爲天皇之臣，唯尊天皇，方能使諸侯崇幕府，而卿大夫亦敬諸侯，上下分明而相保，此協和萬邦之道。

這些主張有濃厚的尊皇與國家至上的意味，尊王攘夷與正名主義是幽谷思想的主要成分。

他對北方俄國的可能南下侵略，深具戒心，嘗於上治保的第一封信中，提出警告，他希望以武士立場，驅逐外寇，一如北條氏斬蒙古之使，令天下將士備戰，遂殲十萬之敵於西海的故事。西元 1804 年，俄使至長崎，隨即侵千島群島、庫頁島，西元 1808 年，英船闖入長崎，奉行松平康英擊之不果，切腹謝罪，十年後，英船再進浦賀，再四年後，英捕鯨船進江戶灣，再二年，

〔註189〕〈文苑遺談抄〉，見《青山延于集》頁 351。
〔註190〕《藤田幽谷集》，頁 344～345，見水戶學全集第四冊。
〔註191〕同上書，〈正名論〉，頁 347。

英船員又登陸大津海岸，〔註192〕受這些外力壓迫，幽谷上書水戶哀公齊修應修武備，力謀富國強兵，西元 1824 年，英船員登陸大津，幽谷且親命其子東湖前往捕殺，後以知其並無惡意而放還。

　　幽谷又有農本主義的主張，他著有《勸農或問》一書，以爲勸農是復國的唯一手段，他以爲爲政目的在於養民，養民之要在於扶強抑弱，養老慈幼，並要除去侈惰、兼併、力役、橫斂、煩擾之弊，要重稅商民，輕賦農民，這種重農輕商的論調與大阪朱子學派顯然不同。

　　幽谷之學出自立原翠軒，立原雖從古學派來，但也是著名的朱子學者，幽谷亦承其說，崇朱子，然也看重仁齋與徂徠，他認爲徂徠論禮樂政刑，講實用之學可取，故呼之爲巨擘，他們爲學能取長補短，務實學，都是水戶學的特色，幽谷門下俊傑甚多，會澤安傳其學術而豐田天功，吉田活堂，青山延于，小宮山楓軒都是佼佼者，其子東湖則承其政治家的素質，進而鼓勵天下人物，實踐勤王。

　　初立原續修大日本史，以藩內財政困難，建議閉史館，不必修「志」，而速印「紀傳」。但藤田以爲日本一姓相承二千多年，經綸、制度、典物、文章，應有可記，故主張要修「志」，而獲得文公贊同，其師立原反因之去職，由此師徒觀點之異，後來竟使水戶藩士分成兩派對立，形成黨禍，立原派後來變爲佐幕，集因循老成之人，藤田派後來變成勤王，汲引慷慨急進之士。幕末勤王志士，如櫻田門事件刺殺井伊大老的幕後指導者高橋多一郎及其友人都屬藤田派。由此亦可見幽谷教育的成功。可惜因「黨爭」，而使得人才消耗、國力也因之疲弊，於明治維新大業的促成，水戶志士雖著先鞭，然完成大業之功，卻不得不讓於薩長兩藩。

十一、會澤正志齋（西元 1782～1863 年）

　　名安，字伯民，通稱恒藏，號正志齋（簡稱正志），後號懇齋，常陸人。他是幕末思想家的巨擘，與初期的森儼塾並爲水戶最偉大的思想家，爲水戶學的集大成人物。

　　他師事幽谷，著有《及門遺範》，述幽谷典範，初因幽谷之薦，入彰考館爲寫字生，次爲諸公子侍讀。三九歲開學塾八年，四八歲，與東湖擁立烈公

有功，次年擢爲郡奉行，後爲彰考館總裁，五九歲爲弘道館總裁，後坐齊昭
蟄居罪，被囚，禁中，奮力著作。後齊昭出與幕政，他亦出佐之，倡主戰論，
尙強硬外交。後齊昭再被戒飭，他於是灰心於政治，又痛懲幽谷，東湖奔走
政治，無遑著述，故立志專事著書，成績斐然。其作品很多，約可分爲三類：

（一）思問編：以研究中國哲學爲主，有《老經考》、《中庸釋義》、《典
　　　謨述義並附錄》、《刪詩義》、《讀論日札》、《讀書日札》、《讀周官》
　　　等書。

（二）息邪編：爲排耶蘇之作，有《豈好辯編》、《兩眼考》、《息邪漫錄》
　　　等書。

（三）閑聖編：宣揚尊王攘夷，爲其中心思想的代表作。有《新論》、《迪
　　　彝編》、《草偃和言》、《學制略說》、《退食間話》、《及門遺範》、《下
　　　學邇言》、《讀直毘靈》等書。

其中《新論》一書，最稱代表之作，有五篇，即〈國體〉、〈形勢〉、〈虜
情〉、〈守御〉、〈長計〉。首篇旨在尊皇，故宣揚皇室中心主義，中三篇旨在攘
夷，故宣揚日本中心主義。末篇旨在依祭祀以鞏固忠孝觀念，故宣揚以儒教
爲中心之神儒合一主義。

他論日本國體是以皇室爲中心的，因爲當時日本已有外患，外患意識引
發民族思想，日本民族是以皇室爲中心，休勸幕府尊王，主張忠孝一本，祭
政一致與一君萬民，強調日本政教合一，皇統即神統，綿綿不絕，永遠不像
中國有易姓革命的情形，他說：

> 余謂神州萬國之元首，皇統不得有二，以萬民奉一君，其義在盡君
> 臣之分矣。而漢土則神州之貳，其君臣不能一定不變，猶武將鎭撫
> 下土，代興遞替也。……夫道出於天也，既見於天地之大道，則必
> 知一君二民之義，苟知一君二民之義，則知萬國元首不宜有二，而
> 萬奉一君之邦，不得有二，亦知天胤之必不可移，而萬國不能無易
> 姓，即是天地之道而勢之不得不然也。〔註193〕

由於民族意識被外患喚醒了。於是發而爲內求富國強兵，外求反侵略，他認
爲要抵抗歐美及俄國的侵略，須與滿清相提携，在二百年前，能對帝俄的東
侵提出警告，能倡言中日合作，實在是獨具慧眼。

他提出的守禦之策相當具體，如革新內政、整備軍令、置辦新式兵器等，

〔註193〕《下學邇言》卷一，頁3，明治廿五本家刊本。

都很切實用。

當然他受時代限制，主張重農輕商，排洋教，排蘭學，尊神道，則有些弊病。然亦不可厚非。

他是個優秀的朱子學者，精於經術，對儒家報本尊祖，尊王攘夷及重農之說有深切體會，於是發爲言論，付之實踐，影響所及，建立起日本人的信心，煽起尊王攘夷的熱情，然在明治以後竟發展爲對外擴張的侵略主義，倒是始料未及的。

總之，正志齋是水戶政教學的代表人物，是尊王攘夷論的旗手，他的書，到現在仍爲人所愛讀，可見其文之魅力。

十二、藤田東湖（西元 1808～1855 年）

名彪，字斌卿，號東湖。父幽谷，幼承家學，富忠孝精神，有政治家的素質，他是水戶政教學的實行者，將理論付之實際，所謂學問事業不殊其效（弘道館記語），東湖是做到了，他一生嘗歷攘英夷，擁齊昭繼立爲水戶藩主，與齊昭同受禁錮的生死大關，他親自參與，輸忠竭誠的政治活動，加上有一支長於煽動人心的生花妙筆，他的言行，給幕末的勤王運動以極大的影響。在西元 1854 年，曾出仕海岸防禦，以倡尊皇攘夷，爲世所重，惜次年有安政大地震，東湖救出老母之後，竟與同事戶口蓬軒（忠敬）被屋梁壓死在江戶小梅之藩邸。

東湖的著作，無論和漢文都極其生動流暢，言之有力，他著有《回天詩史》、《常陸帶》、《和文天祥正氣歌》及《弘道館記述義》等書。前三本書都極生動地標識著他在政治上活躍的經歷，言辭內容，富慷慨悲歌的氣息，如《回天詩史》追懷生平，抒寫抱負，感人殊深，詩曰：

> 三決死矣而不死，二十五回渡刀水。五乞閒地不得閒，三十九年七處徒。邦家隆替非偶然，人生得失豈徒爾。自驚塵垢盈皮膚，猶餘忠義塡骨髓。嫖姚定遠不可期，丘明馬遷空自企。苟明大義正人心，皇道奚患不興起。斯心奮發誓神明，古人有云斃而已。〔註 194〕

這首詩爲幕末志士所傳誦，「斃而已」這句話，後來竟成爲阪下門之變志士行動的口號。

〔註 194〕 〈回天詩史〉、頁 4、《東湖全集》第一卷本。

東湖的《和文天祥正氣歌》在日本幕末時期也是膾炙人口的，使不少的忠義孝烈之士聞風興起，錄其詩於下：

天地正大氣，粹然鍾神州。秀為不二岳，巍巍聳千秋。注為大瀛水，
洋洋環八州。發為萬朵櫻，眾芳難與儔。凝為百煉鐵，銳利可斷鼇，
蓋臣皆熊熊，武夫盡好仇。神州孰君臨，萬古仰天皇。皇風洽六合，
明德侔太陽，世不無污隆，正氣時放光。乃參大連議，侃侃排瞿曇。
乃助明主斷，焰焰焚伽藍。中郎嘗用之，宗社磐石安。清丸嘗用之，
妖僧肝膽寒。忽揮龍口劍，虜使頭足分。忽起西海颶，怒濤殲胡氛。
志賀月明夜，陽為風輦巡。芳野戰酣日，又代帝子屯。或投鎌倉窟，
憂憤正悁悁。或並櫻井驛，遺訓何殷勤。或殉天目山，幽囚不忘君。
或守伏見城，一身當萬軍。升平二百歲，斯氣常獲伸。然當其鬱屈，
生四十七人。乃知人雖亡，英靈未嘗泯。長在天地間，凜然敘彝倫。
孰能扶持之，卓立東海濱，忠誠尊皇室，孝敬事天神。修文與奮武，
誓欲清胡塵。一朝天步艱，邦君身先淪。頑鈍不知機，罪戾及孤臣。
孤臣困葛藟，君冤向誰陳。孤子遠坟墓，何以謝先親。荏苒二周星，
獨有斯氣隨。嗟予雖萬死，豈忍與汝離。屈伸付天地，生死復奚疑，
生嘗雪君冤，復見張綱維。死為忠義鬼，極天護皇基。〔註195〕

東湖曾任彰考館總裁，後來寫《弘道館記述義》，表現出他的根本思想。這篇文章與《正志齋新論》同為水戶學的二大名著，它闡述日本國體的尊嚴，認為日本之道出自天神，為神州之道，析分可為三焉，即敬神，愛民、尚武，而以尚武為主。東湖曾從岡田十松學劍，從伊能一雲齋學槍法，入則讀書講學，出則弄槍揮劍，他講尚武，並非紙上談兵，尚武方能攘夷，他倡君臣名分，論忠孝一致，主神儒合一，相對的，他反對佛教。因為佛教與敬神是互相矛盾的。他的排佛，成為維新前排佛運動的先驅。尊王、攘夷、排佛都是水戶學的特色。

水戶學學者，除上述代表人物外，另有如青山延于，小宮山楓軒，原五軒（東湖之甥、受其舅教，為德川慶喜的股肱大臣）、豐田天功（與正志齋為幽谷門下二才子、繼正志齋為彰考館總裁，與修大日本史志）、栗田栗里（完成大日本史志表者）等人，他們都持尊王觀點，對日本國體問題及日後明治維新運動都有不可忽視的影響。

〔註195〕藤田《東湖全集》第三卷，頁3～4。

水戶學的淵源雖有幾個系統，但最主要的是朱舜水、山崎闇齋與物徂徠三系。三系或出於朱子學，或與朱子學密切相關，雖其中滲入日本神道之說，陽明之說及實踐精神等等，但朱子學的影響最大，卻是不能否認的。

日本朱子學派特色比較表

比較 學派	相 同 點	相 異 點	
		主要學者出身	學 說 特 色
京學		學僧、藩士、醫者。（昌平黌）以湯島聖堂爲中心	1. 博學主知，視朱子學爲教育主義。 2. 輔佐幕府，忠於團體，重忠德。 3. 官學。
海西		藩士 民間處士	1. 重實學，有科學傾向。 2. 重孝道及修養德行。 3. 民間之學，不干祿仕。
海南	1. 倡合理主義，適者用之，不適者排之。 2. 普遍排佛、排耶、排迷信。 3. 倡神儒一致論。 4. 倡大義名分論。 5. 重視實踐力行。 6. 倡尊王攘夷。	藩士 下士	1. 學風嚴峻，重道德修養，爲精神主義。 2. 尊王倒幕，與神道結合，愛國心特強。 3. 重實學，求適用，躬行實踐，學者多文武全才。 4. 以四書、小學、近思錄爲主要教科書。
大阪		平民 商人 （以懷德堂爲中心）	1. 學風自由（陽朱陰王）。 2. 富科學精神，特重合理思考，講「誠之道」。 3. 尊王賤霸。 4. 重實學、尚躬行、講學淺顯易懂，爲平民教育。
水戶		藩士（以彰考館、弘道館爲中心）	1. 以史學爲主導，重大義名分論。 2. 尊王賤霸攘夷，以忠爲重，有國體論，鼓舞勤王情緒。 3. 特別排斥佛教。

第五章　朱子學對日本的影響

第一節　政　治

　　朱子在中國政治上雖無顯赫功業，其政治經歷僅立朝四十日，歷同安主簿、知南康軍、提舉浙東常平茶鹽、知漳州、潭州等職，共五任九考，爲時很短，餘多爲閒職，然所至有聲。他對政治有遠大抱負，這些理想隨著他學問的傳播，影響後代的政治很大。他堅持德治主義，重仁義、反功利。又主張人治，認爲君主是政治的重心，故應修帝德，選用良臣，分層負責，共謀國家富強、民生樂利。其行政措施，如重視教育，行社倉法、經界法、有許多措施爲後人仿效實行，發生很人作用。其學術思想，如正統論、大義名分論等，對現實政治也有很大影響，對日本政治，朱子學的影響最顯著的約有以下三點：一、促成建武中興。二、安定德川時代。三、誘發明治維新。

一、促成建武中興

　　前面已提過朱子學在鎌倉初期傳入日本，先在禪僧之間傳播，經辨圓、道隆、祖元、一山等人的宣揚，終於漸漸打入朝廷貴族的講學中。當時武家專權，王室廢立操於北條氏之手。北條氏爲便於操縱，在第八十八代天皇後嵯峨之後，就使天皇的繼承，採兩統選立方式：一爲後嵯峨之次子，後深草天皇的系統，稱爲持明院統，一爲後深草之弟，龜山天皇的系統，稱爲大覺寺統。其後至第九六代後醍醐天皇爲止的繼承，都受北條氏操縱。其皇統列表如下：

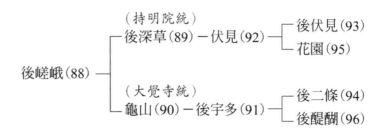

　　後醍醐天皇即位時，年三十，頗有學問，通禪學，巧詩文，能遊藝。他在朝廷開講筵，延攬當時有名的學者講學。其中，玄慧法師在講筵中講四書、通鑑，大倡朱子大義名分之論。後醍醐聽講後，深受激勵。其朝臣如日野資朝、日野俊基、紀行親、吉田多方、北畠親房等人，也都聽其講授，研究朱子學，從而激發忠義磅礴之氣。後醍醐夙憤北條氏專權，決心討幕，以為非讀書人則不能明辨大義名分，不足以謀大事，於是他擢用儒臣，獎勵學問，特別提倡朱子學。企圖透過朱子尊王的大義，激勵朝臣氣節；並利用朱子學主張修己治人之道，大義名分論，喚起人心。希望壓制鎌倉幕府，而恢復親政。後來他令俊基，藉閉戶讀書為名，暗地喬裝出遊，結交反幕志士。當時反幕有三系勢力；一為莊園的莊官，一為憤北條氏賞賜不公的上層武士，一為公卿。後醍醐一一拉攏，經二次失敗，終於在足利尊氏、楠木正成、新田義貞諸將的擁護下，推翻北條氏。結束創立一百五十年的鎌倉幕府。西元1333年，天皇還京都，翌年改元建武，廢關白，[註1] 親攬萬機，勵行新政，這就是「建武中興」。雖然中興政治宛如曇花一現，為時僅兩年，終因足利尊氏叛變而失敗。繼之，出現日本史上南北朝對立的局面，雙方爭亂達五十七年之久。新政失敗的原因是公卿、武家、雙方的感情與利害衝突，無法妥協所致。然分析產生建武中興的原因，即玄慧法師在朝廷講筵中，強調朱子學大義名分論所致。朱子學促成建武中興是不能否認的，秋月胤繼在《朱子研究》一書中，提及朱子學的影響。他也說：

　　　　鼓吹大義名分論的朱子學，傳入京都，在朝紳之間受重視，能鼓舞
　　　　他們的勤王心是很自然的結果。時適逢英邁的後醍醐天皇在位，天
　　　　皇深悉朱子學，遂成就殲滅北條氏的中興大業。建武中興若與朱子

〔註 1〕 關白，為輔佐天皇執行諸政的官，與攝政同為十～十一世紀攝關政治之台柱，
　　　　初由藤原族獲占此職，後雖失去實權，但一直是公卿中，名義最高者。

學無直接關係，至少間接必受其影響。〔註2〕

建武中興時的名將，號稱日本第一忠臣的楠木正成，是玄慧法師門下。〔註3〕他慷慨赴義，殺身勤王，實爲崇信朱子學尊王室的結果。楠木正成垂死時，在櫻井驛〈與子正行訣別留書〉云：「死期迫矣，欲視汝成，抱義所重，更難亦遁，戒汝勵學，以察吾志。」其知義忠君，亦爲朱子學的教化。

玄慧門下北畠親房撰有《神皇正統記》，爲建武中興前後政治思想的支柱。然此亦受朱子學影響。苟玄慧不倡大義名分論，則建武中興能否形成，恐亦難言。因中興諸臣大都受教於其門下，受其薰陶最大。

二、安定德川時代

德川時代的幕府政治，採集權方式，將諸大名納入其封建體制。貴族、僧侶、或平民，都受嚴密統制。幕府採用朱子學爲封建統治的基本原理。朱子學將天人一理的理論，應用到政治上。天爲萬物主宰，而幕府將軍及藩侯爲人民的「天」——可絕對支配人民。他們認爲透過現世的倫理實踐，可以參贊造化——替天行道。因此幕府將軍與藩侯有義務代天主宰與教化人民。於是幕府制定武家諸法度、禁中公卿諸法度、諸寺院法度，以爲管理的依據。朱子學認爲君臣、父子、夫婦、兄弟、地主與佃戶間的關係，正如天理的普遍統一，恒常不變。而朱子學闡發修齊治平之道與正名分之論，可資以教化武士及士大夫階級；而以禮爲規範的道德，也適有需要。家康有鑒於此，就聘藤原惺窩，講貞觀政要；並重用惺窩弟子林羅山。羅山採儒家之德治主義及神武以來王朝的政治理念爲政治理想，爲德川氏起朝儀，定律令，貢獻良多。其得志尤在三代將軍家光之時，家光助羅山建家塾與書庫，而尊孔子與朱子。其子孫更世世受重用，世襲大學頭之職。其門弟子亦多爲諸藩羅致重用。從此朱子學步入蓬勃發展的黃金時代。在家光庶弟四代家綱的輔相保科正之主持下，德川幕府始採朱子學爲官學。正之讀朱子小學而感奮，因之尊信朱子學。至五代將軍綱吉也篤信朱子學。他親自講學，又刊行重要經籍，優待學者。他本身施政：嚴賞罰，覈名實，有法家之風。又任用朱子學者堀田正俊爲「大老」，肅清幕政，實行「大名」之改易，重振將軍權威，使幕府

〔註2〕秋月胤繼：《朱子研究》，頁50，京文社。

〔註3〕藤田精一：《楠氏研究》，在書中他根據楠氏的書風與玄慧相似，以證明兩人的師徒關係。又建武南朝諸臣研究朱子學者都出自玄慧之門。

確實成為幕藩領主的領導統制機構。堀田質性過於剛強，被刺而死。柳澤吉保代起，吉保亦具儒者風度，為綱吉找到荻生徂徠為顧問。綱吉政治能趨向文治主義，吉保最有功。但綱吉有一項敗筆，即推行仁政，欲澤及禽獸，下「生類憐令」，禁殺生。特別保護狗；因綱吉生肖屬犬。如有殺犬者死，虐待犬者需坐牢，因而綱吉死，此令廢止；被釋放的刑犯竟達八千八百人，擾民莫此為甚。行仁政而過甚，反成病政，可引為戒。

西元 1709 年（寶永六年），家宣繼位，他也受朱子學的薰陶，以儒家的仁愛為施政之本，順從民意，行王道政治。在位僅四年，臨終遺命傳賢不傳子，史稱其執政時代為正德之治。

家宣的德政，主要是新井白石的輔佐，白石出自木下順庵之門，為一純粹的朱子學者。他輔佐家宣，以朱子學合理主義為政治基礎。在禮樂刑政方面，制定各種制度；在財政上，創俸給制，為日本官俸制度的先聲。禁劣質貨幣之通行，使金銀品質恢復慶長時代之舊法，限制流通量，終於穩住物價，安定了幕府財政。又限制長崎對外貿易，以防金銀外流。改訂武家諸法度，又改正對朝鮮使節的過份禮遇。對朝廷不以威壓，保持名分，禮敬公卿及各地大名等，〔註4〕都是朱子思想的發揮。

白石之師木下順庵亦作太平頌云：

> 四海之內，學校如林，庠序盈門，遙集乎文雅之圉，翱翔乎禮樂之場。國家殷富，上下交足。……其基德也，隆於姬公之處岐，其垂仁也，富乎有殷之在亳。澤至四海，配天光宅，冠道德，履純仁，被六藝，佩禮文，含淳咏德咏聲盈耳，登降揖讓之禮極目。……故鳳凰巢其樹，麒麟臻其圉，春見椿花，開八千壽，夏和薰風，彈舜五絃。……〔註5〕

這是儒家的理想國，為朱子學代表的理想之世——先王之世，新井白石即持此理想以文治執政。

西元 1716 年（享保元年），八代將軍吉宗繼位。他以節儉治國，頒發許多矯正風俗的命令，如禁賭、禁邪教、禁殉情、檢舉私娼、獎勵孝子等；又

〔註4〕 參閱鄭學稼：《日本史》（四），頁217～230對白石的敍述，又蘇振申，〈日本江戶前期的儒學與文治主義〉一文頁29～34亦可參考，載《幼獅學誌》第九卷第2期。
〔註5〕 澤田總清撰，木下順庵與新井白石，《近世日本之儒學》，頁376，岩波書局。

修正及編纂各種法典。他任用朱子學者室鳩巢，使其和釋「六諭衍義」，頒行
於世，以改善社會風俗，涵養庶民德性。號稱中興，此期應用朱子學原則治
國，成效斐然。〔註6〕當時，朱子編纂的宋名臣言行錄有「節要」傳於世，提
倡臣下的忠節，使日人有不少忠臣，赤穗四十七死士的故事，即為最佳實例。
至西元 1787（天明七）年，松平定信擔任老中，效法吉宗時享保之治施政。
為統一思想，獎勵儒學，乃頒布寬政異學禁令，明定朱子學為正學，以朱子
學為教化工具。他建立了廉潔的吏治，對日本政治有正面的影響。

　　德川幕府主政二百六十五年間，朱子學一直是社會安定的力量。它使人
民忠心的效忠領主，也使領主行社倉法之類的仁政，上下之間，相處融洽和
樂。朱子學又提倡懲忿窒慾，注重個人修養，其教育方式穩健中正，受其教
化的人民柔順忠肯，適合於統治者的要求。朱子學的精神一直到明治維新時
代，仍然被採用來教育民眾。明治天皇的教育勅語，大抵合乎朱子學的精神。
因此，朱子學確是德川時代的安定力量。

　　當時各地方大名，知道朱子學有助於政治的安定，亦在地方紛紛提倡、
講授。可見朱子學大盛於德川時代實非偶然。

三、誘發明治維新

　　明治維新的原因有三：（一）封建制度面臨崩潰。（二）歐美資本主義列
強勢力加以壓迫。（三）日本以天皇為中心之民族主義運動因而推進。〔註7〕

　　德川時代的封建體制，經過了兩百多年，至十八、九世紀之交，由於商品
經濟的發展，貨幣經濟的流通，促使全國交通的發達，全國度量衡的統一，又
促進交易的溝通，商人力量漸大，資本主義的工業也出現了。這種經濟發展使
德川家康所定的四民分野的封建制度腐蝕了。武士階級生活漸趨貧困，〔註8〕
人窮志短，他們開始向有錢的商人低頭，招商人子弟為養子，把武士身份賣給
平民。如此一來，商人、士人的分界就沒有了。而工業日趨發達，工匠職業一

〔註6〕同註4前，頁231～241。
〔註7〕徐先堯，《日本近代史綱》，頁51，商務版。
〔註8〕武士為統治階級，有其應具的尊嚴，為維持其尊嚴，置有許多部下，以武士
　　　的最高階──旗本而言，祿約三千石，需養約百人左右，其生活當然不會太
　　　充裕，若稍涉奢侈，部下稍有差錯，必然要寅吃卯糧，入不敷出。美衣飽食
　　　加上遊樂使武士貧困，另加利息的負擔，武士窮斯濫矣。詳見鄭學稼《日本
　　　史》（四），頁 163～164 及 318～321。

度自由，工業品流入農村，也促速農村破產，加上饑饉，促使農民產生暴動。
尤其西元 1837 年，由陽明學者大鹽平八郎領導的農民暴動，更加深封建的危機
感。西元 1841～43 年，天保改革在幕府老中水野忠邦主持下，雖然失敗，但後
來諸藩，如長州、薩摩、水戶、土佐、肥前諸藩，卻能適應情勢而成功，然而
封建制度的矛盾卻已暴露無遺，非朱子學安份、克己、節制的教訓所能挽回。
天保改革的內容是：勵行財政的控制和集中，復興農村，改良奢侈風氣，並採
用洋學知識與技術，以挽回經濟與國防危機，這個改革對近代天皇絕對主義的
形成有所幫助。

　　歐美列強勢力壓迫日本，以西元 1853 年（嘉禾六年），美國海軍提督培
里率艦叩關，次年（安政元年）訂神奈川日美和親條約為開端，英、荷、法、
俄諸國相繼迫日訂約，幕府威信日落。此時不滿幕府所為的下級藩士，他們
平時受朱子學的教導，深受尊王攘夷觀念的薰陶，於是紛紛獻身於尊王室，
及救亡圖存的工作。為救亡圖存，不能不反幕。本來德川幕府採用朱子學作
為其「御用學問」，是希望各藩主能忠誠奉行幕府所頒的政令，其目的是達到
了。但大義名分論畢竟講究尊王斥霸，對幕府掌權，皇室擁虛位的武家時代
現象，當然非反對不可。然信奉大義名分論之朱子學者，為遷就事實，不得
不奉承幕府，幫助其推行政策，甚至日本國學者出而強調朝廷尊嚴時，號稱
朱子學本山之林家竟施以壓制。

　　但並非所有的朱子學者盡然如此，其中亦有真心貫徹大義名分論，而大
倡尊王斥霸者，其思想乃成為幕末尊王倒幕運動之原動力。為鞏固自己政治
權力而提倡朱子學，最竟因朱子學而覆敗。學習朱子學，卻反抗林家而大倡
尊王斥霸者，主要為山崎闇齋學派。因為林家受德川知遇，常住江戶，相對
地，闇齋住京都，常見皇室之拘束、哀傷；以與江戶之繁華、盛況相比，自
然同情朝廷而反對幕府。崎門弟子，尤其傳其神道流之弟子，如若林強齋、
玉木葦齋、谷秦山、伴都安崇等人，都是尊王主義者。崎門高足淺見絅齋，
雖不受其神道教育，然著《靖獻遺言》八卷，竟為幕末勤王者之教科書。絅
齋讀朱子綱目達四二回，其精義發而為《靖獻遺言》，故能成為維新志士殺身
成仁的經典。書中論正統之義，以為：

　　「正統之義：篡臣、賊后、夷狄非正統，此方正學一代之名論也。但正
學所說，仍有不足之處。因除此三者之外，使天下一體而治之，如漢唐宋之
類，即為正統乎？倘追根究底，實皆缺大義，蓋唐之高祖，隋臣也，宋之太

祖，亦後周世宗之臣，無理而取天下也。」

他又說：「看透大義兩字，爲學者之大工夫。」言外之意，即指大義乃忠於天皇，而非忠於將軍，他自己本身且終身歸隱不仕。

明末朱舜水渡日，在日本闡明朱子學。他應水戶侯之聘，講學於水戶，其弟子與修大日本史，發凡起例，都依其教，以朱子綱目體例，「正閏皇統，褒貶人臣」，對幕府藩主，隱予針砭。後期水戶志士激烈派的領袖——藤田幽谷，贊德川光圀說：

> 天欲振斯文，生我西山公，彰考正史就，尊攘大義伸，亂賊以膽寒，隱然敘夷倫。英靈今尚在，愚臣復何陳。〔註9〕

他著有正名論說：

> 甚矣！名分之於天下國家，不可不正且嚴也，其猶天地之不可易耶，有天地然後有君臣，有君臣然後有上下，有上下然後禮義有所措，苟君臣之名不正，而上下之分不嚴，則尊卑易位，貴賤失所，強凌弱，眾暴寡，亡無日矣，故孔子曰：必也正名乎。……今之幕府，治天下國家者也，上戴天子，下撫諸侯，霸王之業也，其治天下國家者，攝天子之政也，天子垂拱不聽政久矣，久則難變也。幕府攝天子之政，亦其勢爾，異邦之人有言，天皇不與國事，唯受國家供奉，蓋指其實也。雖然天無二日，土無二王，皇朝自有眞天子，則幕府不宜稱王；雖則不稱王，其治天下國家，莫非王道也。伯而不王，文王之所以爲至德，與其王而用霸術，曷若霸而行王道，日本自古稱禮義君子之邦，禮莫大於分，分莫大於名，不可不慎也。夫既攝天子之政，則謂之攝政，不亦名正而言順乎？名正言順，然後禮樂興，禮樂興，然後天下治，爲政者，豈可以正名爲迂也乎哉？〔註10〕

幽谷子東湖在《弘道館記述義》中也說：

> 西土之教，尤嚴內外之分，我資而用之，亦不可不正上下之別，單就西土之教而論之，猶且然，況尊王體，慎名分者，固王朝所尤重耶！

這種正統及大義名分的觀念，喚醒了日本的民族觀念；要求擁護中央，抗拒外侵。當時日本幕藩間，發生將軍繼嗣問題，及「安政假條約」問題，幕府與西南諸雄藩關係，日益惡劣。繼嗣問題有一橋派與紀伊派的對立；一橋派

〔註9〕　見鄭學稼《日本史》（四），頁570。
〔註10〕《藤田幽谷集》，頁342。

主張由改革派的幕吏、水戶藩、外樣大名推薦一橋家主德川慶喜（水戶藩侯
德川齊昭之子）繼立，登用人才，並請雄藩大名參加中央政治，而企圖完成
全國性絕對主義的改革；紀伊派主張由保守派幕吏及將軍近臣推薦紀伊藩主
德川慶福入嗣，同時想保持幕府體制本來的政治形態。前者爲雄藩的聯合，
是絕對主義改革派，後者爲將軍獨裁派，爲純粹封建反對派，結果後者獲勝，
執政井伊直弼掌握大權。他未經敕許，簽訂日美通商條約。由於諸藩反對，
爲圖壓制，他採高壓手段，迫使諸藩逮捕反對者；於是薩藩處罰西鄉隆盛，
長藩捕吉田松陰，越前藩志士橋本左內，水戶藩的安島帶刀等人都被捕。後
更興安政大獄，這激烈行動，迫使改革派走向極端。被壓迫得最屬害的是水
戶藩，其藩士原已飽受尊王論的教導，他們痛心所敬愛的「老公」——齊昭，
被井伊侮辱、虐待、壓迫，於是採取推翻幕閣的行動。西元 1860 年 3 月 3 日，
他們與薩摩藩士聯合，在櫻田門，利用井伊到江戶朝見將軍的時候，刺殺他，
事後，挾斬妖狀自首，井伊被刺後，給佐幕派打擊很大。繼任執政的官藤信
正，於西元 1862 年元宵節，在坂門下又被水戶藩士西丸帶刀，岩間金平等暗
殺，雖沒死，但傷癒不久即被免職。當時幕府爲和緩反對勢力，曾強迫天皇
之妹和宮下嫁將軍家茂（慶福），發動公武合體運動。但攘夷派志士已與朝廷
公卿結合，令幕府攘夷，幕府不得已於西元 1863 年下攘夷令，結果長州藩砲
轟經下關海峽的外船。薩摩藩亦與英國發生戰爭事，惹起英法荷美四國聯合
艦隊的反擊。他們砲擊下關砲台，長州不敵投降。從此悟盲目攘夷之非，乃
轉向於開國；薩藩在與英國交戰後，也轉向開國。兩藩在西元 1866 年訂立同
盟聯合，進行倒幕。此時幕府發動征長之役，大敗，德川慶喜在家茂病逝後，
繼任爲十五代將軍。在法國支持下，極力推行幕政改革。此時朝廷被倒幕派
控制，於是下倒幕密勅於薩長兩藩。薩長兩藩積極推展倒幕運動。在海南土
佐藩，平時受海南朱子學的薰陶，尤其安積艮齋門下，都極富有尊王愛國精
神。他們主張將軍應把大政奉還給朝廷，而與諸侯並列，同爲朝臣。後來土
佐藩士後藤象二郎勸藩主山內容堂遊說慶喜奉還大政。慶喜素受水戶學的教
養，有尊王的意願。他鑒於內憂外患，紛至沓來，確實需有一領導中心；加
上奉還大政後，預期仍可握天下之實權。於是由所司代桑名藩主松平定敬，
呈給朝廷大政奉還書。書曰：

　　臣慶喜謹考皇國時運之沿革：昔王網解紐，相家執權，保、平之亂，

　　政權移於武門。至於祖宗，更蒙眷寵，二百餘年，子孫相受，臣雖

奉其職，政刑失當者不少。至於今日之形勢，畢竟薄德之所致，不
勝慚惶。況當今外國之交際日繁，非朝權出於一途，恐綱紀難立。
故改從來之舊習，將政權奉還朝廷，廣盡天下之公議，仰聖斷，同
心協力，共保皇國，則庶幾可與海外萬國並立矣。臣慶喜爲國竭誠，
止於是已。倘猶有管蠡之見，當先達於諸藩。謹奏。

這是個歷史性的文獻，他宣告從源賴朝開始以來，六百六十七年武家政治的
結束。〔註11〕明治朝廷於西元 1868 年 1 月 3 日頒王政復古令，這是封建與近
代化的關鍵，明治政府由此成立。後雖有戊辰戰爭，但當朝廷圍攻江戶時，
慶喜因恐引起外力干涉，拒絕法國軍援，避免內戰，以完成國家統一爲先。
慶喜對朝廷的完全恭順，有以爲是因他出身水戶，久受尊王教育，故不敢以
臣抗君；有以爲他恐同室操戈，引起外侮，使國家不統一。〔註12〕總之，慶
喜不顧個人與宗家，而以國家爲重。對維新大業而言，可推爲功臣。明治二
年，長州、薩藩、土佐、肥前四強藩，發動版籍奉還，引起其他各藩的效法，
奉請奉還版籍的達二百六十一藩，於是中央政府和平收回地方治權，再於明
治四年廢藩置縣，完成眞正的中央集權制。

　　長、薩、土、肥四強藩之所以倡尊王，參劃王政復古，翼贊維新大業，
因素固不止一端。但周防、長州人士在大內氏主政時，已深受朱子學教導，
富忠君報國的意氣。因此所出人物都崇朱子學，且付之行動，捨棄其先人山
縣周南的古學傳統而宗朱子學。吉田松蔭雖受陽明學鼓舞爲多，但其學術基
調則出自朱子學。薩南地方，在菊池氏主政時，也崇朱子學，如桂庵玄樹早
在其地宣揚朱學；肥前、肥後飽受朱子學薰育，因此也對維新大業竭誠擁戴。
在島津氏控制的薩藩，其藩學造士館教授赤崎海門，督學山本秋水，二人都
師事山田月洲，月洲師事朱子學者室鳩巢門下河口靜齋與伊東澹齋。可想而
知，他們對朱子學的教育必有所得，對朱子明大義名分，重實踐躬行之教，
確實踐履；其所教導的藩士對尊王十分熱誠。土佐海南學派，學風穩健著實，
能明大義名分，重日用行事，發之於行動，亦傾向尊王。總而言之，長、薩、
土、肥四藩，都曾盛行朱子學，都是勤王先驅。維新功勳與朱子學的關聯顯
然可知。〔註13〕

〔註11〕鄭學稼《日本史》（五），頁 7。
〔註12〕同上書，頁 18。
〔註13〕參閱系賀國次郎：《海南朱子學發達之研究》，頁 526～532 結論部份。

　　明治維新是日本近代化的起點，這個變革使日本成為天皇制國家，也促使日本成為立憲國家。維新大業雖也有幾場統一戰爭，但嚴格地說，都屬小規模的接觸，可逕謂之「和平革命」。何以這種和平革命能在效忠天皇的號召下成功呢？探究其因，固然因為日本史上已存有天皇存在的固有意識；但德川時代因儒教——尤其是朱子學，佛教、神道、國學等的涵養化育，養成了尊王攘夷、大義名分、正統等觀念，又重視倫理道德、講實用、能躬行，故能迅速完成這個舉世重視、令人驚訝的變革。安岡正篤先生曾說：

　　　如真冀新人出現，行新政，端賴內面精神的涵養及運動，此為必須
　　　之條件。日本明治維新，最足引為確證。〔註14〕

綜上所述，把朱子學視為明治維新內面精神的涵養及運動，應是適當的。維新之功，倡導尊王攘夷最力的水戶藩應為第一。〔註15〕因為當水戶藩老公倒幕時，長、薩、土、肥四藩尚未過問幕政，而四藩在幕末由鎖國攘夷，轉為開國倒幕，為明治維新的推動力。外力壓迫是促使維新的外因，而內在原因是尊王主義的思想，大義名分觀念發揮了作用，思想產生信仰，信仰發生力量。朱子學長期的教化，使水戶、薩長土肥五藩藩士，成為倒幕維新的要角。固然陽明學者之振奮、激昂、自反、自強的精神，啓發了維新的自信，但陽明學可視為朱子學的修正；而朱子學治學態度嚴正、確實、勤勉、堅定，是德川時代學術的基礎。明治維新沒有朱子學者的皇室中心論、攘夷救亡論、日本國體尊嚴論等說的支持，能否順利和平轉變成功，實為很大疑問。故說朱子學誘發明治維新絕非牽強附會。〔註16〕黃遵憲在日本雜事詩中，曾詠及漢學（可視為朱子學）助成尊王倒幕說：

　　　自德川氏崇儒術，讀書明大義者，始知權門專柄之非。源光圀作日
　　　本史，意欲尊王，顧身屬懿親，未敢昌言。後有布衣高山彥九郎、
　　　〔註17〕薄生秀實者，始著論欲廢藩，尊王攘夷之議起，一唱百和，

〔註14〕東西文化第25期，頁3，安岡正篤著、景嘉譯，〈明治維新與陽明學〉。
〔註15〕此種說法根據鄭學稼《日本史》（四），頁461的看法。
〔註16〕阿部吉雄在〈孔子學說對日本維新後之影響〉（載於《孔子學說對世界之影響》一書中）一文中，亦有類似說法，文見該書頁19。
〔註17〕高山彥九郎：名正之。為江戶時代後期勤王家，上野人，幼年時讀太平記而立志尊王，十八歲晉京都，適值北方危急，他憂心國事，巡迴諸國遊說尊王思想，其言行遭幕府之忌，遂致全家離散，在京都時，曾鞭打足利尊氏墓，奇行極多，與浦生秀實（字君平，著有山陵志），林子平等同被稱為寬政三奇人。著有《尊王論》。

幕府嚴捕之，自伏肅斧者不可勝數，然卒賴以成功，實漢學之力也。

詩曰：

叩閽哀告九天神，幾個孤忠草莽臣。

斷盡臣頭臣筆在，尊王終賴讀書人。

好個「尊王終賴讀書人」，非讀孔孟之書，非飽沃朱子大義名分者，豈能臻此？

第二節　宗　教

一、佛　教

朱子學是把佛教視爲異端的，然而佛教的許多精義卻是朱子曾經研習而擇用的，朱子學禪而反禪，主要原因在於禪僧廢三綱五常，無視於社會人倫與道德，與儒家修己安人的理想相違背。在日本，佛教曾經是思想的主流，尤其在奈良至鎌倉時代。而在江戶時代，雖說儒家思想爲主流，但日本佛教卻仍能存在，到底日本佛學與朱子學的關係如何？朱子學對日本佛教有何影響？實在可加以研討，以下擬就佛教在日本傳播的情形略加敘述，以見佛教的根深蒂固。再談朱子學傳入後與佛教的瓜葛，後再談朱子學的排佛及結果，期於朱子學影響於日本佛教的現象有所闡明：

佛教傳入日本，是經由百濟傳入的，欽明天皇十三年（西元 552 年），百濟聖明王遣使獻釋迦佛像及幡蓋經論，日本大臣蘇我稻目首先信仰，捨私室爲佛室。敏達天皇六年（西元 577 年），百濟餘昌王再獻經論，時蘇我馬子力主拜佛，曾受戒於百濟僧慧聰。廄戶皇子加以支持，本身也曾師事高麗僧惠慈。廄戶皇子即史上有名的聖德太子，在攝政時，大興佛法，號爲飛鳥時代，此時日本派小野妹子二次使隋，隨行有沙門數十人，擬在中國求佛法之教，在朝廷也仿中國設僧正、僧都、上行下效，佛教開始普及民間。〔註18〕

奈良時代，日本佛教中小乘轉爲大乘，主要宗派有六，號稱南都六宗。〔註19〕

（一）三論宗：由隋高僧吉藏的弟子——高麗僧慧灌首先傳入，慧灌是日本三論宗的始祖，其再傳弟子智藏，三傳弟子道慈等都曾入唐求法。

〔註18〕佛教的初傳入日本可參閱鄭學稼：《日本史》（一），頁 71～77。
〔註19〕同上書頁 151～160 可爲參閱。

（二）法相宗：由入唐僧玄奘弟子道昭傳入，此係傳「南寺」一派，另有智鳳和玄昉先後入唐，師事法相宗第三祖濮陽智周，此系傳「北寺」一派。

（三）華嚴宗：始祖爲歸化日本的唐僧道璿，其弟子良辨爲二祖，曾邀新羅僧審祥東渡弘法。有助於華嚴宗在日的發展。

（四）律宗：始祖爲鑒眞，鑒眞受日僧榮叡之請，東渡弘法，聖武上皇及其所屬於東大寺受戒者達四三〇人，在他弘法的十年間，受戒者，不下四萬人之多。

（五）俱舍宗：屬小乘派，爲大乘派法相宗之附宗，由入唐僧智達傳入。

（六）成實論：爲小乘派，不盛，約與三論宗同時自唐傳入。
平安時代，又新興大乘二宗。〔註20〕

（七）天台宗：爲傳教大師最澄所傳，經第三代山門派始祖傳燈大師圓仁及第五代寺門派始祖圓珍的宏揚，成爲平安朝最興盛的教派。

（八）眞言宗：爲弘法大師空海所傳，平城上皇曾受秘密灌頂，也頗盛行。

平安時代新興佛教兩宗都倡本地垂跡說，認爲佛陀有實、權二相，爲了日本的需要，佛以方便之權，現爲日本神，他們謀求調和外來的佛教與固有的神道。

鎌倉時代佛教受中國佛教的刺激，並適應日本佛教大眾化的趨勢，新增四宗，〔註21〕合原有八宗，共十二宗。即：

（九）淨土宗：由日僧源空、源信倡導，勢力龐大。

（十）眞宗：爲淨土支派，由親鸞開創，主張僧侶可不忌葷、色。

（十一）日蓮宗：教主日蓮，又稱法華宗，窮究法華經，標榜唱題成佛論，念南無妙法蓮華經的修行方法。

（十二）禪宗：重精神修養，不重研究經典，最受武士歡迎，初由唐僧義空傳入，後由號爲日本禪宗始祖的日僧榮西鼓吹，方成大宗，後分爲臨濟宗（奠基者爲圓爾辨爾），曹洞宗（以道元爲始祖）。

其中禪宗最爲盛行，除榮西、圓爾辨爾、道元等日僧極力宏揚外，渡日的華僧如蘭溪道隆、兀菴普寧、無學祖元、寧一山、清拙正澄等人也大力宏法。遂使禪宗普及日本上下，鎌倉幕府，模倣宋寧宗時所定的五山十刹制，

〔註20〕同上書頁 181～187，可供參考。
〔註21〕同上書（二），頁 36～50 可供參考。

設置日本的五山十刹，其後五山位次屢有變更，室町幕府於元中三年（西元 1386 年）將南禪寺列為五山之上，其下有天龍、相國、建仁、東福、萬壽五寺為京都五山，建長、圓覺、壽福、淨智、淨妙五寺為鎌倉五山。時五山禪寺成為日本宗教學術的中心，朱子學書籍的初傳日本，即賴五山禪僧的携入，而其傳授，最初也賴五山禪僧的講學，如後醍醐天皇時，五山僧玄慧在朝廷講學，即講朱子學，而為建武中興埋下種子。

戰國末年，織田信長統一全國，曾與五山僧侶衝突，使寺院勢力受到相當打擊，〔註 22〕德川幕府成立，頒寺院諸法度，限制佛教勢力。時明禪僧隱元東渡，謁家康於江戶，創黃檗宗於宇治萬福寺，後主其寺者如木菴、慧林、獨湛等十餘代都是華人，而長崎的唐三寺〔註 23〕也都是明僧所創。都以宇治黃檗宗為本山，黃檗宗與曹洞、臨濟兩宗成為禪宗的三大派。又有明僧心越於西元 1677 年抵日，受水戶藩主德川光圀之迎，在水戶開祇園寺，中興曹洞宗。光圀為朱子學者，但卻容佛，這與家康的政策是相同的。家康寵信僧侶金地院崇傳，喜多院，天海等人，崇傳且被稱為黑衣宰相，可見其權勢之大，而天海為家康精神上的崇仰者，傳家康山王一實神道及天台宗的三諦，家康死，由天海策劃使家康成為「東照大權現」神，建日光神宮以祀之。

事實上，佛教至德川時代已沒落了，他除了與神道合流外，已不能獨立存在，佛寺本末制與佛徒階級制束縛了佛教寺院的發展，幕府為禁耶蘇教所規定的檀家制度，使每個人都非屬於某個寺院不可，這樣一來，寺院雖有供奉，但寺僧就會腐化，於是僧人開始被人所輕視、攻擊，凡是儒者，尤其朱子學者都採排佛的態度，且有的著文嚴厲批評，如惺窩認為浮屠戾天理，廢人倫，主空寂為非，林羅山也反佛教的虛空，不講人倫，〔註 24〕室鳩巢也指佛氏離絕倫理，離外國家，與聖人之道背馳，〔註 25〕新井白石先生遺文拾遺有排佛論一篇，於佛教與儒教不能相容的道理，說得十分明白：

> 教化之於風俗，所繫大矣，豈可不慎哉！顧其導之之術何如耳。佛氏之教，傳自百濟，初我俗未習，或廢或行，獨有蘇我氏之家，世傳信其法，及上宮皇子升於儲位，與大臣馬子大倡其教，造塔廟，

〔註 22〕同上書（三），頁 44〜52 可供參考。
〔註 23〕唐三寺一為真圓所創的興福寺（南京寺），一為覺海所創的福濟寺（漳州寺），一為超然所創的崇福寺（福州寺）。
〔註 24〕參看本文朱子學者京學派林羅山部份。
〔註 25〕《日本道學淵源錄》第四卷附錄頁 52〜58，可參看。

度僧尼，講其書，爲之疏。乃至制憲法十七條，曰：是我所以流布諸惡莫作之教也。天下靡然向風成俗矣。夫天下之惡，臣弒其君莫大焉，上宮已能爲佛討賊（事詳於發願文中），莫能爲君報仇何也？（馬子殺崇峻弟）大抵佛氏之教，其言善云者，歸之也；其言惡云者，反之也。忍辱柔和，是爲人因，報怨無憤（瑜珈論二因緣云：何等爲二因緣，一忍辱，二柔和，云忍辱者，謂於他怨，終無返報，柔和者，謂心無憤性，不惱他人）。而綱常倫理，置之不問，遂率天下，俾莫知有禮義廉恥之節矣。〔註26〕

海南學派的佐藤直方著有《排釋錄》，專論排佛，他說：

朱子解孟子能言距楊墨之說曰：邪說害正，人人得而攻之，不必聖賢。如春秋之法，亂臣賊子，人人得而誅之，不必士師也。聖人救世立法之意，其切如此，若以上意推之，則不能攻討，而又倡爲不必攻討之說者，其爲邪說之徒，亂賊之黨可知矣。嗚呼！孟朱之說如是之嚴且切，而程子又曰：佛老之書，甚於楊墨；則學者之於佛氏也，豈可不痛辨而猛拒哉。此予所以敢不自量，集是編以欲與天下後世植正排邪者共之也。〔註27〕（〈跋排釋錄〉）

大阪學派的中井竹山著有《草茅危言》，也直接攻擊佛教，其第四卷論佛法之事云：

佛法爲天下古今之大害，不待言，又何其爲凶惡不祥之物耶？後漢時初入華域，楚王英首信之，而以反逆伏誅，其後歷代帝王之內，排佛說，廢寺院，禁僧尼者，皆賢君，無一人爲昏君，其英明如周世宗。信佛說，建堂塔，度僧尼者皆昏君，無一人爲賢君，其以愚昧至於喪身失國者，如梁武帝。我邦豐聰王首信之。……諸宗分立，佛氏之言滿天下，千有餘歲，王室之衰頹半因於此，……以愚觀之，佛氏之於我邦，有如人身上積聚症結之疾。

又引西元1563年一向宗起義事爲例，他說：

夫佛入我邦，千有餘年於此，其蠹國毒政，莫世無之，及王室之衰，叡山寧京之巨刹，動輒抗兵於魏闕，可憎之甚者，雖亦唯奸僧猾釋，冒利訴屈，以恣其披猖耳。乃至列士大夫一朝倒戈反噬，

〔註26〕白石先生《遺文拾遺》卷下，頁1〈排佛論〉。
〔註27〕《韞藏錄》，頁25～26，甘雨亭叢書本。

禽心獸行者是之甚，則振古未之有也。吁嗟！上失道久矣，其御
世御民，長槍而已矣，大劍而已矣，禮教蕩無，學術湮晦，夫人
茫然，罔所持循，足利中葉威力衰，亦妖妄之辭，投間橫出，構
成一揆之難者既三十年，時人慣見，或謂釋教所存，名教可廢，
以致今日大逆之變，當初長國家者不得辭其責矣。抑異一向之教，
其爲說也，膚淺鄙俚無足道者，而其蠱惑人心，彼他爲尤甚焉。
蓋以其單立成佛報恩之說也。亡學之人皆能曉解，以流俗自居也。
愚夫愚婦易因易親，以子孫繼續也。天下人情有所繫屬歸向矣。
是以自其肇祖，至於斯時三百有餘年，其勢張皇輝赫，日甚一
日⋯⋯今也其支流布滿郡國，窮侈恣欲，傲然無所施爲，而萬姓
傾資奉給，仰以爲活佛，可怪，可駭，可懼，後世滔天之患，其
必在此也。〔註28〕

竹山主張提倡朱子之學以對抗佛教的傳播，他認爲應毀滅淫祠與限制寺院。
〔註29〕

　　水戶學派的安積澹泊在大日本史的聖德太子廄戶傳贊中，責太子志在佛
教，不在綱常，制憲法以篤敬三寶爲宗，〔註30〕又在逆臣蘇我馬子及孫傳贊
中云：

蓋自蘇我稻目藏佛像經論於其家，馬子惑溺滋甚，事之尤謹。當時
佞佛者，無過馬子，而忍爲弒逆大事，此其不知有君父之效也。廄
戶皇子與馬子朋比，而興隆佛法，不唯不能討弒君之賊，反以崇峻
之崩爲過去之報，三綱絕而九法斁，崇奉異教之害，遂至如此，可
勝嘆哉？〔註31〕

這些也都是以朱子的思想與佛教之說對抗的。水戶政教學的立場是排斥佛教
的。如會澤正志齋作《下學邇言》，就指佛教爲神儒的敵人。

　　然自狡猾僧徒，唱本地垂迹之說，而冒神明以佛名，使移千萬年奉

〔註28〕見《逸史》所載。一向宗，一稱淨土眞宗，以農民爲對象，用通俗語言，簡
　　　明內容傳教，主張以至誠念南無阿彌陀佛，即可超脫而得死後幸福，後來勢
　　　力龐大，以本願寺爲中心，曾領農民戰爭，後被織田信長攻服，退出政壇，
　　　仍爲純宗教。
〔註29〕見《草茅危言》卷七。
〔註30〕《大日本史・贊藪》卷二，頁15〜16。
〔註31〕同上書卷五，頁15。

神明之心，以佞媚蕃神胡鬼，其瀆神明亦甚矣。……堂堂神州舉一世爲西番之隸屬，赫赫神明，久受污穢，爲胡兒之支流末裔，欺民誣神，使邪氣塞天地，所謂人眾則勝天者，可勝慨哉！

又說：

佛氏之言與大道相背馳，聖人明人倫，使民樂其生而念父祖，佛氏廢人倫使民惡其生而遺父祖，佛氏之言得行，則聖人之道不行，勢不兩立也。

又說：

故佛之入神州，未幾有蘇我氏之亂，甚者，則馬子之弒逆，實臣子所不忍言，廐戶以皇子黨賊，強辯飾辭，諉以因果，而玄昉，道鏡之濫，其醜亦甚矣。空海則以佛名瀆亂神明，以污穢日域；最澄則稍循良，而高足弟子一再傳，乃延曆、圓城二寺爭諍起焉，興福、東大等諸寺亦相習成風。弄兵梗命，小有不如意，則犯闕強訴，親鸞之唱專念説，謂君父爲一時假合，其政令有不合己意，則謂之佛敵，動輒起兵擾國家，至下津間，覬覦天位，則凶悖極矣。日蓮唱法華，雖稱世法即佛法，然其輕蔑神明，妄自尊大，視上令如不滿意者，以爲仇讎，則與專念之徒無異，而媚悦婦女，因緣後宮，以爲自衛。由此公侯之家間有流醜聲音者，而其流派至如不受不施，蓮華往生等，實爲國家嚴禁。如此數者，驕傲暴戾，非柔和忍辱之道，所謂柔民心，助政教者，果何在也？〔註32〕

藤田東湖也站在尊王攘夷的立場上，發起排佛運動。他建議：「毀封內銅佛及梵鐘，鑄以造炮銃」。他批評「釋氏柔和忍辱之教」，會沮喪尚武之氣。因此大加反對。

由上所述，可見佛教傳入日本在朱子學之先，朱子學初起時與禪學有不可分的關係，五山禪僧初都夾帶著儒教漢學，《漢學紀原》卷二，桂菴第二十八之一章云：

師之於朱子，其功實偉矣哉！

師雖自以儒爲己任，抑本邦流俗，禁非博士建旗儒門，故只從舊事佛，於寺察時而能安，亦其知矣哉！然至所究必講理學，其誨人敬

〔註32〕《下學邇言》卷一，頁5～7。

　　信四書，必如神明，而又曰：仁吾儒所宗，而我佛之大悲也。
在卷三南浦之第三十六章云：
　　文之雖陽居釋民，然其實則自任朱學者。
可見陽佛陰儒是室町時代禪僧常有的形象，至德川時代藤原惺窩，林羅山等
就乾脆從僧返俗。大舉朱子的旗幟，反對佛學，這不能不說是日本思想的一
大進步，因爲人類的文化，有以神爲中心的，佛教文化即其中之一，有以人
爲中心，如中國文化即是，有以物爲中心，如現在的馬克斯主義。神的、宗
教的主義最後必然歸向於人的主義，「日本人除了信仰原有神道外，幾全爲佛
教徒。耶蘇基督徒約百餘萬人，僅占全國人口百分之一」，日本佛教之趨向於
理智，不就於迷信，儒家，尤其朱子學者的大肆排佛，使佛教本身要隨時修
正教義，改良教規，乃爲佛教存在的一大因素。因此朱子學於日本佛教的興
衰關係十分的密切。他由佛教輔育的宏揚，進而取佛教地位而代之，而現在
則使佛教日趨合理而能繼續流傳。兩種思想關係的密切由此可知。

二、神　道

　　朱子學有論及鬼神處，他本於前儒之說，以爲鬼神爲造化之迹（本伊川
語），往來屈伸者，氣也。神，伸也。鬼，屈也。言神，只言其妙而不可測識，
是一種造化的功用，分而言之，則曰鬼神。鬼只指氣之散而靜，往而不返者。
他進而論及祭祀感格之理，認爲誠意所格，有感必通。然鬼神之理，聖人亦
難言之、故且闕之勿予深究，待其他格物窮理之事，先有所到達，方才用心
於此。〔註33〕

　　朱子學傳至日本與日本神道的關係究竟如何，有何影響，由於神道是日
本文化的一個特色，號稱日本固有之道，凡日本愛國主義者，無不強調其固
有的神道，朱子學鬼神之說給與日本神道的影響如何，其整個思想對神道的
內容充實了多少，都頗值得探討的，以下擬先說明日本神道的由來，次及於
日本的神道派別，最後專論朱子學與神道的關係。

　　嚴格地說，神道並非宗教，它只是跟過去先靈神交的一種崇拜祖先之心
理，它長期以來，形成日本風土精神的一種支持力量，〔註34〕這與中國人祭
祖相似。最初神道只是祭神之禮，日本書紀用明天皇條：「天皇信佛法，尊神

〔註33〕請參閱錢穆著：《朱子新學案》第一冊，頁297～344論鬼神部份。
〔註34〕見河崎一郎著《日本的眞面目》，頁97。

道。」同書孝德天皇條：「尊佛法，輕神道。」這些都指的祭神的事。日本神道本是原始人民均有的一種信仰，主要在祈求五穀豐收，鄉邑平安，招福攘災，它是農業社會共有的樸素信仰。自佛教傳入，爲便於傳教，僧侶們創造佛本神迹說，同時由迷信而接近中國的道教，即隨唐文化傳入後，固有神道被佛教徒改造的神道及混合道教的神道取代，鎌倉時代，神道哲學漸漸產生，它混雜佛、儒、道的思想，加上由日本書紀和古事紀神話、發展成的日本神觀念，經神官之手，漸成體系，終於蔚成日本特有的神道觀。

原始日本人有三類祖先神：一爲自然神——如古事記有伊邪那岐、伊邪那美兩神生八大國的記載。〔註 35〕二爲人神——含活的人神，即天皇；死的祖先；及英雄豪傑死後所成的神。三爲造化神——即開創天地，造化主宰之神。

最初日本人以爲神居樹中，故樹白幡、掛劍、鏡、瓊在大樹上祀神，後來在大樹邊建立神社，他們以祭祀，與神交通，透過卜占與託宣，〔註 36〕以明神意，另用被淨儀式，如基督教之告解懺悔，能促使人自省，而達到遷善改過的目的，被使人雖做錯了事，卻能依賴神力，獲得淨化，使他重振自尊，不致自暴自棄，這於日本國民道德的培養上有所貢獻。

日本早期祭祀的神很多，可視爲多神教，儒學於應神天皇十五年傳入日本後，儒家祭禮就滲入神道中，而佛教傳入後，佛也成爲神。佛教盛行時，日本統治者，改奉佛教爲國教，然猶不廢神道，神道佛道並行不悖。聖德太子最尊佛法，然亦有率群臣百僚禮拜國神的記錄。大化革新，頒佈神祇制度，設神祇官。文武天皇發佈大寶令。明定二官八省制，〔註 37〕各地方也普設神社，由各地神祇官負責。

日本的神原無形象，只以鏡、劍、玉爲代表物，佛教輸入，日人認爲神也應有形像，作爲禮拜的對象。鎌倉初期，日本神像都作僧形，神道諸神在佛教興盛時，都曾夷爲佛的皈依者，後漸演進爲「佛爲神的本地，神爲佛的垂迹」的思想，從此日本各神社供養佛舍利，而佛寺安置神體，兩者相安無

〔註35〕兩神所生的八國，依序爲 1. 淡道之穗之狹別島（淡路），2. 伊豫之二名島（四國），3. 隱歧之三子島（隱歧），4. 筑紫島（九州），5. 壹伎島，6. 津島（對馬），7. 佐渡島，8. 大倭豐秋津島（日本本島）。

〔註36〕託宣是神對人表達意志的方式，形式爲託夢。

〔註37〕二官即神祇官、太政官。八省爲中務、式部、治部、民部、兵部、刑部、大藏及宮內八省。

事。然神道幾乎成爲佛教的附庸。

鎌倉後期，朱子學輸入，神道家受宋學影響，於是著手於整理神道史與建立神道理論，形成各家神道，茲略述於下：

（一）伊勢神道

爲日本神道派之祖，有五部書爲其根據；這五部書是《寶基本紀》、《御鎮座傳記》、《御鎮座次第記》、《御鎮座本紀》及《倭姬命世記》。它記述伊勢兩宮之由來，爲日本神道哲學最早的作品，以後神道各派的著作，多受它的影響。其主旨是主張伊勢外宮之神爲國常立尊（又名虛空神、大元神），屬水德之神，依據五行相剋，水剋火的道理外宮之地位應比內宮高，因內宮祀天照大神，天照爲火德之神。另有各種神祇及託宣之言。大抵採儒、佛、道家之說，合以陰陽五行，而成神道創作。

後有度會忠行著《古老口實傳》及《神名秘書》，另加上僞書《神皇實祿》，與前述五書合稱神道八部書。

集伊勢神道大成者爲度會家行，他學問淵博，著有十五卷的類聚神祇本源。所用的參考書有周濂溪的《通書》、《老子經》、《五行大義》、《三五曆記》、《淮南子》等中國書及《先代舊書紀》、《日本書紀》、《天地麗氣錄》、《神道五部書》、《神皇寶錄》等日本書，與佛教經典。

伊勢神道在德川時代曾風行一時，重要人物爲度會延佳與龍野熙，都有貢獻。〔註38〕

（二）佛教神道

利用佛教理論說明神道的神理，大抵採用佛本跡說，以神道之神爲菩薩化身。分爲四類：

1. 與真言宗有關者

即三輪神道，又御流神道，通稱兩部神道，〔註39〕其著作有文保二年著《三輪大明神緣起》、《大和葛寶山記》、《天地麗氣記》、《神道集》等，都將

〔註38〕度會延佳（西元 1615～1690 年）名延良，伊勢人專研外宮文庫內伊勢神道之作，成一家之言，著作有二十多種，著名的，有《復陽記》、《中臣祓瑞穗抄》、《神宮秘傳問答》、《伊勢大神宮記》。大抵以儒學說明神道。龍野熙（西元 1616～1693 年）崇佛，以佛理釋神道，駁斥神儒一致說。

〔註39〕吉田兼俱以密教的金剛界、胎藏界的兩部曼陀羅附會日本神祇，故始稱兩部神道。

日本所有的神，附會爲密教方面的神。

2. 與天台宗有關者

即山王一實神道，山王兩字由天台止觀的三諦來，山與王皆有三畫而一貫之象，三諦即一，故爲山王，一實兩字由天台宗用語：開一乘之實義來，合稱山王一實神道，其著作有《山家要略記》、《三寶輔行記》、《耀天記》、《日吉本記》、《嚴神鈔》等，於室町時代頗爲發達。

3. 與日蓮宗有關的法華神道

信奉者認爲佛教護法神，即天部諸神保護佛法者。有所謂的法華三十番神之說。

4. 與真宗有關的神道觀

此派未立神道，僅有神道觀。由親鸞的承繼者存覺上人首創，他著有《諸神本懷集》、《破邪顯正抄》、《說明神與佛的關係》。

（三）吉田神道

又稱唯一神道，或元本宗源神道，認爲春日大明神的神宣，世世傳於卜部家的神道，〔註40〕卜部之後主持吉田神社，改姓吉田，吉田家代出名人，至吉田兼俱揉合儒、道、釋三家的思想，附會於神道，集本派神道之大成。著有《神道大意》、《神道私顯抄》等，取材於伊勢的神道五部書者甚多。此派在豐臣秀吉時代勢力極大，後衍爲兩派：

1. 吉川神道

創始者爲吉川惟足，又稱神國神道，惟足受吉田家荻原兼從（爲豐國社神官）傳授神道，學成後，得紀州藩主德川賴宣，會津藩主保科正之的信任，得謁老中堀田正俊，見將軍家綱，任神道方，其子孫世代掌幕府神道職，直至幕末。惟足著有《日本神道學則》、〈土德篇〉、《神代卷惟足抄》、《神道大意註》、《神道大意講談》等。他承伊勢神道之說，擁護日本國體之道，強調日本魂，以爲日本國爲國常立尊所賜，天皇爲國堂立尊的血脈，由之有所謂的神國，神道和神孫的說法。他又採用五行說及朱子學理氣說，用以解釋天地開闢，它破除吉田神道之迷信，在道德上於敬與義有所發揮，用朱子學說卻不爲所拘，尤其強調日本國體之說，對明治維新運動有所貢獻。其日本魂，又稱大和魂，爲日本人引以爲傲之精神統稱爲大和魂，戰後日本工商界倡大

〔註40〕卜部據延喜式云：是採伊豆、壹歧、對馬三國長卜術者爲之。

和魂之說以激勵員工自動自發精神，如員工在上班前將準備工作做好，下班後將善後工作收拾好，此即敬業行義。此種做事態度，使日本戰後，工商業能夠在世界性競爭中，獲得勝利。

2. 垂加神道

創使者為朱子學者山崎闇齋，闇齋受神道學於吉川惟足，又受度會延佳門人河邊精長影響，於是綜合儒、佛、伊勢、吉田神道之說，創垂加神道。他的民族自覺觀及尊王賤霸思想，使他的神道說一時風行，其門徒多為勤王主義者。然傳其神道說者，非所謂崎門三傑而是下列諸人：大山為起（著《神道奧秘》、《唯一記》、《味酒講記》等）、玉木正英（著《神代卷藻塩草》等）、谷重遠（即谷秦山、詳見海南學派部分）、正親町公通（《傳垂加之正統》、《作無窮記》、《神道傳授》等書，為正親町神道之開祖，弟子有迹部良顯、伴部安崇等）、若林強齋（著《神道大意》）。

闇齋的神道思想是以純正的朱子學與神道結合，主張以敬為本，說明一切，敬之日本音為ツツミ，同音之義有「土」之意，依中國五行生剋說法，土生金，人心有敬，則得金，亦即可得幸福。他用朱子學的太極說，主張宇宙之本為太極，太極即國常立尊，故國常立尊為宇宙之本體，道德之根元，他又是天御中主尊，御中主即中庸，實人道至極之稱，最後歸結為皇室之尊嚴，因作皇室尊嚴論，倡尊王思想，影響水戶學的尊王論很深。闇齋說：敬至極徹底時，必至於與天地合一。他又將日本的神，依其性質分為造化、氣化、身化、心化四類，[註41] 號為四化傳，在其門人玉木正英的《玉籤集》首卷有詳細的記載。他確立國常立尊為眾神之祖，為一神教觀，是為創見。他又提倡朝夕應誦唱三種大祓，[註42] 以祈福消災。

〔註41〕造化神：創造天地，即國常立尊。

氣化神：依五行之氣而生者，有水神國狹槌尊，火神豐斟渟尊、木神泥土煮尊、沙土煮尊。金神大戶道尊、大戶邊尊，土神面足尊、惶根尊，陽氣之神伊奘諾尊、陰氣之神伊奘再尊。

身化神：有地神五代，有形體，為陰陽兩神所生，他們是天照大神、天忍穗耳命、瓊瓊杵尊、彥炎出見尊及彥波瀲鷀慈。

心化神：為心動自然發生者，如諾尊執鏡時生草萁不合尊、月讀尊，廻首而顧時，生素戔鳴尊。天照大神為日本天皇的始祖。神武天皇為天皇人代的始祖。詳見鄭學稼《日本史》（一），頁21～26及（四），頁393。

〔註42〕三種大祓，又稱「三種祓」「三種祓詞」「三大神咒」。即（1）天津祓——以古語咒詞、用於龜卜者。音為吐普加身依身多女。（2）國津祓——取周易八

（四）土御門神道

又稱安倍（或安家）神道，首創者爲土御門泰福，其先祖世代掌陰陽寮，負責卜方角與日的吉凶，行祈禱和祓，調曆研究天文。後神道與陰陽道結合，而自成一派，泰福學自山崎闇齋，傳於澀川春海。春海是德川時代的天文曆算家。本派是垂加神道與伊勢神道的混合者，較近於迷信。

（五）儒家神道

德川時代，儒學發達，儒家思想逐漸支配上層的統治者，並及於一般知識份子，過去受佛教支配的神道，轉而接受儒學支配，神道史家稱之爲儒家（或儒教）神道，而儒家神道者多屬朱子學者，其詳留待後述。

（六）復古神道

林羅山主張國家恢復上古之淳直，致民俗內外的清靜，則眞正的神道，就可出現，此爲復古神道之先聲。後儒學家伊藤仁齋，荻生徂徠主張恢復漢唐以前之研究，直探周孔之道，影響所及，日本國學者亦企圖跳越佛、儒影響的思想，而在古典者作中，尋覓日本固有的文化，其成績見於對和歌的研究，普及於古典的探討，著名者，如京都的荷田春滿及其傳人賀茂眞淵，眞淵研討古類，賴他解釋「祝詞」，使後人對日本書記和古事記的神代卷有新的啓示，大有助於古神道的了解。

復古神道的理論基礎乃賀茂眞淵的「國意考」，他用歷史的眼光，由比較中日兩國歷史的異同而認爲：日人傳統忠君即爲古道，日人祖先不弄小智，天皇如日月，以自然方式治國安民，而中國聖人之道，則非自然的，它以人爲方式嚴防姦禁，然猶不免臣弒君等惡行，不如日人之古道。這種將天皇與神道聯爲一體的觀念，至其門人本居宣長時，有極重要的發展。

宣長爲商人之子，卻習醫，精於小兒科，幼受外祖父影響，接觸伊勢神道，後曾留意於垂加神道，後受賀茂眞淵鼓勵，窮卅五年之力撰成《古事記傳》四十四卷，此書與僧契沖的《萬葉代匠記》同爲古學的二大著作，其古道研究的精華在於「直毘靈」。他認爲：天照大神即太陽，世界各國普受其惠，而日本爲其所生之國，天皇爲天孫，統治日本萬世無窮，此爲古道，爲

卦之音，即寒言神尊利根陀見（坎艮震巽離坤兌乾），（3）蒼生祓──波羅伊玉意喜餘目出玉（祓賜清賜，即除不詳而清淨之意，詳見西田長男氏之《神道史的研究》一書。

自然之理，外國，由於非天照大神所定之國，故無一定之主，上下交征奪，每有威力和才智者奪人之國，並圖自己和子孫長久之計，遂生善於治國的聖人，此聖人的行為，即為道，就中國而言，道不外兩者（一）奪人之國；（二）保有本國不被奪。日本人自傳入中華文化後，往往忘卻固有之道，為明白中國聖人之道計，稱固有之道為「神道」。日本神道是高御產巢日神之靈傳給伊邪岐大神，伊邪那美大神與天照大神，只要明白天皇為神裔，其統治必然善意即可，故在日本不必設教而能大治。不須聖人設教，不用秘傳。他主張以謝神恩，即以真心奉祀神，並尊崇天皇，榮耀皇室，即可實現神道，只有皇室尊榮，日本國治，國民就能過著幸福的生活。反之則否，因世事受善神直毘神與惡神禍津日神支配，惡神只受天照大神制壓，故凡禍津日神支配之時，每生禍端，如北條氏和足利氏的大亂，若由天皇統治則天下太平。至於德川幕府，他的解釋是德川家康得天照大神許可握朝政，他崇尊朝廷，天下因之大治，他雖不敢說王政復古，但讀他著作者，易走向尊王倒幕之路。

宣居門人有平田篤胤者，他私淑宣居，曾任伯家神道之神職，著有《古史傳》、《皇國尊嚴論》、《日本本源論》，並有演講古學之作，如古道、俗神道、歌道、醫道、儒道及佛道大意，篤胤學問廣博，於耶穌教亦有研究，〔註43〕其學說以日本第一為出發點，把一切文化的起源，均誇為日本神的創造，結果，世界的事務，皆源自日本，其說附會、誇大。這是民族精神獨立的表現。但非學術研究的正軌。

平田學的後繼者為平田鐵胤，門人多達四千人，篤胤的門人如佐藤信淵、矢野玄道、大國隆正等都是名學者，矢野與大國隆正都是參與維新大業的志士。平田學強調祭政一致，建立敬神崇祖、皇道即神道及天皇是神的觀念，對日人效忠王室影響很大，使神道變為日本國教，而各教派神道亦隨之興起。而有關神道的論著也相繼出版。〔註44〕

（七）教派神道

明治維新後，政府以神道為國家體制的精神基礎，特加扶植，使祭政一致，西元 1869 年（明治二）有詔復興皇道即所謂惟神之道（神ながらの道

〔註43〕參考村岡典嗣之論文〈平田篤胤の神學における耶穌教の影響〉。
〔註44〕如田中智邦：大日本國教之要旨。積穗八束：國民教育愛國心，有馬祐政：日本國道論。井上哲次郎：國民道德概論等。詳見清原貞雄之神道史第七章：明治以後之神道論概觀。頁 393～485。

Kaminagaranomichi），視神道爲國家儀禮、國民道德，把神道納入國家體制，當時登記有案的合法神道共有十三系，稱爲教派神道，或稱國家神道，其十三派爲：

1、實行教：教祖爲長谷川角行，由柴田花守掌教，以造化三神爲主神，教義有三：即信仰富士山爲神山，皇統一系、永世無窮，上下親睦，以勵家業。

2、扶桑教：教祖也是長谷川角行，由實野半掌教，亦以富士山爲神山，鼓勵和睦，教義與實行教大同小異。

3、御嶽教：教祖爲下山應助，主張登山祈福。

4、禊教：教主爲井上正鐵，主張以誠通神靈，以禊祓洗罪。

5、大成教：由平山省齋改革禊教而成。

6、黑住教：教祖爲黑住宗忠，主張誠善信天，以吐納修身。

7、金光教：教祖爲金光大陣，主張忠君愛國，生死安心。

8、天理教：教祖爲中山美己，〔註45〕主張博愛勞動，減私奉公，拜天理大神。

9、神理教：教祖爲佐野常彥，有十誡以約束教徒。

10、神習救：教祖爲芳村正乘，以所行神法爲特色，有鎮火式、探湯式等。

11、修成派：教祖爲新田邦光，主張修理固成，光華明彩。

12、蓮門教：教祖爲島村美奇，爲日蓮宗之神道化者。

13、大社教：教祖爲山雲大社的宮司千家尊福，主張尊天神，愛國家，明本份。

這十三派神道教，都崇拜日本神話中的天神，帶有濃厚的國家主義色彩，強調忠君愛國，盡個人本份，勸善懲惡，戰前爲日本人主要的信仰，於日本國民對國家的忠誠，對天皇應效忠的觀念培養，貢獻很大。戰後，神道與國家權力分離，獨立爲一般的宗教團體，但神道仍舊是日本人普遍的信仰，而與皇室關係仍極密切，如各大神宮例祭，天皇都派勅使助祭，每年祭典，首相都要率幕僚往伊勢神宮參拜。各地神社祭典，多由該地區民眾集體行動給予支持，據民國 67 年統計，一年之中到明治神宮參拜者，即有二八八萬人，

〔註45〕中山美己，大和國山邊郡三味田人，寬政十年（西元1798年）四月生，父前川半七、夫中山善兵衛，幼喜讀經，每至日暮不輟，樂於助人，竟至毀家，以急人之難，四十一歲得道，開始傳教，現天理教勢力頗爲龐大。

可見日本神道勢力的龐大。

以上述各派神道，下面擬探討朱子學與神道的關聯。日本神道原無闡述教理的經典，無言之教原是神道特色，自朱子學隨禪僧傳入後，神道趨於儒化，形成神儒一致思想，此種思想始於江戶初期的朱子學始祖藤原惺窩，他在其隨筆「千代茂登草」中，主張中國堯舜之道，與日本神道目標相同。他認爲日本神道應正心憐憫萬民，施慈悲，這也就是堯舜之道，在中國爲儒道，在日本爲神道，實同而名異。

朱子學本有鬼神論，朱子說：「變化之道，莫非神之所爲也，故知變化之道，則知神之所爲矣！」這種說法傳到日本，由惺窩弟子林羅山承其師說加以申述，羅山本爲僧侶，後爲儒者領袖，他極力排佛，攻擊本地垂跡說的妄誕。又指陳吉田家唯一神道借用佛說之非，他在《本朝神社考》一書中，創記錄地詳細考證日本各神社的歷史。他以《日本書紀‧神代卷》爲根據，創出神儒合一論，主張日本原爲神國，自神武天皇即位後，就傳授天津神之道，它即王道，佛道輸入後，王道衰、神道壞，佛徒倡本地垂跡說，使神社與佛寺相混，使神道雖在若無，幸《日本書紀》尙存有延喜式等記載，使後人可據以考證神明之道。他攻擊吉田家唯一神道之非，又批評北畠親房的不免有佛味，而卜部兼倶陽唱神道，陰說佛法，也很可鄙，因此他主張：只有恢復上古的淳樸，致民俗內外的清淨，則可出現眞正的神道。後來羅山又應若狹國主酒井侯之要求，撰呈神道傳授及其追加一卷，採用朱子學的觀點，解釋神道，謂之理當心地神道，以朱子哲學中理性經驗爲中心，用其持敬說，他說人心有宅、有家，神爲主人，敬爲一心的主宰，必有敬，則神來宿，不敬則神亡，本心即爲空宅。敬之存在，與神明合。〔註46〕

尾張藩主德川義直，天性好儒學，曾師事林羅山學朱子學，並研究神道，他著《神祇寶典》九卷及圖一卷。其內容是：本朝爲神靈棲舍之所，故稱爲神國，其寶曰神器，守神器者爲神皇，其兵爲神兵，其所由行爲神道。昔神武天皇，定都大和，始祀天神，並在鳥見山建靈畤，後逐漸確立神祇制度。神意與人心本爲一理，劍、瓊、鏡三種神器象徵著勇、信、智三德，擴充之，雖堯舜之道，不過如此，這些說法似爲林羅山神社考的補充，同樣地把神道視爲王道，視爲儒道，他們都能用歷史的眼光，考證解釋神道的演變。

儒家神道中，有山崎闇齋者，另創垂加神道，詳見前述。其再傳弟子，

〔註46〕可參閱本文京學派朱子學者林羅山部份。

也是朱子學者木下順庵高足三宅觀瀾，他在所作的《中興鑑言》裏，有一章為論德，其中暢談三種神器與國民道德的關係，他說：「或云瓊為慈悲，鏡為正直，劍為決斷，或云以瓊修身，以鏡正心，以劍致知。或云配以智仁勇，或云象日月星，或云則天地人，實則此皆合於天照大神之教中，此三者，佩服寶重，日常臨視，以照其容，當其親手授予皇孫曰：『照鏡如視我。』」這是天祖的精神。日本國脈由此而傳，皇道由此而生，依此，貴賤上下之位，禮樂刑政之施，遵其序，正其度，毫不紊亂，此理簡明，不必以佛教與儒教之說去附會。〔註47〕

　　另有雨森芳洲專從三種神器說明神道，他著有《橘窗茶話》，書中認為儒、道、佛三教是一致的，只有日本神道超然獨立，他說：神道有三德：即仁、武與明。劍象武、鏡象明、玉象仁。日本因尚質而不尚文，故無儒教的議論，只有國民力行，由之三種神器是本經，中國聖人所說的是它的註釋。

　　至水戶學派的會澤正志齋也以儒道為中心，來講神儒合一，主張祭政一致，藤田東湖則以為天皇承天日之祀，應重日神，因天日之嗣，世奉神器以君臨萬姓，群神之胤亦皆世其職，以翊戴皇室，這些都是由朱子學引發的神道觀，大抵把儒道與神道視為一體。

　　另有荻生徂徠反對朱子學派的說法，他們認為日本是東夷蠻國，原無所謂道德，道德來自中國，因為只有中國才有聖人之道，他們完全否定神道，認為神道包含在聖人之道中，除聖人之道外，別無神通。徂徠門人山縣周南即以為日本人代無道，與大唐交通後，始輸入聖人之道，因此他完全否定日本固有的神道。與徂徠派相反的如二宮尊德，他認為真正的神道與儒家治國之道，佛家治心之道鼎立，各有長處，神道並非神官之道，並不是巫祝輩賣符換取米錢的乞者神道。

　　綜上所述，日本神道萌芽於日本人的原始信仰，以古代的神話為基礎，攝取佛、道、儒的營養，而蔚成一個龐大的力量，長久以來，歷經佛教、儒教，甚至基督教的衝擊，仍舊壯大不已，至今仍深深支配日本人的思想，研究日本，對日本神道實不能輕易忽視。然而過去研究日本的人，大都忽視神道的存在。這是一大錯誤。

　　佛教及陰陽家、道家之說傳入日本，使原已具迷信成份的神道，更加的不合理，朱子學傳到日本，不可避免的，須先與這些不合理的成份相結合，

〔註47〕參閱《中興鑑言》，頁14～15，浪華書肆，寶富堂刊本。

然後把這些不合理的成份，以朱子學的理性成份加以改造、替代，使神道合
理化，如林羅山的理當心地神道，把神道轉向理智，使神道成為日本人傳統
的國民道德，特別重視倫理，因此產生所謂的「日本精神」之說，所謂日本
精神，即吉川惟足所謂的「日本魂」，也就是「大和魂」，早在菅原道眞時代，
即有人倡導「和魂漢才說」，主張要治國平天下，除日本固有的神道外，應
加上對儒學漢籍的精細研究，而付之於實踐，日本吸收外來文化，必加一番
抉擇，合乎日本需要，適合日本國情的才取來應用，否則棄之如敝屣，此亦
爲日本精神之一，如就忠孝一本而論，日本因國體爲「區于一家，義乃君臣，
情兼父子」，所以特重忠字，以忠爲五倫之首，這與中國百行孝爲先之說有
所歧異。而日本神道學者極端反對中國湯武放伐之說，也是基於其國體爲萬
世一系的神代思想所致，日本神道透過朱子學合理主義的淨化，使日本人重
視祖先崇拜，而產生愛家、愛祖、愛國的心理，忠君報德的觀念由之而生。
要不辱祖先，要光耀神國榮譽，使得人人自愛，風俗淳美，並能致力爲公。
戰後日本復興迅速，經濟發達，成爲經濟強國，除了工商業發達快速，科技
競進不已之外，其國民素質的優民也是一大主因，優良的國民素質是產生在
良好的文化背景中的，朱子學使日本神道趨向合理化之功，實不可沒。

　　當然也有開倒車的，朱子學傳入日本後，其合理成份有被神道中不合理
成份吃掉的情形，如山崎闇齋的垂加神道，倡導「土金之教」即是典型案例，
然此於日本人提倡忠君愛國，恪守本份無礙，朱子學於日本神道發展頗有助
益，即如垂加神道，雖有宗教迷信成份及牽強附會處，但強調道德、國體、
既尊崇儒家之道，也重皇室，因此幕末尊皇運動的先鋒，多出自崎門派，如
竹內式部〔註48〕即爲其著名人物。明治維新之際，此派人物多擔任重要角色。
維新後對外擴張，侵略他國的思想也大抵承受闇齋之說，因之，日本神道所
受朱子學的影響約之有二：1. 朱子學純化了神道的咒術宗教意識，使之合理
化。2. 神道的理論多由朱子學者據朱子學完成的，使神道與現實結合，使日
人效忠皇室，爲強國主因之一。〔註49〕

─────────────────

〔註48〕　竹內式部，新瀉人，西元 1712 年生，其家世代業醫，學於崎門派之玉木葦齋。
　　　　　文武全才，於京都授徒爲生，倡尊王賤霸思想。爲著名勤王家，曾引起寶曆
　　　　　事件（關白近衛內前爲恐引起公、武糾紛，禁止德大寺家講內式部的尊王賤
　　　　　霸思想，並處分竹內，德大寺等人。）
〔註49〕　本節取材自鄭學稼《日本史》（四），第十七章者甚多，又參考太田高之神道
　　　　　史（國史講座刊行會）及清源貞雄之神道史（厚生閣）。

第三節　學　術

一、史　學

　　朱子學中，關於史學的著作有《資治通鑑綱目》、《宋名臣言行錄》等，《通鑑綱目》尤其重要。因為中國史學重視所謂筆法，自孔子作《春秋》，學者爭相研究其微言大義，多認為《春秋》寓褒貶，別善惡，重名分，嚴內外，〔註50〕其一字一句都有勸戒作用，司馬光作《通鑑》，就是依照這種寫法，而朱熹更是服膺此種傳統，他說：「五經之有春秋，猶法律之有斷例也，律令唯言其法，至於斷例，則始見其法之用也。」又說：「春秋傳為按，經為斷。」〔註51〕中國史學思想，透過《春秋》——《通鑑》——《綱目》這一系列著作，對後世史學產生很大的影響。

　　日本史學在中國文化影響下，也重視這種筆法，尤其朱子學傳入後，日本史學更是被朱子的正統論與大義名分論籠罩住，而有許多歷史名著出現，這種史學思想後來與復古派學者及國學者思想合流，促成倒幕運動。至明治維新以來，中國傳統懲惡勸善的史學觀方漸失色，而趨向於實證、客觀，雖然如此傳統史觀雖嫌主觀，但有其價值在。以下就日本史學的演進，探討朱子史學對日本史學的影響程度。

　　日本最早的史學為《天皇記》、《國記》。據《日本書紀》：推古二八年（西元620年）記載：「是歲，皇太子、大臣共議之，錄天皇記、國記……。」這是飛鳥時代〔註52〕聖德太子與蘇我馬子所議定而記錄的，記各氏族之系譜傳承、割據對立與國家體制的情形，惜已失傳。

　　日本大和朝廷草創於三、四世紀，至五、六世紀其統治權力與地域漸大，至七、八世紀時，終於形成律令國家體制，此時漢字已傳入，唐文化給日本很大的啟示，於是《古事記》與《日本書紀》相繼著成，其後有新撰姓氏錄、六國史（含《日本書紀》）之撰述，這時史書的體裁已採編年紀傳體，而思想傾向已發展為國家主義、儒教道德觀及國粹絕對主義。

〔註50〕見《公羊傳・成公十五年》：「春秋內其國而外諸夏，內諸夏而外夷狄。」此為嚴內外。

〔註51〕見《近思錄・致知類》引伊川之言，商務版，頁121及123。

〔註52〕飛鳥時代，指大化革新前一世紀左右的時期，為大和時代末期，以聖德太子推行新政時期為顛峯。因都於奈良盆地南部的飛鳥地方（今奈良高市郡）故名。

　　《古事紀》是用漢字標音的準漢文寫成的，分上中下三卷，爲太安萬侶奉勅撰成的。太安萬侶之墳最近在奈良東部的茶園出現，證明實有其人而非杜撰。〔註 53〕這本書可說是一本優秀的國家神話，日本神話大抵根據此書而來。書中以爲天皇血統爲尊貴的，其傳承爲受神的意志與先帝命令，顯出天皇爲神孫的天皇神聖觀。《日本書紀》爲舍人親王奉勅撰的，用中國儒家聖王觀，述各天皇以德治國的史例，取材於中國史籍的痕跡顯然可見。〔註 54〕

　　《日本書紀》後有所謂的五國史，皆爲天皇下詔編纂的正史，爲編年體，具有起居注或實錄的意義，其成立如下表：

書　名	卷　數	年　代	年　數	編　者
續日本記	四○	西元 697～791 年	九五	藤原種繼
日本後紀	四○	西元 792～833 年	四二	藤原多嗣
續日本後紀	二○	西元 833～850 年	一七	藤原良房
日本文德天皇實錄	一○	西元 851～860 年	一○	藤原基經
日本三代實錄	五○	西元 861～890 年	五○	藤原時平

　　平安時代中期以後，私撰史學之風大興，如《年代記》、《本朝世紀》、《類聚國史》、《扶桑略記》等書次第完成，官撰史書反見衰微。

　　平安時代末期，律令制變質，攝關政治、院政接踵產生，民間莊園制確立，日本文化由純粹模倣而轉向創造，以日本假名文字寫成的國文學興起，史書也發展成一種物語（小說）體史學，或稱鏡物史學，〔註 55〕鏡就是中文「鑑」，爲鑑戒之用。此期爲貴族史學。然都是私撰的。

　　鎌倉時代，貴族式微，武家興起，京都公家文化漸被鎌倉的武家文化所取代，此期的著作如《保元物語》、《平家物語》、《源平盛衰記》、《太平記》都採佛教的末世因果史觀，〔註 56〕述隆替興亡，描寫社會百態。末期有《元

〔註 53〕　見 1979、1、24 出版之讀賣新聞第十四版之記載。

〔註 54〕　《日本書記》與中國史籍文字及內容雷同的情形，可參看劉崇稜著〈中國文學與日本文學〉一文，載《淡江學報》，又文化大學張福泰所撰的論文《日本文化淵源論》，頁 4～10，也有排列對照。

〔註 55〕　有所謂的四鏡，即大、今、水、增四鏡，大鏡述文德至後一條天皇十三伐一百七十餘年間史事，今鏡述後一條至高倉天皇十二代一百四十餘年間史事，水鏡述大鏡以前，即太古至仁明天皇史事，增鏡述後鳥羽至醍醐天皇史事。另有吾妻鏡（東鏡）。

〔註 56〕　末世因果史觀，爲日本平安末期至鎌倉時代流行的佛教思想，即釋迦寂滅，經正法時期，像法時期後的時代，是佛教的衰退期，以這種思想來觀察歷史，

亨釋書》的出現，這是最早的日本佛教史，爲東福寺僧師錬所撰，日人丸山
二郎評此書曰：

> 《元亨釋書》乃取法於中國的史書，仿《春秋》、《通鑑》及梁唐宋
> 的僧傳，用《史記》、《漢書》體裁編述的日本僧侶的全史。〔註57〕

室町時代共二百三十年，約分三期，第一期自建武中興失敗（建武二年，西
元 1335 年）至南北朝統一（西元 1393 年），約六十年。其間戰爭不斷，足利
幕府與吉野朝廷激烈對抗。第二期自南北朝統一，至應仁之亂（西元 1467 年），
約七、八十年，爲太平時期，第三期自應仁之亂至足利幕府滅亡，約一百年，
爲戰國時代。室町時代爲古代社會轉變爲近世社會的關鍵時代，其歷史發展
極爲複雜。〔註58〕

第一期的史學代表作爲北畠親房的《神皇正統記》，北畠親房（西元 1293
～1354 年）爲權中納言師重之子，官至從第一位准大臣，享年六十二，歷
事後伏見至村上五朝，最後得後醍醐天皇的信任，助成建武中興。當時在後
醍醐天皇的講筵中，有玄慧法師講資治通鑑與綱目，對綱目的大義名分大加
闡揚，北畠親房參加聽講，深受感動，南北朝分裂，北畠即仕於南朝，撰《神
皇正統記》六卷，闡明南朝爲正統，而推崇日本皇室來自神意。他認爲日本
是神國，天皇是天照大神的子孫，自神武天皇以後，萬世一系，縱然處亂世，
然其神國「神明地位顯著」，「善惡之報明確，因果報應昭爽」，故依天照大
神的意志，終會走向正路，此會貫通歷史的「古今至理」。此書含國土生成
論、國體論、正統論、學問論、神道論、帝國論、臣道論、政治論等。根本
上是出自朱子學，如把其國土生成論中諸神出現的順序和周濂溪的太極圖作
一比較，如足利衍述書中所列之圖，〔註59〕就可知其間的關係了。

是爲末法史觀。
〔註57〕見丸山二郎著〈關於元亨釋書的考察〉一文，載於《歷史地理》五六卷第五
號。
〔註58〕詳見足利衍述：《鎌倉室町時代之儒教》第二編第六章頁 180～193。
〔註59〕同上書，頁 182。

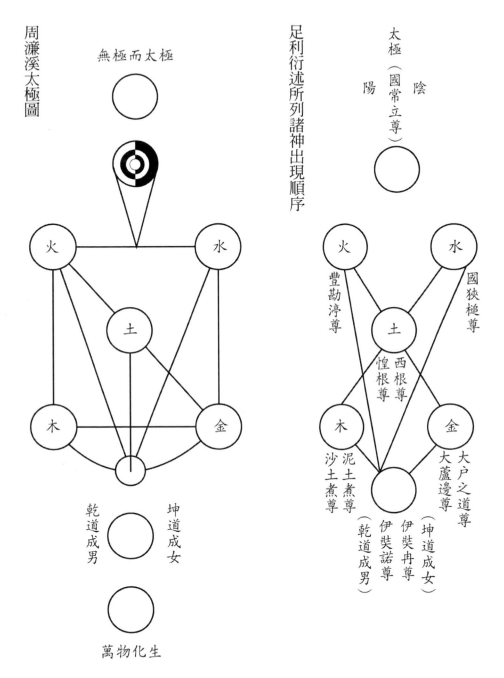

周濂溪太極圖

無極而太極

乾道成男　　坤道成女

萬物化生

足利衍述所列諸神出現順序

太極（國常立尊）

陽　　陰

火　豐勘渟尊　　水　國狹槌尊

土　西根尊　惶根尊

木　泥土煮尊　沙土煮尊　金　大戶之道尊　大蘆邊尊

伊奘諾尊（乾道成男）　伊奘冉尊（坤道成女）

　　這是藉太極圖來說明天神七代的，到江戶時代，此說為山崎闇齋所承繼，而化為垂加神道。正統記內有許多理論性、教育性的要素，為一本政治理想的史書，非僅為單純的歷史著作，這種神道國體觀給予後世日本國粹主義者和神道家莫大的影響，尤其闡明南朝為正統，貶抑武家政治，開後世尊王思

想的先河，在日本史學上應予特別重視。其後又有《續神皇正統記》（小槻晴富作）及《椿葉記》（後崇光院作）等類似作品出現。小野湖山有詩詠親房曰：

　　亂賊紛紛得意初，大賢憂慮有誰知？

　　請看一管春秋筆，編出神皇正統書。

又大槻磐溪也有詩詠親房曰：

　　史家特筆有誰傳，野乘紛紛多倒顛。

　　一部神皇正統記，春秋遺旨在斯編。

中山久四郎博士以爲詩中意思是朱子傳春秋大義名分的精神，親房承之而寫成《神皇正統記》。〔註60〕

　　第二期雖爲室町時代治世，但未見大規模的官修史書，只有少數私家作品，如《帝國系圖》、《善鄰國寶記》、《明德記》、〔註61〕《嘉吉記》、〔註62〕《結城戰場物語》、〔註63〕《大塔物語》、〔註64〕《底倉記》、〔註65〕《十津川之記》、〔註66〕大抵皆以事變，人物爲題材，反映現實之作。另有《太平記》一書，原爲兒島法師著（有云爲玄慧法師所作），後經多人補充、修訂、續寫，都自現實社會取材，訴說因果關係的昭應不變，強調諸行無常。

　　第三期史書都是興亡盛衰的記錄，其作者似有意藉史實爲鑑戒，在史學史上地位都不高，重要著作有《應仁記》、《永正記》、《長祿記》、〔註67〕《細川勝元記》，關東方面有《上杉憲實記》、《關東合戰記》、《鎌倉大草紙》、《相州兵亂記》、《北條記》及《北條五代記》等。

　　戰國末期並無優秀史著出現，至安土、桃山之際，始有《信長記》與《太閣記》的巨作，述織田信長、豐臣秀吉及諸武將之事甚詳，〔註68〕這兩部書

〔註60〕見中山久四郎：〈中國文學一大特色的春秋左氏傳的解題及其對本邦之影響〉（《史學及東洋史之研究》，頁66～74）。

〔註61〕明德記，述應永六年大內義弘在泉州堺叛亂，被足利義滿將軍平定的始末。

〔註62〕嘉吉記，述嘉吉元年六月，赤松滿祐誘殺義教將軍的事變。

〔註63〕說明因永享亂，關東管領足利持氏自殺後，甚兒子春王、安王二人，投靠結城氏朝，並舉兵，戰敗後，於美濃國垂井被殺的經過。

〔註64〕大塔物培，述應永七年，小笠原氏以信濃守護身份，進入采邑，被抵制抗爭的情形。

〔註65〕底倉記，敍南朝新田義隆在關東、奧州方面的活動與結局。

〔註66〕十津川之記，記南北朝統一後，南朝武士的動靜情況。

〔註67〕應仁、永正、長祿都是年號。

〔註68〕信長記，太田牛一件，記載1568～1582年間共十五年的事，正確翔實；太閣記，小瀨甫庵作，寫豐臣秀吉事，資料極豐富。

都採儒教的道德立場，與朱子哲學的先驗性相合，揭示君道、臣道的德目，展開「八物語」的教訓，開德川幕府封建倫理建立的先聲。

　　江戶時代，政治安定，平民文化因之漸興，朱子學由於提倡倫理道德，合乎幕府倫理，被用爲官學，風行當時。朱子學的特徵是以理爲前提，其窮理格物之說，含科學精神，應用於歷史上，則爲大義名分的正統論，在《性理大全》卷六五，釋君臣之義弘通於天地間，而爲絕對之理，其文曰：「臣之適君而非義者，未之有也，無所逃於天地之間。」此義數見於朱子的《通鑑綱目》中。在日本，朱子學的史觀分爲兩途進行，一爲合理主義，一爲正統主義，秉持合理主義而成爲史學名著的有：

　　1. 本朝通鑑：共三百十卷，爲朱子學者林羅山在正保元年（西元 1644 年）奉幕府之命編纂的，羅山是江戶時代史學的開山大師，他述至宇多天皇時輟筆，後由其子鵝峯（春齋）完成，時爲西元 1670 年，所載自神代起，至後陽成天皇時爲止，含前、正、續編、提要等，是一部編年體通史，參考和漢書籍七六五部，頗富史科價值，其條例云：「若據事直書，則善惡自見」，可見朱子學所主張的合理主義，即重視客觀事實，〔註 69〕傳本書原以夏少康之後吳太伯爲日本皇室之祖，後遭德川光圀指責，方削去，此事足見林羅山對中國文化傾慕之忱。林羅山《神武天皇論》中有一段談及此事云：

> 晉書載日本蓋夏后少康之裔也。按少康之庶子封於會稽，文身斷髮，處江淮之陂，與黿鼉魚鼈爲伍，遂爲越國，由是觀之，吳越只近於我邦，一葦之杭，往來之易，以爲太伯之子孫乎，以爲少康之後昆乎，是亦未可知也。子推之以爲太伯爲夏後，入與圓月〔註70〕同獲罪於時乎！不若只從日本紀之舊儀，而敬我邦固有之神聖，不亦可乎！〔註71〕

其子鵝峯在《本朝通鑑・前編跋》也提到此事說：

> 本朝通鑑前編三卷，以日本書記爲正，而參校舊事紀，古事記，辯同異，削繁冗，以代書之。粗加倭姬世記，古語拾遺，元元集，於其間聊倣劉氏外紀，金氏前編之例，而附神武紀首，以尋神國之宗源，崇

〔註69〕 重視事實爲朱子學的一貫主張，然日本學者高橋富雄於其日本史學思史（日本歷史一二二號）上反對此種說法，當然這還有許多異論。

〔註70〕 圓月字中巖，號中正子，創建妙喜庵，爲五山禪僧之著名者，修有日本紀，以吳太伯爲日本國祖，爲朝議不滿，遂焚其書。

〔註71〕 見《朱子學大系》卷十三，頁 549。

皇胤之正統，若夫少康，泰伯之事，則異域之所傳稱，今不取正。

這是爲遷就現實，怕獲罪於時而作的妥協，光圀的主張則出於國家意識的抬頭，其實這也是春秋精神在日本長期浸潤的結果。

2. 藩翰譜與折焚柴之記，爲新井白石所作，前者以武家時代爲對象，後者取材於當代史，態度客觀，敘史實，以失敗爲誡，講明儒家仁政的理想，這些著作可算是科學的史學作品先驅。

秉持正統主義成爲史學名著的有《大日本史》與《日本外史》。《大日本史》是水戶學思想的結晶，由藩主德川光圀發起的，在西元 1657 年（明曆七）設史館，開始修史，西元 1672 年（寬文十二）取杜預左傳序「彰往考來」一語之義，名史館爲「彰考館」，任人見卜幽爲首代總裁，後吉弘元常、中村顧言、鵜飼眞昌、安積覺等相繼任總裁，在光圀生前修成本紀七三卷，至其子綱條，本紀列傳全部完成。西元 1715 年（正德五）朝廷賜名《大日本史》，以後續編表志，至西元 1906 年（明治三九）全部脫稿，歷時共二百五十年。全書仿中國正史體例，用典雅的漢文寫成，本紀、列傳、志、表，應有盡有：

（1）本紀：仿中國正史爲皇帝立本紀，而置后妃於傳。又日數、干支並舉，以明時日。

（2）列傳：立文學、歌人、孝子、義烈、叛臣、逆臣、列女、隱逸、方伎、外國等傳，皆仿自中國正史，唯將軍、將軍家族、將軍家臣諸傳爲大日本史特色，這是因國情不同所致，加藤繁博士云：

列傳人物順序，自史記以來，大率依時代排序，父先於子孫，大日本史亦據此方針，而類聚人物標準以國事，其中最重勤王，子孫傳常有先於父祖者。此乃編者不得已時，不避時代之先後。〔註72〕

（3）志：《大日本史》中志分量最多，計達全書之半。因本書之紀傳主要在記人，以正大義名分，志則主於記事，以示政治教化財賦之實。水戶修史末期藤田幽谷反對其師立原翠軒不修志的主張，其理由如小宮山楓軒所說的：

既創而爲紀傳之體，決不可無「志」，歷代之史，有紀傳而無「志」者，唯三國、南北、五代諸史耳。割據爭亂之世，土宇狹而歷數促，禮樂制度不足記述，不作其「志」宜也。赫赫天朝，一姓相承二千

〔註72〕加藤繁著：〈中國史學對日本史學的影響〉，原文見《日本史學史論叢》（《東京富山房刊》），譯文載梁容若著《中國文化東漸研究》。

餘歲，經綸、制度、典物、文章，豈可無記載哉？〔註73〕

這個主張被接受了，於是由幽谷及其門人會澤憩齋、高橋坦室等人專事修「志」，故成其偉觀，在禮樂志中兼述樂記之制，兵制中兼述兵器，國郡志述山川形勢及人文風習皆爲特色。

(4) 表：有臣連二造表、公卿表、國郡司表、藏人檢非違使表，將軍屬僚表。

《大日本史》用朱子學通鑑綱目精神，取捨史料，而積極提出了以皇室爲中心的國體論，在德川綱條的《大日本史·序》中有云：

> 蓋自人皇肇基二千餘年，神裔相承，列聖一統，姦賊未嘗生覬覦之心，神器所在，與日月並照。狥歟盛哉？究其所原，實由祖宗仁澤，固結民心，磐石邦基也。

顯現在《大日本史》編纂方法上的特色有 (1) 參考：即校勘，搜集重要史籍異本，互相對照勘驗文字的異同。(2) 辨偽：凡來歷不明的古書，都予以嚴密的鑑定。(3) 註出典：於所述事實，一一註明出典。(4) 以自註方式考釋史事之正誤。在寫法上有三大特筆：(1) 以南朝爲正統：建武中興後，足利尊氏背叛後醍醐天皇，後醍醐被迫遷吉野另建新政府，號南朝，傳四帝，京都由足利尊氏另立光明天皇爲帝，號北朝，傳五帝，其世系如下表。〔註74〕

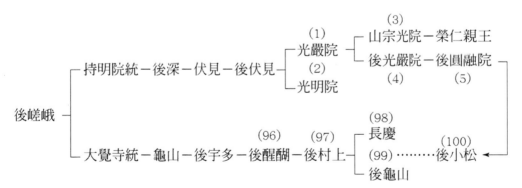

即至足利尊氏之孫義滿時，後龜山天皇遷京都，住大覺寺爲上皇，南北朝各一。《大日本史》立後醍醐以下南朝四代爲本紀，把光嚴帝以下北朝五代，附載於後小松天皇本紀之首，編者說：

> 皇統之出後嵯峨，亦無所輕重，惟視神器所在爲正耳，光嚴、光明

〔註73〕 見鄭學稼、《日本史》（四），頁 456。
〔註74〕 同上書（二）、頁 76。

> 皆爲叛臣所立，非無神器，而所傳非眞，則不得謂之有焉，然神器
> 之輕重，係人心向背，人心歸則神器重，人心離則神器輕，天人惟
> 一，道器不二，固非閏孼亂賊所得而覬覦者，則皇統所屬，不待辨
> 而明矣。

這明顯的表示南朝爲正統，書中筆法多仿春秋，如西元 1333 年（後醍醐元弘三）書曰：春正月，天皇在隱岐。當時後醍醐在流竄中，京都另有光嚴天皇在位，其所以書天皇在隱岐，即表示後醍醐才是正統，這種寫法是本於春秋及通鑑綱目而來。〔註75〕

（2）以神功皇后入后妃傳，此依據古事記。認爲神功皇后未爲天皇，由客觀考證，而反對前人之說法。

（3）列大友皇子爲弘文天皇：大友皇子爲天智天皇（第三八代天皇）愛妃之子，在天智晚年被立爲皇太子，原皇太子大海人皇子爲天智之弟，於天智崩，起兵抗朝廷，獲勝即位，是爲天武天皇（第四十代天皇），由於《日本書紀》編者舍人親王爲天武天皇之子，子爲親諱，故抹煞大友在位的史實，《大日本史》改此曲筆，據實直書，列大友爲弘文天皇，視爲第三九代天皇。

《大日本史》對神功皇后與弘文天皇的書法爲據實直書，以徵名分，這也是本於朱子學而來，《朱子語類·春秋部》有云：「孔子但據實直書，而善惡自著。」此爲《大日本史》所本。

朱子學不僅正名分，還要辨華夷，朱子史學啓發了日本尊王思想，且啓發了日本的攘夷精神。《大日本史》中，有多處故意提高日本的國家地位，如置隋唐於諸蕃之列，故意抹削五倭王朝貢中國南朝的史實，這種內外之辨，在水戶學派一脈相傳，如會澤安在《及門遺範》中，評水戶學後期泰斗藤田幽谷說：

> 先生原於春秋尊王攘夷之意，尤謹名分。

這種精神在日本發展的結果是幕末的尊王攘夷運動，而進一步誘發了明治維新，詳見前節。

《日本外史》也是朱子學的影響物，它是賴山陽寫的，包括源氏、北條氏、新田氏、足利氏、德川氏諸記，述武家爭霸的歷史，值得注意的是他特

〔註75〕 春秋於魯昭公被季氏驅逐出國，暫居晉邑乾侯時，書曰：「公在乾侯」。
通鑑綱目於唐中宗被武后流放房州時，書曰：「帝在房州」。
此爲大日本史書法之範例。

別把勤王的新田氏與源、足利、德川三家並立，強調翼贊建武中興的武勳，其形成雖以武家爲中心，實際上卻以勤王精神爲引導，他運用雄宕暢達的筆法，熱情澎湃的文字，灌輸尊王賤霸精神，雖於史實考證有所疏忽，但論其影響，卻使幕末勤王志士受到極大鼓舞。〔註76〕

上述這些名著是採用武士階級史觀寫成的，在朱子學史觀籠罩下，幾無例外，都重名分，以據事直書爲宗，江戶時代另有商人史觀之作，如出片蟠桃的夢之代，三井高房之町人考見錄。有農民史觀之作，如《蟠姬太平記》、《因伯民亂太平記》、《北國傳要太平記》等，這些書也多少受朱子學影響，江戶全期，由於教育普及，朱子學的思想普及於武士與庶民間，影響最爲持久，這是不可否認的。

江戶後期，國學復古思想興起，由賀茂眞淵發其端，本居宣長集大成，至平田篤胤而普及於大眾，後與會澤安的國體論結合，加上朱子學的尊王攘夷思想，竟打倒武家政權，結束武家政治，開創明治維新、王政復古的局面。但此期行動重於理論，史學方面僅伴信友（本居宣長弟子）與狩谷掖齋之作，樹考證學風，爲可道者。

明治二年，設史科編輯國史校正局，任三條實美爲總裁，日皇賜書曰：

> 修史乃萬世不朽之大典，而三代實錄以後，祖宗之盛舉，絕而無繼，大典缺如。今革除鎌倉以降，武門專權之弊，振興政務，故開史局，欲繼祖宗之芳躅，大施文教於天下，特任爾爲總裁之職，其速正君臣名分之誼，明華夷內外之辨，以扶植天下之綱常。

由上可見朱子學的影響仍在。明治八年，廢該局，另設修史局，此時民間有福澤諭吉（慶應義塾）、尺振八（共立學舍）、中村正直（同人社）諸人極力鼓吹實證科學的新思想，明治十九年（西元 1886 年）德國史學家蘭克（Leopold V Ranke）之弟子李司（Lubwig‧Riess）到日本，〔註77〕任教於東京帝大，傳入西洋史學方法，〔註78〕明治二十年，東京帝大設史學系，由久米邦武、星野恒、重野安澤等爲教授，次年，承接修史局的修史工作，二二年成立史學會，確立考證史學之基，直至二六年，由重野安澤主持，然因重野在蒐集史

〔註76〕詳見本文前述京學派十七，賴山陽部份。

〔註77〕李司至 1902 年方離日，住日本達十六年之久，於日本新史學的建立有卓越貢獻。

〔註78〕可參閱宋晞著：〈日本明治維新以來的漢學研究〉，載於《百年來中日關係論文集》，頁 293～294。

料時，發現古史多可疑，於是否定了許多史事，明治二八年，改變欲修國史的觀念，而致力於史料的編纂。此期漸捨棄中國傳統的史觀，而步入模倣西洋史學的時代，趨向於實證史學範疇，後社會主義，法西斯主義次第興起，史學也受影響，戰後，絕對主義之國體論及天皇神聖的意識，完全解體，歷史脫離教化意義，而其目的僅在培養學生認識歷史及養成獨立思考的能力而已。

綜上所述，我們可得到幾個結論：

1. 朱子學承中國史學懲惡揚善傳統，講大義名分，講尊王攘夷，影響日人的史學著作也有這種傾向，其代表作最著名的為《神皇正統記》、《大日本史》與《日本外史》三書，都對日本現實政治產生相當的影響。明治維新成功的動力之一，許多人歸之於這種史學創作的功勞。而日本人多愛國志士，多忠臣，也是受這些著作的影響，因《通鑑綱目》承春秋精神，別內外，自能喚起民族的自覺，也刺激了人民奮發向上，而導致進步。

2. 春秋褒貶勸戒的書法，使日本史追求歷史的「善」多於追求歷史的「眞」，現代史學引以為詬病，然而純粹求眞的歷史，於人類的進步與人群福祉的追求，究有什麼幫助，似值得懷疑，中國傳統史學精神並非毫無可取。如何取長補短為我後生小子應致力的。〔註79〕

二、文　學

朱子雖為理學家，但他的文學造詣也很高，查《朱文公文集》，其中收有詞、賦、琴操、詩十卷，而詩即達九卷有餘，明程璘編有《朱子詩集》十二卷，據台大教授張健先生估計，其作品超過千首，張教授說：「就量而言，（朱子）自己足成一家。」〔註80〕其詩有寫景、題詠，懷念或記事及次韻的，包羅甚廣，他的散文篇幅也多，但多為論學、說理之文，少抒情造象之作，另有《詩集傳》、《楚辭補注》及《韓文考異》三種文學性的書，也是研究朱子文學方面的重要用書。朱子主張文道合一，他痛斥駢儷之文，主張辭以達意為要，要求學子以熟讀涵詠，繼而模倣、而創作，最後將可有所成。

朱熹的主張傳至宋末，嚴羽作《滄浪詩話》多受朱子的啓發，嚴羽詩說

〔註79〕本文多取材自朱雲影，〈中國史學對日韓越的影響〉一文，載於《大陸雜誌》
　　　　第二十四卷第9、10、11、3期。
〔註80〕見張健著：《朱熹的文學批評研究》，頁5，商務人人文庫版。

主張熟讀與法古，尤其要法李杜等人，這些都從朱子之說引申的。明朝宋濂、唐順之、謝榛等人的文論都有朱子遺意，清朝魏禧、王夫之、王士禎、袁枚等人也受朱子影響。〔註81〕

　　日本文學界受朱子影響並不特別顯著，但朱子學者能文，擅詩的人很多，以下先述日本文學的演進，次述朱子學者的文學佳作，以供國人欣賞與參考。

　　日本文學初興於日本上層社會，在奈良時代，日人所作以漢詩文為主，當時文章流行六朝駢儷文，詩則流行文選體古詩，今日尚存有《懷風藻》一書，就是收錄當時作品而成，此書共收詩一百二十首，作者有六四人，多為五言詩，其佳句，可與梁陳各家相比並。〔註82〕

　　除漢詩、漢文外，另有以漢字之音或兼用音訓以表現日語的文學作品，如《萬葉集》，雖是和歌，但仍接受漢文學影響，如所謂的「五七調」則仿中國五言、七言詩的整齊句調。唐詩東傳後，日本詩壇近體詩也漸流行，如嵯峨天皇勅撰的《凌雲集》（收九十首）、《文華秀麗集》（收一四八首），淳和天皇勅撰《經國集》等皆是。〔註83〕當時名家如僧空海，菅原道真都有佳作問世。

　　平安時代前期，漢文學仍盛，在太學中，特重紀傳、文章，而優待文章生。當時可注意的是和文學的興起，和文學用假名文字為工具，早期傑作都出自女人之手，如紫式部的長篇小說《源氏物語》，清少納言的隨筆《枕草子》等便是，但這些書仍不免受中國影響，如青木正兒在他所著的《日本文學與外來思潮的關係》一書中，就曾指出：《源氏物語》的〈卷梧桐〉即仿白居易的長恨歌，《枕草子》有許多出自李義山的雜纂。〔註84〕

　　自源賴朝創鎌倉幕府，武人當權，漢文學更形沒落，但公家所在的朝廷貴族及傳教的禪僧亦著有佳作。

　　其中最優秀的，要以「五山」為中心的詩僧之作，即所謂的「五山文學」。五山文學的代表作家，大多是日本朱子學的先驅，如一山一寧及他的門人虎關師鍊、夢窗疎石和雪村友梅等。而由於夢窗的門人義堂周信和絕海中津的苦學，使五山文學臻於絕盛。義堂與絕海都是傳播朱子學的大功臣。

　　五山文學中的舊詩和古文，多為七言絕句與駢四儷六的文章，古文不多，

〔註81〕同上書，頁116～126，可供參考。
〔註82〕詳可參閱《中日文化論集》（三）中所載伍俶：〈日本之漢詩〉，頁3～4。
〔註83〕同上書，頁5～8。
〔註84〕青木之書是日本文學講座之一，岩波書局出版。

詩文都富於禪學的氣魄，格調甚高。以下抄錄雪村友梅、義堂周信、絕海中
津三人的詩代表作各一，以供參考：

和友人翁字　雪村友梅

呼童烹茶一甌濃，睡起園林午夜風。

知是落花前夜雨，小溝添水沒鳧翁。（《岷峨集》）

雨中對花　義堂周信

三年不作禁城遊，幾度東風喚客愁。

今日暮簷春雨裏，對風猶認舊風流。（《空華集》）

赤間關　絕海中津

風物眼前朝暮愁，寒潮頻拍赤城頭。

怪岩奇石雲中寺，新月斜陽海上舟。

十萬義軍空寂寂，三千劍客去悠悠。

英雄骨朽干戈地，相憶依欄看白鷗。（《蕉堅集》）

風氣所及，武將亦能漢詩，如武田信玄的偶作

鏖殺江南十萬兵，腰間一劍血猶腥。

豎僧不識山川主，向我殷勤問姓名。〔註85〕

鎌倉、室町時代的文學，除漢詩外，尚有和歌、連歌、〔註86〕日記、紀行、
隨筆、評詞及能樂劇詞等，都與漢學有關，其中尤以歷史文學最受朱子學影
響，北畠親房的《神皇正統記》是其佳例。詳見上節所述。

　　江戶時代，朱子學大盛，初期朱子學於文學上都卓有成就，如藤原惺窩
文集有詩文十二卷，和詩集五卷、林羅山有文集、詩集及史學著作《東鑑綱
要》、《本朝通鑑》等書，惺窩門下的石川丈山與元政上人，以詩作聞名，石
川曾築詩仙堂於比叡山之麓，著有《覆醬集》，元政常與明遺民陳元贇往來唱
和，遺有《元元唱和集》，著有《草山集》，惺窩之徒松永尺五爲出色的教育

〔註85〕見瞿荊州，中日兩國之漢詩因緣，載於《中日文化論集》（一）頁11，武田信
　　　　玄爲日本之室町時代稱雄於本州中部的武將。所作此詩，據日本漢學家結城
　　　　琢氏之註釋，謂係倣明太祖之詩改作而成。

〔註86〕連歌是室町時代的代表文字，最早是一人作上句（日文作發句）五、七、五，
　　　　另一人作下句（日文作付句）七、七，亦即續句；但是到了平安時代，不僅
　　　　以五、七、五長句和七、七短句作結束，在形式上，發展爲長連歌，即長短
　　　　互續。中世之初，連歌大盛，長短句多至百韻。中世連歌的代表作家以二條
　　　　良基（西元 1320～1388 年）爲首，代表作品爲菟玖波集。

家，其門下木下順庵門庭尤爲廣大，順庵本人才華豐腴，門人有木下十哲、
中尤以室鳩巢、新井白石、雨森芳洲、祇園南海等人的詩文最爲出色，都有
文集問世，以下亦各錄其詩作，以見一班。

伏見途中　元政上人
杖藜緩步思悠悠，望盡青山傍水流。
來往風塵多少客，桃花夾道不回頭。

寒下曲　室鳩巢
八月秋霜下，鐵衣更覺寒，馬鳴沙草短，人渴井泉乾。烽火燒雲盡，
笛聲吹月殘；欲知酬國日，須我斬樓蘭。

七律　雨森芳洲
君自西京幾日到，清標曾向夢中看；
關河馳馬孤雲度，風雨隨身一劍寒，
混俗多年雙眼白，論交此處寸心丹；
漢杯綠酒須相勸，知己相逢從古難。〔註87〕

江戶後期，教育漸普及，各地結詩社，開詩會，盛況空前，江村北海和六如
等，以宋詩爲範本而求其神韻和清麗。至今，宋詩仍被日人推崇，形成日本
獨立的詩風。在江戶有市河寬齋主持江湖詩社，梁川星巖主持玉池吟社，而
備後的菅榮山之詩號稱高逸，安藝的賴山陽之詩，人喜其奔放，豐後的廣瀬
淡窗之詩，眾推其靜雅。他們的詩都有其獨特的風味，茲錄其詩如下：〔註88〕

阿隅嶺　賴山陽
危橋亂立大濤間，決眥西南不見山；
鶻形低迷帆影沒，天連水處是台灣。〔註89〕

示諸生　廣瀬淡窗
休道他鄉多辛苦，同袍有友自相親；
柴扉曉出霜如雪，君汲川流我拾薪。

幕末維新志士都喜漢詩，如梁川星巖有紀事詩二十五篇，其一如下：
莫援承久元弘例，事體方今迥不同。

〔註87〕見緒方惟精，《日本漢文學史》，丁策中譯本，頁160所錄。
〔註88〕見《賴山陽詩集》卷十二，頁247。
〔註89〕張興唐著〈日本古代、中世和近世的華學〉，載於《華學月刊》第58期、72
期，可供參考。

皇上只要殲海怪，未嘗一刻外關東。

再如橋本左內的獄史作云：

二十六年夢裏過，顧思平昔感滋多；

天祥大節嘗心折，土室猶吟正氣歌。

明治維新後，日本雖注重科學技術，擷取西方文明，接受外來思想，以達其富國強兵、擴張主義的終極目的。但明治大正兩朝的政治家學者，都有深厚的漢學根底與修養，對漢學有高深的造詣，而漢學離不開朱子學的籠罩，其創作意識，不免受朱子學影響。如朱子論詩重自得，尚平易，推崇陶詩（淵明）閑淡，而日人之詩都尚平易，如白居易詩，陶詩爲日人所喜，日本文學之作有所謂閑寂（わび），枯淡空虛（さび）之風，與平易、閑淡之趣可相比較，《朱子語類》廣爲日人閱讀，朱子對文學的看法，當對日人文學創作有所影響，如明治中期的小說文學主旨每以勸善懲惡爲宗，塑造善惡兩型人物，以描寫人情世態，表示近代寫實小說的特點。這情形與明清兩代及民初小說以勸善懲惡爲小說主題相同，這種意識是出自朱子《小學》及《八朝名臣言行錄》的，因此朱子對日本文學也必然有所影響，只是不夠顯明而已。

三、科　學

朱子學倡「窮理以致其知」，窮理要從格物入手，格物之法有二，一即廣讀群書，藉他人所知以識外界事物，再則爲客觀地觀察事物，以發現其法則。〔註90〕朱子學中，有重視讀書、講求積累經驗，尊博學者，他們或研究歷史，或研究法制制度，或研究醫藥，甚而擴充至養生之法。京學派的林羅山、新井白石、海西學派的貝原益軒、中村惕齋，可爲代表人物，他們的學風較傾向於主知與博學方面。所探討的問題都屬於形而下的，物質方面的法則，著重於文獻實證，最後廣及於自然科學的探討，朱子學對日本科學的貢獻，即在於此。他們應用格物致知的道理，以經驗的歸納法，透過客觀觀察，探索自然，而有所成就。

如林羅山在慶長十七年（西元 1612 年），將傳入僅五年的李時珍《本草

〔註90〕朱子本人曾應用此法，一方面廣讀古代文獻，利用當時天文學成果，建立起其天地生成的學說，含星雲說，日月盈昃之說，又親自觀察，而證滄海桑田之說，建立初步的地質學說。可參考幼獅版《中國思想之研究、（一）儒家思想》一書，頁 147～151。

綱目》，編成摘要五卷，本於《論語》「多識於草木鳥獸之名」，題名〈多識篇〉。傳佈各地，引起日本學界廣泛注意。他又有《本草序例註》一卷、《本草綱目序註》一卷，都獻給幕府，從此研究本草之風大盛。

　　西元 1666 年，中村惕齋首撰《訓蒙圖彙》廿一卷，附動植物圖七百種，並附加漢名的對譯而向井玄介也撰庖廚備用大和本草十三卷（西元 1671 年），另外如加賀侯前田綱紀、拜木下順庵、室鳩巢爲師，也是朱子學學者，他對「本草學」（即植物學）造詣頗深，留下一部《草木鳥獸圖考》，並延聘朱子學家稻生若水，若水曾從福山德潤學本草（德潤爲長崎華僑本草家盧草碩的弟子），編有《食物傳信錄》、《庶物類纂》共三百六十二卷。稻生不僅辨別藥物的良毒，且廣泛地研究動植物的效用來歷。從此日本本草學方始有物產學的性質。肥後侯細川重賢聘朱子學家秋山玉山，創造藩黌時習館，並研究本草學，留下《寫生圖志》十多部。筑前福岡侯黑光之敦聘朱子學家貝原益軒爲儒臣，使其著《大和本草》十六卷、《花譜》五卷、《菜譜》三卷，他加入許多本草綱目所未載的新材料，是一部很有創造性的著作。最後集本草學之大成的爲小野蘭山，著《本草綱目啓蒙》四十卷（西元 1803 年），記載品物一千八百餘種，博徵博引、搜羅無遺。〔註91〕辻善之助博士說：

> 本草學是中國興起的一種藥物學，但傳到日本後，卻變成自然科學
> 的博物學而發達起來，當西洋博物學傳來時，日本所以能夠從容接
> 受並加以發展，就是由於本草學已給日本打下了良好的基礎。〔註92〕

因本草學由林羅山首先傳佈，而有功於本草學的，也大都是朱子學者，可知朱子學的精神，有功於日本本草學的進展。

　　貝原益軒是朱子學者中，最富於經驗的自然研究家，除《大和本草》外，他又著有《筑前土產志》、《從化石論》及《地殼的變遷》，甚爲精確。而所著的《養生訓》，也合乎科學的養生方法，他並曾協助宮崎安貞（亦爲朱子學系統的農學家）出版《農業全書》十卷，這些方法都是得力於朱子學格物窮理、博學求知的精神。

　　中村惕齋也是朱子學者中屬博學一面的，他精通天文、地理、度量衡、禮典、樂律等，其《律尺考驗》一書，對比辨別和漢古今十種量尺，極爲精

〔註91〕 日本的本草研究概況，可參閱《中日文化論集》（二）中之專著：〈日本學者
　　　　 對中國本草研究之業績〉一文。
〔註92〕 見辻善之助：《日支文化の交流》，頁 213。

到，於天文日月蝕之說也有貢獻，有功於日本科學思想的發達。

新井白石著述之富，世所罕及。他運用朱子學格物窮理的精神治史，講求證據，不滿於水戶史館派無批判的採用日本紀、續日本紀的記載，他對從來神道所根據的神話傳說加以批判，凡此都可說是進步的，而這種精神是出自朱子學窮理致知之說。

白石尚著有《西洋紀聞》與《采覽異言》，號稱日本蘭學的開祖。蘭學的傳入與朱子學也脫離不了關係。

朱子學者於科學有所貢獻的還有以下諸人：近江仁正寺侯市橋長昭，著有《櫻譜》，頗有近代博物學的價值。下總古河侯源利位，用顯微鏡研究「雪花」的結晶，著有《雪花圖說》正續兩編，正如其儒臣鷹見泉石在正編跋文所說：眞不愧爲「萬般事物，必窮格其理——又格物之一端也。」〔註93〕

朱子學在日本人輸入洋學之初，曾占相當重要的地位，即日人在翻譯洋人著作時，每用朱子學用語，如將「植物學」譯作「窮理學」（見宇多川榕庵之《植物啓源》箕作虔序），將 Naturk unde 譯爲「理學」（見山本幸民：《氣海觀瀾廣義》他以爲理學是窮天地萬物之理的學問）或「窮理」、「物學」（見廣瀨元恭《理學提要》），野呂鱗序，將 Physics 譯爲「窮理學」，將 Phylosophy 譯爲理、道、道理或學術等，皆是，他如《格物入門》、《窮理圖解》、《物理階梯》、《理學大意》等書名，物理學、心理學、生理學、陽電氣、陰電氣等術語（採自《明治文化全集》二四、〈科學篇〉）都從朱子學而來。

朱子學「格物窮理」之說，是進步的，但其探究自然，並不與西洋近代自然科學的研究完全相同，它不僅欲以經驗的歸納法，來探究科學原理，並且想用先驗的演繹法來發見普遍的法則，使其「自然探究」成立於「形而上」與「形而下」兩學「相反而相成」的「天人一理」上。因此日本朱子學者的自然探究，不但是人對自然的利用厚生，同時想透過這種成果來參贊化育。宮崎安貞在《農業全書》的自序云：「此書之普及，不但爲農功之益，而且可盡參贊之功於萬一。」朱子學家兼西醫之大槻茂貞也以爲醫學是「所以答天寵靈而補聖化之萬一者，故朱子學的自然探究具有形上學的神聖目的。江戶時代日本吸收洋學也是站在這種觀點來吸收的。十八世紀日本的自然科學，如農學、本草學、物產學、天文學、曆學、地理學及注重親自實驗的「古醫

〔註93〕詳見徐先堯：〈朱子學與日本近代意識之發生〉。載《百年來中日關係論文集》，頁 720。

「方」等皆與自然經濟的農業社會有密切的關係。〔註94〕

德川幕府八代將軍吉宗是個開明的領袖，他曾學習朱子學。由於他獎勵「實學」，緩和對洋書的禁運政策，促使洋學傳入。

洋學輸入日本，提供幕藩人士以利用厚生的知識與技術，後來也漸及於思想，佐久間象山曾說：「余則專承程朱之規，以窮天地萬物之理，爲斯學起手，漢人所未窮知，則以歐羅巴之說補之。」〔註95〕這種觀念代表朱子的格物窮理說仍舊深入於日人腦海中。

朱子學中，有主知博學的一面，它講究格物窮理，因此有助於科學的探究，在洋學輸入後，雖曾受到衝擊，且在寬平異學之禁時，曾一度壓制洋學，將有關洋學的著作，收藏於官庫，禁止民間學習，但朱子學開通的一面，仍使洋學厚生實用之技流傳，洋學成爲開明封建統治者的富國強兵術，進展快速，洋學傳入日本的主角，如前野良澤、杉田玄白、桂川甫周〔註96〕、大槻玄澤〔註97〕、司馬江漢〔註98〕、林子平〔註99〕、工藤平助〔註100〕、稻村三伯〔註101〕等人的思想，雖與朱子學無顯然相關，但卻與朱子學「相反而相成」。最後終於被日人所接受。

綜上所述，朱子學影響於日本科學有二點：

一、其格物窮理說使林家官學代代標榜博學主義，故出現如新井白石之類的博學多能的偉大學者。也使海西學派產生像貝原益軒、中村惕齋之類的自然研究家。使日本本草學與醫學大發異采。朱子學促進了日人研究自然科學的興趣，並將之應用在譯學上。

二、朱子學博學主知一派認爲學問應博采群長，故人人敞懷接受他方之長，其開通人士，如新井白石等，公開倡導認識外國，使洋學日益勃興，有

〔註94〕同上書，頁709。

〔註95〕佐久間象山：題（佐藤）一齋先生遺墨。

〔註96〕三人翻譯《解體新書》爲人體解剖之書，爲近代醫學之先驅。

〔註97〕大槻玄澤，爲江戶中期的蘭學者，業醫，並從事蘭學教育，譯著很多。有蘭學階梯與重訂解體新書。

〔註98〕司馬江漢，日本出名的西畫家，創製腐蝕法的銅版畫。著有《西洋畫談》、《地球全圖略說》。

〔註99〕林子平，海防論的先驅，長於地理與兵學，著有《三國通覽圖說》，《海國兵談》。

〔註100〕工藤平助，著有《赤蝦夷風說考》。

〔註101〕稻村三伯，爲大槻玄澤高足，編《波留麻（Fr. Halma）和解》，爲一部廿七冊的蘭日辭典。

助於日本的近代化。日本能從容接受洋學、並加以發展，應溯源於朱子學中有進步的因素，為日本接受新知，打下良好的基礎。

第四節 其 他

一、社會與教育

朱子一生任官僅五任九考，而大部份的時間都從事於教育工作，他任官時是一位盡職耿直，以民意為重的好官，他在同安主簿任內設圖書館，釐定婚姻法，樹立民風。在崇安救飢，創立社倉，在南康軍，興白鹿洞書院，振興教育，教導人民改進水稻耕作技術，凡此種種出自儒家經世救人理想所做的事，其經驗結晶在他眾多著作上，隨其學術的發揚，而普及於各地。

日本接受朱子學的教誨，主要在江戶時代，因此江戶時代的社會多少受到朱子學的影響，其教育也籠罩在朱子學的範疇中。

日本社會在古代原為部族社會，在大和朝廷時代，各部長官都為世襲，人民身份也很固定，至大化革新以後，經幾次改革，以唐制為典範，而創造了律令完整的天皇制國家，社會上有良民與賤民之分，良民係指皇族、貴族、及一般稱為公民的農民，其下為賤民，形同奴隸。〔註102〕至十世紀時，班田制〔註103〕崩潰，而形成莊園制，〔註104〕為維護莊園，漸形成武家集團，後終於成立武家政治。至江戶時代，封建制度漸趨完成，社會階級也趨於嚴格，當時的階級是以武士為中心，下有農民與商人，為平民階級，上外有僧侶、神官、穢多、非人等，是為附庸，武士有七等，依次為將軍、大名、旗本、御家人、陪臣、鄉人及浪士等其間身份不容混淆，各階層都應安於現況不可僭越，這種主從關係而組成的社會制度，在思想層面，朱子學的名分論與倫常觀，可以支持這種社會結構，因此朱子學乃得到德川幕府的提倡，幕府的文教政策，是以朱子學為主要內容的。不管上下，朱子學的思想支配著每一個人。

日本的文教在江戶時代以前，始終為日本領導階層所獨攬，江戶時代，

〔註102〕見李永熾：《日本史》，頁35～36。
〔註103〕律令時代，政府將水田等公有地，以口分田、位田、職田等名義班給國民，在一定期限內，可自由運用。受班者，須每年納稅於國家。
〔註104〕莊園制原起於新墾地的私有，後漸形成莊園制。私有莊園擁有不輸（不納田租）、不入（國司不得進入莊園課役莊民）特權。

教育才普及於民間。

　　江戶時代，幕府將軍及主持政務的老中都有行仁政的意願，將軍中，如家康、綱吉、家宣、吉宗等人都是英主。而掌政的要員如保科正之、酒井忠勝、堀田正俊、柳澤吉保、荻原重秀、新井白石等都是學養兼佳的朱子學者。透過他們的努力，江戶時代思想界就產生了一種新精神，他們以朱子學的世界觀與人生觀治政，以史學為治亂興亡的學問，日本社會在這種統治下，保持相當長久的安定。

　　當時日本社會受朱子學影響最大的是確定了身份制及家長制，身份是天生註定的，家長有絕對的權威。家族道德的確立，也是朱子學的貢獻之一，在農業社會中，講求忠臣孝子，在家若為孝子，恭順事親，則必服從主君，忠於國家，故孝為封建道德之基本。日本的幕藩制社會，為集中權力，乃強調忠之重要，自古流傳的家長制傳統，遂與儒家道德相結合。家長（父或夫）在家族中之地位，相當於專制君主，女性完全是男子的附屬物。具原益軒著《大和俗訓》《女大學》，室鳩巢和譯注釋的《聖朝六諭衍義》及其他儒者所著之通俗教育書，皆提倡忠孝，以服從君上，孝敬父兄為人類社會道德之基本，對婦女之道德尤為注意，所謂「三從七去」，都是約束女性的道德規範。在觀念上以為：家族生活是家長承受祖先遺德與主君保護而來，故家長有絕對權威，此種觀念推之於社會，即為君臣關係的縮影。君臣的主從關係，即由此種家族道德推衍而來。

　　江戶時代朱子學教訓的普及，與各種簡易解說的書籍大量印行有關，如西元 1638 年，有《清水物語》的出版，〔註105〕這是解說朱子學的優秀文藝性作品，初版就印了二、三千部，可以推知的是它必受歡迎，影響亦必不小，否則不可能如此大手筆。

　　朱子學的普及社會，可從享保（西元 1716 年）以後，沒世的學者出身覘知其情況，如宇野士新、士郎兄弟出自運輸業、中艮東里原為伊豆的農夫，尾藤二洲是伊豫船夫之子，賴春水是備前的農夫，藤田幽谷是水戶的估衣商〔註106〕等等皆是。

　　在整個德川幕府時代，掌管教育者，如堀杏庵及其門下即受聘於尾張藩的德川義直，那波活所受聘於紀伊藩的德川賴宣，順庵門下的榊原篁洲、祇

〔註105〕《日本文化史大系》，頁 217。
〔註106〕同上書，頁 211。

－251－

園南海也都曾講學於各藩校，石川謙《日本學校史之研究》一書，曾分類統計江戶時代藩儒的總數與所屬的學派，茲抄錄於下：〔註107〕

年代	年數	時代特色	藩儒總數	朱子學派	徂徠派	仁齋派	折衷派
1630～1687	五八	林家之忍岡家塾時代	一六三	一一三、林門占四三			
1688～1715	二八	湯島聖堂時代至新井白石時代	一三六	七八、林門占三一			
1716～1788	七三	吉宗獎勵增設藩校	五六一	二七三、林門占五五、崎門占一二一	二八	四九	二七
1789～1829	四一	異學禁後	六二六	三六〇、林門占九八、昌平校出五五、崎門占八五	五六	一〇	六三
1830～1867	三八	幕末	六五五	四八七、林門占八二、昌平校出一六〇、崎門占四七	一三	四	六四

由上表可見朱子學學派勢力的龐大，他們透過教育，讓社會大眾了解生命的尊嚴，建立人生的理想，砥礪高超的道德。脫離咒術的迷信，使日本人養成好學、沈靜、嚴肅、愛君憂國的美德，日本的知識文化、道德文化因此有所進展。日本民間也紛紛成立私塾，在幕末維新之際，竟達四萬至四萬五千所左右，有儒者經營的，也有寺院辦的，其主持者也大都是朱子學者，至少所用書籍，必有許多是朱子學書，如六諭衍義在吉宗時代即曾普遍發給民間私塾的老師。而風靡於低層社會的石田心學派，所用的書也大多是朱子學書，如《都鄙問答》、《四書》、《孝經》、《小學》、《易經》、《太極圖說》、《近思錄》、《性理字義》等都是。朱子學強勁的理想主義，透過這些書，使日本人都能接受。受教者秉持「敬」之真義，在外表現出嚴肅，凜然的氣概，在內務使精神專一，以應付各種突來事務。終於養成日本優良的民族性。明治維新以後，朱子學雖漸沒落，然仍為明治時代倫理教育的基礎，明治天皇教

〔註107〕見阿部吉雄，《日本朱子學と朝鮮》。頁415。

育勅語說明教學大旨，謂教學之要，在以明仁義忠信，究知識才藝，以盡人道，又謂：「自今以往，基於祖宗之訓典，專明仁義忠孝，道德之學」這些對日本人的價值意識，道德意識仍有極深的影響。〔註108〕尤其元田東野所撰的《幼學綱要》更是以朱子《小學》爲模範，自孝行第一至勉職第十二，各項皆先揭示經書詞句，次隨屬舉中日之道德事例，明顯採用了朱子學的教育倫理。大正時代朱子學說對於教育亦有所影響，即至最近，日本有識之士，乃在呼籲應重視朱子學對國民教育與精神涵養的益處。〔註109〕日本中學國文教科書從西元1971年起特別加強古典的內容，論語語句也頗有採入，而一般大學生也多讀論語，朱子學的影響，透過這些書仍然存在。

　　綜上所述，朱子學對日本社會與教育的影響如下：

　　一、安定江戶時代的社會，爲日本封建時代的思想根據，透過朱子學的教導，其影響及於全社會，使日本人安守本份，努力於自己崗位，不見異思遷。

　　二、朱子學使日本統治者能以施仁政爲目標，戮力於民生安樂，社會繁榮，造成相當長久的安定。

　　三、朱子學爲江戶時代教育的主流，縱然有門派不同。但都以朱子學爲主，只是重點不同而已。〔註110〕

二、武士道

　　武士道是日本特有的一種道德規範，原來只是武士間應專心遵守的實踐道德，與一般農、工、商階級無關，但因爲日本明治維新前，是封建社會。在封建社會中，武士地位特別崇高。其事蹟頗多被編爲小說，演爲戲劇，故武士的道德規範，不知不覺就灌輸到庶民的意識中，演變成爲一般民眾的道德標準。明治維新以後，封建時代的武士轉業爲軍官、警察、都屬於社會領導的階層，因此武士道就擴展到全體國民，爲日本國民道德的精神骨幹，要研究日本，不能不研究武士道，誠如新稻戶稻造在他的英文著述《武士道》的序文所說的：「如果你不懂得武士道，那麼現代日本的道德觀念，就像一卷

〔註108〕見參考高田眞治：《日本儒學史》，頁262～269。
〔註109〕見《朱子學大系》第一冊，〈諸橋轍次序〉，頁9。
〔註110〕如林家朱子學重博學多知，所成就的多爲學者，崎門派朱子學重體認自得，門下多實行家。

受了封印的卷軸，是無法窺知的。」〔註111〕

　　然而要研究武士道，不能忽視朱子學對武士道的影響，雖然有許多日本人主張它是日本人固有的，沒有受過外來的影響。如中村元恒在他所著的《尚武論》中說：「我國武國，自有武士道；此不假儒學，不用佛意，我邦自然之道也。」〔註112〕津田左右吉在《中國思想與日本》一書中也說：「武士不以生死爲念，乃得自戰爭之體驗……如以武士道出自儒教與禪宗，乃錯誤之觀念。」（譯意）固然武士道是由六、七百年間的日本國民在實際生活中醞釀、踐行所得的，然而武士道的眞正完成，卻是深受朱子學的影響。原來武士道的成立是在鎌倉幕府（西元1192年）以後，此時日本正籠罩在中國文化的薰陶中，王仁携帶論語抵日（西元285年）已經九百多年，離大化革新（西元646年）也有五百五十年，武士道早已受到中國儒家思想的影響，及至朱子學傳入，儒家思想遂成爲武士教養的中心，至山鹿素行、貝原益軒、齋藤拙堂、吉田松陰等人出，武士道乃臻於完成，而這些武士道理論的著作家，對朱子學都有相當研究，如貝原益軒爲海西的朱子學派，山鹿素行出自朱子學者林道春之門，初期篤信朱子學，而齋藤亦爲朱子學者，吉田松陰雖爲陽明學派，然而前面說過，陽明學派可視爲朱子學派的修正，因此武士道的完成，朱子學的影響確不能忽視。以下對武士道的興起、發展、完成。及其重要德目加以敘述，以明其來龍去脈，藉以證明受朱子學影響非爲牽強附會。

　　據賴勝烈在〈武士道研究〉一文〔註113〕指出：武士興起的原因有三：（1）兵制的變遷（2）地方官制的崩潰（3）莊園的關係，〔註114〕由於上述三因，使原有的軍官、地方官、農官等變爲豪族，這些豪族即是日後所謂的武士。

　　武士原居農村，稱「家人」或「郎黨」，後被稱爲「侍」。以習武爲事，平時維持治安，保護其領主產業，戰時，爲領主捨命戰鬥，爭奪地盤。在西元十～十二世紀間，日本武家以源氏與平氏勢力最盛，雙方明爭暗鬥，初，平氏獲勝，後來源氏又打倒平氏，建立鎌倉幕府，封建的武人政治就此生根，日本武士道也隨之發展。

　　源賴朝創鎌倉幕府，完成幕藩體制後，武士道的德目、在實行方面，大

〔註111〕參見洪炎秋：〈日本的武士道〉一文，頁1。
〔註112〕磯野清：《日本武士道詳論——武士道之體系》，頁3，目黑書局，昭和十四年版。
〔註113〕賴勝烈：〈武士道研究〉，載《大陸雜誌》第四八卷第1期。
〔註114〕原註爲辻善之助：《日本文化史Ⅲ》——第二十七章武士之興起。頁1。

體已確立。應仁之亂後，日本進入戰國時代（西元 1467～1573 年），武士生活更加緊張。戰後使武術的修練，勇氣的培養更加需要，而武士道德的建立尤爲迫切。故有心的武家領袖就著手寫作武士訓，〈竹馬抄〉〈今川狀〉〈義貞軍記〉〈大內家壁書〉等，稱武士道爲「弓馬之道」「弓矢之道」或「兵之道」。然多屬分條列舉與實際生活有直接關係的事情，給予實踐上的指導而已，簡單而零亂，這時朱子學已漸引入，武士與其領主的主從關係，已漸依照朱子「名分論」的道理固定下來。武士才漸兼重文武之道，如島津綱貴教訓云：

　　爲一國之守護爲一郡之主。行國政，撫育士民事。不知文武之道難成。文武者車之兩輪，鳥之兩翼，不可闕事。〔註115〕

齊藤拙堂也在其《士道要論》自序中說：

　　蓋士道雖廣，不過文武。苟知其不可偏廢，則職業舉矣。〔註116〕

由上所述，可見武士道是從鎌倉時代開始發展的。當戰國時代末期，德川時代初期，戰亂漸趨平息，武士紛集城中，武士生活漸漸變化，新舊武士間，產生矛盾，爲調和這種矛盾，首須將武士獻身道德予以理念化，使成爲行爲的規範，確立武士道理論最重要的人是山鹿素行，其前如佐賀之士山本常朝（西元 1649～1716 年）、幕士北條氏長亦卓有貢獻。素行著有《武教小學》和《武教本論》，爲武士道的經典之作，影響很大，他認爲武士居農工商三民之上，故需培育其端莊的氣質，養成寬大的風氣，鼓舞其忠勇、仁義的實踐性行動，且須文武兼備，使武士的生活態度合理化。他進一步認爲「理」是貫通天地、自然與社會之理，一切的學問均應探究聖人眞意，以瞭解聖人所言，由此開啓客觀研究學問之法，使武士道理論獲得確立。

　　繼承山鹿素行所主張的武士道精神並加以發揚光大的，爲吉田松陰，他雖爲陽明學者，但對朱子學也頗傾心，著有《武經講錄》二卷，其闡述武士道最具體者，爲士規七則，抄錄如下：

　　一、凡生爲人，宜知人所以異於禽獸。蓋人有五倫而君臣父子爲最大，故人之所以爲人，忠孝爲本。

　　二、凡生皇國，宜知吾所以尊於宇內。蓋皇朝萬葉一統，邦國士夫世襲祿位，人君養民，以續祖業，臣民忠君，以繼父志。君臣一體，忠孝一致，唯吾國爲然。

〔註115〕有馬祐政、秋山梧庵：《武士道家訓集》，頁 255。
〔註116〕同註 103 書，頁 108。

三、士道莫大於義。義因勇行，勇因義長。

四、士行以質實不欺爲要，以巧詐文過爲恥，光明正大皆由是出。

五、人不通古今，不師聖賢，則鄙夫耳。讀書尚友，君子之事也。

六、成德達材，師恩友益居多焉。故君子愼交游。

七、死而後已四字，言簡而義廣。堅忍果決確乎不可拔者，舍是無術也。

〔註117〕

松陰強調忠孝，視之爲日本國體的根源，爲日本精神的骨髓。

而江戶初期的中江藤樹，他著有《文武問答》，也是武士道理論的不滅之作。中江爲陽明學者，然他三十三歲前全尊朱子學，致力於王學僅八年，他主張武士應該讀書，否則等於奴隸。這種主張應是出自朱子，受朱子影響。

貝原益軒著有《武訓》一書，齊藤拙堂著有《士道要論》一書，新井白石改訂武家法度，於武士道理論，都有貢獻，而這些理論與朱子學主張極多相符者。

以上諸家著作所述的武士道，即武士必備的修養，歸納其內容，約有忠孝、武勇、信義、名譽、禮儀、質樸、廉潔等，這些德目與孔孟教訓極爲相似，具有濃厚的儒家色彩。茲分項說明如下：

1. 忠 孝

信玄家法云：「於父母，不可有絲毫之不孝，論語曰：事父母能竭其力。」孝爲人類感恩最自然的表現，然而武士道德中，更重視忠，尤其是對直接所服侍的主君。至水戶學強調大義名分，講尊王攘夷，而朱子學者如山崎闇齋大唱王霸正閏、綱常倫理，於是忠的對象，方集中到皇室，而促成明治維新、王政復古。

武士道對忠極爲重視，他們有一句成語說：「父子一世，夫婦二世，主從三世。」把主從關係，看得比父子重得多，會澤安的退食閒話也說：「臨事變而爲君捨棄一命，雖缺父母之養，亦可謂爲立身之孝。」這些見解都是以忠爲最高道德。在今日日本，這個道德化爲犧牲小我，完成大我的精神，對企業有普遍深厚的效忠意願，能爲之奉獻一生，因此日本勞資關係良好，不輕易罷工，勞工流動率不高，在國際經濟競爭上佔極大優勢。

2. 武 勇

〔註117〕宮西一積，《日本精神史》，頁364，新生閣，昭和十三年版。

武勇對武士而言，是不可或缺的修養，武治提要云：「以武修己，武德之始也；以武治士，武德之終也；以武化天下，武德之極功也。」〔註118〕武勇在今日日本人化爲不服輸，貫徹到底的精神，這種精神成爲毅然實行的力量，而使日本經濟能高度成長，日本的一位銀行家在美國商業周刊發表的一篇文章曾說：「促使日本經濟成長的另一特點是日本人做事要求貫徹到底，做什麼就必須像什麼。」。〔註119〕這種不認輸的精神，使日本在戰前成爲強國，打贏甲午戰爭，日俄戰爭的原因在此，他們的軍隊寧肯自殺，也不投降，不逃命，日俄戰爭之後，當時俄軍總司令克魯泡特金將軍，曾經在他的回憶錄中，寫過一段云：「日本人是從年幼時，就學習武藝，以磨練不認輸的精神，相反的，俄國人只致力於運動競賽而忽視身心的鍛鍊，這是俄國於日俄戰爭中戰敗的主因。」在戰場上從事戰鬥的武士，首先衝入敵陣最爲光榮，爲不甘落後，他們寧願克服任何困難，全力以赴。這就是武勇的效果。

3. 信 義

信義在武士道也很重要，武家政治所以能夠成立，就是因爲當時朝廷朝令夕改，而武士卻重然諾，因而得到人民的信任。武士捨命疆場，即在實踐他平日誓爲主君出死力的諾言。

4. 名 譽

武士所以發揮武勇，重視信義，盡忠主君，都源於愛惜名譽。《樵談治要》云：「利與名，人人所喜，但利爲一時之利，名爲萬世之名，武士所以捨生求名，其因在此。」〔註120〕武士不僅愛惜自己名譽，且要不辱祖先，不累兒孫，進而顯祖揚宗。這種重視榮譽的精神，使日本人受人敬畏，使他們奮發向上，使他們進步神速。

5. 禮 儀

禮儀可維持上下的秩序，爲人際關係的滑潤劑，日本武士道要求武士對主君，對同僚要有禮，對於敵人也應相當尊重。如《常山紀談》曾載：長曾我部盛親被俘，抓他的人對他很不客氣，用繩子捆他二圈，又在他面前胡亂堆了一碗飯要給他吃，盛親大怒，對看守他的武士說：「自古名將被俘的很多，不算什麼恥辱，但擺出這些粗惡的食物，實在太不懂禮貌，這樣侮辱我，不

〔註118〕同註 102，頁 12 引。
〔註119〕張寶樹：〈日本何以成爲經濟大國〉。《中央日報》70 年 12 月 23 日第二版。
〔註120〕樵談治要：一條兼良（西元 1402～1481 年）所作爲政治理論之書。

如快把我腦袋砍掉。」井伊掃部頭恰好從旁經過，看到這種情形，就生氣的指責他的部下，並爲盛親另備酒菜，解其束縛，請他用飯。盛親才說：「這才是武將的作風。」這種尊重敵人的禮儀，是種憐憫之情，是人類道德的高度發揮。

6. 質 素

武家政治極重視質素，質素爲武士道的一個根本要素。本多忠常在《知時政要》說：「從事驕奢，竭盡金錢，弄到府庫空虛，一旦猝臨不意，自非狼狽不可。不忠於國君，不孝於祖先，莫此爲甚。」又說：「奢侈可以惰弱人心，消耗英氣，使人不耐於作事。」而在德川時代幾次政治改革，都以節約爲倡。即基於這個質素的觀念。

7. 廉 潔

武士能夠在社會上保持特權階級的地位，廉潔是主因，廉潔才能贏得人民的擁護，所以他們把這種節操看得十分重要。武士往往寧願餓死，也不肯貪污，盜用公款。這種耿介不苟的精神，也是武士道的精萃。

上述這些德目，都與朱子學的倫理觀念若合符節，如果朱子以爲：「臣之事君，猶子之事父，東西南北，惟命之從，此古今不易之理也。」〔註121〕又說：「看來臣子無說君父不是底道理。」〔註122〕這是極重視忠的說法，朱子學的實踐倫理源於四書，正名分是其主要觀點，這種實踐道德使其理靜氣動的宇宙觀運用於社會，使武士有一種使命感，促使他們履行武士道的各項德目。從《論語》、《孟子》中，闡明的思想，足以證明朱子學與武士道的相通處。如：

子曰：「三軍可奪帥也；匹夫不可奪志也。」(《論語・子罕篇》)孟子曰：「自反而縮，雖千萬人，吾往矣。」(〈公孫丑篇〉)，子張曰：「士見危致命，見得思義，祭思敬，喪思哀，其可已矣！」(《論語・子張篇》)此即武士道的武勇精神。

子曰：「知者不惑；仁者不憂；勇者不懼。」(《論語・子罕篇》)

「生，亦我所欲也，義，亦我所欲也；二者不可得兼，舍生而取義者也。」(《孟子・告子篇》)此即武士道重義輕生的精神。

「富貴不能淫，貧賤不能移，威武不能屈，此之謂大丈夫。」(《孟子・

〔註121〕張伯行編，《濂洛關閩書》，卷十七。
〔註122〕《朱子語類》，卷十三。

滕文公篇》）此亦武士之精神。

　　新稻戶稻造在他所著的《武士道》一書中，談到武士道的淵源時說：「由嚴密意味的道德意義來說，孔子的教訓，是武士道最豐富的淵源。……孔子那種貴族的、保守的言論，極能適應武政治家的要求，孔子以後的孟子，對於武士道，也發揮了莫大的權威。……」孔孟之道即朱子之道，武士道若是日本國土生長出來的一棵樹，朱子思想應該就是使他茂盛起來的肥料。孔孟學說至朱子而得大發揚，其重質素的生活、重禮、重信都是強化武士道精神的因素。武士道極重知恥，故產生忠誠謙讓、克己耐勞的德性，使心術光明，無愧於天地。此亦為朱子學所強調的。

　　綜上所述，我們可知朱子學影響於武士道者約有以下數端：

1、武士道的道德理論系是由朱子學學者完成的。如林羅山就把朱子學說作為武士的道德，山鹿素行更是是武士道理論成立的重要人物，訂立武家諸法的思想背景也是出自儒家的。

2、武士道的德目，大抵是朱子學所代表的儒家標榜的德目，如朱子學重視忠君，在日本引伸為對主君的完全服從與忠順，成為日本的特色。

3、朱子學的理論，建立了幕藩體制，確立下尊上之風，並使武士成為社會的領導份子，且有極大的權威。武士道原不重理論，而著重實行，朱子學的理論曾被誤解為偏重知的方面。而日本武士卻仍採擇其重行的精義，《語類》卷十三有云：「學之之博，未若知之之要，知之之要，未若行之之實。」又說：「誦說雖精而不踐其實，君子蓋深恥之。」而此即為武士道所強調者。

4、武士道的盡忠對象，原為直接所服侍的主君，朱子學之水戶學，崎門學倡言大義名分，使其盡忠對象移至皇室，促成明治維新，王政復古。

第六章 結 論

　　日本在現代的國際舞台上，是令人矚目的。它的面積略小於我國的四川省，人口一億一千五百萬人，在第二次世界大戰中，曾一敗塗地，被盟軍統治了七年，至民國 41 年（西元 1952 年）方恢復自主。然而僅僅三十年，日本又站起了，美國哈佛大學社會學教授佛格爾（Ezra Vogel）在其暢銷名著《日本第一》中指出：日本電視、音響早已霸佔了美國市場；鐘錶業已打敗了瑞士；光學儀器（照相機等）已擊退了二次大戰前後最有名的德國牌；豐田、日產及本田分別爲銷美汽車的前三名；造船業、鋼鐵產量是世界之冠；山葉鋼琴、YKK 拉鍊等等及其他工業產品泛濫於美國及其他各國市場。〔註 1〕其國民生產毛額高踞世界第三，僅次於美、俄兩國，而生產力（即生產效率 Prductivity）則爲世界之冠。〔註 2〕這種奇蹟式的成功，使許多國家興起「日本熱」，爭相研究日本成功的原因，但各人的研究所得，往往是片面眞理。如佛格爾以其二十年的研究，竟認爲日本的成功，主要導因於特定的組織結構、政策方案與意識計劃，而不是傳統的特質。〔註3〕然而日本傳統的長處，如勤勞、忍耐、自律、犧牲爲公的特質對日本的成功果眞沒有貢獻嗎？相信對日本研究素有心得的人會有異議的。所以對日本的研究應從其文化淵源起，以至於各方面的因素都加全面的探討，方可得出一正確的結論。

　　張寶樹先生在 〈日本何以成爲經濟大國〉一文中，強調文化精神影響力

〔註 1〕 見蕭長風譯《日本第一》第二章。
〔註 2〕 顏元叔著〈日本能，我們爲什麼不能？〉原刊於《中國時報》，轉載於前書之 302～308 頁。
〔註 3〕 見前書 256 頁。

量不可忽視，他說：

> 日本自戰後短短三十年間，由戰敗國一躍而成為舉世矚目的經濟大
> 國，工商業發展快速，科技競進不已固為主因之一，然而形成其發
> 展進步的背後動力尤其不容低估。這一動力是由日本文化、教育及
> 社會的特殊性質凝聚而成的，故欲瞭解日本經濟快速發展的因素，
> 如能由其文化精神著手，較易把握要點，知其梗概。

又說：

> 日本明治維新的成功，主要因為吸取了中國的文化，西方的科技，
> 充實了自身的文化內涵及科技水準，日後並以此為基礎，繼續發展
> 形成今日物質進步成功的精神力量。〔註4〕

日本所吸收的中國文化是什麼呢？怎麼有如此大的力量呢？當然中國文化範圍甚廣，但中國的學術思想產生的力量最大，思想產生信仰，信仰發生力量，原是千古不易的道理，影響於日本最大的應該是朱子學的思想，〔註5〕朱子學所代表的是中國學術思想的主流，是儒家思想的精華。如本論文所述的，朱子學影響日本是多方面的，從政治到宗教，從史學、文學到科學，從學校教育到社會風氣，都受影響，這種影響比之當代三民主義於中國影響似不遜色，歸納本論文的敘述，我獲得以下幾個結論：

一、朱子學是一種安定的力量，他的理氣觀，自然形成一種適合封建統治的原理，他提倡大義名分，嚴上下之分，重視倫常道德，在日本江戶時代，他鞏固了德川幕府的封建體制，他透過著作，如《六諭衍義》、《宋名臣言行錄》、《小學書》等，普及其教化於民間，使人民忠心的效忠領主，其教訓，化成武士道的精神，化成忠臣盡忠主君的節操，化成神道家的神訓，成為日本的國民道德。由於朱子學的教導，日本人求學兼重力行，崇尚謹嚴篤實。時至今日，使日本成為經濟大國的民族性優點，如勤勞節儉，敬業樂群，捨近利，圖遠謀，重團體，輕個人，不隨便罷工，尊重雇主，終身專業，珍惜榮譽，重實際，能貫徹到底，有力求完美的幹勁等等，都可自朱子學的教訓中析出。尤其日本人特重實踐，不尚空言，取資於朱子學中合理的成分獨多，

〔註4〕 張寶樹：〈日本何以成為經濟大國〉，刊於《中央日報》，民國70年12月23日第二版專欄。

〔註5〕 日本江戶時代儒學各派都與朱子學有密切關連，如古學派是由朱子學衍生的（見李永熾《日本史》，頁213），陽明學派學者多兼修朱子學。

〔註6〕各地領主受朱子學之教，常以仁君自期，努力澄清吏治，爲民服務，武士道的獻身理論，承繼的也是朱子學的合理成分。而中國人習朱子，固亦有所得，然每每產生流弊，中國人攻擊封建，攻擊科舉八股，連帶的也攻擊朱子學，實際上他們所攻擊的只是朱子學不合理的成分而已，非朱子學的全部，故研究朱子學應取其合理成分而用之。

　　二、朱子學鼓吹中華思想，主張尊王攘夷，有強烈的民族主義傾向，其正統觀，尊王攘夷觀，使習朱子學的人具有強烈的民族意識，有愛君憂國，犧牲盡忠之心，故宋明滅亡之際，韓國高麗王朝敗亡之時，朱子學者中，出現了許多殉國志士。在日本，朱子學的講授，曾促成建武中興，楠木正成等忠於皇室者，多飽沃朱子之教。日本朱子學派中，海南學派、水戶學派的思想主流，即是這個正統觀、尊王攘夷觀，這兩個學派所孕育成長的日本志士，成爲明治維新的主力，當時所謂四強藩——長州、薩摩、土佐、肥前——都曾盛行朱子學，都是勤王先驅可爲明證。

　　三、朱子學初期雖由禪僧傳播於日本，然而朱子學中，本有一種排佛的因素在，朱子學是入世的，主張修己安人。佛教則廢人倫，講來世，與朱子學終究不能相容。朱子學著大抵主張排佛，然而由於朱子學者對佛教教義、僧團生活的指責，卻使得日本佛教趨向理智，不就於迷信，使佛教本身得隨時修正教義，改良教規，朱子學使日本佛教走向合理化，故朱子學對日本佛教的興衰是相反相成的。

　　日本宗教除外來的佛教、基督教外，最值得注意的是神道，神道原爲日本人的原始信仰，有一些不合理的成份，朱子學的傳入，以其理性成分，構成神道教派的理論，如林羅山的「理當心地」神道，把神道轉向理智，並使神道教訓成爲日本人傳統的國民道德。海南朱子學派中，崎門派有一支竟轉向宗教化，成爲垂加神道，對鼓吹尊皇倒幕貢獻很大。幕末維新志士多出自崎門派，如竹內式部等即是。朱子學把神道的咒術宗教意識加以純化、合理化，使神道有一套系統的理論，而可與現實結合，最重要的是神道的尊祖、尊皇，使日人產生忠君報德的觀念，爲強國的一大力量。

　　四、朱子學透過《資治通鑑綱目》等書，使其合理主義、正統主義傳揚於日本，日人史學名著多受朱子學史觀的影響，北畠親房的《神皇正統記》、

〔註6〕朱子主敬以立其本，使人勤於修身，窮理以致其知，使謙虛勤學，反躬以踐其實，使人實踐力行。

水戶的《大日本史》、賴山陽的《日本外史》都是朱子學史觀籠罩下的產品，而許多政論作品，如崎門的淺見絅齋著《靖獻遺言》、會澤正志齋著《新論》、賴山陽的《日本政記》等也都倡導尊王忠君，影響所及，滙成一股推動王政復古的激流，終於使明治維新水到渠成。

五、朱子學中有格物窮理說，這種理論形成知識主義，它使林氏官學代代標榜博學主義，使海西學派重視實學的研究，朱子學者如貝原益軒、中村惕齋、新井白石等人都是有名的博學者，朱子學促成了研究自然科學的興趣，使日本人能接受近代的科學知識。這種博學主知的意識，使日人認為學問應博採眾長，兼容並包，不專事一家，日本朱子學者如藤原惺窩，即崇朱而不排陸。他答林羅山書曰：「陸文安天資高明，措辭渾括，自然之妙亦不可掩焉。」又曰：「紫陽篤實而邃密，金谿高明而簡易，人見其異，不見其同，一旦貫通，同歟異歟！必自知之，然後已。」即兼採朱陸。另有常被列為陽明學者的佐久間象山，他師事佐藤一齋，有人把他視為朱子學者，因為他活用了朱子學的窮理之說，以與蘭學相容。又如大阪朱子學派也較能容受異己。

六、近世研究陽明學的人似乎較盛，因明治維新功臣，陽明學者獨多，實則陽明學者嚴格說來，僅為朱子學的一支——為修正朱子學而興起的——情形如山鹿素行的聖教學派，徂徠的護園學派，尤其日本的陽明學者大多兼修朱子學，要分清其人究屬朱或屬王，往往頗費躊躇，許多陽明學者大多是讀陽明書而私淑者，不像朱子學者學脈繩繩不斷，而每被外來之學所吸引，如三宅石庵出自大阪朱子學派，卻傾向陽明，有人乾脆把他列為陽明學者，而佐藤一齋為朱子學者中井竹山之高徒，卻為近世陽明學之大蠹。事實上，德川幕府倒亡的第一步是朱子學者踏出的，當時水戶藩士由於飽受朱子之教，傾向於尊王倒幕，其藩主德川齊昭公開倒幕，是開先鋒的，早於薩長土肥四藩，〔註7〕當時幕府大老井伊直弼為鎮壓反幕的力量，興安政戊午大獄，時死亡或被拘囚，放逐的大多是水戶藩士，而在明治前夕，水戶志士卻因黨爭，死亡殆盡，故維新的政治舞臺看不到這些先鋒。

七、朱子學也有其反動，如古學派的反對朱學，如闇齋的崇朱排異端，如寬政學禁等，都有礙學術自由研究的精神。然而如果導向正確，為害並不大，否則就成為大禍，日本史的發展可為借鏡。如徂徠藉赤穗四十七志士為主報仇事件，主張國家政治應重於個人道德，即團體倫理高於個人倫理，在

〔註7〕見鄭學稼，《日本史》（四），頁461。

現在世界性商戰中，日人憑藉此種精神打勝了這個戰爭，但發展過分，恐怕又會重蹈以前皇國主義的覆轍，向外無限制的擴張，最後自食惡果。過與不及，都不妥當。

八、朱子學隨著教育的普及，其教訓已融入日本人的生活，如日本獨特的武士道理論，即取資於朱子學，日本的朱子學者於文學都有相當的造詣，日本的通俗小說也採朱子學懲惡勸善的觀點，但多少都必須具有日本的特色，如林羅山所傳的朱子學，其內涵受神道與武家政治的影響，與原有的儒學精神有所出入，而大阪學派工商階級尊奉《四書》與《資治通鑑綱目》，注重的是儒學現實的、進取的精神，其風格與林氏官學不同，而海南學派以《小學》、《四書》、《近思錄》爲教科書也是特色。從這裡我們想到日本人的善於吸收外來文化，他們吸收外來文化，必定考慮本國風土人情，而作自主性、批判性的接受。即無論如何，不放棄本國特色，這種本國特色，就是「日本精神」，他們懂得發揮學術的效用價值，對任何一事（含一切學術、經濟、軍事、科學、藝術）都不浪費，能以日本的需要，去蕪存菁，把從他國輸入的學術思想、科學方法、政治制度等，改變爲適合日本所用，使呈現一番新生氣象，顯出活潑生動的風格，而深獲其利，這是日本強盛的原因，德川光圀著自傳說：「尊神儒而駁神儒，尊佛老而排佛老」，這種態度正是日本思想的代表。

朱子學傳入日本後，日本人棄其繁瑣、寂靜，而取其簡易、合理、實踐的一面，日本這種取人長處，虛心吸收外來學說精華，而不失本國特色的作法，很值得中國參考、學習、改進。吸收外來文化應經選擇、模倣，及咀嚼、消化，不可囫圇吞棗，全盤照收。研究日本學習朱子學的情形，可以看出他們堅持「日本精神」的原則，朱子學在日本成爲實用的、重要的思想主導即因此故，中國在現代化過程中，也應如是才好。

最後有二點意見：

一、應再度重視名教觀念：朱子學提倡大義名分，雨森芳洲在《橘窗茶話》中說：

> 君臣、上下、尊卑、大小各盡其分而已，無侵瀆之患，則天下治矣。

又說：

> 人有四等，曰士農工商，士以上勞心，農以下勞力。勞心者在上，
> 勞力者在下。勞心者心廣志大而慮遠，農以下勞力，自保而已，顧

倒則天下小者不平，大者亂矣。〔註8〕

現代的日本，好像有把戰前許多好的想法全部否定，並加以破壞的傾向，因此造成人心的空虛，一度成為赤軍的輸出國，在世界各地惹起聳人聽聞的恐怖事件，〔註9〕而幾千年傳承下來的民族美德勤勞也漸轉變為盡情追求休閒歡樂的精神，自古以來，義理與人情是日本人生活的依據，誠實與良心也是日人一向強調的道德，神道是日本人普遍的信仰。但這些都過去了，為了爭取財勢，現代日本人往往不擇手段。〔註10〕仁親，敬老，尊師的觀念早就被歐風美雨所摧，人人大唱民主、自由、人權，藉爭取個人權利，而漠視長輩的善意教導，因此再挖掘被日本人所否定的古代日本道德是件必要的事，而再次慎重的重新考察明治時代的日本人所抱持過的高度道德情感與自尊也是件不可忽略的事，〔註11〕也就是應對朱子學所培育的名教觀念應適度恢復才好。

中國在五四運動以來，視「名教」為封建餘孽，傳統包袱，一般人講個人主義，倡言自由、平等，以致年青人不尊重傳統，目無尊長，視孔孟為仇敵，棄程朱如敝屣，謂之老古董云云，於是汲汲於輸入國外的所謂新思潮，生吞活剝，引入國外的新制度，不考慮國情是否適合，以致消化不良，在大陸導致馬列主義橫行在台灣則存在主義、虛無主義風行一時。

因此要改進這種現象應對朱子的名教觀念應重新予以肯定，尊重傳統，也尊重勞心的士人，提高勞心者的待遇，使在農、工、商等為己謀、為衣食謀的人面前得以樹立自尊，不使有被輕視之虞，〔註12〕如日本官員尚保持有榮譽感，其公教機構的成員具有相當的權威及社會地位，不像我國公教人員大嘆公僕難為，老師難當。〔註13〕

〔註8〕 見《橘園茶話》卷上第 16 及 26 頁。

〔註9〕 赤軍，為第二次世界大戰後，日本國內的恐怖組織，由信奉共產主義的男女青年組成，常用恐怖手段進行暗殺、暴動。有名的赤軍暴行，如在以泰爾亞比希國際機場用手榴彈屠殺無辜者，由岡本公三為首即是。

〔註10〕 見唐澤富太郎著：《明日之日本人》，日本經濟新聞社，昭和四六年，四月二十日出版。

〔註11〕 參考托凱耶著、鍾肇政譯：《日本人的衰亡》，頁 105～106，志文出版社。

〔註12〕 目前常見以泥水工日入五百元比較小學教師之月入不足一萬五，而譏為「窮秀才」之笑話。

〔註13〕 前台北市東門國小有小學生到教育部告狀，致使師即被免職事，一葉知秋，可見老師在學生心目中的地立已日落。

　　大陸某學者口口聲聲抨擊朱子學擁護墨守成規的階級制度，實際上朱子學的名分論仍有其不滅的價值在，設想如果上下不分，在下者不安份，不服節制，天下豈不大亂，一個人如奢求非分的職位，非分的財富，其不鑽營苟且，置公事於不顧，到處兼差、兼課，甚至爲非作歹，如刼鈔、擄人勒贖者幾希。名教觀念豈迂乎哉。

　　二、應發揮朱子學的長處，復興朱子學：任何學說都有長處，也有其限制，朱子學亦然，明白朱子學在日本的影響，也可檢討朱子學在中國的影響，他山之石，可以攻錯，對日本有好影響的，我們也可採擇應用。朱子學穩健中正，成爲日本江戶時代三百年的教育主義，於日本國民道德的養成，有很大貢獻，朱子學派之人都屬謹厚篤實者，這些人都是社會安全，國家安定的基礎。善用朱子學，於國家社會好處很多。

　　因爲朱子學承儒家正統，以修己安人爲目標，以內聖外王爲修養的最高境界，一個眞正的朱子學者，一定以經世濟民爲念，他們都有遠大的抱負，也都能劍及履及的付之實踐。日本江戶時代的朱子學者，固然有迂腐固執、繳繞文義、重知輕行者，但大體而論，開通者居多，他們每能知本尋源，明體達用，格物致知，躬行實踐。而成就偉大事功，在教育上、政治上、社會上產生深遠的影響，如保科正之、柳澤吉保、新井白石、林羅山、木下順庵、安東省庵、室鳩巢、山崎闇齋、中村惕齋、貝原益軒、賴山陽等人，無一不是理論、實踐合而爲一的人物，對其當代與後世都有正面的影響，我們研究朱子學，提倡朱子學也應致力於樹立學者遠大的理想，並繼之以實行。當前的社會是個重視現實，重視物質的社會，生活就是現實，大家以物質的有無作爲判斷是非，評定人的價值的標準，人只是爲滿足物慾需求而生存。自由社會，如美國號稱世界第一富強，然而其政治只重利害，人們放縱性慾，濫用自由，嬉皮到處，暴力不斷，而鐵幕內，則人民沒有自由，只有少數獨夫專權享受，人在暴政鐵蹄下只求苟延殘喘，沒有明日，沒有理想，處在這種情況下，重新提倡朱子學並非開倒車，而且有積極意義。復興朱子學，就是復興儒學，儒學可說是當前的救世良藥，從史實可獲證明。

　　朱子學當然也有一些限於時代所致的不合理因素，我們提倡朱子學應作汰蕪存菁的工作，現在我們除論、孟在高中作爲文化基本教材仍爲學子研讀外，中國古書已漸成廣陵散了，日本南學派的基本教科用書，如《小學》、《近思錄》等應有其價值，似應予以重視，主掌文教當局似應鼓勵作家改寫其中

故事，鼓勵出版界印行這一類書籍，我們不希望我中華民族的幼苗人人都知道阿里巴巴與四十大盜，卻不知大舜孝親的故事，我們不要學生一上學就憧憬著出國留學，而希望他們能明華夷之分，能熱愛自己國家，一如日本的朱子學者以尊崇日本為榮。我們亟應加強民族精神教育，而朱子學可滿足這個需求。朱子學在德教上所發出的光輝，在建立民族精神的貢獻，在道德的實踐上，都是不容我們忽視的。復興朱子學豈僅能止於學術研究層面，豈能視為開倒車，提倡封建呢？

參考用書目錄

一、中文篇

1. 《朱子語類》，中文出版社，民國 68 年。
2. 《朱子文集》，中華書局朱子大全十二冊。
3. 《四書集註》，世界書局，民國 46 年。
4. 《近思錄》，商務印書館，民國 57 年。
5. 《周易本義》，華聯出版社，民國 60 年。
6. 《詩集傳》，學生書局，民國 61 年。
7. 《朱子年譜》，王懋竑，世界書局，民國 62 年。
8. 《宋元學案》，黃宗羲，河洛圖書出版社，民國 63 年。
9. 《明儒學案》，黃宗羲，河洛圖書出版社，民國 63 年。
10. 《日本國志》，黃遵憲，文海出版社。
11. 《日本的朱子學》，朱謙之，三聯書局，民國 47 年。
12. 《朱子及其哲學》，范壽康，開明書局，民國 51 年。
13. 《朱子新學案》（一～五），錢穆，三民書局，民國 60 年。
14. 《朱熹》，周大同，商務印書館，民國 60 年。
15. 《朱熹的文學批評研究》，張健，商務印書館，民國 62 年。
16. 《朱熹與金門》，郭堯齡，金門政委會，民國 59 年三版。
17. 《朱熹倫理學》，楊慧傑，牧童出版社，民國 67 年。
18. 《朱熹與多瑪斯形上思想的比較》，黎建球，商務印書館，民國 67 年。
19. 《朱熹教育學說》，祁致賢，復興書局，民國 43 年。
20. 《朱熹》，譚鳴，世界書局，民國 51 年。

21. 《朱子學術思想淵源》，周榮村，政大論文作者自印，民國 55 年。

22. 《朱熹本體觀念之研究》，李楠永，台大哲學研究論文作者自印，民國 58 年。

23. 《朱陸心性哲學辨微》，徐立功，輔大論文作者自印，民國 59 年。

24. 《朱子詩集傳釋例》，陳美利，政大論文作者自印，民國 61 年。

25. 《朱子哲學思想之研究》，葉有福，文化論文作者自印，民國 62 年。

26. 《宋代理學家的歷史觀——以資治通鑑綱目爲例》，張元，作者自印本，民國 64 年。

27. 《由詩集傳十韻說看朱子時代之語音現象》，謝信一，台大論文作者自印。

28. 《朱子哲學》，郭振武，作者自印本。

29. 《朱子學派》，謝无量，中華書局。

30. 《朱子思想之研究》，陳麗華，作者自印本。

31. 《中國學術思想大綱》，林尹，學生書局，民國 67 年。

32. 《中國哲學史》，馮友蘭，台灣翻印，民國 54 年。

33. 《中國思想史》，錢穆，學生書局，民國 66 年。

34. 《中國哲學思想史》，羅光，學生書局，民國 69 年。

35. 《中國哲學史》，鍾泰，商務印書館，民國 64 年。

36. 《中國哲學史》，宇野哲人著、唐玉譯，中華文化出版事業委員會，民國 44 年。

37. 《中國近世儒學史》，宇野哲人著、馬福辰譯，中華文化出版事業委員會，民國 48 年。

38. 《中國學術思想之研究》，宇野精一主編、洪順隆譯，幼獅文化事業公司，民國 66 年。

39. 《中國思想史》，赤塚忠等著、張昭譯，儒林圖書公司。

40. 《中國思想史》，加藤長賢等著、蔡懋棠譯，學生書局，民國 67 年。

41. 《中國哲學史話》，張起鈞、吳怡，東大圖書公司，民國 53 年。

42. 《中國理學史》，賈豐臻，商務印書館，民國 58 年。

43. 《中國文化史》，柳詒徵，正中書局，民國 62 年。

44. 《中國近三百年學術史》，梁啓超，華正書局，民國 63 年。

45. 《中國近三百年學術史》，錢穆，商務印書館，民國 65 年。

46. 《中國哲學思想論集》（宋、明篇），項維新等編，牧童出版社，民國 65 年。

47. 《中國學術思想變遷之大勢，梁啓超，中華書局，民國 63 年。

48. 《宋明理學概述》，錢穆，學生書局，民國 66 年。

49. 《宋元理學家著述生卒年表》，麥仲貴，新亞書局。

50. 《宋代理學述要》，林禛祥，南師國教之友社，民國 51 年。

51. 《宋明清理學體系論史》，黃公偉，幼獅文化事業公司，民國 60 年。

52. 《宋明理學》，吳康，華國出版社，民國 62 年。

53. 《宋明理學・南宋篇》，蔡仁厚，學生書局，民國 69 年。

54. 《心體與性體》（第三冊），牟宗三，正中書局，民國 62 年。

55. 《儒家哲學》，梁啟超，中華書局，民國 45 年。

56. 《儒家思想新論》，賀麟，正中書局，民國 47 年。

57. 《儒家倫理思想述要》，劉真，正中書局，民國 56 年。

58. 《儒教與現代思潮》，服部宇之吉著，鄭子雅譯，商務印書館，民國 59 年。

59. 《禪學隨筆》，鈴木大拙著、孟祥森譯，志文出版社，民國 61 年。

60. 《讀經示要》，熊十力，樂天出版社，民國 62 年。

61. 《中國人生哲學概要》，方東美，先知出版社，民國 63 年。

62. 《當代中國哲學》，賀麟，時代書局，民國 63 年。

63. 《哲學概論》，唐君毅，學生書局，民國 63 年。

64. 《中國佛教史》，黃懺華，河洛圖書出版社，民國 63 年。

65. 《佛學概論》，蔣維喬，河洛圖書出版社，民國 64 年。

66. 《人理學研究》，陳立夫，中華書局，民國 64 年。

67. 《理學纂要》，蔣伯潛，正中書局，民國 67 年。

68. 《中國思想史資料導引》，馬岡，牧童出版社，民國 66 年。

69. 《東西文化及其哲學》，梁漱溟，台灣翻印。

70. 《宋史研究論集》（一），王德毅，商務印書館。

71. 《宋史研究論集》（二），王德毅，鼎文書局，民國 61 年。

72. 《宋史研究論集》（一～十二），中華叢書編審委員會，民國 47～68 年。

73. 《百年來中日關係論文集》，孫科等，張岳軍八十華誕祝壽專集，民國 57 年。

74. 《中國文化之東漸與唐代政教對日本王朝時代的影響》，陳水逢，嘉新研究論文。

75. 《中日文化論文集》（一～二），劉百閔等，中華文化出版事業委員會，民國 50 年。

76. 《中日文化論文集・續編》（一～二），張其昀等，中華文化出版事業委

員會，民國 56 年。

77. 《中國文化東漸研究》，梁容若，中華文化出版事業委員會，民國 45 年。

78. 《孔子學說對世界之影響》（二），陳立夫等，復興書局，民國 61 年。

79. 《陽明學說對日本的影響》，戴瑞坤，作者自印本，民國 68 年。

80. 《中國文化對日韓越的影響》，朱雲影，黎明文化事業公司，民國 70 年。

81. 《日本論》，戴季陶，上海民智書局，民國 17 年。

82. 《日本史》（一～三），余又蓀，商務印書館，民國 45 年。

83. 《日本史綱》，陶振譽，國防研究所，民國 53 年。

84. 《日本史》（一～五），鄭學稼，黎明文化事業公司，民國 66 年。

85. 《日本史》，李永熾，牧童出版社，民國 68 年。

86. 《日本近代史》，栗田元次著、胡錫年譯，正中書局，民國 54 年。

87. 《日本近百年史》，包滄瀾，藝文印書館，民國 55 年。

88. 《日本明治維新史》，池田敬正等著、汪公紀等譯，國防研究院，民國 56 年。

89. 《日本近代史》，陳水逢，中華學術院，民國 57 年。

90. 《中日民族文化交流史》，宋越倫，正中書局，民國 58 年。

91. 《隋唐五代中日關係史》，余又蓀，商務印書館，民國 58 年。

92. 《日本明治維新前史》，張水淇，文海出版社，民國 60 年。

93. 《明治時代中日文化的連續》，實藤惠秀著、陳固亭譯，中華叢書編審委員會，民國 60 年。

94. 《日本綜合二千六百年史》，補廬等譯，文海出版社，民國 61 年。

95. 《宋元中日關係史》，余又蓀，商務印書館，民國 64 年。

96. 《中國日本交通史》，王輯五，商務印書館，民國 64 年。

97. 《日本文明開化史略》，陳水逢，商務印書館，民國 69 年。

98. 《日本近代史綱》，徐先堯，商務印書館（人人文庫本），民國 70 年增訂一版。

99. 《戰後日本》，陳固亭譯，中華文出版事業委員會，民國 44 年。

100. 《黎明日本》，柳長勛，中華文出版事業委員會，民國 44 年。

101. 《兩個世界中的日本》，董顯光，中國新聞出版公司，民國 45 年。

102. 《日本漢文學史》，緒方惟精著、丁策譯，正中書局，民國 58 年。

103. 《比較中日陽明學》，張君勱，商務印書館，民國 59 年。

104. 《日本漢學小史》，吉川幸次郎著、侯靜遠譯，台灣書局，民國 59 年。

105. 《日本與日本人》，潘煥昆，中央日報，民國 60 年。

106. 《日本歷史思想之發展》，蘇振申譯，驚聲文物供應公司，民國 60 年。

107. 《現代日本漢學研究概觀》，梁容若，藝文印書館，民國 61 年。

108. 《陽明學論文集》（陽明學與朱子學），唐君毅，中華學術院，民國 62 年。

109. 《日本人的性格》，長谷川如是閑著，羅茂彬譯，國防研究院，民國 62 年。

110. 《日本簡明百科全書》，張其昀，中華學術院，民國 62 年。

111. 《中日交通史》，本宮泰彥著，陳捷譯，三人行出版社，民國 63 年。

112. 《日本人的衰亡》，托凱耶著、鍾肇政譯，志文出版社，民國 65 年。

113. 《戰後日本論》，吳錫澤，商務印書館，民國 65 年。

114. 《中日關係史事年表》，蘇振申，華岡出版有限公司，民國 66 年。

115. 《日本民族性之研究》，呂秀雄，作者自印本，民國 66 年。

116. 《日本第一》，美‧佛格爾著、蕭長風譯，名遠出版社，民國 70 年。

二、日文篇

1. 《朱子學大系》（一～十五），諸橋轍次等，明德出版社，昭和四九～五三年。

2. 《朱子研究》，秋月胤繼，京文社，昭和二年。

3. 《海南朱子學發達の研究》，系賀國次郎，成美堂，昭和十年。

4. 《日本朱子學派の哲學》，井上哲次郎，富山房，明治三八年。

5. 《朱子行狀》，佐藤仁，明德出版社，昭和三四年。

6. 《朱子の哲學》，後藤俊瑞，聖山閣（世界哲學大系の内），大正十五年。

7. 《日本朱子學の朝鮮》，阿部吉雄，東京大學出版社，昭和四十年。

8. 《日本儒學史》，高田眞治，地人書館，昭和十八年。

9. 《儒家概論》，北村澤吉，關書院，昭和五年。

10. 《日本儒林叢書》（正六冊，續四冊），關儀一郎編，東洋圖書刊行會，昭和二年。

11. 《本邦儒學史論攷》，大江文城，全國書房。

12. 《日本倫理彙編》，井上哲次郎，育成會，明治三五～三六年。

13. 《群書類從》，東京經濟雜誌社，明治二六～二七年。

14. 《續群書類從》，續群書類從完成會，明治三五年～昭和二年。

15. 《續續群書類從》，圖書刊行會，明治三八年～四二年。

16. 《先哲叢談》，原念齋條耕子長，文化十三年。

17. 《神道史》（後篇），太田亮，國史講座刊行會，昭和八年十二月。

18. 《神道史》，清原貞雄，厚生閣，昭和十六年十二月。

19. 《儒林源流》，西島醇，東洋圖書刊行會，昭和九年。

20. 《日本儒學史》（附日本漢文學史），安井小太郎，富山房，昭和十四年。

21. 《漢學者傳記集作》，竹林貫一編，名著刊行會，昭和四四年。

22. 《日本漢學者年表》，斯文會編，大修館書店，昭和五三年。

23. 《圖解日本文化史大系》（十二卷），小學館，昭和三七年三版。

24. 《中國哲學史》，狩野直喜，岩波書店，昭和四八年。

25. 《中國思想史》，武內義雄，岩波書店，昭和四八年。

26. 《儒教の精神》，武內義雄，岩波書店。

27. 《儒教の研究》，津田左右吉，岩波書店。

28. 《德川幕府の儒學》，山口察常，岩波書店，昭和十四年。

29. 《宋明時代儒學思想の研究》，楠本正繼，廣池園出版社，昭和三七年。

30. 楠本正繼先生，《中國哲學研究》，國士館大學附屬圖書館編，昭和五十年。

31. 《宋元明清近世儒學變遷史論》，麓保孝，國書刊行會，昭和五一年。

32. 《日本思想史概說》，田中義能，日本學術研究會，昭和七年。

33. 《シナ思想の日本》，津田左右吉，岩波書店，昭和十三年。

34. 《五本文學全書》，掌華房，明治三九年～大正四年。

35. 《懷德堂遺書》，懷德堂紀念會，明治四四年。

36. 《日本名家四書注釋全書》，東洋圖書刊行會，大正十一年～十五年。

37. 《大日本佛教全書》，佛教刊行會，明治四五年～大正十一年。

38. 《水戶學全集》，日本書院，昭和八～九年。

39. 《日本文化と儒教》，中山久四郎，刀江書院，昭和十年。

40. 《日本の思想と文化》，三枝博音，第一書房，昭和十二年。

41. 《日本倫理學史》，三浦藤作，中興館書店，昭和十四年訂正九版。

42. 《九州儒學思想の研究》，楠本正繼，九州大學中國哲學研究室印。

43. 《南學と師道──谷秦山と南學の人人》，滿淵忠廣，明德出版社。

44. 《日本程朱學の源流》，川田鐵彌，高千穗學校排印，明治四一年。

45. 《南學傳》（二卷）〈南學遺訓〉，大高坂芝山。

46. 《南學史》，寺石正路，富山房，昭和九年。

47. 《朱子學と陽明學》，島田虔次，岩波書店，昭和四二年。

48. 《朱子の倫理思想》，後藤俊瑞，後藤博士遺稿遺著刊行社，昭和三九年。

49. 《鎌倉室町時代之儒教》，足利衍述，東京日本古典全集刊行會，昭和七

年。

50. 《程朱哲學史論》，大江文城，東京東洋大學出版部，明治四四年。

51. 《朱子學》，大野左衛，東京有斐閣雜誌店，明治三十年。

52. 《朱子の實踐哲學，後藤俊瑞，東京目黑書店，昭和十二年。

53. 《朱子四書集註索引，朱子思想索引第一冊》，後藤俊瑞，廣島大學文學部中國哲學研究室，昭和二九年。

54. 《朱子四書或問索引，朱子思想索引第二冊》，後藤俊瑞，廣島大學文學部中國哲學研究室，昭和三十年。

55. 《詩集傳事類索引上、下，朱子思想索引三、四冊》，後藤俊瑞，武庫川女子大學中文研究室，昭和三五年。

56. 《朱子四書集註典據考》，大槻信長，中文出版社，昭和五一年。

57. 《朱子の思想形成》，方枝龍太郎，東京春秋社，昭和四四年。

58. 《朱子——學問とその展用》，市川安司，東京評論社，昭和四九年。

59. 《朱子集》，吉川幸次郎，東京朝日新聞社，昭和五一年。

60. 《朱子と王陽明》，間野潛龍，東京清水書院，昭和四九年。

61. 《朱熹と王陽明——物と心と理の比較思想論》，高橋進，東京圖書刊行會，昭和五二年。

62. 《日本武士道詳論》，磯野清，目黑書店，昭和十四年。

63. 《武士道家訓集》，有馬祐政・秋山梧菴同編，博文館，昭和三九年。

64. 《日本佛教思想史》，大野達之助，吉川弘文館，昭和四五年。

65. 《日本精神概說》，清原貞雄，東洋圖書株式合資會社，昭和九年十版。

附錄一　朱子簡易年譜

西元	中國年號	朱子年齡	學　行　事　略	附　　註
1130	宋高宗 建炎四年	一	九月十五日生於福建尤溪（舊建安道）城外毓秀峯下之鄭氏草堂。 父松，字喬年，號韋齋。時自尤溪縣尉辭官歸隱。 祖森，世家歙州之黃墩，爲儒者，戒飭諸子皆以忠孝和友爲本，晚讀內典，深解義諦。 母祝氏，徽州歙縣人，出自以儒爲業之家，性仁厚端淑。	庚戌，日、崇德天皇大治五年，日紀元一七九〇年。
1133	紹興三年	四	幼穎悟莊重，甫能言，韋齋指示曰：此天也。問曰：天上之何物？韋齋異之。	癸丑，日、崇德天皇長承二年，張栻生。
1134	紹興四年	五	始入小學，韋齋召試館職，除秘書省正字。	甲寅，陸九齡生。
1135	紹興五年	六	此時，便知煩惱天體是如何，外面是何物。	乙卯，日、崇德天皇保延元年，門人蔡元定生，楊時、羅從彥卒。
1137	紹興七年	八	就傅，授以孝經，一閱通之，題其上曰：不若是，非人也。嘗從群兒戲沙上，獨端坐以指畫沙，視之，八卦也。	丁巳。去年，陳公輔乞禁程學，詔從之。呂東萊生。金廢劉豫。韓世忠、兵飛請伐金、收復中原，不許。

1138	紹興八年	九	讀孟子，慨然奮發，專心攻志向學，做工夫。	戊午。秦檜為相，對金稱臣。
1139	紹興九年	十	厲志聖賢之學，於舉子業，初不經意。	己未，陸象山生。
1140	紹興十年	十一	受學於家，韋齋親為說古今成敗興亡大致。時韋齋為吏部員外郎，因不附和秦檜和議，遂出知饒州，請祠居於家。	庚申，朱仙鎮大捷。楊簡、辛棄疾生。次年陳傅良生。
1143	紹興十三年	十四	三月廿四日，韋齋卒，年四十七。遵遺命遷崇安，受學於屏山劉子翬彥沖。白水劉勉之致中，籍溪胡憲元仲，皆韋齋故友。子翬字以元晦，勉之則以女妻之，不數年，二劉相繼去世，事籍溪最久。	癸亥，日、近衛天皇康治二年，日紀元一八〇三年。陳亮生。
1144	紹興十四年	十五	葬韋齋於崇安縣五夫里塔山。讀中庸人一己百，人十己千一章，因見呂與叔解得此段痛快，未嘗不悚然警勵奮發。	甲子，近衛天養元年，何若請黜程張之學。
1145	紹興十五年	十六	嘗留心於禪。 自云：「某自十六、七歲時，下工夫讀書，彼時四旁皆無津涯，只自恁地硬著力去做，至今日雖不足道，但當時也是吃了多少辛苦讀書。」	乙丑，近衛久安元年。
1147	紹興十七年	十八	舉建州鄉貢。考官蔡茲謂人曰：「吾取中一後生，三篇皆欲為朝廷措置大事，他日必非常人。」	丁卯，去年劉子羽卒，今年劉子翬卒。
1148	紹興十八年	十九	中第五甲第九十人進士。 於清湖之上見徐誠叟，徐告以克己歸仁，知言養氣之說，雖時未達其言，久而後知其為不易之論。	戊辰
1149	紹興十九年	二十	自云：「十五六時，至二十歲，史書都不要看，但覺閒是閒非沒要緊，不難理會。大率才看得此等文字有味，畢竟粗心了。」	己巳，劉勉之卒。
1150	紹興二十年	廿一	春，至婺源掃墓。董穎有詩讚朱子少時文章：「共歎韋齋老，有子筆扛鼎。」	庚午，葉適生。宋商劉文仲至日。
1151	紹興廿一年	廿二	春，銓試中等，授泉州同安縣主簿。	辛未，近衛仁平元年。
1153	紹興廿三年	廿四	始見延平李侗（愿中）。秋赴同安任。以「信」點追稅，頗著績效。得柯翰與之遊。 作高士軒，同安縣諭學者等文。 七月丁酉，子塾生。	癸酉，去年，門人黃榦生。今年，門人陳淳生。

1154	紹興廿四年	廿五	七月，子塾生。	甲戌，近衛久壽元年。
1155	紹興廿五年	廿六	春，建經史閣。令嚴婚禮。定釋奠禮。	乙亥。
1156	紹興廿六年	廿七	七月，秩滿。於同安日曾因差出體究公事處，夜寒不能寐，因看得子夏論學一段分明。後秩滿，在郡中等批書，已遣行李，無文字看，於館人處借得孟子一冊熟讀，方曉得養氣一章語脈。逐段以紙簽簽之。	丙子，日、後白河保元元年。
1157	紹興廿七年	廿八	候代不至，秩滿罷歸。	丁丑。
1158	紹興廿八年	廿九	正月，再赴延平，見李侗（愿中）問以一貫忠恕之說。 平居以事親講學爲務。 十一月，以養親請祠，差監潭州南嶽廟。	戊寅。
1159	紹興廿九年	三十	校定謝良佐上蔡語錄，削去五十餘章，並作後序及後記。 以陳康伯薦，與徐度、呂廣問、韓元吉同召，以疾辭。	己卯，日、二條天皇平治元年。
1160	紹興三十年	卅一	冬，三見李侗（愿中）於延平，正式受學。愿中評爲進學甚力，樂善畏義，穎悟，力行，講學極造其微處，所論難，皆是操戈入室，從源頭體認來。	庚辰，二條永曆元年。
1161	紹興卅一年	卅二	貽黃樞密祖舜書。	辛巳，二條應保元年。門人張洽生。
1162	紹興卅二年	卅三	仰謁李侗（愿中）於建安，與同歸延平。侗以得朱子相與講學爲慰。 五月，祠秩滿，復請祠。 六月，仍差監南嶽廟。時高宗內禪，孝宗繼位，求直言。 八月，應詔上封事，要點是：（1）帝王之學必先格物致知，自能意誠心正，應天下之物。（2）反和談，並論驅逐夷狄的策略。（3）朝廷應愼擇良吏，爲民興利除弊。	壬午。六月高宗內禪。胡籍溪卒。
1163	孝宗隆興元年	卅四	寫成論文要義，論語訓蒙口義。 十月，至行在，奉事垂拱殿：要點爲	癸未，日二條長寬元年。

			（1）平治之效未著，由於不講格致之道，舉措未嘗隨事以觀理，即理以應事。（2）主戰以復君父之仇。（3）制夷狄之本不在威強，而在德業。 十一月由行在歸。 十二月除武學博士，待次。	李侗於十月十五日卒於閩帥汪應辰治所。
1164	隆興二年	卅五	正月，至延平哭李侗（愿中）之喪，比葬，復往會。有祭文，及再祭文。 九月，至豫章，哭張魏公之喪，自豫章送之豐城，舟中得與其子張欽夫聚談。 編成困學恐聞。	甲申。
1165	宋孝宗乾道元年	卅六	時相洪適爲相，主和，故辭武學博士不就，復請祠，仍差監南嶽廟。	乙酉，二條永萬元年。
1166	乾道二年	卅七	始與張欽夫論中和問題。	丙戌，日六條仁安元年。
1167	乾道三年	卅八	七月崇安大水，奉府檄行視水災，因此次賑災經驗，在答林擇之書中曾說：「大率今時，肉食者漠然無意於民。」 八月，訪張欽夫於潭州，曾與討論中庸之義，不合。 十一月偕登南嶽衡山。以陳俊卿、劉珙薦，除樞密院編修官。待次。	丁亥，門人蔡沈生。
1168	乾道四年	卅九	四月，崇安饑，請粟於府以賑之。始立社倉法於建州。 與張欽夫書再論中和問題。 編程氏遺書成。	戊子，四月，僧榮西入宋。九月與僧重原同歸國。
1169	乾道五年	四十	覆校通書爲建安本，撰太極圖通書後序，作中和舊說序，自述苦參中和之經過，撰已發未發說。 正月，子在生。 九月，母祝孺人卒，享年七十。是年，始拈出程子敬字，作爲進德修業之主要法門。	己丑，日、高倉天皇嘉應元年。
1170	乾道六年	四一	正月，葬祝孺人。 七月，遷父韋齋墓。 十二月，召赴行在，以喪制未終，辭。得雲谷於建陽西北，始號晦庵。	庚寅，平清盛宴宋人於福原之別莊。

1171	乾道七年	四二	五月創立社倉於五夫里。 十二月，既免喪，復召，以祿不及養，辭。	辛卯，高倉承安元年，僧覺阿與法弟金慶同入宋。
1172	乾道八年	四三	撰克齋記，始提克己二字，認爲是求仁要術。本年，相繼完成下列四書：論孟精義（正月），資治通鑑綱目（四月），八朝名臣言行錄（四月），西銘解義（十月）。	壬辰，宋明州刺史贈方物，並牒書至日。
1173	乾道九年	四四	五月，授左宣教郎，主管臺州崇道觀，再辭。續完成下列四書：太極圖說解（四月），通書解（四月），程氏外書，伊洛淵源錄（六月）。作書屛山先生文集後。首被攻擊云：沉溺於教條之中。	癸巳，平清盛答禮並返牒。
1174	孝宗淳熙元年	四五	編次古今家祭禮，其跋有云：「蓋人之生，無不本乎祖者，故報本反始之心，凡有血氣者之所不能無也。」 歷年屢辭樞密院編修，改差主管臺州崇道觀，又屢辭。三月，有旨不許辭，六月乃拜命。	甲午。
1175	淳熙二年	四六	四月，呂東萊訪朱子於寒泉精舍，同編近思錄。 因呂東萊約與陸九齡、九淵及劉靖之諸人相會於信州之鵝湖寺，與九淵講論不合。 七月，於廬峯雲谷建晦庵，又自爲之記。	乙未，高倉安元元年，僧覺阿贈物於其師宋杭州靈隱之佛海慧遠。
1176	淳熙三年	四七	爲文祭汪應辰。 以掃墓歸婺源，吳昭徒步走寒泉精舍，就正其所學。 六月，授秘書省秘書郎，辭。 請祠，差管武夷山沖祐觀。 答韓尚書書自云：「二十年來，自甘退藏，以求己志，所願欲者，不過修身守道以終餘年。」 撰復齋記。 十一月，妻劉氏卒。	丙申，日商船飄至宋明州，宋給糧食而歸。
1177	淳熙四年	四八	二月，作江州濂溪書堂記。 六月，撰成論孟集註或問。 十月，撰成詩集傳，周易本義。 十一月，書麻衣心易後。 自云釋經每下一字，直是稱等輕重，方敢寫出。	丁酉，日、高倉治承元年。

1178	淳熙五年	四九	八月，差知南昌軍，屢辭不許。 御史謝廓然對王安石、程頤之學說加以攻擊，朱子亦受波及。 撰袁州州學三先生祠記。	戊戌，眞德秀，魏了翁生。
1179	淳熙六年	五十	陸九齡自撫州至信州，訪朱子於鉛山之觀音寺。始和鵝湖寺九齡詩韻，中有名句「舊學商量加邃密，新知涵養轉深沉。」 三月，赴南康軍任，重建白鹿洞書院，爲作學規，呂祖謙並爲記。 立周濂溪祠，配以二程，撰濂溪說。 五月，作臥龍庵，祀諸葛亮。	己亥，平清盛獻太平御覽於高倉天皇。
1180	淳熙七年	五一	二月，祭張敬文：「我昔求道，未獲其友，蔽莫予開，吝莫予剖。蓋自從公而觀於大業之規模，察彼群言之紛糾，於是相與切磋以究之，而又相屬以死守也。」 三月，申乞以泗水侯，從祀孔子。 四月，應詔上封事，要點爲：「天下之務，莫大於恤民，而恤民之本，在人君正心術以立紀綱。」封事上，因評及帝及群臣，帝大怒，賴宰相趙雄釋救，方霽。 南康軍大旱，大修荒政。	庚子，張敬夫、陸九齡卒。
1181	淳熙八年	五二	書濂溪光風霽月亭，撰徽州婺源縣學三先生祠記。 二月，陸九淵來訪，朱子陪同至白鹿洞書院，請升講席。講「君子喻於義，小人喻於利」一章。 三月，除提舉江南西路常平茶鹽公事，閏三月，去郡東歸。 四月，過江州，拜周濂溪書堂遺像，劉清之請爲諸生說太極圖義。 七月，除直秘閣，再辭，不許。 八月，呂東萊訃聞至，朱子爲位哭之，並撰祭文。以浙東大饑，改提舉兩浙東路常平茶鹽公事，陸游寄詩朱子，促早來施賑。 十一月，奏事延和殿，力言災異之起，由於人謀不善。 十二月，下朱子社倉法於諸路。	辛丑，日、安德天皇養和元年，呂東萊卒。

1182	淳熙九年	五三	陳亮來訪，旬日始別。兩人曾就王霸、三代與漢唐問題展開激烈爭辯。以自註田說，請陳亮評之。 六月，旱，上修德政以弭天變狀。 劾前知臺州唐仲友不法，唐爲丞相王淮姻親，此案雖使唐失新職，但朱子與其學派因之受攻擊、謾罵。 八月，自請罷黜。 九月，離職。爲文建議毀秦檜祠。	壬寅，日、安德壽永三年。陸九齡卒，宋鑄師陳和卿抵日。
1183	淳熙十年	五四	元月，差主管臺州崇道觀。自是杜門不出，作武夷精舍居之。陸游爲精舍題詩：「天下蒼生未蘇息，憂公遂與世相忘。」海內學者，尊朱益眾。 十月，如泉州弔傅自得，越二月始歸。	癸卯，傅自得卒。日人七十三年漂至宋秀州華亭縣，宋給以錢米。
1184	淳熙十一年	五五	自浙東還，始辨陳亮浙學之非，與亮書，請紬去王霸義利之說，並勉以醇儒自律，亮過紹興，訪朱子於武夷精舍中。 十二月，編次張南軒文集爲四十四卷，又爲之序。撰資治通鑑舉要曆後序。	甲辰。
1185	淳熙十二年	五六	辨陸學、陳學之非曰：「海內學術之弊，不過兩說，江西頓悟，永康事功，若不極力爭辯，此道無由得明。」又曰：「子靜……不免有些禪底意思。」又與亮書，箴其利義雙行，王霸並用，陳亮與之論天理人欲及儒者成人之說。 四月，祠秩滿，復請祠，差主管華州雲臺觀。	乙巳，日、後鳥羽天皇文治元年。源範賴以唐絲織珍物上後白河法皇。
1186	淳熙十三年	五七	三月，易學啓蒙成。 八月，孝經刊誤成。	丙午。
1187	淳熙十四年	五八	作答呂祖儉書，爲蔡元定律呂新書作序。 三月，小學書成。 改管南京鴻慶宮。 以楊萬里薦除提點江西刑獄。	丁未，僧榮西再入宋。
1188	淳熙十五年	五九	二月，始出太極圖說，西銘解義，以授學者。	戊申。

			六月，周必大趣朱子之江西刑獄任，遂入奏，以正心誠意。慎擇獄官爲旨。八月，除兵部郎官，力辭，林栗劾之，葉適上疏爲之辨，謂其言無一實者。十一月上封事，說以天下之大本在皇帝之心，並提出六大急務，即輔翼太子，選任大臣，振舉綱紀，變化風俗，愛養民力，修明軍政等。除主管太乙宮兼崇政殿說書，辭；再除祕閣修撰，仍奉祠。主管嵩山崇福宮。	
1189	淳熙十六年	六十	二月，序大學章句及中庸章句。後者代表朱子道統論。閏五月，以更化覃恩，轉朝散郎，直寶文閣，賜緋衣銀魚。居數月，除江東轉運副使，以疾辭。十一月，改知漳州。	己酉，孝宗內禪。光宗即位。大日能忍遣練中、勝辨入宋。
1190	宋光宗紹熙元年	六一	趙崇度謁朱子於考亭，朱授與大學一編。四月，抵漳州，首頒禮教，減賦稅，進行土地測量計劃，以期稅制公平。十月，請辭現職，不准。刊四經、四子書於漳州。	庚戌，後鳥羽建久元年，元好問生。
1191	紹熙二年	六二	二月，長子塾卒。三月，除祕閣修撰，主管南京鴻慶宮。四月末，離漳州，歸建陽，寓同縣橋。嘗致書予宰相留正，希與君子結黨，又與陳傅良論學。奏薦龍溪縣翁德廣。撰德安府應城縣上蔡謝先生祠記。	辛亥，榮西歸國。
1192	紹熙三年	六三	李燔至建陽從朱子學。築室於建陽之考亭。撰黃州州學二程先生祠記。聞九淵訃，率門人往寺中，爲位哭之。除知靜江府，辭。孟子要略寫成。	壬子，陸九淵卒。日本鎌倉幕府開始。
1193	紹熙四年	六四	辛棄疾來訪。秋致書賀陳亮及第。十月，作邵州州學濂溪先生祠記。十二月，爲荊湖南路安撫使，知潭州。	癸丑，日人漂至宋境，宋以米濟助之。

1194	紹熙五年	六五	至長沙，為置嶽麓書院。 五月，赴潭州任，諭降洞獠，申請飛虎軍隸本州節制，從之。 八月，趙汝愚拜右丞相，朱子召為煥章閣待制侍講，赴行在。 十月，奉事行宮便殿。受詔進講大學，封婺源縣開國男食邑三百戶，旋差兼實錄院同修撰，奏乞討論嫡孫承重之服。以上疏忤韓侂冑，罷歸。 十一月，至玉山，講學於縣庠，未幾，還考亭。築竹林精舍（後更名滄州），來學者益眾。	甲寅，尤袤、陳亮卒。 六月，孝宗崩，光宗內禪，寧宗即位。
1195	宋寧宗慶元元年	六六	草疏萬言，擬劾韓侂冑專權蔽主，眾弟子止之，乃自筮，得遯之同人，乃取奏稿焚之，罷奏，並更號遯翁。 十二月，詔依舊秘閣修撰，提舉南京鴻慶宮。	乙卯。
1196	慶元二年	六七	致書鞏豐，談及為陸游老學庵作銘。 始修禮書。名儀禮經傳通解。胡紘、沈繼祖等劾以偽學，沈強調朱子六大罪狀：不孝、不敬君、不忠、戲弄朝廷、漠視道德、妨害風俗和宗教。 八月，下詔，禁止道學。 十二月，落職罷祠。	丙辰。
1197	慶元三年	六八	韓文考異寫成。 蔡元定謫道州，朱子與從游者數百人餞別於蕭寺中，元定泰然賦詩曰：「執手笑相別，無為兒女悲。」 年末，有五十九人被列為偽學逆黨，史稱之為慶元黨禍，朱子及其支持者，皆列其內，南宋智識份子之精英幾全涉及。	丁巳。
1198	慶元四年	六九	集書傳。 十二月，引年乞休。 詔嚴偽學之禁。	戊午，蔡元定卒於貶所。
1199	慶元五年	七〇	三月，楚辭集註、後注、辨證成。 四月，有旨以朝奉大夫致仕。始以野服見客。蔡沈應朱子屬，始作書傳。	己未，日、土御門天皇正治元年。

1200	慶元六年	七一	正月，作聚星亭贊。 三月，改大學誠意章。初，病已甚，猶修書不輟。夜爲諸生講論，多至夜分，且曰：爲學之要，惟是事事審求其是，決去其非，積累久之，心與理一，自然所發，皆無私曲。聖人應萬事，天地生萬物，直而已矣。初九日（陽曆四月廿三日）卒。 陸游、辛棄疾各爲文祭之。 周易本義、資治通鑑綱目印行。 十一月，葬於建陽縣唐石里大林谷，會葬者數千人。	庚申。
1241	宋理宗淳祐元年		死後四十一年，詔周、張、二程和朱熹同時從祀孔廟。	

附言：本表是根據下列資料編成：

1. 王懋竑　朱子年譜。
2. 楊慧傑　朱子年表（見楊著《朱熹倫理學》一書附錄）。
3. 錢穆　朱子年譜要略（見錢著《朱子新學案》第五冊）。
4. 陳捷譯、木宮泰彥著　中日交通史之交通年表。
5. 麥仲貴著　宋元理學家著作生卒年表。

附錄二　研究朱子學論文目錄

一、中文篇

〈論孟集註附考〉，劉寶楠，《國粹學報》，第七卷第 3～6 期，民前 1 年。

〈與友人論朱陸書第四〉，程南園，《國學（昌明社）》，第一卷第 1 期，民國 4
　　年 3 月。

〈宋朱熹的詩經集傳和詩序辯〉，傅斯年，《新潮》，第一卷第 4 期，民國 8 年
　　4 月。

〈赫爾伯脫福祿培爾與朱子王陽明教育學說之比較〉，華超，《新教育》，第三
　　卷第 2 期，民國 10 年 2 月。

〈朱子經傳史略〉，吳其昌，《學衡》，第 22 期，民國 12 年。

〈晦庵學說平議〉，黎群鐸，《國學叢刊》，第二卷第 4 期，民國 13 年。

〈朱子著述考〉，吳其昌，《國學論叢》，第一卷第 2 期，民國 16 年 9 月。

〈朱熹的哲學〉，黃子通，《燕京學報》，第 2 期，民國 16 年 12 月。

〈朱子學派與陽明學派之大別〉，陳復光，《清華週報》，第廿七卷第 10、15
　　期，民國 16 年。

〈朱熹哲學述評〉，周予同，《民鐸雜誌》，第十卷第 2 期，民國 18 年 2 月。

〈朱熹「格物致知」論〉，馮日章，《朝華月刊》，第一卷第 1 期，民國 18 年
　　12 月。

〈程朱陸王「格物致知」說之反動〉，馮日章，《朝華月刊》，第一卷第 3 期，
　　民國 19 年。

〈程朱辨異〉，何炳松，《東方雜誌》，第廿七卷 9～12 期，民國 19 年 5、6 月。

〈朱子之根本精神──即物窮理〉，吳其昌，《大公報文學副刊》，第 146 期，民國 19 年 10 月 27 日。

〈朱熹與黑格爾太極說之比較觀〉，賀麟，《大公報文學副刊》，第 147 期，民國 19 年 11 月 3 日。

〈關於朱熹太極說之討論〉，素癡，《大公報文學副刊》，第 148 期，民國 19 年 11 月 10 日。

〈朱子治學方法考〉，吳其昌，《大公報文學副刊》，第 149、150 期，民國 19 年 11 月 17、24 日。

〈朱晦翁誕生八百年紀念〉，吳其昌等，《國聞週報》，第七卷第 49、50 期，民國 19 年 12 月。

〈跋洪去蕪本朱子年譜補記〉，容肇祖，《燕京學報》，第 20 期，民國 19 年 12 月。

〈朱子所見呂紀異文考釋〉，羅庶丹，《湖南大學期刊》，第 5 期，民國 20 年 7 月。

〈朱子與呂成公書年月考〉，葉渭清，《國立北平圖書館館刊》，第六卷第 1 期，民國 21 年 2 月。

〈朱熹哲學〉，馮友蘭，《清華學報》，第七卷第 2 期，民國 21 年。

〈程朱論仁之闡略〉，甫文，《尚志週刊》，第二卷第 4～6 期，民國 21 年 11 月 12 日。

〈朱熹與閩南文化〉，翁國梁，《民俗》，第 120 期，民國 22 年 5 月。

〈朱子的教育思想〉，林璋，《師大月刊》，第一卷第 4 期，民國 22 年 5 月。

〈朱熹著述分類分略〉，牛繼昌，《師大月刊》，第一卷第 6 期，民國 22 年 9 月。

〈朱熹的救荒論與經界論〉，鄒枋，《建國月刊》，第十卷第 1 期，民國 23 年 1 月。

〈朱熹的讀書法〉，邱椿，《大道半月刊》，第七卷第 9 期，民國 23 年 3 月。

〈朱子著述考〉，金云銘，《福建文化》，第二卷第 16 期，民國 23 年 4 月。

〈朱學鈎玄〉，姚廷杰，《國學論衡》，第 3 期，民國 23 年 6 月。

〈朱子攻擊毛詩序的檢討〉，龔書輝，《廈大週刊》，第十四卷第 11、12 期，民國 23 年 12 月。

〈孟子注釋之三部名作的批評〉，胡毓寰，《申報月刊》，第三卷第 12 期、第四卷第 1 期，民國 23 年 12 月、民國 24 年 1 月。

〈從政及講學中的朱熹〉，白壽彝，《北平研究院院務彙報》，第六卷第 3 期，民國 24 年 3 月。

〈朱子在籍在官之救荒概略及其平義〉，董源徵，《國專月刊》，第一卷第 1 期，民國 24 年 3 月。

〈中庸鄭朱會箋卷一〉，姜忠奎，《新民月刊》，第一卷第 1 期，民國 24 年 5 月。

〈朱子論理氣〉，高名凱，《正風半月刊》，第一卷第 11、12 期，民國 24 年 6 月。

〈中庸鄭朱會箋自序〉，姜忠奎，《國學論衡》，第五卷上，民國 24 年 6 月。

〈讀朱氏大學章句發疑〉，鄭景賢，《廈大週刊》，第十四卷第 19 期，民國 24 年 6 月。

〈朱子語錄諸家滙輯〉，白壽彝，《北平研究院院務彙報》，第六卷第 4 期，民國 24 年 7 月。

〈朱學檢討〉，孫遠，《國學論衡》，第五卷下、第六卷，民國 24 年 6、12 月。

〈師表四代之鄉賢朱子〉，饒思誠，《江西省立圖書館館刊》，第 2 期，民國 24 年 7 月。

〈朱子論心〉，高名凱，《正風半月刊》，第一卷 16～18 期，民國 24 年 8、9 月。

〈朱子論理氣太極〉，嚴群，《新民月刊》，第一卷第 6 期，民國 24 年 10 月。

〈記正德本朱子實紀竝朱子年譜的本子〉，容肇祖，《燕京學報》，第 18 期，民國 24 年 12 月。

〈程朱學派之知行學說〉，何格恩，《民族》，第四卷第 1 期，民國 25 年 1 月。

〈朱子概要敘言〉，朱質璋，《道德半月刊》，第三卷第 4 期，民國 25 年 2 月。

〈朱子對于易學的貢獻〉，白壽彝，《北平晨報思辨》，第 31 期，民國 25 年 3 月 16 日。

〈朱易散記〉，白壽彝，《北平晨報思辨》，第 34 期，民國 25 年 4 月 16 日。

〈周易本義考〉，白壽彝，《史學集刊》，第 1 期，民國 25 年 4 月。

〈朱王戴三家學術概論〉，姚廷杰，《國學論衡》，第 7 期，民國 25 年 4 月。

〈朱子的讀書方法〉，葉大年，《廈大圖書館報》，第一卷第 8 期，民國 25 年 5 月。

〈儀禮經傳通解考證〉，白壽彝，《北平研究院院務彙報》，第七卷第 4 期，民國 25 年 7 月。

〈朱子讀書法中之經濟學習法〉，謝武鵬，《圖書展望》，第一卷第 11 期，民國 25 年 8 月。

〈朱熹底師承〉，白壽彝，《文哲月刊》，第一卷第 8、9 期，民國 25 年 9、11 月。

〈朱一新漢宋兼采之議論〉，延舉，《時代青年》，第二卷第 1 期，民國 25 年 11 月。

〈二汪二朱及王炎〉，宛敏灝，《學風》，第六卷第 7、8 期，民國 25 年 11 月。

〈朱子所說理與事物之關係〉，馮友蘭，《哲學評論》，第七卷第 2 期，民國 25 年 12 月。

〈程朱陸王之治學方法〉，馬子實，《進德月刊》，第二卷第 8 期，民國 26 年 4 月。

〈朱子之文學批評〉，郭紹虞，《文學年報》，第 4 期，民國 27 年 4 月。

〈朱陸兩派直覺思想異同考〉，張達愚，《學術界》，第二卷第 3 期，民國 33 年 4 月。

〈朱子學術述評〉，錢穆，《思想與時代》，第 47 期，民國 36 年 9 月。

〈朱熹的道文統一說〉，羅根澤，《和平時報》，第 8 期，民國 36 年 1 月 4、11 日。

〈朱子心學略〉，錢穆，《學原》，第二卷第 6 期，民國 37 年 10 月。

〈周程朱子學派論〉，錢穆，《學原》，第二卷第 2 期，民國 38 年 2 月。

〈從現代觀點論朱子形而上學〉，張東蓀，《學原》，第二卷第 9 期，民國 38 年 9 月。

〈鵝湖之會朱陸異同略說〉，黃彰健，《中央研究院歷史語言研究所集刊》，第 22 期，民國 39 年 7 月。

〈朱熹學述〉，錢穆，《民主評論》，第四卷第 1 期，民國 42 年 1 月。

〈朱子的思想〉，錢穆，《新亞文學講座錄》，民國 42 年 2 月。

〈朱子與陸象山的交誼及辯學的經過〉，戴靜山，《大陸雜誌》，第八卷第 1 期，
　民國 43 年 1 月。

〈朱子與呂東萊論蘇學〉（梅園雜記），童壽，《大陸雜誌》，第八卷第 12 期，
　民國 43 年 5 月。

〈孔孟與程朱〉，錢穆，《人生雜誌》，第 47 期，民國 43 年 6 月 14 日。

〈談朱陸異同〉，王昭，《中興評論》，第二卷第 1 期，民國 44 年 1 月。

〈朱子學述〉，吳康，《學術季刊》，第三卷第 4 期，民國 44 年 6 月。

〈程朱「性即理」與陸王「心即理」之比較〉，康亦男，《人生雜誌》，第 111
　期，民國 44 年 6 月 16 日。

〈朱子讀書法〉，錢穆，《孟氏圖書館刊》，第二卷第 2 期，民國 45 年 12 月。

〈朱子與校勘學〉，錢穆，《新亞書院學術年刊》，第二卷第 2 期，民國 46 年 2
　月。

〈日本漢學者對於朱王異同之論斷〉，任覺五，《中日文化論集續篇》（一），
　民國 47 年 5 月。

〈朱子教育思想〉，賈馥茗，《師大教育集刊》，民國 47 年 7 月。

〈朱子宇宙哲學研評〉，周世輔，《革命思想》，第五卷第 6 期，民國 47 年 12
　月。

〈朱子人生哲學研解〉，周世輔，《革命思想》，第六卷第 1、2 期，民國 48 年
　2 月。

〈朱子行誼續考〉，費海璣，《反攻》，第 235 期，民國 48 年 3 月。

〈論語疑誤及朱註商榷〉，王素存，《大陸雜誌》，第十八卷第 5 期，民國 48
　年 3 月。

〈朱子的智識哲學與政治教育思想〉，周世輔，《革命思想》，第六卷第 3 期，
　民國 48 年 3 月。

〈廣韻全濁上聲字朱熹口中所讀聲調考〉，許世瑛，《幼獅學誌》，第九卷第 3
　期，民國 48 年 9 月。

〈影宋本「晦庵朱侍講先生韓文考異」補正〉，楊勇，《新亞書院學術年刊》，

民國 48 年 10 月。

〈朱熹口中已有舌尖前高元音說〉，許世瑛，《淡江學報》，第 9 期，民國 48 年 11 月。

〈朱陸理學之辨〉，曹國霖，《建設》，第八卷第 10 期，民國 49 年 3 月。

〈朱子行誼考〉，費海璣，《大陸雜誌》，第廿卷第 9 期，民國 49 年 5 月。

〈朱子的哲學思想〉，吳康，《學粹》，第二卷第 5 期，民國 49 年 8 月。

〈對於朱子論太極的說明〉，杜而未，《恆毅》，第十卷第 2 期，民國 49 年 9 月。

〈朱陸之異與同〉，李紹戶，《建設》，第九卷第 3、4 期，民國 49 年 9 月。

〈朱子的氣象〉，費海璣，《革命思想》，第九卷第 5 期，民國 49 年 11 月。

〈朱子行誼續考〉，費海璣，《反攻》，民國 50 年。

〈朱熹的「一貫」解有參考價值〉，俞啟崇，《哲學》，第 292 期，民國 50 年 5 月 26 日。

〈朱子苦參中和之經過〉，牟宗三，《新亞書院學術年刊》，第 3 期，民國 50 年 9 月。

〈朱熹的純理學〉，孫振青，《現代學人》，《第 3 期，民國 50 年 11 月。

〈朱子升配考〉，昭晴，《建設》，第十卷第 9 期，民國 51 年 2 月。

〈朱陸教育思想之比較研究〉，伍振鷟，《師大學報》，第 7 期，民國 51 年 6 月。

〈大學朱王釋義之我見〉，萬心權，《孔孟月刊》，第一卷第 2 期，民國 51 年 7 月。

〈朱子與四書〉，陳鐵凡，《孔孟月刊》，第一卷第 1 期，民國 51 年 9 月。

〈朱子即物窮理之說為科學的入門〉，那程霄，《孔孟月刊》，第一卷第 3 期，民國 51 年 11 月。

〈朱子哲學裏面幾個基本概念——理氣心性〉，范壽康，《師大教育研究所教育學術演講集》，民國 52 年 6 月。

〈朱熹的天體演化思想〉，席澤宗，《哲學》，第 396 期，民國 52 年 8 月 9 日。

〈對「朱熹的天體演化思想」一文的幾點意見〉，《哲學》，第 405 期，民國 52 年 10 月 25 日。

〈朱子寫過「正蒙解」麼？〉，張岱年，《文史》，第三卷，民國 52 年 10 月。

〈朱熹的教育思想〉，伍振鷟，《教育輔導》，第十四卷第 1 期，民國 53 年 1 月。

〈從朱子論語註論程朱孔孟思想歧異〉，錢穆，《清華學報》（新），第四卷第 2 期，民國 53 年 2 月。

〈朱陸辯太極圖說之經過及評議〉，戴君仁，《陳百年先生執教五十週年暨八秩大壽紀念論文集》，民國 53 年 5 月。

〈宋儒朱熹先生對教育本質的幾點看法〉，賈銳，《文風》，第 5 期，民國 53 年 6 月。

〈象山與朱子之爭辯〉，牟宗三，《民主評論》，第十六卷第 8、11 期，民國 54 年。

〈朱子陽明的格物致知說和他們整個思想的關係〉，戴君仁，《孔孟學報》，第 9 期，民國 54 年 4 月。

〈論朱子對論語「夫子之文章」的注釋並論瞭解論語的方法〉，黃彰健，《孔孟月刊》，第三卷第 8 期，民國 54 年 4 月。

〈朱晦庵基本思想的剖析〉，李康五，《學園》，第一卷第 8 期，民國 54 年 4 月。

〈漢學鄭玄與宋學朱熹〉，劉伯閔，《華僑日報》，民國 54 年 5 月 28 日。

〈朱熹與南宋偏安〉，徐復觀，《華僑日報》，民國 54 年 6 月 9 日。

〈論朱子與程門之學風轉變〉，錢穆，《華岡學報》，第一卷，民國 54 年 6 月。

〈與朱子爭辯〉，牟宗三，《民主評論》，第十六卷第 18 期，民國 54 年 10 月。

〈朱晦庵與王陽明〉，宇野哲人（日），《史語所集刊》，第卅六卷，民國 54 年 10 月。

〈論朱王格物致知之說〉，曾介木，《學園》，第一卷第 7 期，民國 55 年 3 月。

〈論朱子晚年思想之衍變〉，賈銳，《孔孟月刊》，第五卷第 2 期，民國 55 年 10 月。

〈論朱晦庵的修養方法〉，李康五，《學園》，第二卷第 5 期，民國 56 年 1 月。

〈朱陸異同探源〉，唐君毅，《新亞學報》，第八卷第 1 期，民國 56 年 2 月。

〈論朱陸的交誼及其爭辯〉，楊永英，出版，第 23 期，民國 56 年 4 月。

〈日本的朱子研究述評〉，費海璣，《學園》，第二卷第 8 期，民國 56 年 4 月。

〈記朱子論當時學弊〉，錢穆，《政大學報》，第 15 期，民國 56 年 5 月。

〈朱熹五朝三朝名臣言行錄的史料價值〉，王德毅，《東方雜誌》（復），第十三卷，民國 56 年 9 月。

〈朱子詩序舊說敘錄〉，潘重規，《新亞年刊》，第九卷，民國 56 年 9 月。

〈書朱子禮儀經傳通解後〉，戴君仁，《孔孟學報》，第 14 期，民國 56 年 9 月。

〈朱熹禮儀經傳通解與修門人及修書年歲考〉，戴君仁，《台大文史哲學報》，第 16 期，民國 56 年 10 月。

〈朱熹八朝名臣言行錄的原本與刪節本〉，鄭騫，《中央圖書館刊》，新一卷第 2 期，民國 56 年 10 月。

〈從遊延年始末記〉，錢穆，《清華學報》（新），第六卷第 1、2 期，民國 56 年 12 月。

〈談朱子的論語集註〉，錢穆，《孔孟月刊》，第六卷第 5 期，民國 57 年 1 月。

〈朱子的周易本義〉，戴君仁，《書目季刊》，第二卷第 3 期，民國 57 年春。

〈對青年談朱子思想〉，趙尺子，《學園》，第三卷第 11 期，民國 57 年 7 月。

〈陽明學與朱陸異同重辨〉，唐君毅，《新亞學報》，第八卷第 2 期、第九卷第 1 期，民國 57 年 8 月、民國 58 年 1 月。

〈朱子道統觀之哲學性〉，陳榮捷，《東西文化》，第 15 期，民國 57 年 9 月。

〈程朱及其門人之理學〉，程發軔，《孔孟學報》，第 16 期，民國 57 年 9 月。

〈綜論朱子五十七歲前之大體傾向以及此後其成熟之義理系統之型態〉，牟宗三，《新亞學術年刊》，第十卷，民國 57 年 9 月。

〈朱子與四書〉，陳宗敏，《孔孟月刊》，第七卷第 2 期，民國 57 年 10 月。

〈朱子與陸王思想中之一現代學術意義〉，唐君毅，《東西文化》，第 17 期，民國 57 年 11 月。

〈記朱熹之校勘學〉，錢穆，《故宮季刊特刊》，第一卷，民國 58 年 2 月。

〈朱熹的政治思想〉，王雲五，《東方雜誌》（復），第二卷第 11 期，民國 58 年 5 月。

〈朱陸教育思想之比較〉，清奇，《國魂》，第 281 期，民國 58 年 4 月。

〈朱子家學與師承〉，趙效宣，《新亞學報》，第九卷第 1 期，民國 58 年 6 月。

〈朱熹之四書學〉，錢穆，《復興崗》，第六卷，民國 58 年 6 月。

〈朱子學術思想之淵源〉，周榮村，《中華學苑》，第四卷，民國 58 年 7 月。

〈朱熹對中國文化的功績〉（正，續完），胡信田，《醒獅》，民國 58 年 8 月、
　　9 月。

〈記朱熹文學上、下〉，錢穆，《東方雜誌》（復），第三卷第 1、2 期，民國 58
　　年 8 月。

〈朱子易例及易傳比較研究〉，程元敏，《中山學術文化集刊》，第 4 期，民國
　　58 年 11 月。

〈朱子學提綱〉，錢穆，《文化復興》，第二卷第 1 期，民國 58 年 11 月。

〈朱子泛論心地工夫〉，錢穆，《文化復興》，第二卷第 12 期，民國 58 年 12
　　月。

〈朱子之學養〉，姜一華，《學園》，第五卷第 8 期，民國 59 年 4 月。

〈宋儒東渡與日本武士道精神〉，東初，《東方雜誌》（復），第三卷第 11 期，
　　民國 59 年 5 月。

〈正中書局再版「朱子語類」序〉，錢穆，《新時代》，第十卷第 8 期，民國 59
　　年 8 月。

〈朱陸鵝湖之會〉，伍振鷟，《台灣教育輔導月刊》，第十二卷第 8 期，民國 59
　　年 8 月。

〈朱子語類的重刊〉，亦棣，《新時代》，第十卷第 11 期，民國 59 年 11 月。

〈朱熹的教學思想〉，王雲五，《東方雜誌》（復），第四卷第 6 期，民國 59 年
　　12 月。

〈朱熹的教學思想續完〉，王雲五，《東方雜誌》（復），第四卷第 8 期，民國
　　60 年 2 月。

〈朱子的教育思想〉，宋東炎，《教與學》，第四卷第 7 期，民國 60 年 3 月。

〈朱子釋「風」〉，戴君仁，《新時代》，第九卷第 3 期，民國 60 年 3 月。

〈朱子的教育興趣與詩集傳〉，戴君仁，《文史季刊》，第一卷第 3 期、第二卷
　　第 2 期，民國 60 年 4 月、民國 61 年 1 月。

〈從詩集傳葉韻考朱子口中鼻音韻尾以及塞音韻尾已各有相混情形〉，許世
　　瑛，《文史季刊》，第一卷第 3 期，民國 60 年 4 月。

〈朱子理氣系統之疏解〉，黎華標，《新亞年刊》，第十三卷，民國 60 年 9 月。

〈朱熹對於清初諸儒之影響〉，甲凱，《東方雜誌》（復），第五卷第 3 期，民國 60 年 9 月。

〈朱子參禪論〉，曾普信，《台灣佛教季刊》，第十二卷第 4 期。

〈朱、王之異同〉，周彛，《孔孟月刊》，第十卷第 1 期，民國 60 年 9 月。

〈從詩集傳葉韻中考廣韻陽聲及入聲各韻之併合情形〉，許世瑛，《淡江學報》，第十卷，民國 60 年 11 月。

〈讀朱子語類記〉，施之勉，《大陸雜誌》，第四四卷第 1 期，民國 61 年 1 月。

〈談談朱子各門人的體會分析〉，費海璣，《學園》，第七卷第 6 期，民國 61 年 2 月。

〈研究朱子門人性行感言〉，費海璣，《醒獅》，第十卷第 6 期，民國 61 年 6 月。

〈朱子門人性行考〉，費海璣，《東方雜誌》，第六卷第 1 期，民國 61 年 7 月。

〈談朱子門人〉，費海璣，《東方雜誌》，第六卷第 2 期，民國 61 年 8 月。

〈弘道教育的朱子〉，王煥琛，《中華文化》，第五卷第 8 期，民國 61 年 8 月。

〈朱子的歷史教育〉，費海璣，《現代國家》，第 92 期，民國 61 年 9 月。

〈朱子之道德的宇宙論〉，黎華標，《新亞年刊》，第 14 期，民國 61 年 9 月。

〈朱子「理氣觀」討論〉，李日章，《大陸雜誌》，第四五卷第 5 期，民國 61 年 11 月。

〈朱熹在崇安的罪惡活動調查〉，丹山，《文物》，第 3 期，民國 62 年 3 月。

〈朱熹楚辭集註與王洪二家注的比較與價值重估〉，傅錫任，《淡江學報》，民國 62 年 3 月。

〈朱熹的知識論〉，王綱領譯，《文藝復興》，第 41 期，民國 62 年 5 月。

〈倫理思想之研究〉，山根三芳著蔡懋棠譯，《國立編譯館刊》，第二卷第 1 期，民國 62 年 6 月。

〈集諸儒之大成的朱晦庵〉，褚柏思，《今日中國》，第 27 期，民國 62 年 7 月。

〈朱熹對道教的評論〉，陳榮捷，《國際東方學者會議論文》，民國 62 年 7 月。

〈朱子所定國風中言情緒詩研述〉，程元敏，《孔孟學報》，第 26 期，民國 62 年 9 月。

〈朱子論韓愈文之氣勢〉，楊勇，《新亞年刊》，第十五卷，民國 62 年 9 月。

〈朱子四書集註反動思想體系之批判〉，李學勤，《文物》，第四卷，民國 63
　　年。

〈批評朱熹在泉州地區的流毒〉，濤泗，《文物》，第 3 期，民國 63 年。

〈朱陸異同〉，譚作人，《嘉師專刊》，第五卷，民國 63 年 5 月。

〈朱子中庸章句的反動本質〉，施達青，《光明日報》，民國 63 年 7 月 12 日。

〈詩經朱注本經文異字研究〉，糜文開，《東方雜誌》，第八卷第 5 期，民國 63
　　年 11 月。

〈論語朱熹集註與何晏集解異義考辨〉，陳如勳，《明志工專學報》，第六卷，
　　民國 63 年 11 月。

〈朱熹集新儒學之大成〉，陳榮捷，《文復月刊》，第七卷第 12 期，民國 63 年
　　12 月。

〈朱熹與陸九淵〉，林貞羊，《中國國學》，第三卷，民國 63 年 12 月。

〈道學家朱熹的眞面目〉，文捷，《學習與批評》，民國 63 年 12 月。

〈朱子理氣論的幾個要點〉，蔡仁厚，《哲學與文化》，第三卷，民國 64 年 2
　　月。

〈朱子的政治論〉，宋晞，《史學彙刊》，第六卷，民國 64 年 4 月。

〈朱子性情論與韓儒李退溪四端七情說之研析〉，蔡茂松，《成大歷史學報》，
　　第二卷，民國 64 年 7 月。

〈南宋朱陸葉三家說「克己復禮」〉，周學武，《書目季刊》，第九卷第 2 期，
　　民國 64 年 9 月。

〈朱子談讀書〉，陳宗敏，《孔孟月刊》，第十四卷第 3 期，民國 64 年 11 月。

〈「性即理」的兩個層次與朱子學之歧異〉，蔡仁厚，《鵝湖》，第一卷第 8 期，
　　民國 65 年 2 月。

〈朱子的居敬窮理說〉，周學武，《書目季刊》，第九卷第 4 期，民國 65 年 3
　　月。

〈朱陸通訊詳述〉，陳榮捷，《華學月刊》，第六一卷，民國 66 年 1 月。

〈朱子太極即理說〉，戴景賢，《書目季刊》，第十卷第 4 期，民國 66 年 3 月。

〈朱子對老子學之評價〉，萬先法譯，《中華文化復興月刊》，第十卷第 5 期，

民國 66 年 5 月。

〈論朱子之「中和舊說」〉，張德麟，《孔孟月刊》，第十五卷第 11 期，民國 66 年 7 月。

〈朱子學流衍韓國考〉，錢穆，《新亞學報》，第十二卷第 1 期，民國 66 年 8 月。

〈朱子對於古籍訓釋的見解〉，胡楚生，《大陸雜誌》，第五五卷第 2 期，民國 66 年 8 月。

〈朱子論韓愈，文之文理〉，楊勇，《新亞年刊》，第十九卷，民國 66 年 9 月。

〈朱陸工夫異同論〉，葉偉平，《鵝湖》，第三卷第 4 期，民國 66 年 10 月。

〈日本中世和近世的華學〉，張興唐，《華學月刊》，第 72 期，民國 66 年 12 月。

〈象山之「心即理」〉，牟宗三，《鵝湖》，第三卷第 11 期，民國 67 年 5 月。

〈朱熹的詩經學〉，賴炎元，《中國學術年刊》，第二卷，民國 67 年 6 月。

〈朱熹論性〉，王孺松，《國文學報》，第 7 期，民國 67 年 6 月。

〈朱子心學發凡〉，王孺松，《師大學報》，第 23 期，民國 67 年 6 月。

〈朱子語類之成立及其版本〉，岡田武彥作李迺揚譯，《華學月刊》，第 80 期，民國 67 年 8 月。

〈朱熹內聖外王的思想〉，陸寶干，《中華文化復興月刊》，第十一卷第 9 期，民國 67 年 9 月。

〈心學是否為唯心論商榷〉，吳登臺，《鵝湖》，第四卷第 3 期，民國 67 年 9 月。

〈朱熹是投降派、賣國賊嗎？〉，朱瑞熙，《歷史研究》，民國 67 年 9 月。

〈試述朱子之人性論〉，祖蘭舫，《中央月刊》，民國 67 年 10 月。

〈陸九淵之思想及其與朱熹之異同〉，陳郁夫，《中華文化復興月刊》，第十一卷第 10 期，民國 67 年 10 月。

〈朱陸鵝湖之會補述〉陳榮捷，《中華文化復興月刊》，第十一卷第 10 期，民國 67 年 10 月。

〈性理精義與十七世紀之程朱學派〉，陳榮捷著萬先法譯，《中華文化復興月刊》，第十一卷第 12 期，民國 67 年 12 月。

〈從朱注中庸「天命之謂性，修道之謂教」管窺朱子思想〉，莊錦津，《孔孟月刊》，第十七卷第 5 期，民國 68 年 1 月。

〈朱子的教學思想及其影響〉，黃錦鋐，《教學與研究》，民國 68 年 2 月。

〈朱子的中和舊說與新說〉，蔡仁厚，《孔孟學報》，第 37 期，民國 68 年 4 月。

〈朱子早年的教育環境與思想發展轉變的痕跡〉，劉述先，《幼獅學誌》，第十五卷第 3 期，民國 68 年 6 月。

〈朱子論陰陽〉，王孺松，《師大國文學報》，第 8 期，民國 68 年 6 月。

〈朱子論仁〉，王孺松，《師大學報》，第 24 期，民國 68 年 6 月。

〈朱熹及其心學〉，龔道運，《國立編譯館館刊》，第八卷第 1 期，民國 68 年 6 月。

〈元代朱熹正統思想之興起〉，狄百瑞著侯健譯，《中外文學》，第八卷第 3 期，民國 68 年 8 月。

〈朱子以大學爲定本的義理規模〉蔡仁厚，《華學月刊》，第 93 期，民國 68 年 9 月。

〈新儒家模型：論程朱之異〉，陳榮捷著萬先法譯，《中華文化復興月刊》，第十二卷第 5 期，民國 68 年 5 月。

〈朱子詩集傳評介〉，趙制陽，《中華文化復興月刊》，民國 68 年 11 月。

〈中國儒學思想對日本的影響——日本儒學的特質〉，阿部吉雄著龔霓馨譯，《中外文學》，第八卷第 6 期，民國 68 年 11 月，

〈「朱熹陽明與船山的格物義」——儒學會議與退溪學會專欄〉，曾昭旭，《中國文化》，第 2 期，民國 68 年 12 月。

〈朱子與退溪的窮理思想〉，戴璉璋，《鵝湖》，第五卷第 6 期，民國 68 年 12 月。

〈朱子、陽明與船山之格物義〉，曾昭旭，《鵝湖》，第五卷第 6 期，民國 68 年 12 月。

〈元儒許衡之朱子學〉，龔道運，《國立編譯館館刊》，第八卷第 2 期，民國 68 年 12 月。

〈朱子之人性論〉，郭清賢，《高雄師院學報》，第八卷，民國 69 年 1 月。

〈朱陸門人及其後學〉，蔡仁厚，《孔孟學報》，第卅九卷，民國 69 年 4 月。

〈黃東發與朱子〉，林政華，《孔孟學報》，第卅九卷，民國 69 年 4 月。

〈朱子學在韓國〉，王甦，《孔孟學報》，第卅九卷，民國 69 年 4 月。

〈朱子修身論〉，王孺松，《師大學報》，第廿五卷，民國 69 年 6 月。

〈元儒郝經之朱子學〉，龔道運，《國立編譯館館刊》，民國 69 年 6 月。

〈朱子學對中韓兩國儒學的影響〉，高明，《孔孟學報》，第四○卷，民國 69 年 9 月。

〈朱子門人之各面及其意義〉，陳榮捷，《中國文化復興月刊》，第十一卷，民國 69 年 9 月。

〈中國哲學家──朱熹〉，《哲學與文化》，第七卷第 10 期，民國 69 年 10 月。

〈朱子學的綱脈與朝鮮前期之朱子學〉，蔡仁厚，《鵝湖》，第六五卷，民國 69 年 11 月。

〈朱子年譜〉，周憲文，《銘傳學報》，第十八卷，民國 70 年 3 月。

〈元代之朱子學〉，陳榮捷，《中華文化復興月刊》，第十四卷第 4 期，民國 70 年 4 月。

〈論朱子之仁說〉，陳榮捷，《哲學與文化》，第八卷第 6 期，民國 70 年 6 月。

〈朱子倫理思想研究〉，王孺松，《師大學報》，第廿六卷，民國 70 年 6 月。

〈朱陸的無極之辯〉，陳正榮，《中華易經》，第二卷第 6 期，民國 70 年 8 月。

〈朱子固窮〉，陳榮捷，《書目季刊》，第十五卷第 2 期，民國 70 年 9 月。

〈近三百年朱子學的反對學派〉，何佑森，《幼獅學誌》，第十六卷第 4 期，民國 70 年 12 月。

〈元儒金履祥之朱子學〉，龔道運，《國立編譯館館刊》，第十卷第 2 期，民國 70 年 12 月。

〈從朱子晚年定論看陽明之于朱子〉，陳榮捷，《書目季刊》，第十五卷第 3 期，民國 70 年 12 月。

二、日文篇

註：各篇之簡要內容大部分可參閱宋代研究文獻提要頁 400～750 學術思想史部分

〈朱子の窮理を論ず〉，井上哲次郎，《哲學會雜誌》，第六卷第 61 期，民前

20 年 3 月。

〈周張程朱の學〉，內藤恥叟，《東洋哲學》，第一卷第 4 期，民前 18 年。

〈分出論は朱子の本意に非ず〉，黑木千尋，《哲學雜誌》，第十卷第 96 期，
民前 17 年 2 月。

〈朱陸の異同〉，建部遯吾，《哲學雜誌》，第 11 期第 110 頁，民前 16 年 5 月。

〈朱熹の哲學〉，大橋虎雄，《哲學雜誌》，第 15 期第 163 頁，民前 12 年。

〈朱子學の由來〉，花岡安見，《國院雜》，第六卷 8～10 頁，民前 12 年。

〈朱王二子の差異〉，高瀨武次郎，《哲學雜誌》，第 18 期第 191 頁，民前 10
年 1 月。

〈鵝湖の會〉，山田準，《東洋哲學》，第十三卷第 2 期，民前 8 年 1 月。

〈朱子の生涯及其の學術〉，松山直藏，《東洋哲學》，第四卷第 10 期，民前 5
年。

〈朱子學研究〉，內田正，《哲學雜誌》，第 23、24 期，民前 4 年 3 月。

〈朱陸二子の異同に就いて〉，宇野哲人，《哲學雜誌》，第 27 期第 299 頁，
民國元年。

〈程朱哲學史論序〉，大江文城，《東洋哲學》，第十九卷第 1 期，民國元年 1
月。

〈朱子の撰著及關係書類〉，大江文城，《東洋哲學》，第廿卷第 2 期，民國 2
年 2 月。

〈朱子の理氣說に關する二、三の考察〉，宇野哲人，《哲學雜誌》，第 40 期
第 464 頁，民國 14 年 10 月。

〈朱子の禮說〉，浦川源吾，《哲學研究》，第七卷第 3 期，民國 11 年 3 月。

〈朱子の仁說に就て〉，山口察常，《東洋哲學》，第卅卷第 1 期，民國 12 年。

〈朱子の禮論に關する一考察〉，後藤俊瑞，《哲學研究》，第十卷第 12 期、
第十一卷第 2 期，民國 14 年 12 月、15 年 2 月。

〈カソトに於ける敬と程朱に於ける敬〉，藤井健二郎，《狩野還曆支那學論
叢》，民國 17 年 2 月。

〈朱子の窮理論〉，澤野章之助，《狩野還曆支那學論叢》，民國 17 年 2 月。

〈朱子の非寂靜主義に就いて〉，青木晦藏，《東洋文化》，第 52 期，民國 17

年 9 月。

〈朱子〉，本田成之，《岩波講座世界思潮》，第 4 期，民國 17 年 4 月。

〈朱子の理氣に就いて〉（一～五），青木晦藏，《東洋文化》，第 47～51 期，
　　民國 17 年 4～8 月。

〈宋儒新註書の傳來と其普及〉，大江文城，《高瀨記念論叢》，民國 17 年。

〈朱子の理氣論〉（一～四），青木晦藏，《大谷學報》，第九卷第 4 期、第十
　　卷第 1 期、第十一卷第 1 期、第十二卷第 4 期，民國 17 年 4 月、18 年 1
　　月、19 年 1 月、24 年 4 月。

〈朱子の性理論〉，青木晦藏，《大谷學報》，第十一卷第 1 期，民國 19 年 3
　　月。

〈朱子の天命說に就いて〉，青木晦藏，《東洋文化》，第 63、64 期，民國 18
　　年 9、10 月。

〈朱子の鬼神論に就いて〉，青木晦藏，《東洋文化》，第 69、70 期，民國 19
　　年 3、4 月。

〈朱子の異同ついて〉，青木晦藏，《東洋文化》，第 74 期，民國 19 年 8 月。

〈朱文公略年譜〉，中山久四郎，《斯文》，第十三卷第 11 期，民國 20 年 10
　　月。

〈朱子の哲學〉，秋月胤繼，《斯文》，第十三卷第 11 期，民國 20 年 10 月。

〈朱子の儒學大成〉，諸橋轍次，《斯文》，第十三卷第 11 期，民國 20 年 10
　　月。

〈朱子の詩〉，久保天隨，《斯文》，第十三卷第 11 期，民國 20 年 10 月。

〈朱子の學風特に其の史學に就いて〉，中山久四郎，《斯文》，第十三卷第 11
　　期，民國 20 年 10 月。

〈朱子の經學〉，安井小太郎，《大東文化》，第 1 期，民國 20 年 12 月。

〈朱子の史學特に其の資治通鑑綱目について〉，中山久四郎，《史潮》，第一
　　卷第 3 期、第二卷第 1 期，民國 20 年。

〈朱子學に就いて〉，安井小太郎，《東洋學研究》，第 1 期，民國 20 年。

〈朱子と論語〉（上、下），藤塚　鄰，《東洋文化》，第 108、109 期，民國 22
　　年 6、7 月。

〈論語人物評論の章に於ける朱子の仁說管見〉，舞田正達，《大東文化》，第
　　6 期，民國 23 年 2 月。

〈朱子の居敬窮理に就いて〉，鈴木直治，《漢學會雜誌》，第二卷第 2 期，民
　　國 23 年 10 月。

〈朱子の太極に就て〉（一、二），鈴木直治，《漢學會雜誌》，第三卷第 1、2
　　期，民國 24 年 4 月。

〈朱子の孝經刊誤に就いて〉，三井宇一郎，《漢文學會會報》，第 3 期，民國
　　25 年 3 月。

〈朱子にぉける性說について〉，岡阪猛雄，《漢文學會報》，第四卷，民國 25
　　年 3 月。

〈朱子學に於ける識仁、定性二篇の地位〉，吉田賢抗，《服部古稀論文集》，
　　民國 25 年 4 月。

〈文公家禮に就いて〉，阿部吉雄，《服部古稀論文集》，民國 25 年 4 月。

〈朱子實在論探究の一過程〉，後藤俊瑞，《服部古稀論文集》，民國 25 年 4
　　月。

〈朱子の本體論〉，後藤俊瑞，《台北大哲學年報》，第 3 期，民國 25 年 9 月。

〈朱子の學禪期について〉，後藤俊瑞，《漢學會雜誌》，第四卷第 3 期，民國
　　25 年 10 月。

〈江戶初期にぉける宋儒新注學統一の機運〉，大江萬里，《斯文》，第十九卷
　　第 11 期，民國 26 年。

〈江戶幕府の教化政策に於ける朱子學採用の問題に就いて〉，平塚益德，《史
　　苑》，第十一卷第 2 期，民國 26 年。

〈詩集傳に就いて〉，目加田誠，《漢學會雜誌》，第六卷第 1 期，民國 27 年 3
　　月。

〈朱陸王三子の異同につきて〉，秋月胤繼，《懷德》，第 16 期，民國 27 年 10
　　月。

〈朱晦庵の理氣說について〉，津田左右吉，《東洋思想研究》，第 2 期，民國
　　27 年 11 月。

〈朱子に於ける太極と陽氣の關係〉，坂柳童麟，《漢文學會報》，第 8 期，民
　　國 27 年 11 月。

〈語類を中心として觀たる朱子の根本思想〉，杉山義雄，《漢學會雜誌》，第
　　七卷第 2 期，民國 28 年 7 月。

〈太極圖說質疑〉（一、二），鈴木直治，《漢學會雜誌》，第七卷第 2、3 期，
　　民國 28 年 7、11 月。

〈室鳩巢と朱子學〉，鈴木直治，《近世日本の儒學》，民國 28 年。

〈朱子の存在論にぉける「理」の性質について〉，安田二郎，《支那學》，第
　　九卷第 4 期，民國 28 年 11 月。

〈朱晦庵、張南軒の學說に就いて——特に未發已發について——（要旨）〉，
　　市川安司，《斯文》，第廿二卷第 1 期，民國 29 年 1 月。

〈朱子の「氣」に就いて〉，安田二郎，《東方學報》（京都），第十卷第 4 期，
　　民國 29 年 1 月。

〈通鑑綱目を中心として見たる朱子の名分論〉，太田兵三郎，《國民精神文
　　化》，第六卷第 2 期，民國 29 年 2 月。

〈支那教育史上にぉける朱子の小學〉，阿部吉雄，《東方學報》（東京），第
　　十一卷第 1 期，民國 29 年 3 月。

〈朱子の排佛說に於ける根本動機〉，結城令聞，《支那佛教史》，第四卷第 1
　　期，民國 29 年 5 月。

〈朱子の白鹿洞書院について〉，鈴木虎雄，《懷德》，第 18 期，民國 29 年 10
　　月。

〈集註本論語の訓點に就いて〉，西澤道寬，《斯文》，第廿二卷第 1 期，民國
　　29 年。

〈朱子解釋について津田博士の高教を仰ぐ〉，安田二郎，《東方學報》（京
　　都），第十一卷第 4 期，民國 30 年 1 月。

〈近世にぉはる儒學とその史觀〉，池田雪雄，《史潮》，第十一卷第 1 期，民
　　國 30 年。

〈朱子の氣補說〉，後藤俊瑞，《漢學會雜誌》，第九卷第 2 期，民國 30 年 9
　　月。

〈朱子に於ける習慣の問題——序說〉，安田二郎，《東亞論叢》，第 5 期，民
　　國 30 年 11 月。

〈朱子學にぉける知識の問題〉，後藤俊瑞，《漢學會雜誌》，第九卷第 3 期，

民國 30 年 12 月。

〈朱子語類「讀書法」を讀みて（要旨）〉，市川安司，《斯文》，第廿四卷第 6
　　期，民國 31 年 6 月。

〈宋學の初傳とその受容形態〉，和島芳男，《史雜》，第五四卷第 7 期，民國
　　32 年。

〈朱子の學道復興——白鹿洞書院について〉，寺田　剛，《歷史》，第十八卷
　　第 9、10 期，民國 32 年。

〈朱子學の日本傳來について〉，福井康順，《斯文》，第廿五卷第 12 期，民
　　國 32 年。

〈朱子の立場（要旨）〉，友枝龍太郎，《斯文》，第廿五卷第 2 期，民國 32 年
　　2 月。

〈朱子學派の發生について〉，岩城隆利，《日本史研》，第 2 期，民國 35 年。

〈中世に於ける宋學の受容について〉，和島芳男，《學士院紀要》，第五卷第
　　2、3 期，民國 36 年。

〈貝原益軒にぉける科學と朱子學〉，井上忠，《史淵》，第 38、39 期，民國
　　37 年。

〈東洋の族制と朱子家禮〉，牧野　巽，《隨筆中國》，第 3 期，民國 37 年。

〈朱子の實踐論〉，荒木見悟，《日本中國學會報》，第 1 期，民國 39 年 3 月。

〈朱子哲學にぉける物と事について（要旨）〉，市川安司，《東京支那學會
　　報》，第 8 期，民國 40 年 3 月。

〈朱子の意識主題の問題〉，後藤俊瑞，《哲學雜誌》，第 66 期第 711 頁，民國
　　40 年 7 月。

〈朱子定論樹立の經緯について〉，木南卓一，《東洋の文化と社會》，第 2 期，
　　民國 41 年 3 月。

〈朱子哲學にぉける物の意義〉，市川安司，《日本中國學會報》，第 3 期，民
　　國 41 年 3 月。

〈ジッテと朱子の學〉，木村卓一，《東方學報》（京都），第 22 期，民國 42
　　年 2 月。

〈朱晦庵の二遺業〉，楠木正繼，《哲學年報》，第 14 期，民國 42 年 2 月。

〈太極圖說解にぉける動靜の問題（要旨）〉，市川安司，《東京支那學會報》，

第 11 期，民國 41 年 7 月。

〈朱子に於ける絕對自我の自覺〉，後藤俊瑞，《日本中國學會報》，第 4 期，
　　民國 42 年 3 月。

〈四書集註章句に現われたる朱子の態度〉，大槻信良，《日本中國學會報》，
　　第 5 期，民國 42 年 3 月。

〈朱子の歷史觀〉，高森良人，《東方學》，第 7 期，民國 42 年 3 月。

〈朱子學の歷史的構造（上、下）──中國にぉける封建的思惟の成立とそ
　　の特質〉，守本順一郎，《思想》，第 354、355 期，民國 42 年 12 月、民國
　　43 年 1 月。

〈朱子の致知格物說の由來について〉，鎌田正，《漢文教室》，第 10 期，民
　　國 43 年 2 月。

〈朱子にぉける道佛二教探究の態度〉，大槻信良，《千葉大文理學部紀要》（文
　　化科學），第一卷第 2 期，民國 43 年 2 月。

〈朱子哲學にぉける理の性格──動靜を中心として──〉，市川安司，《東
　　京大教養學部人文科學科紀要》，第四集，民國 43 年 6 月。

〈朱晦庵と佛教〉，佐藤達玄，《印度學佛教學研究》，第三卷第 1 期，民國 43
　　年 9 月。

〈江戶幕府の朱子學採用說について〉，和島芳男，《神戶女學院大學論集》，
　　民國 43 年。

〈朱子にぉける天理人欲と道心人心〉，大槻信良，《支那學研究特集》，第 11
　　期，民國 43 年 9 月。

〈日本朱子學にぉける仁說の一展開〉，阿部吉雄，《人文科學紀要》，第 4 期，
　　民國 43 年。

〈朱子格物論の周邊〉，荒木見悟，《日本中國學會報》，第 6 期，民國 43 年
　　10 月。

〈朱子にぉける本體論の輪廓〉，大槻信良，《千葉大文理學部紀要》，第一卷
　　第 3 期，民國 44 年 2 月。

〈共に生きる倫理──朱子の立場にぉいて〉，山根三芳，《哲學》，第 5 期，
　　民國 44 年 3 月。

〈朱子の學問觀〉，大槻信良，《東方學》，第 10 期，民國 44 年 4 月。

〈朱子文集に見える李覯の常語──宋儒孟子觀の一班──〉，市川安司，《東京支那學報》，第 1 期，民國 44 年 6 月。

〈陸象山の主張と朱子の立場──自由と規範〉，木南卓一，《日本中國學會報》，民國 44 年 10 月。

〈朱子の道德思想研究──善惡について──〉，山根三芳，《支那學研究》，第 14 期，民國 45 年 2 月。

〈孟子集註「盡心」の解釋について〉，市川安司，《哲學》，第 6 期，民國 45 年 3 月。

〈孟子心性說與朱子學〉，木南卓一，《哲學》，第 6 期，民國 45 年 3 月。

〈朱子の敬について〉，山根三芳，《哲學》，第 6 期，民國 45 年 3 月。

〈張橫渠研究──朱子の理解を中心として──〉，木南卓一，《思想與教育》，第 2 期，民國 45 年 3 月。

〈朱子哲學に見える「知」の一考察──大學章句「致知」の注を中心として──〉，市川安司，《東京大教養學部人文科學科紀要》，第 9 期，民國 45 年 6 月。

〈周濂溪研究──朱子の理解を中心として──〉，木南卓一，《東方學》，第 12 期，民國 45 年 6 月。

〈論語集註に見える天の解釋〉，市川安司，《漢文教室》，第 26 期，民國 45 年 9 月。

〈朱子の師父と經歷及び著述について〉，菅谷軍次郎，《菅城學院女子大研究論文集》，第 10 期，民國 45 年 12 月。

〈朱子の佛學批判〉，Sargent・Eugent 著藤吉慈海譯，《佛教史學》，第六卷第 1 期，民國 46 年 1 月。

〈朱子の學にぉける直觀と反省〉，友枝龍太郎，《廣島大文學部紀要》，第 11 期，民國 46 年 2 月。

〈詩集傳をとほして見たる朱子の思想〉，友枝龍太郎，《東京支那學報》，第 3 期，民國 46 年 6 月。

〈朱子にぉける理論と實踐の問題──格物致知說與土地改革案──〉，友枝龍太郎，《支那學研究》，第 17 期，民國 46 年 6 月。

〈論語の朱子學的理解〉，木南卓一，《懷德》，第 28 期，民國 46 年 10 月。

〈注釋家の表現──朱熹集註の文章──〉，近藤光男，《漢文教室》，第 34
　　期，民國 47 年 1 月。

〈朱熹焦註論語現代國語譯〉，小澤正明，《八幡大論集》，第八卷第 2 期、第
　　九卷第 1 期，民國 47 年 2 月、10 月。

〈朱子の志氣について──道德意志の一考察〉，山根三芳，《廣島大文學部
　　紀要》，第十三集，民國 47 年 3 月。

〈小學の和解〉，最所顯丈，《弘道》，第 67 期第 704 頁，民國 47 年 5 月。

〈李延平について〉，近藤仁，《九州中國學會報》，第 4 期，民國 47 年 5 月。

〈朱子の論理思想に於ける權の意義〉，山根三芳，《日本中國學會報》，第 10
　　期，民國 47 年 10 月。

〈朱子の治民策──南宋村落の階層分裂と國家權力の問題〉，友枝龍太郎，
　　《東方學》，第 17 期，民國 47 年。

〈朱子語類讀書法〉，市川安司，中國之名著，《倉石武四郎（六秩）還曆（花
　　甲）論文集》，民國 47 年。

〈朱文公家禮の一考察〉，兼永芳之，《支那學研究》，第 21 期，民國 47 年 11
　　月。

〈陸象山の「心即理」說について──朱子學陽明學との比較──〉，山下龍
　　二，《名古屋大文學部十周年紀念論集》，民國 48 年 3 月。

〈近思錄の成立過程〉，山崎道夫，《東京學藝大研究報告》，第 10 期，民國
　　48 年 3 月。

〈朱子語類雜記〉，市川安司，《東京大教養學部人文科學科紀要》，第 21 期，
　　民國 48 年 3 月。

〈朱子太極論の成立過程（Ⅰ、Ⅱ）〉，友枝龍太郎，《哲學》，第 10 期，《廣
　　島大文學部紀要》，第 16 期，民國 48 年 3 月、9 月。

〈朱子の倫理思想にぉける「全體」の意義〉，山根三芳，《支那學研究》，第
　　22 期，民國 48 年 8 月。

〈朱子祭田疑義〉，友枝龍太郎，《東方古代研究》，第 9 期，民國 48 年 11 月。

〈朱子の鬼神論〉，友枝龍太郎，《支那學研究》，第 23 期，民國 48 年 12 月。

〈新訂大學章句草稿──朱子大學章句の分校の仕方への批判──〉，笠原仲
　　二，《立命館文學》，第 176 期，民國 49 年 1 月。

〈朱子の倫理思想研究〉，山根三芳，《倫理學年報》，第 9 期，民國 49 年 2
　　月。

〈朱子の思想とその時代〉，友枝龍太郎，《歷史教育》，第八卷第 6 期，民國
　　49 年 6 月。

〈孟子告子章朱子に就いて〉，宇野哲人，《中研院史研所集刊外編第四種慶
　　祝董作賓先生六十五歲論文集上》，民國 49 年 7 月。

〈善と知を中心として朱子と曇巒の學說の比較檢討──曇巒の焚燒仙經事
　　件について〉，佐伯惠達，《九州中國學會報》，第 6 期，民國 49 年。

〈朱子格物論の構造──禪學よりの脫卻と知的立場の確立〉，友枝龍太郎，
　　《日本中國學會報》，第 12 期，民國 49 年 10 月。

〈朱韋齋について〉，佐藤仁，《九州大文學部宋明思想研究室刊》，民國 50
　　年。

〈朱子の倫理思想研究──幾の意味について〉，山根三芳，《廣島大文學部
　　紀要》，第 19 期，民國 50 年 3 月。

〈劉屏山論──建安にぉける朱子の師友その一──〉佐藤仁，《九州中國學
　　會報》，第 7 期，民國 50 年 6 月。

〈識仁復初說の構造〉，戶田豐三郎，《哲學》，第 13 期，民國 50 年 10 月。

〈朱子の倫理思想にぉける──「無爲」の意義，山根三芳，《哲學》，第 13
　　期，民國 50 年 10 月。

〈朱子語類、「讀書法」〉，市川安司，《中國の名著》（勁草書房），民國 50 年
　　10 月。

〈讀陰符經考異〉，佐藤仁，《九州大文學部宋明思想研究室刊》，民國 50 年。

〈葉子龍の晦庵先生語錄類要について〉，友枝龍太郎，《廣島大文學部紀
　　要》，第 21 期，民國 51 年 2 月。

〈朱子の中國防衛論〉，友枝龍太郎，《支那學研究》，第 27 期，民國 51 年 3
　　月。

〈現代語譯朱子語類（一）（二）理氣〉，岡田武彥・佐藤仁譯，《九州中國學
　　會報》，第 8、9 期，民國 51 年 4 月、民國 52 年 5 月。

〈朱子の通書解について──誠と太極の問題──〉，友枝龍太郎，《哲學》，
　　第 14 期，民國 51 年 10 月。

〈朱子の生產論〉，守本順一郎，《名古屋法政論集》，第 21 期，民國 51 年 11 月。

〈建安にぉける朱子の師友その二〉，佐藤仁，《九州中國學會報》，第 8、9 期，民國 51 年 4 月、民國 52 年 5 月。

〈朱子齋居感興詩管見〉（一），佐藤仁，《九州中國學會報》，第 9 期，民國 52 年 5 月。

〈朱熹「楚辭集註」制作的動機〉，林田愼之助，《九州中國學會報》，第 9 期，民國 52 年 5 月。

〈朱子語類の成立〉，友枝龍太郎，《日本中國學會報》，第 15 期，民國 52 年 10 月。

〈朱晦庵の理一分殊解〉，市川安司，《大東文化大學漢學會誌》，第 6 期，民國 52 年 12 月。

〈朱子の心性論にぉける禪的なもの〉，久須本文雄，《日本福祉大學研究紀要》，第 7 期，民國 53 年 3 月。

〈朱子の宇宙論〉，山田慶兒，《東方學報》（京都），第 36 期，民國 53 年 10 月。

〈朱陸同異論源流考〉，岡田武彥，《目加田誠博士還曆紀念論集》，民國 53 年 11 月。

〈朱子の教育思想の概要〉，橫松　宗，《八幡大學論集》，第十五卷第 1 期，民國 53 年 11 月。

〈朱子學の矛盾＝對抗〉，岩間一雄，《名古屋法政論集》，第 30 期，民國 54 年 3 月。

〈陸學の形成——朱子學的思惟展開の起點——〉，岩間一雄，《名古屋法政論集》，第 30 期，民國 54 年 3 月。

〈朱子の天について〉，山根三芳，《東方宗教》，第 26 期，民國 54 年 10 月。

〈朱子の「學」〉，大谷邦彥，《中國古典研究》，第 13 期，民國 54 年 12 月。

〈朱子の宇宙論〉，山田慶兒，《東方學報》（京都），第 37 期，民國 55 年 3 月。

〈朱熹集註論語現代國語譯〉，小澤正明譯，《八幡大學論集》，第十六卷第 2 期，民國 55 年 3 月。

〈朱子感興詩と若林強齋の感興詩講義〉，近藤啓吾，《藝林》，第十七卷第 3
　　期，民國 55 年 6 月。

〈朱子の仁說〉，友枝龍太郎，《東京支那學報》，第 12 期，民國 55 年 6 月。

〈應舉の面より觀たる朱熹と陸九淵〉，赤塚光男，《東洋文化復刊》，第 14
　　期，民國 55 年 9 月。

〈朱陸の學の異同とその背景〉，友枝龍太郎，《廣島大文學部紀要》，第廿六
　　卷第 3 期，民國 55 年 12 月。

〈朱子の易經觀と周易本義の特質〉，戶田豐三郎，《廣島大文學部紀要》，第
　　廿六卷第 1 期，民國 55 年 12 月。

〈論語集註朱子自筆殘稿に就いて〉，吉原文昭，《藝林》，第十七卷第 5 期，
　　民國 55 年 12 月。

〈朱子學に於ける中庸と大學〉，木南卓一，《帝塚山大學紀要》，第 3 期，民
　　國 56 年 3 月。

〈朱子新註の由來小考——論語首篇第一章について〉，田所義行，《比治山
　　女子短期大學紀要》，第 1 期，民國 56 年 3 月。

〈刊本論語集註の系統と成立年代に就いて〉，吉原文昭，《東京支那學報》，
　　第 13 期，民國 56 年 6 月。

〈朱子語類に見られる重複形式〉，早川通介，《愛知學院大學論叢》，民國 57
　　年 6 月。

〈四書に就ける朱子の音義〉，內田龍，《東橫學園女子短期大學紀要》，第 7
　　期，民國 58 年 2 月。

〈近世前半期にぉける朱子學の經驗的合理主義への變容〉，源子圓，《日本
　　女子大學紀要》，第 18 期，民國 58 年 3 月。

〈朱子著作年考〉，山根三芳，《漢文教室》，民國 58 年 4 月。

〈朱子全書にみえる宋時代の口語〉，Kallgren Gerty、大原信一譯，《人文學》，
　　第 106 期，民國 58 年 8 月。

〈朱子の戊申封事——朱子の封事と陳學批判——〉，高田貞治，《東洋學研
　　究》，第 21 期，民國 59 年 3 月。

〈朱子書節要——成立及其版本——疋田啓佑〉，《九州中國學會報》，第 16
　　期，民國 59 年 5 月。

〈張南軒の論語解に與えた朱子の影響〉，高畑常信，《哲學》（廣島大學），
　　第 22 期，民國 59 年 10 月。

〈朱子語錄外任篇譯注一～六〉，田中謙二，《東洋史研究》，第廿八卷第 1、2
　　期第三十卷第 1、2、3、4 期，民國 58 年 6、12 月民國 60 年 3、6、9、
　　12 月。

〈中庸から見た朱熹と本居宣長〉，赤塚忠，《東京支那學報》，第 16 期，民
　　國 60 年 6 月。

〈朱熹の蘇學批判——序說——〉，合山究，《中國文學論集》，第 3 期，民國
　　61 年 5 月。

〈朱子新學案の序にかへて〉，錢穆，《問題と研究》，第四五卷第 5 期，民國
　　61 年 6 月。

〈朱晦庵と王陽明〉，宇野哲人，《斯文》，第 62 期，民國 62 年 8 月。

〈朱子の哲學の比較思想史的研究〉，山下正男，《人文學報》，第 35 期，民
　　國 61 年 11 月。

〈朱子の父と師〉（上・中・下），岡田武彦，《西南學報大學文理論集》，民
　　國 61～63 年。

〈朱王兩思想の比較論的研究〉（一～四），高橋進，《哲學倫理學研究等》，
　　民國 62～65 年。

〈朱子と陽明の修養について〉，宇野哲人，《東洋文化》，第 19 期，民國 63
　　年 10 月。

〈通書「動靜」章の注に見える朱晦庵の思考法〉，市川安司，《宇野人先生
　　白壽祝賀記念東洋學論叢》，民國 63 年 10 月。

〈朱子學北傳前史——金朝と朱子學——〉，吉川幸次郎，《宇野人先生白壽
　　祝賀記念東洋學論叢》，民國 63 年 10 月。

〈朱門弟子師事年攷（續）〉，田中謙二，《東方學報》，第 48 期，民國 63 年
　　12 月。

〈朱子學研究の現狀と課題〉，後藤延子，《歷史學研究》，第 421 期，民國 64
　　年 6 月。

〈朱熹と陸游〉，佐藤仁，《小尾郊一博士退休紀念中國文學論集》，民國 65
　　年 3 月。

〈朱子の禮學──儀禮經傳通解研究說──〉，上山春平，《人文學報》，第 41 期，民國 65 年 3 月。

〈朱子の格物窮理と陽明の致良知──理性主義より生命主義へ──〉，友枝龍太郎，《東洋學術研究》，民國 66 年 7 月。

〈朱子の思想に於ける禪的たもの〉，久須本文雄，《禪文化研究所紀要》，第 8 期，民國 65 年 8 月。

〈佛教と朱子の周邊〉，柳田聖山，《禪文化研究所紀要》，第 8 期，民國 65 年 8 月。

〈朱子にぉける「形而上・形而下」の概念について〉，望月高明，《二松學舍大學人文論叢》，第 12 期，民國 66 年 10 月。

〈朱子の德論〉，後藤俊瑞，《台北帝大哲學科研究年報六》。

〈朱子の禮論〉，後藤俊瑞，《台北帝大哲學科研究年報七》。

〈朱子の認識論〉，後藤俊瑞，《台北帝大哲學科研究年報八》。

〈支那文學と朱文公〉，市村瓚次郎，《支那史研究》。

附錄三　日本朱子學者代表人物特色一覽表

姓　名	生卒年代	特　　　色
藤原惺窩	1561～1919	1.近世儒學（京都學派）之開山祖。 2.日本文藝復興之首倡者。 3.有惺窩點四書五經。
林羅山	1583～1657	1.林氏家學的始祖。 2.建聖堂行釋奠禮，書多、著作多。 3.倡神儒合一論，名分論，排佛。 4.建立幕府封建理論，有助於安定，採主知的合理主義。
木下順庵	1622～1698	京學派中最優秀的導師，感化力最強，桃李滿門。
新井白石	1657～1725	博學家、外交家、政治家，蘭學始祖，詩詞俱佳。
室鳩巢	1658～1735	社會教育家，敬幕，倡忠德，操守嚴謹。
賴山陽	1780～1832	歷史家，倡勤王論。
元田東野	1818～1891	任明治天皇侍講，編成《幼學綱要》，著有《教學大旨》，使日人以儒家道德爲修身信條，形成日本國民道德。
貝原益軒	1630～1714	1.博學家有德行，主理氣合一說。 2.社會教育家之元祖，將窮理對象擴及於博物養生上面。
山崎闇齋	1618～1682	1.門庭廣闊，勢力龐大。 2.嚴師教，愛國尊王。 3.重實行，以朱子結論爲信條而實踐之。 4.迷於神道，重精神力量。
三宅尙齋	1662～1741	著《狼疐錄》，承朱子學說，崇中華，主誠敬。

淺見絅齋	1652～1711	著《靖獻遺言》，倡大義名分論及正統觀。
佐藤直方	1650～1719	崇朱排釋，反神道，不信異端。
谷秦山	1663～1718	1.南學復興之祖。 2.倡神國思想之大義名分論。 3.門庭廣大，使土佐志士爲勤王先驅。
古賀精里	1750～1817	重實踐，爲寬政三學士之一，敢直言。
中井竹山	1730～1804	主尊王，重科學性、實用性，排佛。
中井履軒	1732～1816	斥理氣心性之說，重實用，以教育商人爲本位。
德川光圀	1628～1700	1.開彰考館，創修史大業。 2.廢殉葬，毀淫祠，倡行釋奠禮。 3.成《大日本史》。
三宅觀瀾	1675～1718	1.作《中興鑒言》，提倡忠義。 2.講大義名分與正統論。
栗山潛鋒	1671～1706	爲水戶彰考館總裁。著有《保建大記》，主張持有三神器者爲正統，提高日本國的地位。
德川齊昭	1800～1860	1.主張尊王、攘夷、討幕。 2.有《弘道館記》傳世。
藤田幽谷	1774～1828	有正名論，辨大義名分，倡尊王攘夷，防俄先知、倡農本主義。
會澤安	1782～1863	有《新論》，論皇室爲國體中心，強調皇統即神統。鼓舞勤王志士的愛國情緒，爲水戶政教學的代表人物。主張復古主義，反對崇拜中華。

附錄四　朱子學對日本的影響簡表

項　目	影　響　要　點
政治	1.促成建武中興。 2.安定德川時代。 3.誘發明治維新。
佛教	1.先助朱子學流傳於各地，成神儒一致論。 2.朱子學者排佛，使佛教趨向理智，而修正教規，兩者關係密切。
神道	1.儒家神道派曾為神道中勢力龐大的宗派，如「理當心地」、「垂加」、「土御門」等派神道。 2.朱子學理論給神道以健全的、合理的理論基礎，使神道與現實結合，使日人效忠皇室，為強國的一大力量。
史道	1.朱子的正統論、尊王攘夷觀、大義名分論、懲惡揚善觀，籠罩於日本史學界，影響所及，其史學名著，如《神皇正統記》、《大日本史》等，都有朱子學意識。 2.促成各種政治事件，如建武中興，明治維新，涵養日本人忠君愛國精神。
文學	1.朱子學者多能漢詩，具漢文素養。 2.勸善懲惡觀影響及於日本小說的意識。
科學	1.格物窮理觀使日本學者著眼於自然科學的探討，本草學、蘭學、譯學，都含有朱子意識。 2.博學主知主義，促使日本朱子學者博採眾長，不偏固頑陋。
社會	為安定社會的力量，朱子學確定身份制及家長制，確立家族道德，涵養日人道德。
教育	為日本官學，朱子學者分佈於中央及各藩的公立學校，甚至私塾，朱子學理論也成為教材，透過教育，終於使日人建立起人生理想，使道德高超，能脫離迷信，養成好學、沉靜、嚴肅、忠君愛國之情操。
武士道	1.武士道的理論體系是朱子學者應用朱子學理論完成的。 2.武士道的道德要求，即朱子學代表的儒家道德要求。 3.朱子學的尊王攘夷觀，使日本武士將盡忠對象轉向王室，有助於明治維新。